청고의 주역풀이 乾坤
청고 이응문 지음

초판 발행	2021년 09월 10일
펴낸이	서경원
편집&디자인	전윤실
펴낸곳	도서출판 담디
등록일	2002년 9월 16일
등록번호	제9-00102호
주소	01083 서울특별시 강북구 삼각산로 88 2층
전화	02-900-0652
팩스	02-900-0657
이메일	damdi_book@naver.com
홈페이지	www.damdi.co.kr

—

2021 ⓒ 이응문
지은이와 출판사의 허락 없이 책 내용 및 사진, 드로잉 등의 무단 복제와 전재를 금합니다.

—

Printed in Korea
ISBN 978-89-6801-104-7 (04150)
ISBN 978-89-6801-044-6(세트) (04150)

청고의 주역풀이

乾坤

목차

006 머리말

011 일러두기

제 1부 서설(序說)

018 周易(주역)의 성립과 의미

021 역유태극(易有太極)

028 삼역(三易)의 도

035 도서(圖書)와 팔괘

101 周易(주역)의 체계와 구성

제 2부 고대역법과 周易(주역)

112 周易(주역)의 주기변화와 60간지

122 오십대연(五十大衍)을 비장(祕藏)한 고대동양의 달력

143 건곤경문 역해(歷解) 重天乾 (1)

173 건곤경문 역해(歷解) 重地坤 (2)

제 3부 64괘의 경문강설

- 204 　重天乾(1)
- 278 　重地坤(2)

부록

- 320 　소자의 '황극경세도(皇極經世圖)' 약해
- 334 　也山 李達 선생의 경원력(庚元曆) 약해(略解)
- 355 　고대역법과 제례면복의 12장(章)
- 360 　天符經, 大學·中庸, 法性圖에 담긴 오십대연(五十大衍)

색인

- 366 　색인

머리말

　인생은 자연에서 비롯되어 자연으로 돌아간다. 자연의 섭리를 펼치는 객관적인 실체로는 천체일월이 으뜸이었기에 고대의 옛 선인들은 주야한서로 항구하게 돌아가는 하늘의 운행법칙과 주기변화를 수리적으로 정밀하게 관찰하고 끊임없이 탐구하였다. 인류문명의 시원(始原)이라 일컫는 易의 하도와 낙서, 팔괘등도 이러한 지혜의 산물이다.

　팔괘를 창시한 상고시대 복희의 도는 선천과 후천의 지극한 변화법칙을 『易經(역경)』의 64괘사(卦辭)와 384효사(爻辭) 속에 담은 주(周)나라 문왕과 주공에게 전승되었고 다시 춘추 말엽 열 가지 날개에 해당하는 「十翼(십익)」의 해설전문을 단 공자에게 계승되었다고 전하는데 본서는 희문주공(羲文周孔. 복희 문왕 주공 공자)이 사성일심(四聖一心)으로 전하신 『易經(역경)』의 도학적인 연원(淵源)과 법통(法統)을 존숭하여 도서팔괘를 비롯한 『周易(주역)』경전의 상수(象數)와 의리(義理)가 분명하게 일관(一貫)됨을 논증함에 뜻을 두고 있다.

　본래 역의 괘효(卦爻)는 자연의 수를 담은 천라지망(天羅地網)과도 같다. 넓고 훤하여 다 새어 나갈 듯 하여도 삼라만상 일체를 포괄하는 진리의 법망이다. 하도 10수(1~10)에 뿌리를 둔 선천팔괘와 낙서 9수(1~9)에 토대를 둔 후천팔괘는 무궁태극이 생성하는 음양과 오행의 인과법칙을 표상한다. 『易經(역경)』은 이를 64괘와 384효로 확장하여 천도의 선후변화를 극진히 밝히고 인륜의 준칙법도를 만세에 세운 글이다.

　유물유칙(有物有則), 모든 사물은 반드시 말미암는 자연한 존재법칙이 있기 마련이다. 자연은 무사무위(无思无爲)하여 조금도 어거지함이 없고 스스로 일관회통(一貫會通)하는 길을 연다. 『周易(주역)』경전에 깔린 상수리(象數理)도 이와 같아서 무궁태극의 이기일원(理氣一元)을 밝혀주는 대자연의 법등(法燈)으로서 일월처럼 우리를 환히 비춰준다.

『周易(주역)』설괘전에서 공자는 "옛적에 성인이 역을 지을 적에 그윽하게 천지신명을 도와 50개비 시초(蓍草)를 끌어내고 하늘의 양과 땅의 음을 3과 2로 한 자연(易)의 수를 정하였다. 음양변화를 살펴보아 괘를 세우고 강유(剛柔)를 발휘해서 효를 생하니, 밖으로는 도덕과 의리가 실현되는 아름다운 세상을 만들며 안으로는 궁리진성(窮理盡性)을 함으로써 하늘의 명에 이르게 하였다."라고 밝혔다. 『易經(역경)』이 천도와 인사의 합일완성을 꾀하였다는 말씀이다.

공자는 易에 대해 "글로는 말을 다하지 못하고 말로는 뜻을 다하지 못한다. 그렇다면 易을 지으신 성인의 뜻을 과연 알 수 없는가?"라고 자문하고 "성인이 형상을 세움으로써 뜻을 다하며 괘를 베풂으로써 참과 거짓을 다하며(드러내며) 글을 지음으로써 그 말을 다하며 변통(變通)함으로써 그 이로움을 다하며 고무(鼓舞)시킴으로써 신명을 다하였다."라고 자답했다. 대자연의 현묘한 조화는 무궁무진하므로 언설로 다 표현할 수 없지만 성인이 易 속에다 입상·설괘·계사(立象·設卦·繫辭)를 하여 변통·고무함으로써 세상을 이롭고 신명나도록 지극한 정성을 다 쏟았다는 말씀이다.

자연생태계에서 무궁태극의 변화섭리를 가장 잘 보여주는 실상(實相)은 바로 어둠을 환히 밝혀주는 달이다. 달은 『中庸(중용)』의 가르침인 오달도(五達道)와 삼달덕(三達德)의 '達(통달 달)'과도 그 음의가 통한다. 설야의 달빛이 무사무위(无思无爲)로 티끌 없이 창생을 비추듯이, 변화의 도를 가르친 『周易(주역)』경전에도 태극이 펼치는 신비롭고 청정무구한 달의 운행법도가 면면히 흐른다.

『論語(논어)』술이(述而)편에는 "50의 이치로써 역을 궁리하면 진실로 큰 허물이 없을 터인데."라고 공자가 탄식한 글 대목이 나온다. 『周易(주역)』계사전(繫辭傳)에는 "대연의 수가 50인데 그 쓰임은 49이다.", "무사무위(无思无爲)로 감통천하(感通天下)하는 지극한 신비로움이 易에 있는데 그 누가 여기에 참여하려나?"라고 한 대목이 있는데, 모두 易을 여는 지극한 문이 오십대연(五十大衍)에 의한 달력법도와 관련됨을 지적한 공자의 가르침이라고 생각된다.

『周易(주역)』을 통강(通講)한 이듬해 1993년 계유년, 양력 9월 5일 새벽이었다. 전날 밤늦게 옥상에 올라 청명한 달을 바라보며 경문을 독송하고 나서인지 우연하게 묘한 선몽이 있었다. 이 일이 계기가 되어 필자는 고대달력의 운행법도에 대해 지속적인 관심을 쏟게 되었다. 이 책에서 다루는 고대달력에 관련된 내용들도 그동안에 궁리하고 사색한 소박한 학문적 성과물이라 할 수 있다.

본서에서는 오십대연(五十大衍)의 고대역법을 위주로 괘사(卦辭)와 효사(爻辭)를 비롯한 『周易(주역)』경전을 해설하였는데, 일월운행에 무관심한 일반 독자들이 쉽게 다가서기에는 무척 어려우리라 생각한다. 선현 석학들의 『周易(주역)』경전에 대한 훌륭한 해설서가 세상에 다대한데다 『대산주역강의』에도 상세히 풀이해 놓았기에, 소화하기 어려운 이러한 글을 굳이 세상에 꺼내놔야 할지 내심 무척 고심을 거듭하였다. 하지만 공자 이래로 오랜 동안 고대역법을 통해 『周易(주역)』경문을 소개한 글이 전무하다시피 하고, 도서 팔괘의 기본 수리에 대한 학문적인 정립이 후학들에게 꼭 필요하리라는 믿음에 다시금 용기를 내었다. 본서의 간행이 나름대로 의미 있는 디딤돌이 된다면 참으로 좋겠다.

1986년 병인년 양력 5월, 인왕(仁王)의 산기슭 함장(含章) 사찰에서 『周易(주역)』경전 일독(一讀)을 마치고 나서, "큰 열매가 두터이 아래로 내리니 머지않아 회복을 한다(碩果厚下 不遠其復)."는 글을 대산 선생님으로부터 받은 일이 지금도 기억에 생생하다. 이 글귀를 평생 잊지 말라는 엄한 당부 말씀이 있었는데, 선생님도 스승이신 야산(也山) 선생께 받은 글귀임을 나중에 알게 되었다. 아마도 절차탁마(切磋琢磨)를 통하여 참된 본심을 회복하는 박복(剝復)의 진리를 각골명심하라는 말씀이리라. 미약하지만 본서를 통하여 대훈(大訓)의 은공을 조금이라도 갚을 수 있기를 감히 발원한다.

"우자천려(愚者千慮)에 필유일득(必有一得)이라." 학문과 식견이 비좁아 문장표현도 거친데다 지혜와 역량마저도 부족하기 그지없는 필자이지만 역의 상수리(象數理)와 감춰진 고대달력의 법도에 대해 이제야 대략 실마리를 잡은 듯이 여겨진다. 용기를 내어 평소 궁리하고 고심하였던 바를 조심스럽게 세상에 내놓는다. 자연의 易을 사랑하는 독자와의 뜻깊은 만남을 바라며 동도(同道) 제현 여러분들의 따뜻한 관심과 아울러 엄정한 학문적 검토를 부탁드린다.

끝으로 본서를 내는데 큰 계기를 열어준 대구시와 도서출판 담디, 서울 대구의 대연학당과 동유회(同有會) 회원, 편집교정에 큰 도움을 준 대복(大輹) 김유석 학우님을 비롯하여 부상(扶桑) 김신환 선생님, 경연당(庚衍堂) 송준영 우형, 덕천(德泉) 오금지님께도 깊이 감사한다. 색인과 도표의 작성에 힘써준 유연(儒衍) 피재우, 동세(同世) 최상기, 중길(中吉) 이철수. 김 홍님, 원고를 미리 읽고 의견을 낸 서형(徐亨) 강영관, 순정(純正) 김영옥, 예형(禮亨) 황창석, 우인(佑仁) 이금숙, 자인(慈仁) 심도섭, 주경(住憬) 권돈선, 효법(效法) 신무호 등 학회원 여러분의 노고에도 아울러 고마움을 표한다.

2021년 신축년, 음력 3월 기망(幾望) 癸卯日(양력 4. 25)
대연학당(大衍學堂) 관생재(觀生齋)에서
청고(靑皐) 이응문 쓰다.

일러두기

 2019년 간행한 필자의 『해와 달을 머금은 주역』에 뒤이어 내놓는 본서는 『周易(주역)』경전의 근원을 탐구하고 조명하는 해설서이다. 천도의 질서를 바탕으로 인사의 도리를 두루 밝힌 『易經(역경)』은 광대심원하기 그지없기에, 하늘이 펼치는 건(乾) 원형이정의 4덕을 본받아 총 4편으로 나누어 순차적으로 간행할 예정이다. 올해 간행하는 제1편(元)은 제1부 서설(序說)과 제2부 고대달력의 오십대연(五十大衍), 제3부 건곤(乾坤) 전문(全文)에 대한 해설이다.

 제1부 서설(序說)에서는 『周易(주역)』경전의 완성 과정과 周易(주역)의 본뜻 및 편성 체계를 소개하고 도서팔괘의 상수리(象數理) 핵심만 소개한다. 본서에서 필자는 전통적인 선유(先儒)의 학설과는 다른 관점에서 건도성남(乾道成男)을 생수(1~5), 곤도성녀(坤道成女)를 성수(6~10)에 순차적으로 배정하였다. 천도와 인사의 자연한 흐름에 따른 것이다. 『陰符經(음부경)』에 "천인합발(天人合發) 만변정기(萬變定基)."를 강조한 바와 같다. 천체 은하의 이법(理法)을 상징하는 하도는 『易經(역경)』 전체를 포괄하는 그림으로 복희의 선천팔괘와 구궁의 중천낙서, 문왕의 후천팔괘를 거느린다. 하도에 드러난 우주 자연의 수(數)는 만상(萬象)의 진리(眞理)를 근본적으로 회통하는 큰 길을 열어주는데, 『해와 달을 머금은 주역』에 상세히 해설을 해놓았다.

 제2부는 주기변화를 상징하는 『周易(주역)』경전과 연관된 60간지, 분서갱유의 참화 이후로 현재는 완전히 실전된 오십대연(五十大衍)의 달력법도를 바탕으로 고대동양의 윤법들에 대해 살핀다. 이 내용들은 『周易(주역)』을 통강(通講)한 다음해인 신유년 1993년 이후 현재까지 집중적으로 필자가 궁리한 역설(易說)의 일부인데 『周易(주역)』경전에 비장된 선천과 후천에 대한 도학의 정수(精髓)는 소자의 '황극경세도(皇極經世圖)'와 야산(也山) 선생의

경원력(庚元歷)을 통하여 일관 전승된다고 필자는 여긴다. 제2부의 마지막 건곤역해(乾坤曆解)는 오십대연(五十大衍)의 역법원리로써 괘사(卦辭)와 효사(爻辭)에 실린 천도변화를 필자 나름의 시각에서 풀어본 것이다.

　태극의 음양조화인 주야한서는 태양을 상징하는 해와 태음을 상징하는 달이 그 주인공이다. 특히 해의 밝은 양기를 받아 차고 비는 달의 삭망월은 사물을 두루 담은 바탕그릇과도 같다. 達(통달 달)과 음의가 상통하는 달을 중시한 책력이 달력이다. 『周易(주역)』에 기본을 둔 고대동양의 달력은 60간지의 운행주기를 기틀로 하여 발생하는 태양의 기영도수와 태음의 삭허도수의 과불급(過不及)에서 출발한다. 달력의 핵심은 기삭성윤(氣朔成閏) 그리고 계절에 관계된 24절기(節氣)이다. 육위시성(六位時成)의 법도에 따라 달력의 윤법에 대해 간단히 정리 소개하면 다음과 같다. 실전된 고대역법을 필자가 간이하게 설명하고자 『周易(주역)』경전에 입각하여 손입 건책 간배(艮背) 등으로 역법용어를 정하였음을 아울러 밝힌다.

① 재윤법(5歲) : 1周(60易)를 기준으로 하루씩의 기영과 삭허가 발생.

② 삼윤법(8歲) : 48周(2,880易)을 기준으로 기영 42일과 삭허 45일의 기삭 87일 발생. 삭허 48일 속에서 생성된 3일의 삭망윤일이 평월 속에 가산됨.

③ 칠윤법(19歲) : 940분법의 역수모태(228평월과 7윤월의 235삭망월 주기)

④ 손입법(巽入法) : 57歲를 주기로 두는 무윤(無閏)의 방편

⑤ 건책법(乾策法) : 400歲를 거느리는 중심, 1歲의 건책

⑥ 간배법(艮背法) : 1,600년을 주기로 세워지는 1閏의 유극

필자가 보건데 『周易(주역)』경전에서는 1元(129,600歲) 가운데 만물의 생성주기인 개물기 86,400歲를 중심으로 역의 門을 세우는 한편 천도의 선후변화를 바탕으로 인사의 인륜준칙을 두루 설명하였다. 이러한 뜻을 담아 건(乾)과 곤(坤)이란 괘의 명칭도 세웠으리라고 생각한다. 특히 삼윤법의 8歲 주기는 태극의 도를 설명한 『周易(주역)』경전을 이해하는 밑바탕이다. 이를 4회 거듭한 32歲는 오십대연(五十大衍)의 역수 기본 단위이다. 한편 손입법은 삼윤법과 칠윤법의 괴리를 해결하는 방편이다. 손입법과 건책법의 연계에서 오십대연(五十大衍)의 기본인 황극의 중심법도가 세워지고 간배법(艮背法)에서 기자가 말씀한 유극이 출현한다. 1,600歲를 구육(九六) 54회 거듭한 주기가 건곤(乾坤)이 교역수수(交易授受)하는 개물기 86,400歲이다.

제3부는 『周易(주역)』경전을 여는 대문인 건괘(乾卦)과 곤괘(坤卦)의 괘효사(卦爻辭) 경문과 「十翼(십익)」의 전문에 대한 해설이다. 필자가 천도의 선후변화와 오십대연(五十大衍)의 달력법도를 중심으로 강의한 내용들이다.

『易經(역경)』은 전체적으로 점서(占書) 형식으로 괘사(卦辭)와 효사(爻辭)를 구성하였지만 실제로는 선천과 후천의 천도 변화를 바탕으로 선후 인과의 법도를 밝힌 글이다. 『周易(주역)』 상경(上經)이 실제적으로 끝나는 대과는 선천에서 후천으로 넘어가는 일오중천(日午中天)의 과도기를 상징하는 괘이다. 『易經(역경)』에서 말하는 중천교역기(中天交易期)의 중차대한 때를 맞이하였으므로 야산(也山) 선생은 '중어선후(中於先後) 정기종시(正其終始)'의 법도로 과도한 역수를 중천손익으로 처리하여 책력을 고쳐야한다고 보았다. 천도의 중정을 회복하여야 함을 의미하는데, 이는 공자께서 혁괘(革卦) 대상전(大象傳)에 이른 "치력명시(治歷明時)"의 가르침에서도 잘 나타난다.

본서에서도 야산(也山) 선생의 중천교역관(中天交易觀)에 입각하여 『周

易(주역)』전문(全文)을 풀이한다. 본문 해설을 위해서 대의(大義)와 미언(微言)을 붙여놓았는데 대의에는 일반적이고 대략적인 풀이를, 미언에는 본문 속에 감춰진 미세한 가르침들에 대한 필자 나름의 견해를 담았다.

부록에는 소강절 선생의 '황극경세도(皇極經世圖)'에 대한 간략한 해설과 야산(也山) 선생의 생애와 주요학설 등을 정리하여 소개하였다.

야산(也山) 선생은 소자의 '황극경세연표'에 근거한 개력(改曆)의 정확한 시기를 구체적으로 조명하고 『易經(역경)』 고괘(蠱卦)와 손괘(巽卦) 등에 설명된 허도수 36년의 경갑변도를 바탕으로 후천 시대를 밝히는 『周易(주역)』책력인 경원력(庚元歷)을 창제하였다.

천문(天文)과 인문(人文)의 문장을 바탕으로 아름답게 꾸민 고대의 역법(曆法)과 복색(服色)은 건곤(乾坤)의 천지현황(天地玄黃)에서 비롯되었다고 전한다. 아마도 간배(艮背) 7개월을 배후근원으로 한 건곤(乾坤) 12章의 고대 달력법도가 제사에 입는 면복(冕服) 12章의 복식과 연계되었으리라 추정되기에, 제례의복인 면복冕服) 12章도 부록에 함께 수록하였다.

마지막으로 오십대연(五十大衍)의 달력법도와 관계된 『天符經(천부경)』, 『大學(대학)』, 『中庸(중용)』, 법성게(法性偈)에 대한 필자생각을 부록 끝 부분에 소개한다.

도설 및 참고문헌

『易經(역경)』을 비롯한 경전원문

소강절 선생의 『황극경세(皇極經世)』, '황극경세도(皇極經世圖)', '경세연표(經世年表)'

주렴계 선생의 '태극도(太極圖)'와 『태극도설(太極圖說)』

정자(程子)의 『역전(易傳)』

주자의 『주역본의(周易本義)』, 『역학계몽(易學啓蒙)』

퇴계(退溪) 선생의 『계몽전의(啓蒙傳疑)』

『야산(也山) 선생문집』 - '태극도(太極圖)', '경원력(庚元歷)'

『대산주역강의』(1권~3권. 한길사, 김석진)

『주역전의대전역해(周易傳義大全譯解)』, 홍역학회학술총서, 대산 김석진)

『역법(曆法)의 원리분석』(정음사, 이은성)

『역사상사전』(易思想辭典, 2006, 부산대학교 출판부 개정판, 김승동)

『역법의 역사와 역리학의 바른 이해』(2015 도서출판 해조음, 이상엽)

『면복』(2015 문학동네, 최연우)

필자가 쓴

   『태극사상과 한국문화』(2015, 도서출판 동방문화)

   『주역을 담은 천자문』(2016, 도서출판, 담디)

   『세상을 담은 천자문 자해〈건, 곤〉』(2017, 도서출판, 담디)

   『주역의 관문 대학』(2018, 도서출판, 담디)

   『해와 달을 머금은 주역』(2019, 도서출판 담디)

   『주역의 정화 중용』(2020, 도서출판 담디)

서설(序說)

제1부 서설(序說)

1. 周易(주역)의 성립과 의미

○ 周易(주역)의 성립

『易經(역경)』은 복희씨의 괘효(卦爻)와 문왕의 괘사(卦辭), 주공의 효사(爻辭)로 이루어진 고대의 경전(經典)이다. 문자가 없었던 상고시대의 복희씨는 양(—)과 음(--)이라는 간이한 부호를 중첩하여 괘효(卦爻)를 그었고, 극도의 혼란을 겪었던 은말주초(殷末周初)의 문왕은 '64괘에 대한 말씀'인 괘사(卦辭), 주공은 '384효에 대한 말씀'인 효사(爻辭)를 달았다. 그리고 춘추시대 말엽에 공자가 『易經(역경)』의 진리가 시방(十方)으로 나래를 활짝 펼치도록 「十翼(십익)」이라는 전문(傳文)을 붙여 종합적으로 해설한 글이 오늘날 전하는 『周易(주역)』이다.

'성경현전(聖經賢傳)'이란 말은 성인의 가르침이 벼릿줄과 같아서 근본법도인 경(經)이고 그 문하의 현인들이 성인의 도가 훼손되지 않도록 오롯이 후세에 전한 글이 전(傳)이 됨을 이르는데, 『易經(역경)』을 지은 전대 성인의 도를 존숭하는 입장에서는 공자의 「十翼(십익)」도 경문이 아닌 전문에 속한다. 그런데 공자가 「十翼(십익)」을 달지 않았다면 『周易(주역)』이란 큰 글이 과연 전해졌겠는가?

주자는 『周易(주역)』을 집대성한 공자에 대해, "우리 부자(공자)같은 이는 비록 천자의 지위를 얻지 못하였으나 지나간 성인을 이으시고 후학들에게 문을 활짝 열어주시어 도를 전수하셨으니 그 공이 요순(堯舜)보다 더 훌륭하다[2]."고 하였다.

○ 周易(주역)의 의미

『周易(주역)』은 주(周)나라 때에 문왕과 주공이 易을 글로 지었으므로 '周易(주역)'이라고 부르는데 '周(두루 주), 易(바꿀 역)', 두루 교통하여 삼라만상의 이치를 담은 글이기도 하다. 표면적으로는 사물의 동정진퇴와 시세의 길흉화복을 알려주는 일종의 점서(占書)로 취급되는 경우가 많지만 『周易(주역)』은 본래 천도의 운행법칙과 일월의 주기 변화를 바탕으로 삼라만상의 인과 법칙을 두루 격물치지(格物致知)한 글이다.

『周易(주역)』 속에는 태극의 음양오행과 선천후천의 천도변화 등을 두루 함축하고 있다. 64괘 384효의 괘효(卦爻) 속에는 주천도수(周天度數)와 주천상수(周天常數)를 비롯하여 일월기삭(日月氣朔)과 월령절기(月令節氣), 천간지지(60干支) 등이 근본적으로 깔려있다.[3] 괘사(卦辭)와 효사(爻辭) 속에도 태극이 펼치는 이른바 오십대연(五十大衍)의 서법(筮法)과 관계된 문장이 여러 곳에 등장한다. 천도와 인사의 준칙 법도를 두루 밝힌 「十翼(십익)」 속에는 일오중천(日午中天)으로 일컫는 선후천의 과도시기에 『周易(주역)』의 도가 중차대하게 쓰인다는 가르침 또한 내포되어 있다. 그러므로 우리는 『周易(주역)』을 천도의 운행 변화를 바탕으로 인사의 모든 준칙 법도를 제시한 큰 글로 보아야 한다.

문왕과 주공의 가르침을 이어받은 공자는 천하를 경륜하는 유학의 수경(首經)으로 극진히 존숭하여 『周易(주역)』에 담긴 사문(斯文)의 도를 계승하면서, "지극한 입신의 경지로 들어가 미래사를 알아내고 『周易(주역)』속에 비

---

1. 십익을 나누는 방법도 사람에 따라 약간 다르긴 하지만, 본서에서는 단전(彖傳)과 상전(象傳), 건문언전(乾文言傳), 곤문언전(坤文言傳), 계사상전(繫辭上傳), 계사하전(繫辭下傳), 설괘전(說卦傳), 서괘상전(序卦上傳), 서괘하전(序卦下傳), 잡괘전(雜卦傳)으로 나눈다.

2. 中庸章句序文(중용장구서문): 若吾夫子 則雖不得其位 而所以繼往聖開來學 其功 反有賢於堯舜者.

결을 감추고 가니 누가 알아내겠는가⁴?"라고 계사상전(繫辭上傳)에서 말씀하셨는데 천기를 보고 후천 시대에 펼칠 사상과 경륜, 도덕을 모두 넣어놨다는 뜻이다. 『周易(주역)』은 수천여 년에 걸쳐서 희문주공(羲文周孔) 네 분 성인이 일심으로 전한 인류 문화의 위대한 보고이며 천추만대를 경륜한 찬란한 등불이라 할 수 있을 것이다.

3. 『周易(주역)』경전엔 실전된 고대달력의 생성원리가 도도히 흐른다. 『周易(주역)』 계사하전(繫辭下傳) 제6장에서 공자는 "夫易 彰往而察來 微顯而闡幽 當名 辨物 正言 斷辭 則備矣." 즉 '무릇 역은 지나간 일들을 환히 밝히고 다가올 일들을 살펴놓았다. 현저히 드러난 것을 미세하게 담고 그윽한 것을 밝게 열었다. 이름을 합당하게 세웠고 물건을 자세히 분별하였다. 말씀을 정확히 하였고 문장으로 판단하였으므로 모든 것을 두루 완비하였다.'고 극찬하였다.

4. 『周易(주역)』계사상전(繫辭上傳) 제11장: 神以知來 知以藏往 其孰能與於此哉──

2. 역유태극(易有太極)

형이상 →도(道) 원리
형이하 →기(器) 작용

양(陽) 외부로 드러난 밝은 측면 /표(表)
: 日(해) 奇(홀) 輕淸上先動大剛天男幹晝暑
음(陰) 내부로 감춰진 어두운 측면 /리(裏)
: 月(달) 偶(짝) 重濁下後靜小柔地女枝夜寒

○ **易**

우주 삼라만상을 펼치는 자연은 끊임없이 변화하며 바뀐다. 易은 '바꿀 역, 쉬울 이'로 대자연의 역동적인 움직임과 간이(簡易)한 변화 원리를 이른다.

易은 머리(⊙)와 사지(勿)를 갖춘 도마뱀의 모습을 본뜬 상형(象形)문자이며 해(日)와 달(月=勿)을 합성한 회의(會意)문자이다. 도마뱀은 주변상황에 따라서 시시각각 몸의 색깔을 자연스레 바꾸고 일월은 교대왕래하며 주야한서의 변화를 자연하게 펼친다.

형상을 갖춘 생명체는 머리로 생각하고 몸으로 움직인다. 공자는 형이상을 '道(길 도)', 형이하를 '器(그릇 기)'로 정의하였다.[5] 정신은 내적 본체 원리인 도(道), 육체는 외적 현상작용인 기(器)에 해당한다. 도마뱀의 상부 머리(⊙)는 형이상, 하부 몸은(勿) 형이하에 속한다. 달(勿)의 위상은 해(⊙)의 반영에 의해 차고 비므로 해와 달 또한 형이상하의 체용관계로 대비된다.

易이란 한 글자가 본체인 태극을 대표한다면 상하의 머리·몸과 해·달은 양과 음이다. 각기 4획인 일(日)과 월(月=勿)은 일월성신·산천동식·사시사방·춘하추동이라 일컫듯이 사상이고 전체 8획은 팔괘에 상응한다.

이렇듯 易은 자연의 변화를 상수리(象數理)로 풀어낸다. 밖으로는 지극한 형상을 갖추어 나타나기에 상(象)이고 안으로는 지극히 은미하여 드러나지 않기에 리(理)이며 중간으로는 삼라만상의 근본이치를 교통하는 수단이기에 수(數)이다.

易은 자연의 '역동적인 원리이며 법칙'이다. '바꿀 易'은 '힘 력(力)', '쉬울 이(易)'는 '다스릴 리(理)'와 그 음의가 잘 통한다. 뭔가로 변하거나 현상의 흐름을 바꾸는 데에는 힘이 필요하고 사물을 잘 다스리는 데에는 섬세한 구슬의 무늬 결처럼 물결 흐르듯 자연스러워야 한다.

5. 『周易(주역)』 계사상전(繫辭上傳) 제12장: 是故로 形而上者 謂之道 形而下者 謂之器····

○ 태극

태극을 최초로 언급한 문장은 『周易(주역)』계사상전(繫辭上傳)의 '역유태극(易有太極)'이다. 대자연인 易이 스스로 태극을 포괄하고 보유한다는 의미이다. 태극은 천지인 삼재(三才)를 생성하고 거느리는 조화옹·조물주(造化翁·造物主)로서 우주시공과 삼라만상을 생생(生生)한다.

『太極圖說(태극도설)』을 지은 송대(宋代)의 역학자 주렴계(周廉溪, 1017~1073) 선생은 태극이 끝이 없어 가장 큰 존재임을 '무극이태극(无極而太極)'으로 표현하였다.

> 无極而太極이니 太極動而生陽이라 動極而靜하며
> 무극이태극   태극동이생양   동극이정
> 靜而生陰하니 靜極復動이라
> 정이생음   정극부동
> 一動一靜이 互爲其根이니 分陰分陽하여 兩儀立焉이라
> 일동일정   호위기근   분음분양   양의입언
> 陽變陰合하여 而生火水木金土하며 五氣順布하여
> 양변음합   이생수화목금토   오기순포
> 四時行焉이라.
> 사시행언
>
> 무극이면서 태극이니 태극이 움직여서 양(천극)을 낳는다. 움직임이 지극해서 고요하며 고요해서 음(지극)을 낳으니 고요함이 지극하면 다시 움직인다. 한번 움직이고 한번 고요해짐이 서로 그 뿌리가 되니 음으로 나뉘고 양으로 나뉘어 두 가지 모양이 세워진다.
> 양은 변동하고 음은 배합하여 수화목금토의 오행이 생성되며 다섯 가지의 기운이 골고루 펼쳐져 사시(춘하추동)가 운행된다.

우주의 생성 유래와 인륜의 근원 바탕을 논한 『태극도설(太極圖說)』에서는 무극이태극(无極而太極)과 음정양동(陰靜陽動), 오행, 건곤남녀(乾坤男

女), 만물화생(萬物化生)의 다섯 가지 전개를 나타낸다. 무극의 진(眞)과 이기오행(二氣五行)의 정(精)과의 신묘한 결합에 의해 건곤남녀를 낳고 만물이 화생되나 만물은 결국 하나의 음양으로, 그리고 음양은 하나의 태극으로 돌아간다는 가르침이다.

태극에서 '클 태(太)'는 세상을 구성하는 기본 재료인 천지인 삼재(三才)가 순차적으로 열린다는 의미이다. 위 一은 태극이고 좌우 人은 천지음양이며 아래 한 점(丶)의 씨눈이 만물인 인(人)이다[6].

예로부터 우리나라에서는 이 太를 오곡의 태두(太豆)인 '콩 태'로도 풀이하였다. 콩은 떡잎이 벌어지면서 중간에 씨눈이 발아하여 생장한다. 삼태극의 이치를 잘 보여주기 때문인데 '머리 두(頭)' 속의 '콩 두(豆)'와도 같이 쓰인다. 豆는 그릇 가운데 으뜸인 제기(祭器)를 뜻하기도 한다. 『周易(주역)』의 뇌화풍(雷火豐. 55)은 우레(☳)와 번갯불(☲)이 상응하는 형상이다. 원대(元大)하고 풍성(豐盛)한 동방 태극을 대표하는 괘이며 번갯불(☲)에 콩(☷) 구워 먹는다고 하듯이 재빨리 콩이 쑥쑥 자라남을 뜻한다. '풍년 풍(豐)'에 이 '제기 豆'가 들어있다.

○ 야산(也山) 선생의 『태극도설(太極圖說)』

태극이 나오는 밑바탕인 무극은 텅 빈 모태(母胎)와도 같다. 무시무종(旡始旡終), 시작도 없고 끝도 없는 태초 이전을 뜻하기에 무극을 대개 한 점(丶) 또는 이를 확대한 하나의 밝고 둥근 원(○)으로 표상한다.

다음 '태극도(太極圖)'는 야산(也山. 1889~1958) 선생의 작품이다. 중심부에 그린 동심원은 태극의 씨눈에 해당하는 유극의 인(仁)을 상징하므로 일명 유극도(有極圖)라고도 한다. 상하의 양극(兩極)을 푯대로 乙자 형태로 태극의 무궁조화를 나타내었다.

야산(也山) 선생의 '태극도(太極圖)[7]'는 염계선생의 '태극도(太極圖)'와 전체적으로는 유사하지만 만유의 근원바탕인 태극의 본체원리를 보다 구체적으로 상세히 보여준다.

먼저 '易有太極 是生兩儀'는 무시무종(无始无終)과 무궁무한(无窮无限)의 무극한 원리에 의해 양동음정의 분화가 이루어져 만유(萬有)의 근원인 태극이 정립되고 이를 중심으로 씨눈에 해당하는 유극의 인(仁)이 세워짐을 설명하였다. '무극 태극 유극'의 진행과정을 보이는 것이 천지인 삼재(三才)의 지극함을 뜻하는 삼극(三極)이다.

천지인 삼재일합(三才一合)은 곧 선천 음양과 후천 오행을 생성하는 인과 법도로 귀결되며 만물을 생성한다. 음양오행의 정화를 얻은 존재는 만물의 영장인 사람이므로 '건도성남 곤도성녀(乾道成男 坤道成女)'를 밝혔다.

태극의 음양오행에서 비롯된 글이 『書經(서경)』 홍범(洪範)과 『周易(주역)』 경전이다. 『周易(주역)』 경전은 음양에 근본한 인문 철학이고 『書經(서경)』 홍범(洪範)은 오행에 기초한 정치 학설이다. 음양오행은 체용일원(體用一元)으로 하나이므로 야산(也山) 선생은 이를 학문 범주로 한 '홍역학(洪易學)'을 제창하였다. 그 핵심이 '태극도(太極圖)' 속에 잘 나타난다.

---

6. 『天符經(천부경)』은 "일시무시일, 석삼극무진본(一始无始一, 析三極无盡本)"으로 시작된다. 하나로부터 시작하지만 그 하나를 낳는 바탕은 본래 무(无)라는 뜻이다. 무극에서 비롯된 태극 하나가 셋으로 극진히 쪼개지며 이를 천극·지극·인극인 '삼극' 또는 천태극·지태극·인태극인 '삼태극'이라고 한다.

7. 64괘를 펼치는 근본인 태극의 사방에 건곤감리(乾坤坎離)를 배포한 그림이다. 선천팔괘방위도를 확대한 선천 64괘 방위도에서 네 정방을 대표하는 괘는 건곤(乾坤)과 감리(坎離)이다. 옆의 손에 지니도록 만든 수기(手旗)에서 태극 안의 작은 동그라미는 유극의 인(仁)을, 그 밖은 천지인 삼재(三才)를 표상한다. 안의 적색이 하늘의 양(불빛), 바깥의 청색이 땅의 음(물빛), 중간의 황색이 사람이다.

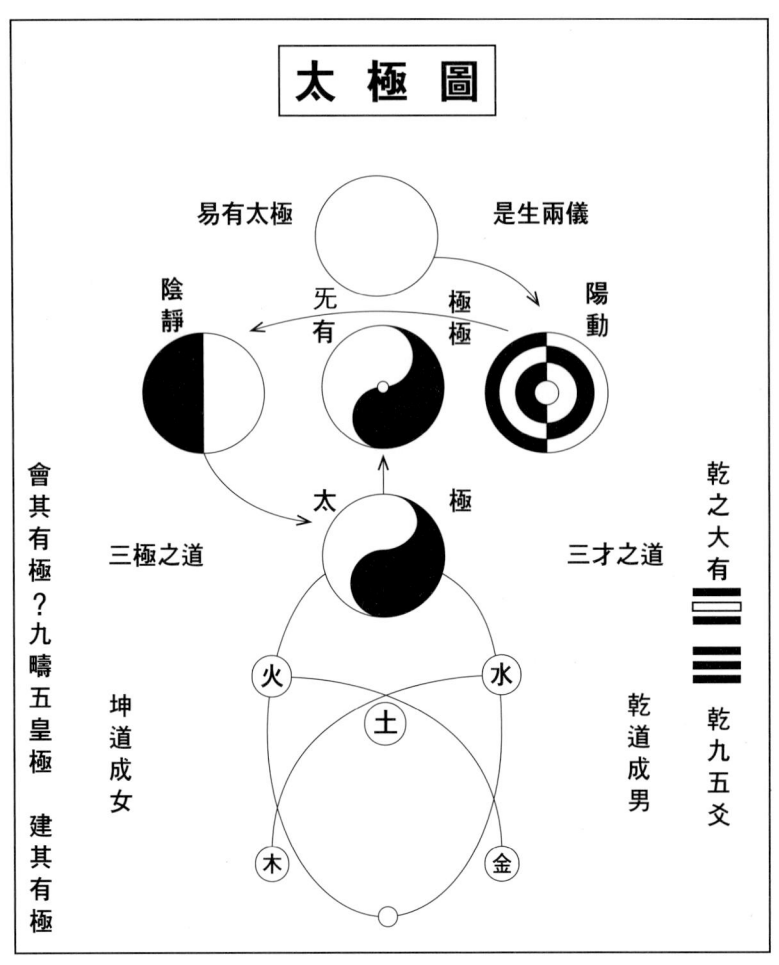

〈야산(也山) 선생의 태극도〉

"會其有極? 九疇五皇極 建其有極"은 '그 유극에 모여든다는 것은? 구주(九疇)의 중심인 5황극이 그 유극을 세우는 것이다.'라는 뜻이다. 『書經(서경)』의 홍범(洪範)편에 5황극의 도에 대한 해설문장을 인용하였다.

'乾之大有 乾九五爻'는 『周易(주역)』의 건괘(乾卦) 구오(九五)가 발동하여 화천대유(火天大有, 14)로 바뀜을 말한다. 홍범(洪範)의 '황건유극(皇建有極)'에 의해 일체 만유가 회귀(會歸)하는 법도를 『周易(주역)』에서는 건(乾) 구오대인이 펼치는 대동지선(大同至善)의 세계로 연계됨을 밝힌 것이라 여겨진다. 천하귀인(天下歸仁)과도 같은 내용이다.

太極圖
태 극 도

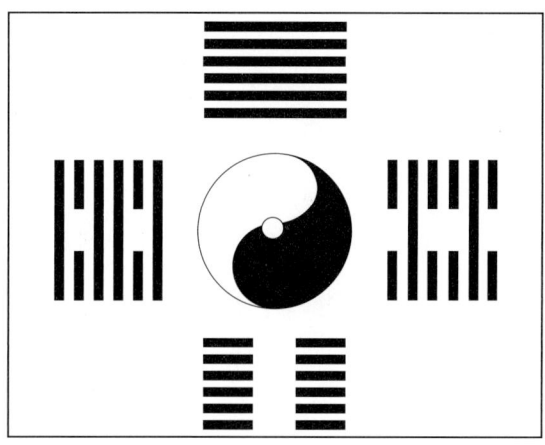

太極旗圖

手旗 四分之一圖

青
黃
赤

水旗寸法
全面四方七寸外圖二寸
分等爲三內極直徑五寸
同製則成左右之極也
每人常常持攜以使用時

青黃赤
前後

3. 삼역(三易)의 도

○ 변역 · 불역 · 교역(變易 · 不易 · 交易)

천지인 삼재(三才) 법도에 따라서 易을 삼역(三易)으로 분류하여 정의하기도 한다. 易은 끊임없이 생성변화하면서 결코 변하지 않는 근본 섭리가 있다. 이를 변역과 불역으로 일컫는다.

변역의 현상작용 속에는 늘 불변부동의 불역이 본체로 존재한다. 그러나 내가 있으면 남이 있듯이 하나는 반드시 둘을 낳아 대(對)를 이룬다. 또한 상대와 교감하고 교통을 하게 되므로 교역이라고도 이른다. 따라서 변역과 불역, 교역은 삼위일체로 하나이다.

선천팔괘는 '불역'의 본체로 음양 상대성의 원리를 보여주며 음양의 동정변화인 '변역'을 담고 있다. 반면 후천팔괘는 선천 음양이 '교역'을 행하여 즉 남녀가 부부로 배합하여 생성되는 오행의 유행작용인 '변역'을 담고 있다.

음양은 선천부모이고 오행은 후천자녀이다. 팔괘의 선후변화에는 인과법칙이 있으며 이를 근거로 길흉화복이라는 점(占)을 글로써 판단하고 정의한 것이 괘사(卦辭)와 효사(爻辭)이다.

『大學(대학)』에서 일컫는 '격물치지(格物致知)'를 한 글자로 표명하면 점(占)이다. 占의 본뜻은 '천지상하의 이치를 꿰뚫어[丨] 사람이 나아갈 중심방향을 점찍어[丶] 말하다[口].'는 뜻이다. 64괘사(卦辭) 384효사(爻辭) 가운데 과녁을 쏘아 맞히듯이 때의 변혁을 상징하는 괘가 혁괘(革卦)이다. 전체 384효사(爻辭) 가운데 혁괘(革卦)의 중심인 구오(九五) 한군데에만 특별히 점(占)을 언급하였는데 이는 공자가 말씀한 일관지도(一貫之道)와도 연계된다.

○ 천역 · 서역 · 인역(天易 · 書易 · 人易)

천문 · 인문 · 사문(天文 · 人文 · 斯文)의 도가 자연의 역에서 비롯된다. 천지자연의 변화가 천역(天易)이다. 이로부터 복희씨와 문왕, 주공, 공자 네 분 성인의 한결같은 마음으로 전한 사성일심(四聖一心)의 서역(書易)이 나왔다.
　서역(書易)인 『周易(주역)』경전에는 사물의 준칙법도와 예악, 문물, 제도, 법령 등 인사 제반에 걸친 지혜가 두루 담겨 있으므로 생활의 역인 인역(人易)을 낳았다.

○ 획역 · 작역 · 찬역(畫易 · 作易 · 贊易)

　태곳적 성인 복희씨는 문자의 기원인 괘효(卦爻)의 획을 처음으로 그어 획역을 하였고 주(周)나라 성인인 문왕과 주공 두 부자는 64괘사(卦辭)와 384효사(爻辭)의 찬란한 문장을 지어 작역을 하였다. 춘추시대 말엽 공자는 易이 시방세계로 두루 나래를 펼쳐 만세의 귀감이 되도록 「十翼(십익)」의 해설전문을 달았다. 전대의 성인이 세운 易의 도를 도왔으므로 찬역[8]이라고 한다.

○ 연산 · 귀장 · 주역(連山 · 歸藏 · 周易)

　고대 하은주(夏殷周)시대의 易은 연산 · 귀장 · 주역이다. 하(夏)나라와 은(殷)나라 때는 易이란 용어 대신 연산과 귀장을 사용하였다.

①연산

重山艮　연산과 귀장은 현재 실전되어 자취를 알 수 없지만 상고시대 하(夏)나라의 연산은 64괘의 머리를 중산간(重山艮,52)으로 세웠다고 전한다.
　'산(☶) 넘어 산(☶)'으로 연이어 있음이 연산 즉 중산(重山)이다. 간(☶)괘의 형상도 아래 두 음효(⚏)가 양쪽으로 벌어진 협곡, 위 양효

(一)가 산 위에 펼쳐진 능선을 나타낸다. 양의 기운은 가볍고 맑아서 위로 오르는 성질이 있다. 제자리에 머물러 요지부동인 산은 양 기운이 위로 올라가 가만히 그쳐 있으면서 아래 음들의 난동을 막는 모습이다.

복희 선천팔괘방위로 보면 일몰을 지나 어둑어둑해지는 서북방에 간산(艮山)이 자리하는데 하루의 일과를 마치는 때이다. 후천팔괘 방위로는 새벽이 열리는 동북방에 간(艮)이 온다. '저물 혼(昏)'의 상하를 바꾼 글자가 艮이다.

간괘(艮卦)를 연산의 머리로 세운 까닭은 艮이 만유의 밑뿌리[根]로서 모든 것의 출입처인 태극의 문(門)으로 보았기 때문이다. 산언덕은 정상을 중심으로 양쪽이 서로 등진 상태이다. '문 문(門)'이란 글자에도 좌우로 산(山)을 등지게 해 놓았다.[9] 또 艮은 산과 같이 제자리에 머물러 그침을 뜻한다. 모든 움직임은 그침을 바탕으로 해서 일어난다. 먼저 그칠 때 그쳐야만 비로소 움직일 수 있음을 '시지시행(時止時行)'[10]이라고 한다.

우(禹)는 하(夏)나라 시조이다. 필자의 주장이지만 우(禹)가 순(舜)임금의 명으로 치수할 때 응용하였다는 낙서수리는 본래 선천팔괘방위도의 남녀왕래에서 자연히 도출되어 나온다. 최초의 易이 하(夏)나라 연산임을 미루어볼 때 용마(龍馬)와 거북이[神龜]가 지고 나온 하도(河圖)와 낙서(洛書)의 수리는 우리 동북간토의 易을 뿌리로 하였으리라 생각된다.

---

8. 『史記(사기)』 공자세가(孔子世家)에 공자가 '뒤늦게 易을 좋아하여 쇠가죽으로 엮은 죽간 주역의 끈이 세 번이나 끊어질 정도였다.' 는 "만이희역, 위편삼절(晚而喜易, 韋編三絶)" 의 기록이 전한다.

9. '그늘 음, 볕 양'에 '언덕 부(阜. 阝)' 부수를 가미한 이유도 언덕을 경계로 음지가 양지, 양지가 음지로 바뀌는 역의 양극(兩極) 변화가 상대적으로 펼쳐지기 때문이다. '한계 한, 허리 한(限)'이란 글자도 척추를 중심으로 허리가 둘로 나뉘듯이 음극과 양극의 경계가 언덕을 중심으로 나뉜다는 뜻이다.

10. 오행이치를 담은 후천팔괘 방위로는 새벽이 열리는 동북방에 간괘(艮卦)를 두어 밤과 아침의 한계(限界)를 갈라놓았다. 공자는 "終萬物始萬物者 莫盛乎艮이라" 즉 '만물을 끝맺고 만물을 시작하는 동북 간방(艮方)에서 선후천의 종시(終始)가 이루어진다.'고 풀이하였다. '뿌리 근(根)' 역시 동북 간토(艮土)에 뿌리내린 동방 진목(震木)을 상징한다.

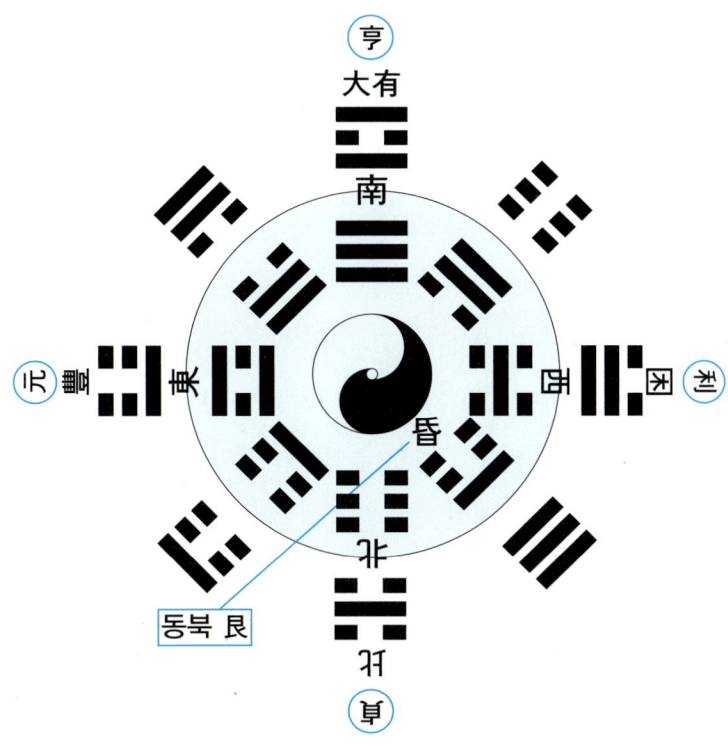

② 귀장

重地坤

은(殷)나라의 易인 귀장은 64괘의 머리를 중지곤(重地坤)으로 세워 어머니에 해당하는 괘인 땅을 중시하였다고 한다. 귀장은 '되돌아가[歸] 갈무리되다[藏]'는 뜻이다. 곤괘(坤卦)는 전부가 음(--)인 비어있는 형상이다. 땅의 흙(土)이 비어 있기 때문에 모든 생명을 머금고 기르며 펴낸다[申].

중산간(重山艮, 52)이 '그침에서 모든 변동이 발생하다'는 자지이행(自止而行)이라면 중지곤(重地坤)은 '비워서 담고 실어준다'는 자무이유(自无而有)이다.

귀장은 자연의 무(无)를 상징하는 땅에서 만유(萬有)가 나오고 모든 생명이 마침내 복귀하는 '종(終)과 무위(无爲)'를 중시한다. 공수래공수거(空手來空手去)의 공(空) 사상과도 연관된다고 할 수 있다.

③주역

重天乾

괘사(卦辭)와 효사(爻辭)를 지은 문왕과 주공은 주(周)나라 성인이다. 주역(周易)의 명칭 속에는 일월 주기변화에 대한 뜻까지 담았다. 주역(周易)은 중천건(重天乾)을 머리로 내세워 하늘이 일체만유를 포괄하여 이끄는 본체임을 밝혔다.

'양대음소(陽大陰小)' 즉 양은 크고 음은 작은데 64괘 중 건괘(乾卦)만이 모두 양효(━)인 순양 괘이므로 가장 크다. 하늘의 양은 一, 땅의 음은 二, 만물의 생성은 三으로 대표된다. 『周易(주역)』 64괘의 순서도 乾(1) 坤(2) 屯(3)으로 시작되어 하늘과 땅의 개벽으로 인해 만물이 시생되는 이치를 펼친다.

주역(周易)에 이르러서 비로소 자연의 상수리(象數理)를 두루 회통한 인문철학이 완성된다. 주역(周易)은 '양선음후(陽先陰後)'의 선후법도를 바탕으로 복희의 선천음양팔괘와 문왕의 후천오행팔괘의 인과를 밝히어 길흉화복의 점(占)을 두루 판단한다. 천체일월운행에서 일어나는 주천기삭(周天朞朔)의 자연역수를 근본으로 주기율과 진법, 간지 등을 괘효(卦爻)에 담았으며 중천교역(中天交易)을 통해서 선천에서 후천으로 미래 혁신을 이루는 때를 제시한 비전서(秘傳書)로도 본다. 연산 귀장의 핵심이치도 『周易(주역)』경전 속에 녹아있다고 할 수 있다.

아래는 야산(也山) 선생이 쓴 시문이다.

> 日月明明讀易天 歸藏地秘故山連
> 일 월 명 명 독 역 천 귀 장 지 비 고 산 련
>
> 밝고 밝은 해와 달. 역의 하늘(주역)을 대해보니
> 귀장한 땅의 신비, 고향산천(연산)으로 이어지네.

○ 역·역·혁(歷·曆·革)

시대	역의 명칭	수괘(首卦)	세수(歲首)	역법
하(夏)	연산	重山艮(䷳)	寅月	人正(人統)
은(殷)	귀장	重地坤(䷁)	丑月	地正(地統)
주(周)	주역	重天乾(䷀)	子月	天正(天統)

澤火革

易이 일월의 도라는 측면에서는 기본적으로 책력(冊曆)의 원리를 뜻하기도 한다. 대개 전후의 과정을 과거와 미래로 나누면 지나온 세월의 행적을 기록한 것은 '지낼 력(歷)', 다가올 미래를 알고자 추정하여 역수를 적은 것은 '책력 력(曆)'이다. 易의 음의와도 자연 통한다. 그 전후 중간에 해묵은 것을 때 맞추어 고쳐 바꾸는 '혁(革)'이 처한다. 택화혁(澤火革, 49)은 『周易(주역)』 64괘 가운데 49 번째에 자리하며 그 형상은 화(火)기운이 왕성한 여름(☲)에서 금(金)기운이 왕성한 가을(☱)로 바뀌는 모습이다. 사계절 가운데 '화극금'으로 가장 역동적인 변화를 이룬다.

음양의 동정변화를 담은 선천팔괘는 만물의 근원인 자연의 본질 세계를 나타내지만 오행의 생극 작용을 담은 후천팔괘는 만물이 생존하는 현실의 현상 세계를 나타낸다.

『周易(주역)』의 체계를 상경(上經) 30괘와 하경(下經) 34괘 즉 선천과 후천으로 나눈 뜻도 천도와 인사의 선후체용을 대별함에 있다.

선천의 근원적 측면에서는 易은 천지가 열리기 이전의 무극 상태에서 일점의 태극이 발하여 천지만물이 나오는 근본 이치를 밝혀준다. 천지부모가 만물을 낳기 이전의 이른바 '부모미생전(父母未生前)'의 선천 이치를 담은 그림이 하도와 선천팔괘이다.

역사적으로 하은주(夏殷周) 삼대의 왕조변혁과 더불어 책력의 변화 과정이 단행되었다. 하(夏)나라 때는 인월(寅月), 은(殷)나라 때는 축월(丑月), 주(周)나라 때는 자월(子月)로써 한 해의 머리를 세웠는데 이를 '세수(歲首)'라고 한다.

천개어자(天開於子), 하늘의 문은 자정(子正)에 열린다. 자월(子月) 즉 동짓달을 한 해의 머릿달로 삼고 건괘(乾卦)로써 머리를 세운 주(周)나라의 주역(周易)과 연계된다. 천도의 바름을 쫓으므로 천정·천통(天正·天統)의 역법이라 이른다.

지벽어축(地闢於丑), 땅의 문은 축시(丑時) 중반에 열린다. 곤괘(坤卦)로써 머리를 세운 은(殷)나라의 귀장과 연계된다. 지도의 바름을 쫓으므로 지정·지통(地正·地統)의 역법이라 이른다.

인생어인(人生於寅), 사람과 만물은 인시(寅時) 중반부터 생동(生動)한다. 간괘(艮卦)로써 머리를 세운 하(夏)나라 연산과 관계된다. 인도의 바름을 쫓으므로 인정·인통(人正·人統)의 역법이라 이른다. 인시(寅時)는 새벽을 상징하는 동북의 간방(艮方)에 속한다. 공자도 역법만큼은 하(夏)나라의 역법인 연산을 쫓고 싶다고 하였다. 사람을 중심으로 놓고 보면 초봄 인월(寅月)을 정월(正月)로 삼음이 합리적이다.

도서팔괘에 관련된 내용이 심오하고 방대하므로 본서에서는 『周易(주역)』 경전 공부에 필요한 기본 원리만 간단명료하게 정리하여 소개한다. 상세한 해설은 필자가 쓴 『해와 달을 머금은 주역(2019, 담디)』에 나온다.

4. 도서(圖書)와 팔괘

○ **우주 하도 - 태극삼재(太極三才)**

① 용마부도(龍馬負圖)

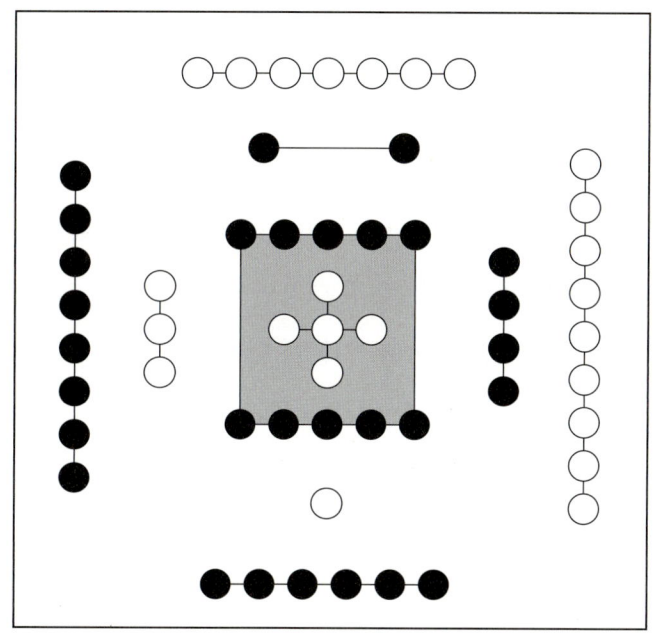

하도(河圖)

    하도는 상고 선사시대의 전설적인 그림으로 『易經(역경)』에서의 태극·음양·삼재(三才)·사상·오행·팔괘 등 제반분야의 밑바탕이 된다.
    지금으로부터 5천여 년 전 '복희씨'라는 성인이 처음으로 왕이 되어 세상을 다스릴 때에 하수(河水)라는 강물에 머리는 용이고 몸은 말의 형상을 한 신비한 용마(龍馬)가 출현하였다. 그 등에는 열 가지 선모(旋毛) 형태의 '수를 나타낸 무늬'가 있었다고 한다. 이를 '황하에서 출현한 용마(龍馬)의 그림'이라는 뜻에서 '하도'라고 부른다. '하(河)'는 본래 중원 지역에서 가장 큰 강물인 황하이고 도(圖)는 사물의 형상을 본뜬 그림을 일컫는다. 도(圖)는 둥글게 회전(回)하는 시간·공간의 곳집(囗: 곳집 름)인 '우주의 영역'을 상징한다. 상하사방의 무한한 공간 세계가 '집 우(宇)'이고 왕고래금(往古來今)의 무궁한 시간 세계가 '집 주(宙)'이다.

하수 강물에서 나왔지만 우주 시공의 천체 현상을 담았으므로 하도는 '하늘 은하(銀河)의 선회와 땅 황하(黃河)의 물길'이라는 두 가지 뜻을 겸한다.『千字文(천자문)』의 첫 문구 "천지현황 우주홍황(天地玄黃 宇宙洪荒)"에 잘 부합되는 그림이다.

하도는 '용마부도(龍馬負圖)'로도 부른다. 용마(龍馬)가 하도를 등에 짊어지고 나왔기 때문이다. 용마(龍馬)는 '힘차고 건장한 말'이라는 뜻이지만 머리는 형이상적인 하늘의 용이고 몸은 형이하적인 땅의 말 모양을 한 신비로운 짐승으로도 풀이한다. 은하·황하의 천지를 아우른 하도와 동일한 뜻이다. 10가지 수 무늬를 담은 하도에는 우주 대자연의 진리(道)가 담겨있다. 도(圖)와 도(道)는 그 음의가 서로 통한다. 사물에 대한 꿈과 상상력은 곧 사물을 그리는 것이다. 꾀함의 원천이 그림이므로 '꾀할 도(圖)'라고도 한다. 지혜로운 '꾀'에서 나아갈 '길'이 열린다.

도(道)는 '머리(首)에서 생각하는 바대로 몸이 따라 움직이다(辶. 辵)'는 뜻이므로 도마뱀의 머리와 몸을 본뜬 易과도 자연히 통한다. 10가지의 수로 이루어진 하도에는 기본적으로 천도와 지도가 깔려있다. 천도와 지도를 음양부모로 하여 자연 인도가 생성되므로 삼재지도(三才之道)로 일컫는 易의 바탕이 된다.

기본적인 양효(—)와 음효(--)의 상(象)은 움직임과 고요함, 굳셈과 부드러움, 밝음과 어두움, 큼과 작음, 앞섬과 뒤따름, 맑음과 흐림, 주체와 객체, 줄기와 가지, 해와 달, 하늘과 땅, 남자와 여자 등을 나타낸다. 수(數)의 측면에서는 1획과 2획이지만 길이로는 3대 2 즉 삼천양지(叄天兩地)로 대비되는 것이 음양의 효이다.

陽(—)	기(홀)	선	동	상	변	강	간	실	천	일	남	명	체	본	대
陰(--)	우(짝)	후	정	하	화	유	지	허	지	월	녀	암	용	말	소

본래 '셈할 수(數)'는 '여자[女]가 손에 들고 있는 대바늘로[中] 무늬를 수놓거나 바느질하다[貫]'는 의미인데 이리저리 꿰어 '셈하다, 계산하여 점치다.'는 뜻으로 쓰이게 되었다. 모든 사물이 형상을 갖추고 있듯이 괘와 효 또한 수 무늬를 갖추고 있다[11].

한편 머리[首]로 생각하지 않으면 수(數)를 셈할 수 없다. 수를 셈하는 원시적인 자연도구가 바로 손[手]이다. 손가락을 굽히고 펴는 굴신(屈伸) 작용으로 수를 셈하는 '머리 수(首)이고 손 수(手)'는 수(數)의 음의와 서로 통한다. 오복과 오행 가운데 으뜸인 '목숨 수(壽)'와 '물 수(水)' 또한 '수(數)'와 연계된다. 물은 생명의 근원이다. 하도의 십(十)수 이치에 따라 뱃속의 태아는 열 달이 지나야 열 구멍을 갖춰 태어나는데 한 방울의 부정모혈(父精母血)인 물로 잉태되고 모태의 양수 속에서 길러진다.

②하락총백(河洛總百)

하도는 1~10으로 나아가는 10진(進)을 기본 수리로 하는데 그 수의 합이 55이다. 나아감이 극하면 다시 물러나는 자연법칙에 따라서 정점인 10에 이르면 다시 9~1로 되돌아와 45로 수합을 이룬다. 그 수를 모두 더하면 100이 된다.

---

11. 천지수화를 나타낸 건곤감리(乾坤坎離)는 수를 셈하는 가감승제(加減乘除)를 표상하기도 한다. 곱하기와 나누기, 더하기, 빼기의 부호가 건(乾☰→×)과 곤(坤☷→÷), 리(離☲→+), 감(坎☵→−)에 상응하기 때문이다. 동적인 양은 팽창 배가하고 정적인 음은 수축 분리된다. 순양순음의 건곤(乾坤)은 천지부모이다.
'아비 부(父)'와 '어미 모(母)'의 글자에도 ×와 ÷의 부호가 들어있다. 물불을 상징하는 감리(坎離)는 불이 위로 붙고 물이 아래로 빠지는 성질이 있으므로 '붙을 리(離), 빠질 감(坎)'으로 훈음(訓音)을 삼는다. 리(☲)는 큰 양효 사이에 작은 음효가 걸려 붙고(+) 감(☵)은 작은 음효 사이에 큰 양효가 빠져있는(−) 형상이다.

百의 一白은 '본체 1을 비워(空白) 나머지 99를 쓰다, 모든 수의 처음과 끝이 1임을 밝힌다[白].'는 의미다.

물이 어는 온도는 0도이고 끓는 온도는 100도이다. 액체인 물은 고체 상태인 얼음과 기체 상태인 수증기 사이에 존재한다. 수온을 100분한 연유도 하도수리에서 자연 찾을 수 있다. '만물 물(物)' 또한 생명의 근원인 물과 관계된 글자이다.

태극이 일으키는 기본적인 순환주기는 55와 45를 합친 100이다. 뒤에 살피겠지만 45는 낙서 구궁수의 총합이다. 하도는 자연히 낙서(洛書)를 낳고 낙서는 다시 하도를 낳는다. 하도는 선천적인 본체원리이고 낙서는 후천적인 현상작용을 뜻한다.

하락(河洛)의 전체총합 100을 '하락총백(河洛總百)'이라고 한다. '십십지백 · 백백지만 · 만만지억(十十之百 · 百百之萬 · 萬萬之億)'의 무한대로 나아가 억조창생인 만물이 생성되어 나온다. '무극이태극(无極而太極)'이 자연의 수리로도 입증된다고 하겠다.

태극은 시공간의 영역인 우주의 생성변화를 행하며 음양오행을 펼친다. 무궁한 태극의 '이오지십(二五之十)'을 표상한 그림이 바로 하도이다. 안에서는 천도에 해당하는 생수(1~5), 밖에서는 지도에 해당하는 성수(6~10)가 각기 내외배합을 행하며 남 · 북 · 동 · 서 · 중, 상 · 하 · 좌 · 우 · 중 오방에 거처한다. 오방은 인도에 해당하는 수 · 화 · 목 · 금 · 토 오행의 집이기도 하다. 공간세계인 '집 우(宇)'는 상하사방 육합(六合)으로도 정의되는데 대성괘의 밑바탕인 육위 · 육효(六位 · 六爻)의 집이다.

방향을 정하는 기준이 방위(方位)이다. 방법 · 방식 · 방책(方法 · 方式 · 方策) 등에서 알 수 있듯이 음양오행의 易을 공부함에 있어서 기본방위 설정은 지극히 중요하다.

易에서는 북쪽을 밑뿌리로 삼아 아래 방위에 둔다. 태극의 극(極)은 나무가 극진히 뻗어 생장함을 뜻한다. 뿌리는 선천의 본(本)이고 가지는 후천의 말

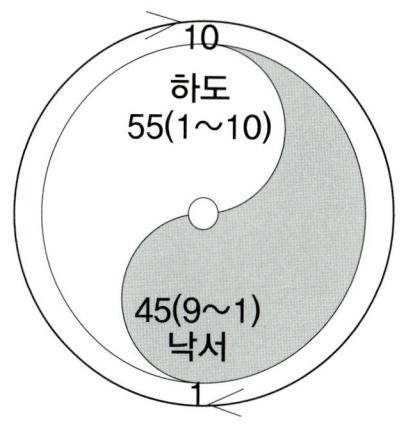
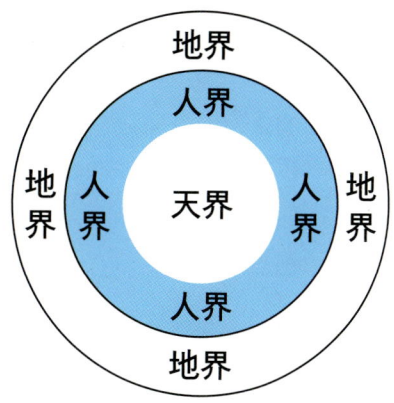

(末)이다. 먼저 땅 아래에 뿌리를 내리므로 아래를 북쪽(북극), 그 다음 가지와 잎사귀가 땅 위로 뚫고 나오므로 위를 남쪽(남극)으로 배정한다. 북극성을 중심으로 천체가 돌아가고 하루의 때는 해가 북쪽에 있는 자정을 기준으로 하여 돌아감과 같다.

북쪽은 어둡기에 등지는[背] 곳이고 남쪽은 밝기에 바라보는[面] 곳이다. 물이 아래로 흐르고 불이 위로 타오르듯이 하도의 북방은 물이 자리하고 남방은 불이 자리한다. '背(등 배), 面(낯 면)'이란 글자도 어두운 북쪽에 해당하는 등과 밝은 남쪽에 해당하는 낯(얼굴)을 가리킨다[12].

점·선·면(點·線·面)은 3차원의 공간 영역과 4차원의 시간영역으로 확장된다. 공간은 정적인 땅의 음이고 시간은 동적인 하늘의 양에 연계된다. 텅 빈 공간을 바탕으로 시간이 끝없이 흐르는 대자연을 시공간의 집인 우주로 일컫는다.

천도는 맑고 동적인 양물로 본(本)이고 지도는 흐리고 정적인 음물로 말(末)이 된다.

---

12. '상하남북'이 정해짐에 따라 왼쪽은 동쪽이고 오른 쪽은 서쪽이 되어 자연 '좌우동서'를 이룬다. 『大學(대학)』 격물장(格物章)에 "물건에는 근본과 결말이 있고 일에는 마침과 시작이 있다. 앞서고 뒤따를 바를 알면 도에 가까워진다(物有本末 事有終始 知所先后 則近道矣)."고 하였다. 본말선후의 이치를 아는 것이 모든 학문의 근본이라는 뜻이다. 방위 설정에 있어서도 마찬가지이다.

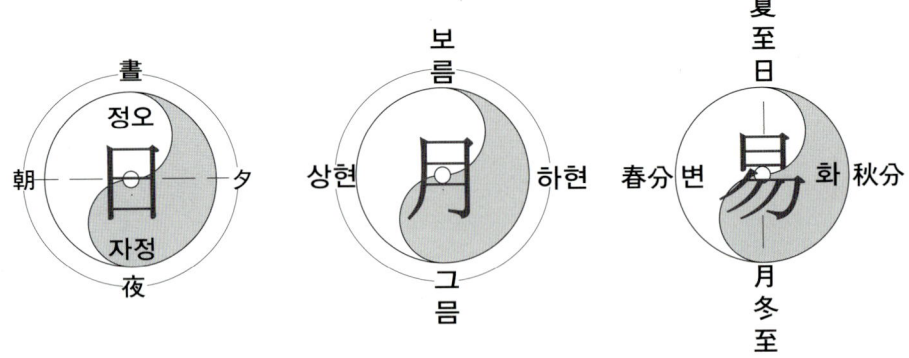

　내외중 삼재(三在)로 존재하는 것이 천지인 삼재(三才)이다. 먼저 위 하늘 다음 아래 땅이 열리며 만물과 사람이 그 중간에 나와 상천하지중인(上天下地中人)이 된다. 선후생성의 법도에 따라 하도를 살피면 내재(內在)된 생수(1~5)는 형이상의 천도이고 외재(外在)된 성수(6~10)은 형이하의 지도이다. 천도와 지도의 내외배합에 의해 그 중간에 만물을 구성하는 원소인 오행이 생성되어 인도가 세워진다.

　양물인 하늘의 도는 남자이고 음물인 땅의 도는 여자를 이룬다. 공자는 "건도성남 곤도성녀(乾道成男 坤道成女)"를 강조하였다. 자연 하도 사방의 내부에는 남자인 부친·장남·중남·소남(1·2·3·4)이 자리하고 외부에는 여자인 모친·장녀·중녀·소녀(6·7·8·9)가 순차적으로 자리한다.

　내외생성의 중심부에는 소성 팔괘의 근원인 대성 건곤(乾坤)이 자리한다. 부모와 삼남삼녀를 생성하는 조부·조모(5·10)격이므로 천태극·지태극으로 본다. 성인 복희의 팔괘 창안이 바로 내외선후로 흐르는 자연한 하도수리에 기인하는 것이다[13].

---

13. '동녘 동(東), 서녘 서(西), 남녘 남(南), 북녘 북(北)'. 사방을 대표하는 글자들은 선후천팔괘의 음양오행, 선후인과의 내외배합에서 만들어진 글자이다. 해 뜨는 방위인 동(東)은 뇌화풍(雷火豐,55)이고 저녁이 되면 새가 둥우리로 들어가는 서(西)는 택수곤(澤水困,47)이며 태양이 중천에 올라 세상을 비추는 남(南)은 화천대유(火天大有,14)이고 만물이 땅으로 돌아가 편히 쉬는 북(北)은 수지비(水地比, 8)에서 비롯된 글자이다. 공자는 건문언전(乾文言傳)에서 동서남북을 "동성상응·동기상구·화취조·수류습(同聲相應·同氣相求·火就燥·水流濕)"으로 풀이하였다. 이러한 동서남북(東西南北)이란 글자는 『書經(서경)』 요전(堯典)편에도 나온다. 음양오행의 기본 이론이 상고시절 두루 갖추어져 활용되었음을 잘 보여준다.

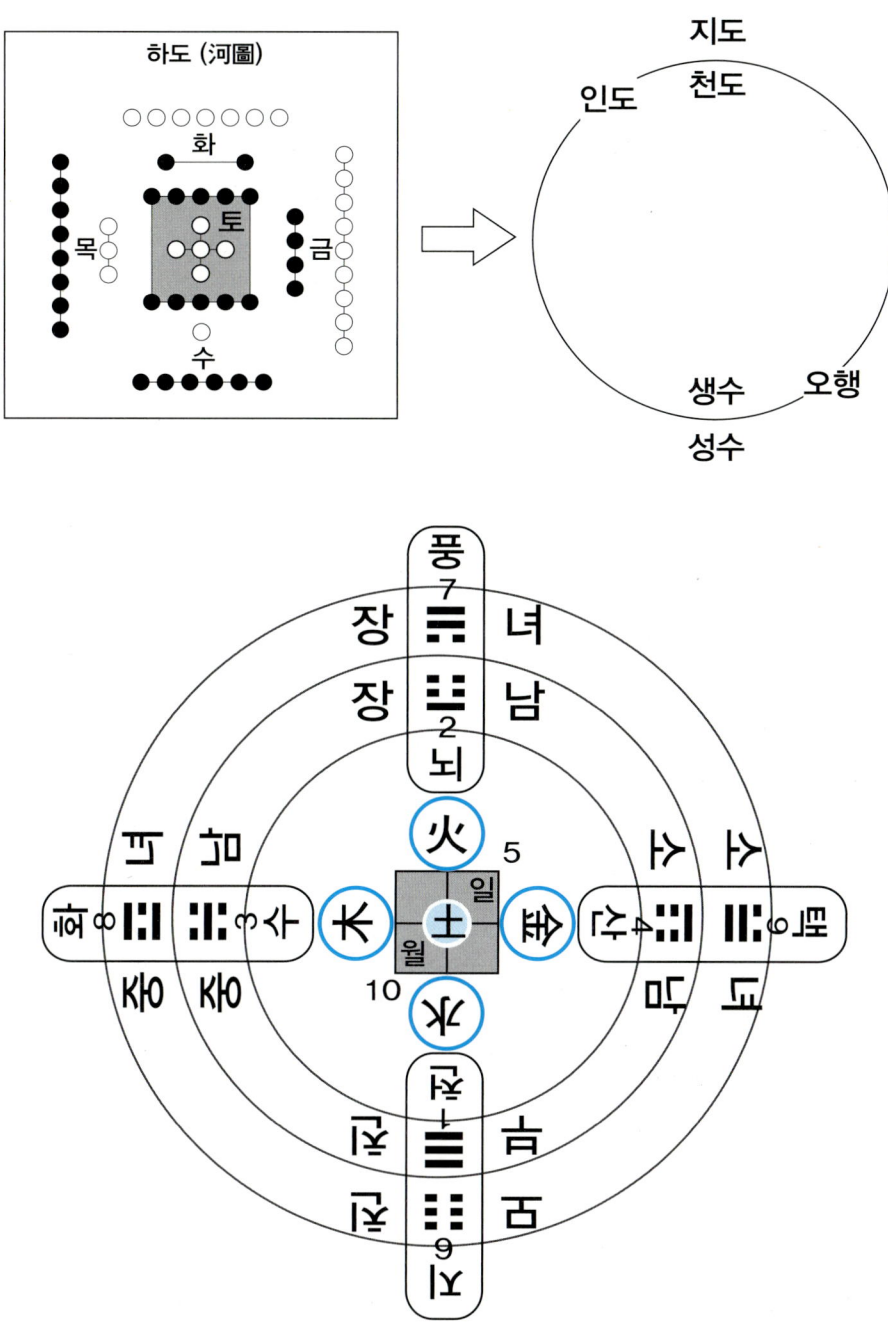

하도배괘 (필자)

북방수 지천태(地天泰), 남방화 풍뢰익(風雷益)
동방목 화수미제(火水未濟), 서방금 택산함(澤山咸)

○ **행신문(行神文)**

공자는 "하수에서 그림이 나오고 낙수에서 글이 나오거늘 복희씨 성인이 이를 법도로 삼았다[14]."고 하였다. 『論語(논어)』에서도 "하수에서 그림이 나오지 아니하고 봉황이 이르지 않으니 그만두어야하는가[15]?" 하고 천시가 따라주지 않음을 탄식한 구절이 나온다. 하도에 대한 공자의 지극한 믿음과 존숭을 엿볼 수 있는 대목이다.

天一地二天三地四天五地六天七地八天九地十이니
천 일 지 이 천 삼 지 사 천 오 지 육 천 칠 지 팔 천 구 지 십
天數 五요 地數 五니 五位相得하며 而各有合하니
천 수 오   지 수 오   오 위 상 득   이 각 유 합
天數 二十有五요 地數 三十이라 凡天地之數 五十有五니
천 수 이십유오   지 수 삼십   범 천 지 지 수 오십유오
此 所以成變化하며 而行鬼神也라.
차 소 이 성 변 화   이 행 귀 신 야
- 周易(주역)계사상전 제9장

하늘은 하나, 땅은 둘, 하늘은 셋, 땅은 넷, 하늘은 다섯, 땅은 여섯, 하늘은 일곱, 땅은 여덟, 하늘은 아홉, 땅은 열이니 하늘의 수가 다섯 가지이고 땅의 수가 다섯 가지이다. 다섯 자리가 서로 얻으며 제각기 짝함이 있으니 하늘의 수가 25이고 땅의 수가 30이다. 무릇 하늘과 땅의 수가 55이니 이로써 변화를 이루고 귀신조화를 행하는 바이다.

공자는 "생생지위역(生生之謂易)"이라고 정의하였다. 역의 태극 조화가 끊임없이 낳고 낳아 무궁히 펼쳐진다는 뜻인데 우리말에도 생명의 활기찬 약

---

14. 『周易(주역)』 계사상전(繫辭上傳) 제11장: 河出圖 洛出書 聖人則之.

15. 『論語(논어)』 자한(子罕)편: 子曰 鳳鳥不至 河不出圖 吾已矣夫.

동을 '생생하다, 팔팔하다'고 한다. 팔팔(八八)은 선천팔괘와 후천팔괘를 각기 상징하는 수이다. 동시에 서로 곱하면 64를 낳으므로 소성 팔괘가 내외로 짝하여 대성 64괘를 생성함과 통한다.

공자가 하도의 신비조화를 64자로 설명한 문장을 일명 '행신문(行神文)'이라고 한다. 문장형식을 굳이 64자로 맞춘 까닭은 하도의 수리가 易의 대성 64괘를 펼치는 바탕임을 지적하고자 한 것이라 생각된다. 易을 공부함에 있어서 올바른 길을 잃지 않도록 세심하게 글의 격식을 갖춘 것이다.

1 2 3 4 5 6 7 8 9 10 열 가지 수에 대해 공자는 홀수인 1 3 5 7 9를 천수(天數), 짝수인 2 4 6 8 10을 지수(地數)로 정의하는 한편 이웃한 수들끼리의 상득(相得)과 안팎의 수들끼리의 교합(交合)에 의해서 삼라만상이 변화하고 귀신조화가 행해진다고 하였다. 귀신이란 음귀양신(陰鬼陽神)으로 양적인 조화를 베푸는 신(神)과 음적인 조화를 펼치는 귀(鬼)를 일컫는다. 천지의 수 55는 천수(天數) 1 3 5 7 9의 합수인 25와 지수(地數) 2 4 6 8 10의 합수인 30을 더한 수이다.

1~10에 이르는 열 가지 수는 우주 자연 전체를 상징한다. 무궁무진한 조화를 펼쳐서 억조창생을 열기에 '열 십(十)'이다. 사람의 손가락과 발가락이 각기 10개이고 태중의 아이도 어머니 뱃속에서 10달 만에 세상에 나온다. 얼굴에 7구멍, 대소변을 보는 2구멍, 모태와 연결된 배꼽까지 합하여 10구멍을 기본으로 하여 생성된다. 우주 자연(十)의 조화를 완벽히 갖춘 존재가 사람이므로 만물의 영장이라 일컫는 것이다. 예로부터 천도의 운행이치를 10간(十干) '갑을병정무기경신임계'로 세운 것도 하도에 기초한다.

①수의 득합(得合)

공자는 홀수인 기수(奇數) 1 3 5 7 9를 '천수(天數)', 짝수인 우수(偶數) 2 4 6 8 10을 '지수(地數)'로 표명하였다. 천수는 양적(一)인 수로서 홀로 있어 자유로운데다 중심이 실(實)하므로 동적이다. 반대로 지수는 음적(--)인 수로서 짝이 이루어 안정을 이룬데다 중심이 허(虛)하므로 정적이다[16].

한편 하도의 1~10은 내외본말과 선후생성의 자연한 배열을 갖추고 있으므로 내부의 1 2 3 4 5는 '생수'이고 외부의 6 7 8 9 10은 '성수'라 일컫는다. 만물의 기본 원소인 오행의 생성이 생수와 성수의 내외배합에 의한다.

본문의 오위상득(五位相得)과 이각유합(而各有合)을 '수의 득합(得合)'이라고 한다. 오위상득(五位相得)은 천수와 지수의 이웃연대이고 이각유합(而各有合)은 생수와 성수의 내외교합을 뜻한다.

②오위상득(五位相得) → 성변화(成變化)

오위상득의 '얻을 득(得)'은 '발을 움직여[彳→行] 가까이 있는 물건[貝]을 손[寸]에 넣다'는 뜻이다. 수가 1에서 10으로 펼쳐지며 홀짝으로 이어진다. 천수와 지수끼리 가까이 벗하며 상대의 힘을 얻어서 천일지이, 천삼지사, 천오지육, 천칠지팔, 천구지십(天一地二, 天三地四, 天五地六, 天七地八, 天九地十)으로 화목한 이웃이 된다. 기우홀짝으로 비교되는 천수와 지수는 변화(變化)를 이루는 주체이다. 천수는 변(變)하여 오행을 낳고 지수는 화(化)하여 오행을 이룬다.

천1이 변하여 수를 생하고 지2가 화하여 화를 생하고 천3이 변하여 목을 생하고 지4가 화하여 금을 생하고 천5가 변하여 토를 생하고, 지6이 화하여 수를 이루고 천7이 변하여 화를 이루고 지8이 화하여 목을 이루고 천9가 변하여 금을 이루고 지10이 화하여 토를 이루는 것이다.

---

16. 수의 기질(氣質)을 사상의 이치로 보면 홀수는 태양·소양·소강·태강(1·3·7·9)이고 짝수는 소음·태음·소유·태유(2·4·8·6)에 속하므로 천수인 홀수는 기질이 양강하고 지수인 짝수는 기질이 음유한 것으로 보아야 한다. 이에 대해서는 뒤에 설명한다.

행신문 글 마지막의 '성변화(成變化)'는 천수와 지수의 '기우변화(奇偶變化)'를 이른다.

天一生水에 地六成之하고　地二生火에 天七成之하고
천일생수　　지육성지　　　지이생화　　천칠성지
天三生木에 地八成之하고　地四生金에 天九成之하고
천삼생수　　지팔성지　　　지사생금　　천구성지
天五生土에 地十成之니라.
천오생토　　지십성지

③ 이각유합(而各有合) → 행귀신(行鬼神)

이각유합의 '합할 합(合)'은 '남녀가 부부로 만나 자녀를 낳고 한 식구가 된다.'라는 뜻이다. 내부 1 2 3 4 5와 외부 6 7 8 9 10이 안팎으로 짝하여 아래로 천1·지6(天一·地六), 위로 지2·천7(地二·天七), 왼편으로 천3·지8(天三·地八), 오른편으로 지4·천9(地四·天九), 중앙으로 천5·지10(天五·地十)이 배합한다. 내외선후의 생성 법도에 따라 안의 1~5가 생수, 밖의 6~10이 성수가 되어 각기 내외 부부배합을 하여 수화목금토 오행을 생성하는 '귀신조화(鬼神造化)'를 행한다.

이각유합의 '각기 각(各)'은 남자가 짝하는 여자를 구하고 여자가 짝하는 남자를 기다려 각기(各其) 자식을 생성함을 나타낸다. 사물에 이르러 이치를 알아내는 격물치지(格物致知)의 '이를 격, 감통할 격(格)'과도 연계된다.

생수와 성수는 천도와 지도, 남자와 여자, 청과 탁, 동과 정 등으로 서로 대비된다.

행신문 글의 마지막 행귀신(行鬼神)은 생수와 성수의 오행생성을 가리킨다.

공자는 "천수를 합친 25(=1+3+5+7+9)와 지수를 합친 30(=2+4+6+8+10)을 모두 더한 55(=25+30)를 '천지의 수'라고 정의하며 이 55에 의하여 삼라만상의 모든 변화가 이루어지며 귀신의 음양조화가 행해진다."고 하였다. 본문의 오위상득이 '성변화(成變化)'이고 이각유합은 '행귀신(行鬼神)'에 연계됨을 주목하여야 한다.

生數	一	二	三	四	五	內本	配 천도 아비격/남편격
成數	六	七	八	九	十	外末	配 地道 어미격/아내격
五行	水 도	火 개	木 걸	金 윷	土 모	中幹	配 人道 자녀격

④천오지십(天五地十) → 소연대연(小衍大衍)

하도 10수 전체를 태극으로 표현할 수 있지만 사방을 거느린다는 측면에서는 중앙의 5와 10이 이를 대표한다. 5와 10은 수리적으로 '클 태(太), 끝 극(極)' 즉 가장 크고 끝에 자리한 수이다.

생수와 성수의 궁극에 처하므로 5와 10을 '천태극·지태극, 천극·지극'이라고 한다. 5를 '황극', 10을 '무극'으로도 표명한다.

5와 10은 태극을 대표하는 중심이므로 작게는 소연(小衍) 15와 크게는 대연(大衍) 50이란 수를 펼친다. 공자는 64괘 384효를 전개하는 태극의 큰 조화를 대연(大衍) 50으로 정의하였다.

천지자연의 열림은 먼저 5와 10의 분화작용 즉 5가 10을 밀쳐 1 2 3 4로 분화되는 것에서 시작한다. 천극 5는 본체 연모(衍母)이고 지극 10은 연자(衍子)라고 이른다. 체용관계를 이루는 둘을 합친 15가 소연수(小衍數)이다.

5에 의해 10이 사방의 생수인 1 2 3 4로 나뉘어 마침내 5가 10의 통제로부터 독립하여 1 2 3 4를 거느린 중심으로 우뚝 선다. 그 다음 1 2 3 4가 다시 중앙 5의 도움을 받아 바깥으로 각기 사방의 성수인 6 7 8 9 10을 낳는다. 1과 5가 만나서 6, 2와 5가 만나서 7, 3과 5가 만나서 8, 4와 5가 만나서 9, 5는 5 스스로 만나서 10을 이룬다.

하느님이 사람을 창조할 때 먼저 아담이란 남자를 만들고 그 갈빗대를 취하여 이브라는 여자를 만들었다고 하듯이 천도(생수)의 남자로 인해 지도(성수)의 여자가 펼쳐져 나온다.

⑤건도성남(乾道成男) 곤도성녀(坤道成女)

하도의 안에 처한 1 2 3 4 5는 생수로서 만물을 생동시키는 천도를 의미한다. 하도의 밖에 처한 6 7 8 9 10은 성수로서 만물을 화성하는 지도를 의미한다. 생수와 성수는 후대 학자들이 붙인 용어이다.

천도 지도 인도

천도(음양) : 1(태양 부친) 2(소음 장남) 3(소양 중남) 4(태음 소남) 5(천극 조부)
지도(강유) : 6(태유 모친) 7(소강 장녀) 8(소유 중녀) 9(태강 소녀) 10(지극 부모)
인도(기질) : 수(물) 화(불) 목(나무) 금(쇠) 토(흙)

태극을 대표하는 오십토(五十土)

천태극(천극) 五 : 진실(眞實) 황극(皇極)
지태극(지극) 十 : 진공(眞空) 무극(无極)
인태극(인극) 土 : 핵심(核心) 유극(有極)

공자는 하늘의 건도에서 남자가 나오고 땅의 곤도에서 여자가 나온다고 하였다. 하늘과 땅을 형이상의 건곤(乾坤)과 형이하의 천지(天地)로 분별하여 표명한다. 천도와 지도는 청탁·동정·남녀·생성·본말 등으로 대비된다. '남선여후(男先女後)'의 선후법도에 따라 생수가 성수보다 앞에 처한다. 남녀가 부부로 배합을 하면 자식을 생성하듯이 생수성수·천도지도가 남녀 부부로 짝하여 생성물인 인도의 수화목금토 오행을 생성한다.

이렇듯 하도에는 태극·음양·삼재(三才)·사상·오행·팔괘 등 모든 법이 다 갖추어져 있다.

중앙 태극을 배제하고 사상 수리로 설명하면 천도는 음양의 기(氣)를 베풀고 지도는 강유의 질(質)을 이룬다. 천도의 음양은 1태양·2소음·3소양·4태음의 기(氣)를 생하고 지도의 강유는 6태유·7소강·8소유·9태강의 질(質)을 이루는 것이다.

사상을 내적인 위(位)와 외적인 수(數)로 분리하여 1태양위·2소음위·3소양위·4태음위 그리고 6태음수·7소양수·8소음수·9태양수로도 일컫는다. 즉 사상위는 내본인 체이고 사상수는 외말인 용이 된다. 체용합일로 이루어진 결과가 오행이다.

4 다음에 자연 5가 오듯이 사상의 위수(位數)는 기질배합을 통하여 오행인 수화목금토를 생성하는 부모역할을 한다. 1과 6이 만나 생성하는 수(水)는 태양·태유(부친·모친)의 부부결합으로 이루어진 자식이다. 2와 7이 만나 생성하는 화(火)는 소음·소강(장남·장녀), 3과 8이 만나 생성하는 목(木)은 소양·소유(중남·중녀), 4와 9가 만나 생성하는 금(金)은 태음·태강(소남·소녀)의 부부결합에 의한 자식이다. 천극·지극(조부·조모)인 5와 10이 배합하여 생성하는 토(土)는 특정한 기질이 없이 수화목금을 조절하고 중재하는 중심역할을 한다.

내외체용의 선후본말로써 사상의 위수(位數)가 천도와 지도, 남자와 여자로 나뉘듯이 오행에 있어서도 선천적인 천도의 오행과 지도의 오행으로 나뉘며 그 교역배합으로 후천적인 인도의 오행이 생성된다. 실제 활용하여 쓰는 것은 후천적인 인도의 오행이다. 복희의 선천팔괘와 문왕의 후천팔괘의 배열 속에 이러한 이치가 발견된다.

"건도성남 곤도성녀(乾道成男 坤道成女)"라는 공자의 말씀대로 천도는 굳센 남자를 이루고 지도는 순한 여자를 이룬다. 천지가 상하로 교통하여 중

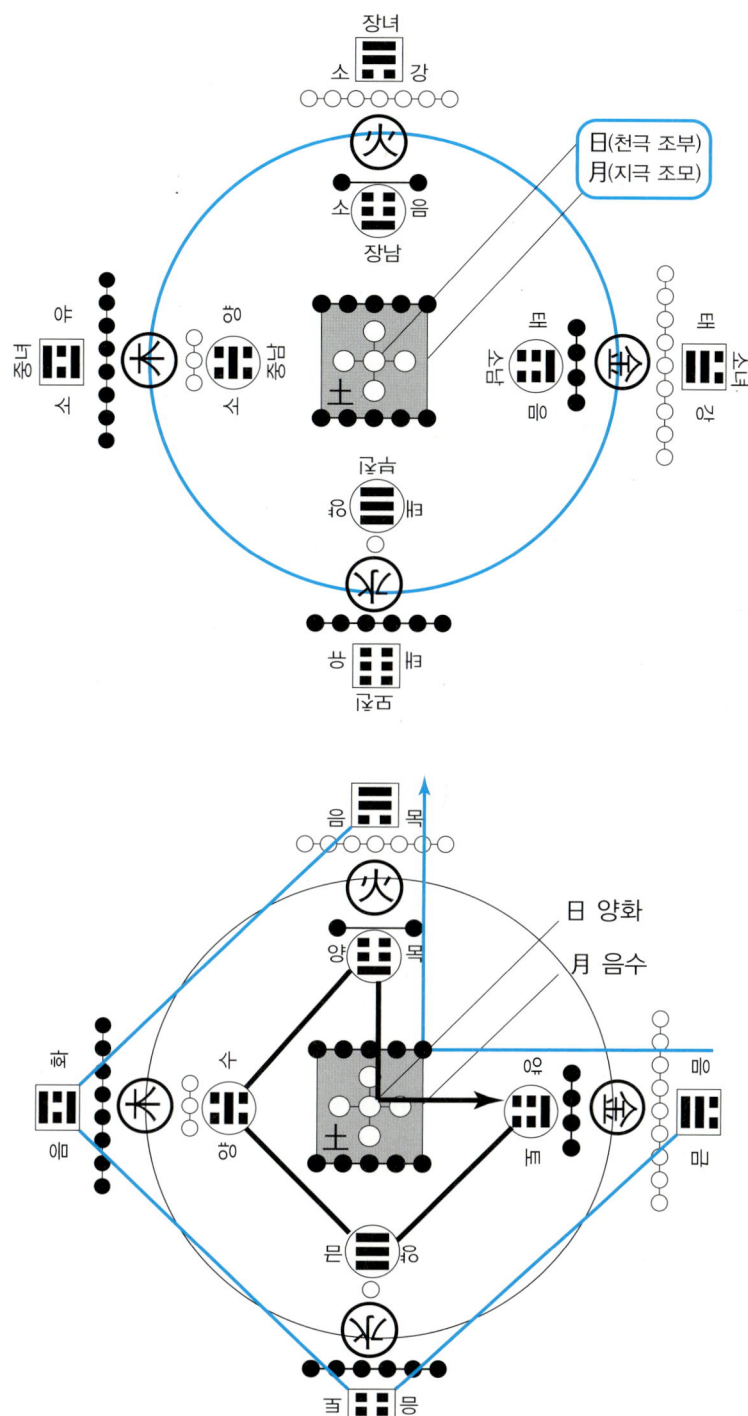

삼재지도(三才之道)와 오행상생(五行相生)

간에 만물을 생성하는 법도대로 남녀가 부부로 교합하여 자식을 생성하는 것이다.

만물의 생성원소인 오행은 1 2 3 4 5라는 생수(천도/남자)가 6 7 8 9 10이라는 성수(지도/여자)를 각기 만나 부부로 교합해서 생성되는 수·화·목·금·토(水·火·木·金·土)를 이른다.

生數	一	二	三	四	五	內本	配 天道 아비격/남편격
成數	六	七	八	九	十	外末	配 地道 어미격/아내격
五行	水 도	火 개	木 걸	金 윷	土 모	中幹	配 人道 자녀격

오행은 맨 먼저 1·6이 짝하여 생성된 수(水)로부터 시작하여 2·7이 짝하여 화(火), 3·8이 짝하여 목(木), 4·9가 짝하여 금(金), 5·10이 짝하여 토(土)를 차례로 생성한다. 오행의 생성순서는 윷말이 도(1) 개(2) 걸(3) 윷(4) 모(5)로 차례로 나아가듯이 1 2 3 4 5의 과정 그대로 수화목금토로 전개된다.

하도 방위에 견주어 오행을 살피면 먼저 1과 6이 짝하여 생성된 차가운 수(水)가 윤하하여 아래 북방, 다음 2와 7이 짝하여 생성된 뜨거운 화(火)가 염상하여 위 남방에 처한다. 수화의 기운이 생성된 뒤에 3과 8이 짝하여 생성된 부드러운 형질의 목(木)이 왼쪽 동방, 4와 9가 짝하여 생성된 단단한 형질의 금(金)이 오른쪽 서방에 처한다. 마지막으로 중앙에 5와 10이 짝해서 토(土)가 생성되는데 사방의 수·화·목·금(水·火·木·金)과 달리 토(土)는 중심에 자리하므로 특정한 성질이 없이 심고 거두는 작용만 한다. 기후로는 상하 남북의 수화(水火)가 한열(寒熱), 좌우동서의 목금(木金)이 온냉(溫冷)으로 대비되며 중앙의 토(土)가 습(濕)에 해당한다.

五行	성질 및 작용
水	윤하 (潤下 : 적셔 내림)
火	염상 (炎上 : 타 올라감)
木	곡직 (曲直 : 굽되 곧음)
金	종혁 (從革 : 따라 바뀜)
土	가색 (稼穡 : 심고 거둠)

수·화·목·금·토(水·火·木·金·土) 순서로 생성과정을 설명한 까닭은 만물의 생성이 수액·화기·목형·금질·토체 즉 '액기형질체(液氣形質體)'의 과정을 차례로 밟아 나왔기 때문이다. 태아생성도 부모의 정혈로 수태되어(水) 기혈이 흐르고(火) 모발이 생기고(木) 골격이 갖추어지고(金) 마침내 피부가 생성되는(土) 과정을 밟는다.

⑥오행의 상생상극

오행을 수·화·목·금·토(水·火·木·金·土)로 정의한 것은 생성순서에 기준한 것이고 순환원리로는 목·화·토·금·수(木·火·土·金·水)로 표현한다. 동방 삼팔목(三八木)으로써 머리를 세우는 까닭은 만물의 생명활동이 이 목(木)에서부터 펼쳐지기 때문이다.

오행의 유행작용은 수생목(水生木)으로 발원한 목(木)을 근본으로 삼는다. 목생화·화생토·토생금·금생수(木生火·火生土·土生金·金生水), 시계 방향으로 좌선(左旋)하면서 진행된다. 해가 동에서 남과 서를 거쳐 북으로 순환하고 춘하추동으로 계절이 변화하는 이치이다.

오행의 시원(始原)은 북방 수(水)인데 겨울은 수왕(水旺)의 계절이고 한밤중 자정은 수기(水氣)가 왕성한 때이다. 한밤중의 잠은 물속에 잠김과도 같다. 물은 나무를 생하여 수생목을 한다.

잠든 생명이 눈을 떠 기지개를 켜듯이 아침이 되면 세수를 하고 정신을 차린다. 목왕(木旺)의 계절인 봄에는 잠든 생명이 바깥으로 나온다. 해가 일출하면 문을 열고 바깥으로 나가 활동을 시작한다. 봄에서 여름으로 변하는 과정이 목생화이다. 마른 나뭇가지를 비벼 불을 얻고 장작을 지피듯이 목생화의 이치로 초목이 줄기를 뻗고 꽃을 피우며 열매를 맺는다.

여름 화왕(火旺)의 뜨거운 불은 쇠를 녹이는 화극금을 일으킨다. 한낮·여름에서 저녁·가을로 넘어가는 중간에 화극금의 상극하는 작용을 중앙의 토(土)가 들어서서 상생으로 바꾸는 조절·조화를 한다. 토는 사방의 수화목금을 중앙에서 관장하고 조절하는 오행으로서 특히 금(金)과 화(火)의 중간에 처하여 매개 작용을 펼친다. 여름의 남방화기를 화생토의 토왕(土旺)으로 머금는 가운데, 토생금을 하여 단단하게 금을 이룬다.

예로부터 염천(炎天) 더위에는 삼복(三伏: 初伏 中伏 末伏)을 하는 전래유풍이 내려온다. 불기운을 땅 속에 저장하여 금을 보호하는 한편 그 속에서 단단하게 잘 나오도록 토생금하는 방편이다. 흙이 단단히 응집해서 반짝반짝 윤이 나는 것이 금이다.

가을은 열매가 단단해지고 차가워지는 금왕(金旺)의 계절이다. 하루로는 일과를 마치고 집에 들어가 식구가 모이는 저녁때이다. 금과 쇠붙이는 다 차갑다. 이 금으로부터 금생수를 하여 겨울로 넘어간다. 단단한 열매 속에는 물이 저장되어 있다. 과실 속에 수액이 들어 있듯이 열매 속에 물이 들어있는 이치이다. 〈수생목·목생화·화생토·토생금·금생수〉

1 2 3 4 5, 〈도·개·걸·윷·모〉의 전개로는 오행을 수·화·목·금·토(水·火·木·金·土)라고 하지만 오행상생의 흐름으로는 목·화·토·금·수(木·火·土·金·水)라고 한다. 오행은 만물가운데 으뜸인 사람을 대표로 세운다. 뱃속에 있을 때는 사람 구실을 하는 때가 아직 아니다. 밖으로 출산되어 나와야 생명 활동이 시작되듯이 수생(水生)에 의한 목(木)을 머리로 앞세워 오행의 순환을 설명하는 것이다.

한편 오행은 상생하는 가운데 상극을 일으켜 상호 제어하고 통어하는 작용을 한다. 수생목과 목생화 사이에서 수극화, 목생화와 화생토 사이에서 목극토, 화생토와 토생금 사이에서 화극금, 토생금과 금생수 사이에서 토극수, 금생수와 수생목 사이에서 금극목이 일어난다.

반면, 오행은 상극하는 가운데 역으로 상생을 일으키는데 이는 극기복례(克己復禮)의 이치와도 통한다. 수극화와 화극금 사이에서 금생수, 화극금과 금극목 사이에서 목생화, 금극목과 목극토 사이에서 토생금, 목극토와 토극수 사이에서 수생목, 토극수와 수극화 사이에서 화생토를 일으킨다.

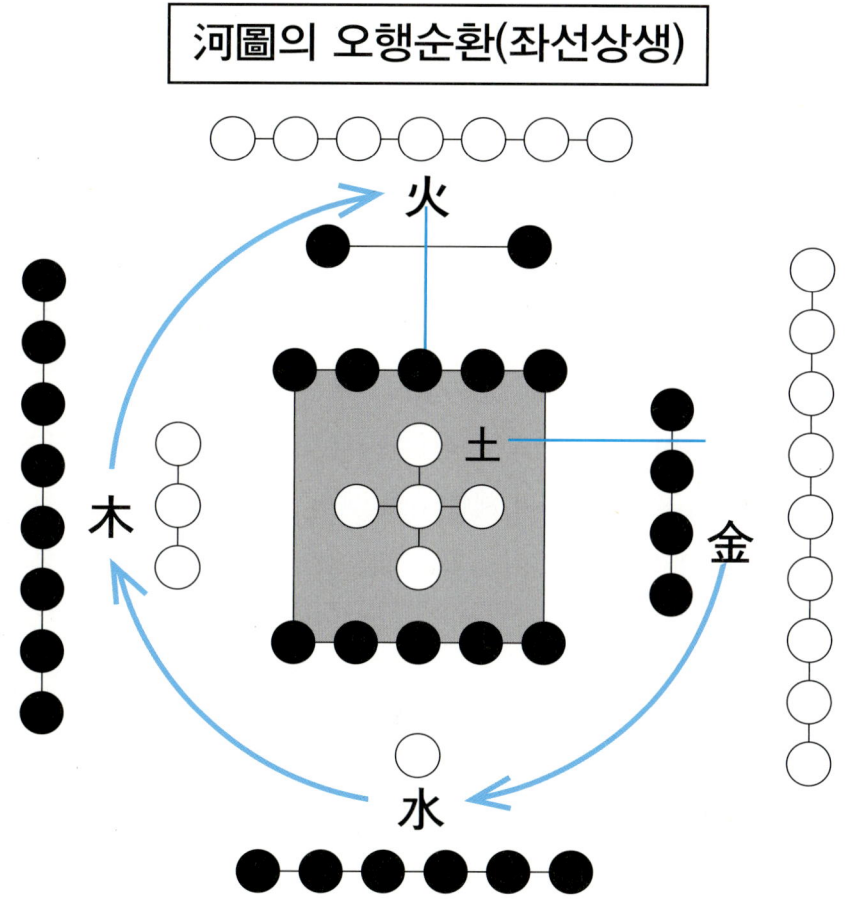

○ **선천 팔괘 – 음양지도(陰陽之道)**

①복희(伏羲)의 팔괘창시

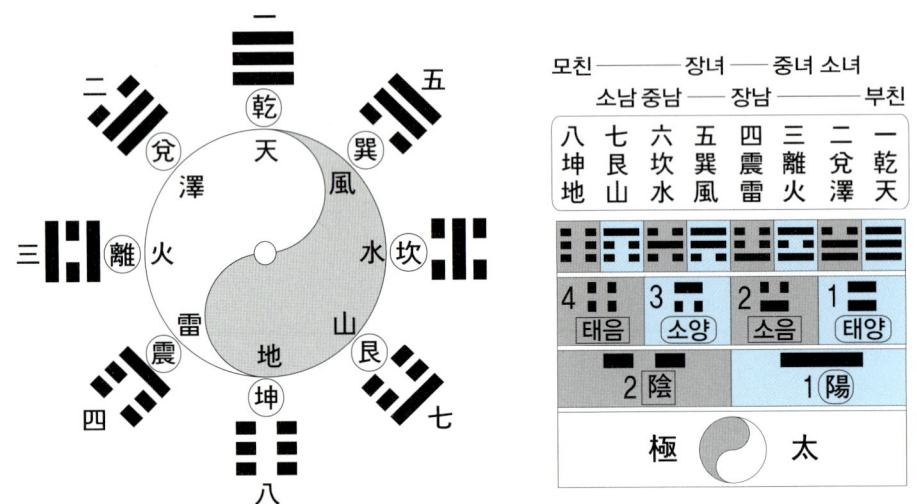

　해 뜨는 동방은 생명이 약동하는 아침과 봄을 여는 곳이다. 복희씨는 동방의 목덕을 얻어 세상을 다스렸다고 전하는데 그가 창시한 선천팔괘가 태극이 3변하여 팔괘를 펼치는 동방의 삼팔목도에 기본을 둔다.

　태극은 팔괘를 생성하는 근원 바탕이다. 태(太)는 '천지인·삼재(三才)가 크게 열리다', 극(極)은 '나무가 재빨리(亟. 빠를 극) 줄기와 가지를 뻗다'는 뜻이다. 나무가 뿌리로부터 줄기와 가지, 잎사귀(열매)로 세 단계로 분화하여 뻗어나간 것이 '천지뇌풍수화산택'으로 표상되는 팔괘이다.

　팔괘의 바탕인 음양부호는 나무의 줄기(━)와 가지(--) 형상이며 이 간지(幹枝)를 취하여 천지운행법도인 간지(干支)도 후대에 만들어졌다. 목왕지절(木旺之節)인 봄은 만물이 그 모습을 드러내고 생명이 눈을 떠서 사물을 보는 때이다.

　그 초목의 싹눈을 상징한 글자가 '볼 상(相)'이다. 모양새를 뜻하는 상(象)

과도 그 음의가 서로 통한다. 팔괘로써 사물을 표상(表相 → 表象)하게 된 이후 인류는 비로소 원시미개로부터 벗어나 문명사회로 진입하게 된다[17].

공자는 계사하전(繫辭下傳)에서 복희씨의 팔괘창시에 대해 다음과 같이 설명한다.

"옛적 복희씨가 천하에 임금이 되었을 적에 우러러 하늘의 상(象)을 살피고 허리 굽혀 땅의 법(法)을 살피며 조수(鳥獸)의 무늬와 땅의 마땅한 작용(토질 지형 등)을 살폈다. 또 가까이로는 자신, 멀리로는 만물의 형상에서 이치를 취하여 처음으로 팔괘를 작성하였다. 그리하여 신명의 덕을 통하게 하고 만물의 실정을 부류대로 나누어 놓았을 뿐만 아니라 노끈을 맺어 그물을 만들어 짐승을 사냥하고 물고기를 잡게 하였으니 대개 이는 이괘(離卦, ☲)의 형상을 취한 것이다[18]."

불로 대표되는 이괘(離卦, ☲)는 중간의 음(--)이 두 양(—) 사이에 걸려 붙은 상태이다. 그물의 눈과 같이 '수놓다, 밝다, 무늬'를 나타낸다. 불은 붙는 성질이 있다. 사물을 환히 비추는 천중의 해와 달, 사람의 두 눈도 걸려 붙어 있다. 그물 또한 물고기나 들짐승이 걸려 붙도록 하는 도구이다. 강거목장(綱擧目張) 즉 벼릿줄을 들어 올리면 자연 그물눈이 따라 펼쳐지듯이 3강령과 8조목으로 구성된 『大學(대학)』도 이를 효칙(效則)한 것이다[19].

---

17. 易은 무위자연(无爲自然) 자체 또는 대자연의 생성변화원리를 가리킨다. 공자는 우주 자연과 삼라만상을 이끄는 중심주체가 태극임을 '역유태극(易有太極)'으로 표현하였다. 『大學(대학)』의 강목(綱目) 또한 태극의 도를 본체로 한다. 3강령과 8조목이 태극이 3변하여 펼치는 팔괘와도 같다. 구체적으로 설명하면 태극이 1차 분화하여 양의(兩儀), 2차 분화하여 사상, 3차 분화하여 팔괘가 생성된다. '삼세판'이라고 하듯이 3변에 의한 팔괘로써 만상(萬象)의 기틀이 마침내 갖춰진다.

18. 『周易(주역)』 계사하전(繫辭下傳) 제2장: 古者包犧氏之王天下也, 仰則觀象於天 俯則觀法於地 觀鳥獸之文 與地之宜 近取諸身 遠取諸物 於是 始作八卦 以通神明之德 以類萬物之情 作結繩而爲網罟 以佃以漁 蓋取諸離——.

19. 3강령과 8조목은 태극이 펼치는 '삼팔목도(三八木道)'에 상응한다. 『周易(주역)』 계사상전(繫辭上傳) 제11장에 이른 "易은 태극을 보유하며 이것의 조화로 양의(兩儀)와 사상, 팔괘가 생생(生生)한다. 팔괘에서 길흉이 정해지며 대업(大業)을 낳는다(易有太極 是生兩儀 兩儀生四象 四象 生八卦 八卦定吉凶 吉凶 生大業)."는 글은 공자가 『大學(대학)』 경문을 3강령과 8조목으로 세운 구체적인 근거가 된다.

○ 삼팔목도(三八木道)

8	7	6	5	4	3	2	1	괘서
坤	艮	坎	巽	震	離	兌	乾	팔괘
太陰		小陽		小陰		太陽		사상
陰儀				陽儀				양의
太極								태극

太는 천지인 삼재(三才)의 열림

極은 3변(체)하여 팔괘(용)로 시공세계를 펼치는 태극의 도

오행 수리로는 三과 八의 배합의 의해 생성된 '동방목'으로

태극을 기본적으로 표상

『大學(대학)』의 3강령(綱領) 8조목(條目)

음양부호가 뒤섞인 역의 소성팔괘와 대성64괘도 모든 천지자연의 사물을 밝게 걸어놓은 천라지망(天羅地網)이다. 괘의 본뜻도 '걸어놓을 괘(掛)'를 가리킨다. 중녀에 해당하는 이(離)는 '셈할 수(數)'를 뜻하기도 한다. 수(數)는 본래 여자가 대바늘로 그물을 뜨듯이 아름다운 수(繡) 무늬를 놓는 것을 의미한다. 따라서 수의 역할은 헤아려 계산하듯 사물의 이치에 눈을 뜨는 것이다.

①선천팔괘의 순서(卦序) 명칭((卦名) 형상(卦象)

소성팔괘에서 건곤(乾坤)이 부모가 되고 그 사귐에서 3남 3녀가 나와 여덟 식구의 한 가족을 이룬다. 작대기 셋이 다 양으로 이어진 순양괘 건(乾, ☰)과 작대기 셋이 다 음으로 끊어진 순음괘 곤(坤, ☷)을 건삼련·곤삼절(乾三

連·坤三絶)로 일컫는다.

　나무가 뿌리에서 줄기와 가지로 뻗어나가므로 건곤(乾坤)의 아래 양효와 음효가 먼저 오가서 진하련(震下連, ☳)의 장남 우레, 손하절(巽下絶, ☴)의 장녀 바람이 생성된다. 그 다음 중간의 양효와 음효가 오가서 감중련(坎中連, ☵)의 중남 물, 이허중(離虛中, ☲)의 중녀 불이 생성된다. 마지막으로 맨 위의 양효와 음효가 오가서 간상련(艮上連, ☶)의 소남 산, 태상절(兌上絶, ☱)의 소녀 연못이 생성된다. 건삼련(乾三連)의 3양을 인자(因子)로 한 진·감·간(☳·☵·☶) 세 아들은 양괘(陽卦), 곤삼절(坤三絶)의 3음을 인자(因子)로 한 손·리·태(☴·☲·☱) 세 딸은 음괘(陰卦)이다.

　일반적으로 괘의 순서인 '괘서(卦序)'에 괘의 이름인 '괘명(卦名)'을 붙이고 그 괘를 대표하는 자연의 물상인 '괘상(卦象)'을 하나로 묶어서 선천팔괘를 일컫는다.

　태양(⚌)에서 양과 음으로 나온 괘가 일건천·이태택(一乾天·二兌澤, ☰·☱), 소음(⚍)에서 양과 음으로 나온 괘가 삼리화·사진뢰(三離火·四震雷, ☲·☳), 소양(⚎)에서 양과 음으로 나온 괘가 오손풍·육감수(五巽風·六坎水, ☴·☵), 태음(⚏)에서 양과 음으로 나온 괘가 칠간산·팔곤지(七艮山·八坤地, ☶·☷)이다.

　팔괘는 음양을 조합한 획상(畫象)으로 나타낸다. 먼저 순양의 괘로서 부친 건삼련(乾三連, ☰), 순음의 괘로서 모친 곤삼절(坤三絶, ☷)이 있다. 세 아들인 양괘(陽卦)는 장남 진하련(震下連, ☳), 중남 감중련(坎中連, ☵), 소남 간상련(艮上連, ☶)이다. 세 딸인 음괘(陰卦)는 장녀 손하절(巽下絶, ☴), 중녀 이허중(離虛中, ☲), 소녀 태상절(兌上絶, ☱)이다. 천지뇌풍수화산택은 형이하적인 괘의 형상이고 '건곤진손감리간태'는 형이상학적인 괘의 명칭에 해당한다.

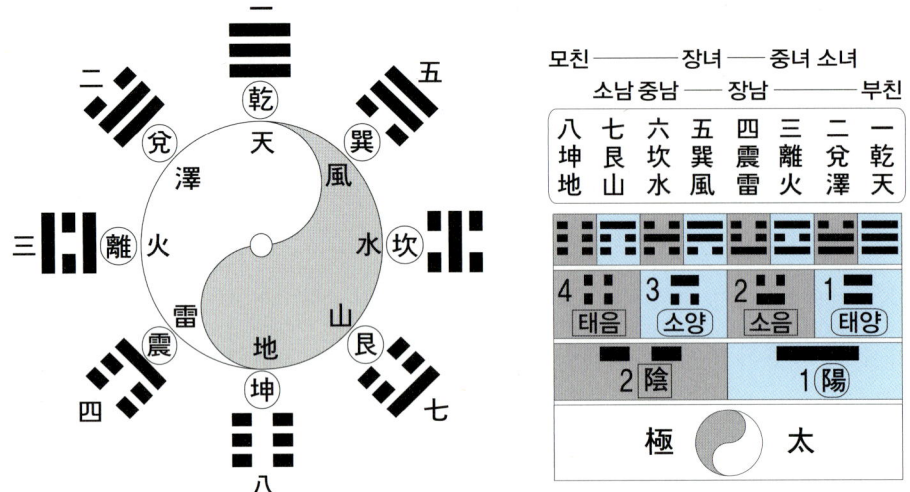

孝 〈爻부모+子자녀〉

건곤교역(乾坤交易)과 3남3녀

3양 乾父(☰) 3음 坤母(☷)가 交易하여 진감간(震坎艮) 세 아들과
손리태(巽離兌) 세 딸을 차례로 낳아 팔괘의 한 가족을 이룬다.
爻는 九六(부모)으로 대표한다.
부모의 교합으로 七八(자녀)이 나온다.

乾의 下 양이 坤의 下 음을 찾아가 장남 震(☳하련)
坤의 下 음이 乾의 下 양을 찾아가 장녀 巽(☴하절)
乾의 中 양이 坤의 中 음을 찾아가 중남 坎(☵중련)
坤의 中 음이 乾의 中 양을 찾아가 중녀 離(☲허중)
乾의 上 양이 坤의 上 음을 찾아가 소남 艮(☶상련)
坤의 上 음이 乾의 上 양을 찾아가 소녀 兌(☱상절)

괘의 형상	차례 및 괘명과 괘상	괘의 덕성 (卦德)	자연/가족	동물/신체	오행/방위
건삼련(☰) 乾三連	일건천 一乾天	健(굳건함)	하늘/부친	말/머리	陽金(剛金) 서북
태상절(☱) 兌上絶	이태택 二兌澤	說(기뻐함)	연못/소녀	양/입	陰金(柔金) 정서
이허중(☲) 離虛中	삼리화 三離火	麗(걸림)	불 /중녀	꿩/눈	陰火 정남
진하련(☳) 震下連	사진뢰 四震雷	動(움직임)	우레/장남	용/발	陽木(剛木) 정동
손하절(☴) 巽下絶	오손풍 五巽風	入(들어감)	바람/장녀	닭/ 넓적다리	陰木(柔木) 동남
감중련(☵) 坎中連	육감수 六坎水	陷(빠짐)	물 /중남	돼지/귀	陽水 정북
간상련(☶) 艮上連	칠간산 七艮山	止(그침)	산 /소남	개/손	陽土(언덕) 동북
곤삼절(☷) 坤三絶	팔곤지 八坤地	順(유순함)	땅 /모친	소/배	陰土(평지) 서남

② 선천팔괘 차서도(次序圖)

복희씨가 창시한 팔괘는 작위·인위(作爲·人爲)가 조금도 없는 천지자연 그대로의 원리이므로 선천팔괘라고 부른다. 천지인 삼재(三才)의 기본 3획을 갖춘 '소성팔괘'가 전개되는 원리를 보여주는 '선천팔괘차서도'에 대해서 공자는 "역은 태극을 보유한다. 이 태극이 양의(兩儀)를 낳고 양의는 사상을 낳고 사상은 팔괘를 낳는다. 팔괘는 길흉을 정하고 길흉은 큰 사업을 낳는다."고 설명하였다[20].

20. 『周易(주역)』 계사상전(繫辭上傳) 제11장: 易有太極 是生兩儀 兩儀 生四象 四象 生八卦 八卦 定吉凶 吉凶 生大業.

8	7	6	5	4	3	2	1	괘서
坤	艮	坎	巽	震	離	兌	乾	팔괘
太陰		小陽		小陰		太陽		사상
陰儀				陽儀				양의
太極								태극

③태극이 양의(兩儀)를 낳다.

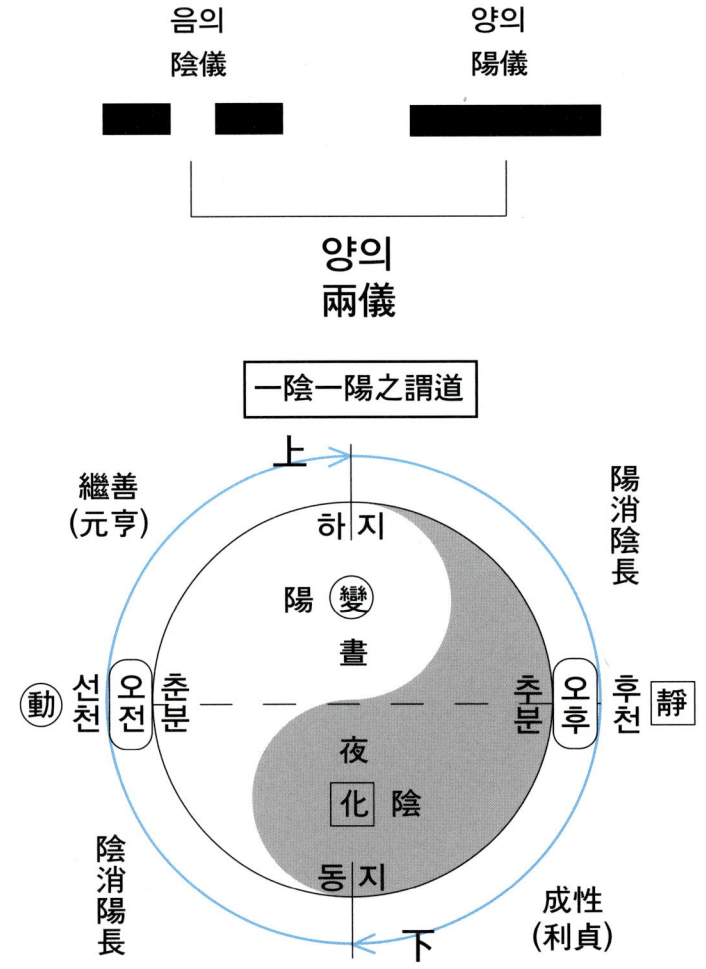

태극의 동적인 부분과 정적인 부분을 둘로 갈라 '양의(兩儀)'라 한다. 태극이 생하는 '두 가지 거동, 상태, 양태'가 양의(兩儀)인데 동적인 거동인 '양의(陽儀)'와 음적인 거동인 '음의(陰儀)' 둘로 대별된다.

태극의 도는 일동일정(一動一靜)으로 끝없이 나아간다. 이를 공자는 "일음일양지위도(一陰一陽之謂道)"로 정의하였다. 태초에 태극이 한 번은 일동(一動)하여 가볍고 맑은 양의 기운이 위로 올라가 하늘을 열고 한 번은 일정(一靜)하여 무겁고 탁한 음의 기운이 아래로 내려와 엉겨서 땅을 여는 것이 '천지개벽(天地開闢)'이다[21].

④양의(兩儀)가 사상을 낳다

양의에서 사상이 나온다. 태극의 극(極)자에 '나무[木]가 재빨리 뻗어나간다[亟]'는 의미가 들어 있으므로 태극을 근본으로 하여 나무가 계속 위로 뻗는 것이다. 양의가 동정(動靜)의 거동만 나타낸다면 사상은 네 가지로 표상이 드러났음을 말한다. 모양이 바깥으로 보인다는 뜻이다. 하늘에서는 일월성신(日月星辰), 땅에서는 산천동식(山川動植), 방위로는 동서남북(東西南北), 계절로는 춘하추동(春夏秋冬) 등이 전부 사상법도에 의거하여 분류한 것이다.

선천팔괘차서도에서 양의(—) 위에 다시 양(—)과 음(--)을 올려놓은 것이 태양·소음(═·═), 음의(--) 위에 양(—)과 음(--)을 올려놓은 것이 소양·태음(═·═)이 된다.

태양(═)은 순양으로 매우 강건하고 소음(═)은 외유내강(外柔內剛), 소양(═)은 외강내유(外剛內柔), 태음(═)은 순음으로 매우 유순하다. 대소(大小)의 측면에선 태양·소음·소양·태음(太陽·小陰·小陽·太陰), 노소(老少)의 측면에선 노양·소음·소양·노음(老陽·少陰·少陽·老陰)이다.

사상을 사상위(四象位) 1 2 3 4와 사상수(四象數) 6 7 8 9로 나누어 내외체용을 구분하고 남녀팔괘를 배정한다.

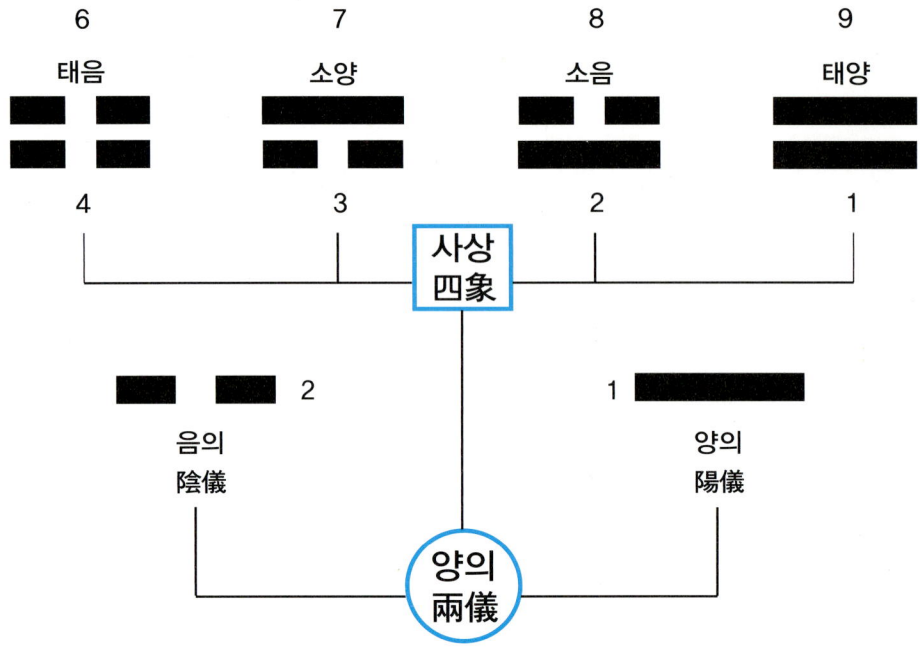

안팎으로 양인 것이 태양(⚌), 안팎으로 음인 것이 태음(⚏)이다. 안은 양이고 바깥이 음인 것이 소음(⚎), 안은 음이고 바깥이 양인 것이 소양(⚍)이다. 형상의 상(象)은 바깥으로 나타나기에 바깥의 음양 획으로 사상의 음양을 구분한다.

사상 체질로 살펴보면 태양인(⚌)은 강건하고 활달하여 앞장서는 반면 태음인은 유순하고 신중하여 조용하다. 소음인(⚎)은 외유내강하여 밖으로는 유순해보여도 속으로는 강건하다. 반면 소양인(⚍)은 외강내유하여 밖으로는 강해보여도 속으로는 유순하다.

⑤사상이 팔괘를 낳다

21. 선천팔괘방위도에도 순양인 乾(☰) 하늘은 가장 위에 있고 순음인 곤(坤)(☷) 땅은 가장 아래에 있다.

태양·소음·소양·태음에서 양과 음으로 한 번 더 분화한 것이 '팔괘'이다. 태극은 하나가 둘을 낳는 '일생이법(一生二法)'의 원리를 전개한다. 태극에서 양의, 양의에서 사상, 사상에서 다시 팔괘가 분화한다. 세 번의 변화 과정을 통해 도를 이루었다고 하여 '삼변성도(三變成道)'라 한다[22].

괘는 '걸 괘(掛)'의 의미로 풀이한다. 그림을 걸어둔 것을 '괘도(掛圖)'라고 일컫듯이 천지자연의 물상들을 괘로 걸어 놓았다는 뜻이다. 괘라는 글자는 봉건(封建)시대의 '봉할 봉(封)'과 연관된다. 중심 태극에서 파생된 팔괘는 천자가 봉하는 제후와도 같다. 천지뇌풍수화산택을 표상하는 팔괘가 각기 점유(占有)하는 고유영역이 있어서 일정 봉토(封土)를 받은 제후와도 같다는 뜻이다.

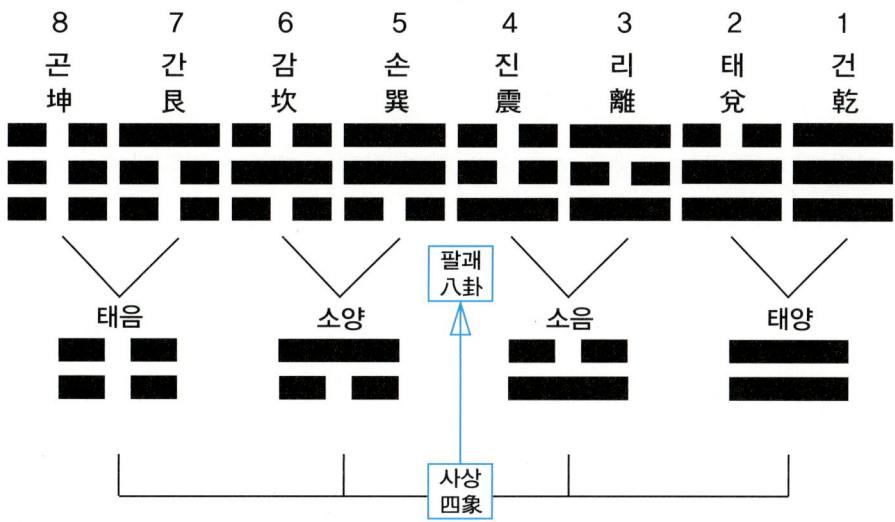

태극이 1변→2변→3변해서 음양→사상→팔괘가 펼쳐진다. 중요한 점은 괘가 이루어질 때 반드시 아래에서 위로 올라간다는 사실이다. 팔괘는 부모와 삼남삼녀로 구성된다. 본말선후의 법도가 있어서 뿌리→줄기→가지 순으로

---

22. 혁성(革成)을 상징하는 택화혁(澤火革, 49)의 세 번째 효인 구삼(九三) 효사(爻辭)에는 고쳐 바꾼다는 말이 세 번 나아간다는 "혁언삼취(革言三就)"를 말하였다.

장남 · 장녀, 중남 · 중녀, 소남 · 소녀가 전개된다. 그러므로 괘를 그릴 때에 반드시 아래로부터 위로 그려 올라가야 한다.

⑥ 선천팔괘의 사상위수(四象位數)

공자는 『周易(주역)』에서 "천도를 세워 음양, 지도를 세워 강유, 인도를 세워 인의라고 한다. 삼재(三才)를 겸하여 둘씩 나눈 것이다[23]."라고 밝혔다.

이에 따라 소자는 사상의 위수(位數)를 음양과 강유의 천도와 지도로 대별하여 태양(1) · 소음(2) · 소양(3) · 태음(4)과 태강(9) · 소유(8) · 소강(7) · 태유(6)로 나누었다.

그리고 양의(兩儀)를 기준으로 하여 천도는 양의(—)에 속하고 지도는 음의(--)에 속하므로 ☰(1태양) ☷(4태음) ☳(3소양) ☵(2소음)과 ☱(7소강) ☴(8소유) ☲(9태강) ☶(6태유)라 하였다.

이와 달리 주자는 사상을 기준으로 하여 팔괘(八卦) 전체를 태양 · 소음 · 소양 · 태음으로 나누어 천도의 음양을 먼저 세워야 한다고 보았다. 그리고 반대편에서 보아도 괘가 변하지 않는 건 · 곤 · 감 · 리(☰ · ☷ · ☵ · ☲)는 성숙하므로 성수, 반대편에서 보아 괘가 뒤집어지는 진 · 손 · 간 · 태(☳ · ☴ · ☶ · ☱)는 미숙하므로 생수에 배정된다고 주장하였다. 네 정방에 속한 ☰(9태강) ☷(6태유) ☱(7소강) ☴(8소유)와 그 사이에 낀 ☵(2소음) ☳(3소양) ☷(4태음) ☰(1태양)로 나눈 것이다.

---

23. 『周易(주역)』 설괘전(說卦傳) 제2장: 昔者聖人之作易也 將以順性命之理 是以立天之道曰陰與陽 立地之道曰柔與剛 立人之道曰仁與義 兼三才而兩之.

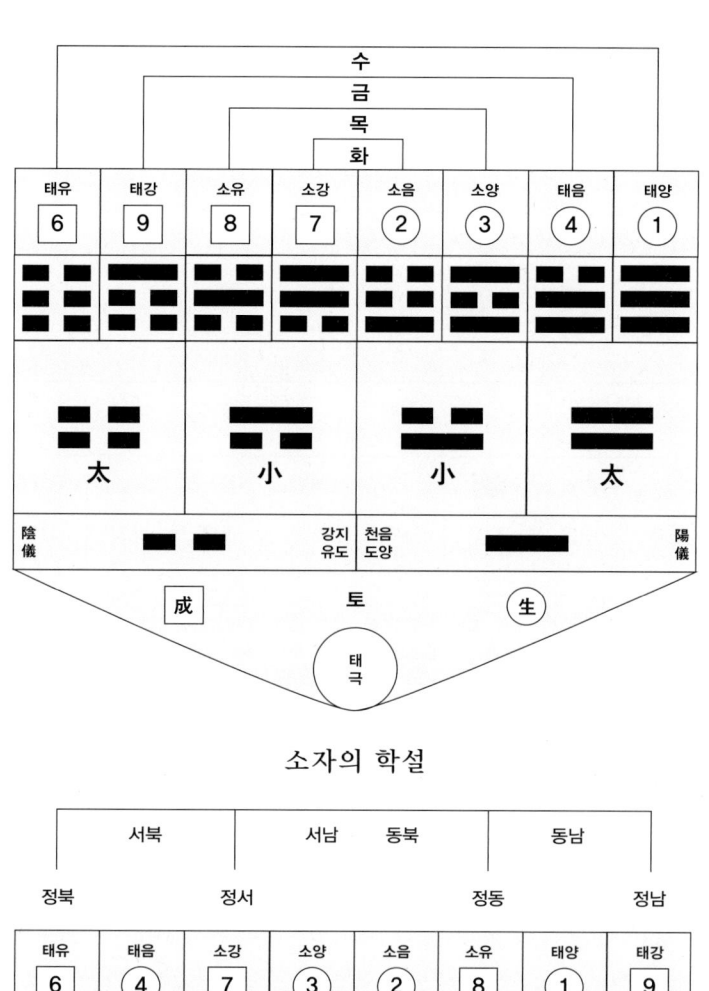

소자의 학설

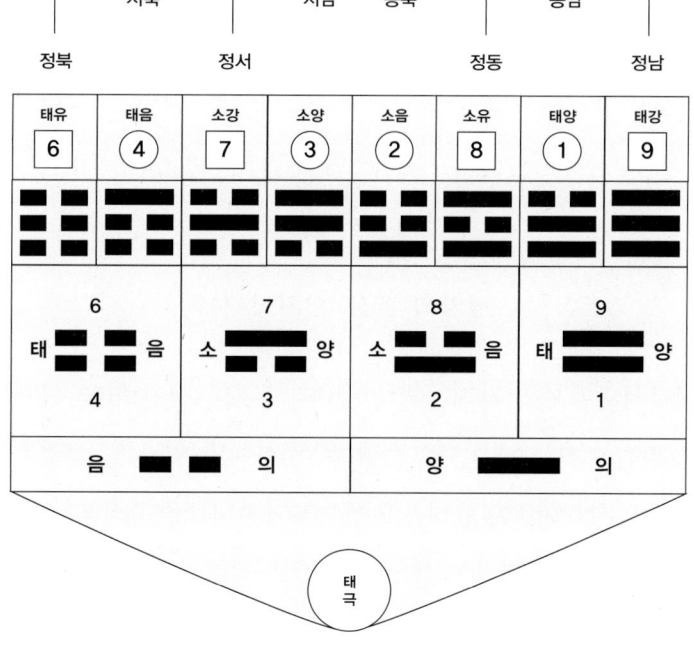

주자의 학설

대표적인 두 학설이지만 선후천팔괘의 자연한 흐름을 수리적으로 입증할 수 없고 낙서의 중천교역(中天交易)을 밝히지 못하는 난제가 발생한다. 공자가 말씀한 "건도성남 곤도성녀(乾道成男 坤道成女)" 즉 남녀인사의 순차로써 사상위수를 배정해야만 이러한 문제들이 두루 해결된다. 둘을 절충하고 인사측면을 가미한 필자의 입장은 아래와 같다.

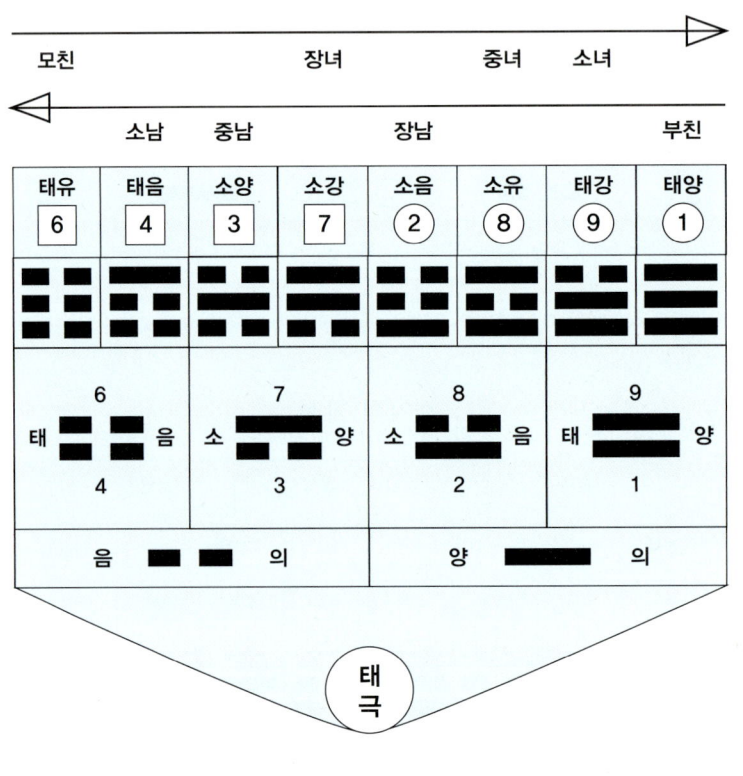

필자의 관점 (인사남녀)

선천팔괘차서도에서 남자괘는 일건천(☰, 부친), 사진뢰(☳, 장남), 육감수(☵, 중남), 칠간산(☶, 소남)으로 순행(順行)하지만 여자괘는 이와 반대로 이태택(☱, 소녀), 삼리화(☲, 중녀), 오손풍(☴, 장녀), 팔곤지(☷, 모친)로 역행(逆行)하는 흐름을 보인다.

남자는 1부친 · 2장남 · 3중남 · 4소남으로 순행하고 여자는 9소녀 · 8중녀 · 7장녀 · 6모친으로 거슬리는 자연 법도를 '남순여역(男順女逆)'이라고한다. 따라서 주자의 1체9용(태양) 2체8용(소음) 3체8용(소양) 4체9용(태음)을 그대로 수용하되 인사의 남녀 순서를 가미하여 천도와 인사의 동시합일을 이루어야 도서팔괘에 대한 易의 이치가 자연히 막힘없이 통한다. 『陰符經(음부경)』에서도 "천인합발 만변정기(天人合發 萬變定基)"를 말하였다.

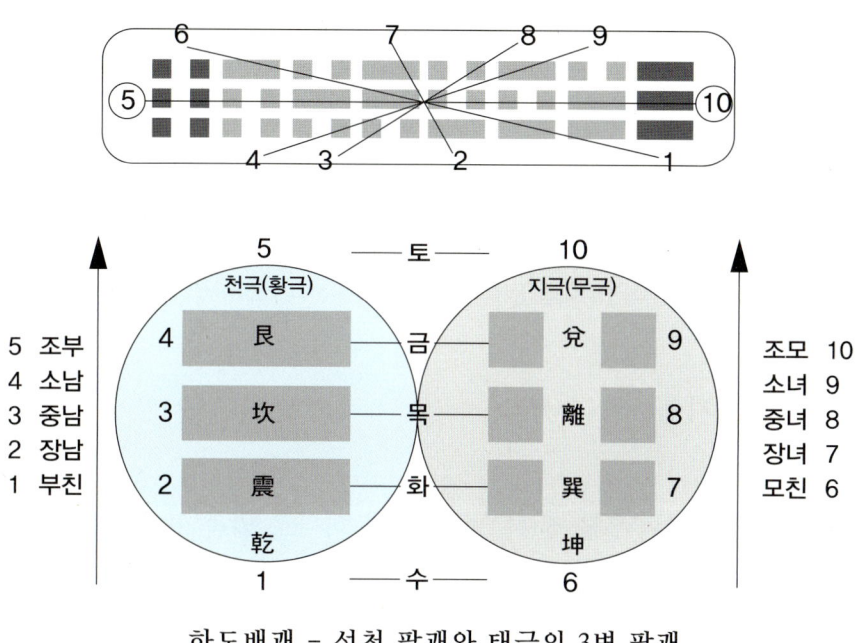

하도배괘 - 선천 팔괘와 태극의 3변 팔괘

⑦선천팔괘방위도(方位圖)

易의 중심은 사람이므로 천지상하의 중(中)에 사람을 세우고 이에 따라 팔괘를 배정한다. '자리 위(位)'도 '사람(人)을 세우다(立)'는 뜻이다. 늘 언제나 사람의 머리 위에는 하늘, 발 아래에는 땅이 있다. 이는 만고불변의 이치이다. 선천팔괘는 결코 바뀌지 않는 불역의 본체가 된다.

선천팔괘방위도는 천지(天地)를 상하남북의 체로 세우고 일월(日月)을 좌우동서의 용으로 삼아서 경위(經緯)를 표상한다. 방위도에는 해가 시계 방향으로 좌선(左旋)하는 좌양우음(左陽右陰)의 음양변화가 자연히 나타난다.

서설(序說) 067

태극의 음양지도는 먼저 밝고 맑은 양의 기운이 점차 커져 위로 올라간 다음 어둡고 흐린 음의 기운이 점차 커져 아래로 내려온다. 즉 왼편 양의(—)의 진·리·태·건(☳·☲·☱·☰)과 오른편 음의(--)의 손·감·간·곤(☴·☵·☶·☷)으로 운행변화를 한다. 전체적으로 왼편은 중간 삼리화(☲)를 중심으로 1양(☳) 2양(☱) 3양(☰)의 흐름으로 올라가고 오른편은 중간 육감수(☵)를 중심으로 1음(☴) 2음(☶) 3음(☷)의 흐름으로 내려온다.

　이러한 법도를 '양진음퇴·음변양화(陽進陰退·陰變陽化)'라고 한다[24].

　팔괘의 음양변화가 '하루의 오전오후, 한 달의 소식영허, 한 해의 사시절기'와 선천 그대로 일치하므로 '복희팔괘'를 '선천팔괘'라고 정의한다. 대개 방위나 시간 등의 활용은 선천의 음양팔괘가 아닌 후천의 오행팔괘를 쓴다.

⑧방위도의 기틀, 정(井)

　선천팔괘방위도는 '우물 정(井)'이란 글자 하나로 압축 표상된다. 선천팔괘의 사상위수가 사방 40의 정(井)을 이루는 까닭이다. 태양의 위수인 건(☰, 태양1)과 태(☱, 태강9)의 합이 십(十)이고 소음의 위수인 리(☲, 소유8)와 진(☳, 소음2)의 합이 십(十)이다. 또 손(☴, 소강7)과 감(☵, 소양3)의 합이 십(十)이고 간(☶, 태음4)과 곤(☷, 태유6)의 합이 십(十)이다. 십(十) 무극은 사상위수의 밑바탕이다.

　태양(1체9용)·소음(2체8용)·소양(3체7용)·태음(4체6용)의 체용합일을 이루는 선천팔괘로부터 사상의 분열교합인 구궁낙서를 거치고 이어 후천팔괘가 펼쳐진다.

---

[24] 동적인 양은 변(變)하고 정적인 음은 화(化)한다. 오전은 양으로 변하고 오후는 음으로 화하는 이치를 '양변음화·양동음정'이라 한다. 궁하면 변하고 변하면 화한다. 상대적으로 음이 극성하면 양으로 변하고 양이 극성하면 음으로 화하는 이치로는 '음변양화(陰變陽化)'라 한다. 효의 사상변화는 태음(6)이 발동하여 소양(7)으로 변하고 태양(9)이 발동하여 소음(8)으로 화한다.

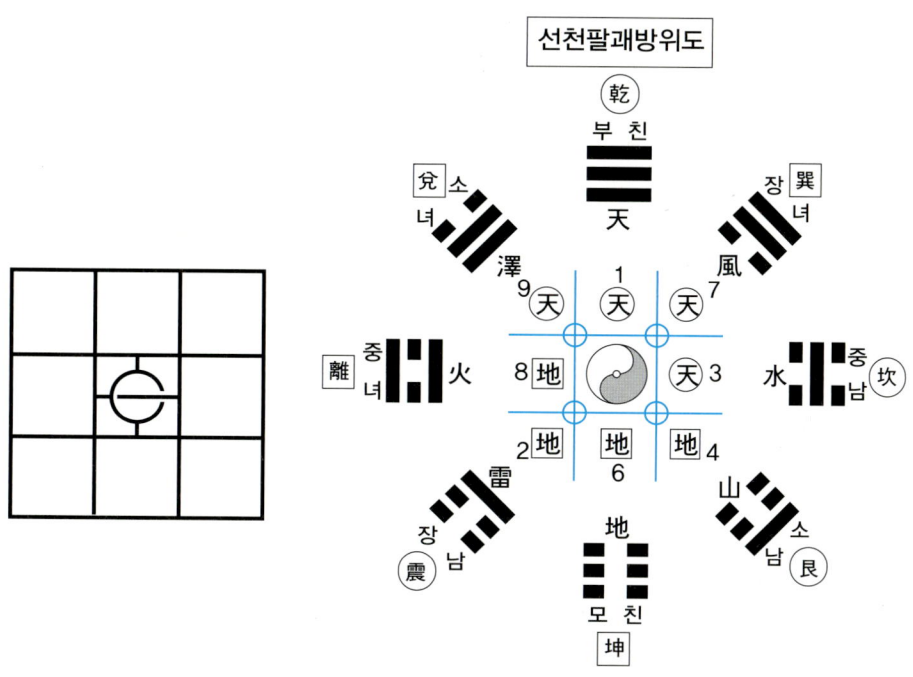

水風井

정괘(井卦)는 『周易(주역)』의 48번째 괘로서 사통팔달(四通八達)을 상징한다. 옛적의 우물은 물이 나오는 샘구멍에다 정(井)자 형태로 침목(沈木, ☴)을 깔았다. 정괘(井卦)는 두레박(☵)으로 맑은 샘물(☵)을 길어 올리는 형상인데 구궁낙서에 토대를 둔 고대토지제도인 정전법(井田法)과 직접적인 관련이 있다. 하우(夏禹)가 펼친 홍범(洪範)과도 뗄 수 없는 관계이다.

복희씨는 동이민족의 가장 오래된 풍(風)씨 성을 사용하였으며 풍류의 도를 펼친 성인이다. 선천팔괘방위도가 수풍의 정(井)을 기본 기틀로 삼고 있음도 결코 우연이 아니라고 여겨진다. 물과 바람은 사통팔달하는 덕이 있으므로 풍류와 통한다. 마을은 공동우물을 중심으로 사람들이 왕래 교역하는 생활의 중심지였다. 우물에서 긷는 샘물은 먹고 마시는데 가장 필요한 생명수다. 공자는 우물을 중심으로 불가불(不可不) 혁(革)이 일어나므로 정괘(井卦) 다음 49번째에 혁괘(革卦)가 온다고 밝혔다.[25] '칠칠맞다'라는 말처럼 혁(革)은 '팔

澤火革

괘의 선후천 변화'를 상징하는 대표적인 괘이다. 활로 과녁(貫革)을 적중시키듯이 때 맞추어 선천의 묵은 병폐를 척결하고 후천의 새로움을 연다는 뜻이다. 혁(革)이란 글자 속에 우물의 땅 샘터[韓]에서 풀무질하여 선천 여름(☱)을 마치고 후천 가을(☲)을 여는 뜻이 담겨있다. 샘밭인 정전(井田)을 기틀로 하여 피혁위(皮革韋)의 '두룸가죽 위(韋)'를 합친 한(韓)이란 글자도 나왔다.

⑨ 팔괘상착(八卦相錯)과 오행생성

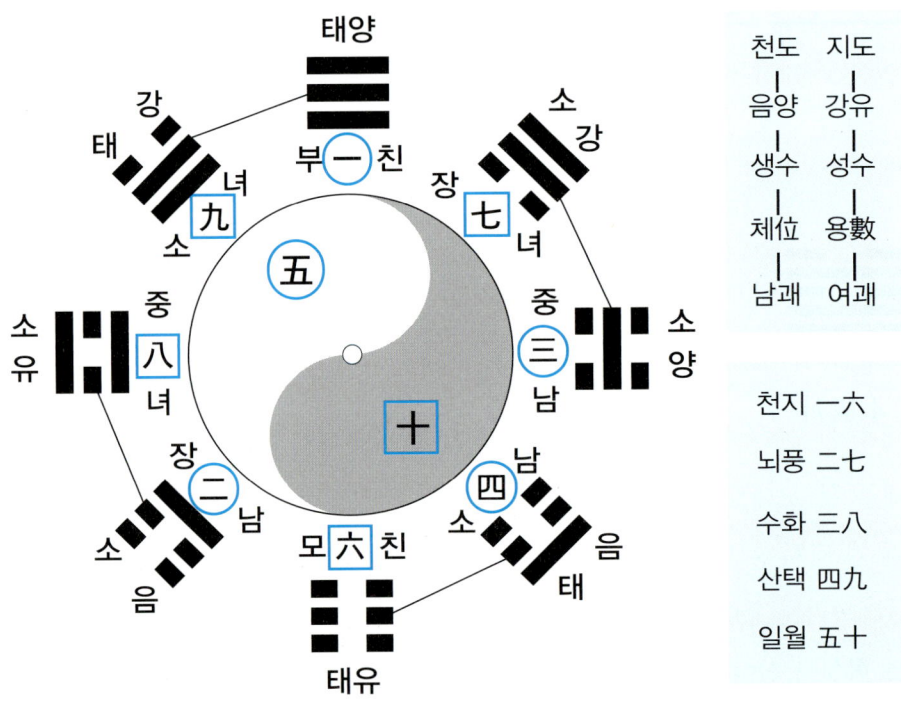

天地 定位에 山澤이 通氣하며 雷風이 相薄하며 水火
천지 정위   산택   통기   뇌풍   상박   수화
不相射하야 八卦 相錯하니 數往者는 順코 知來者는 逆
불상석   팔괘 상착   수왕자   순   지래자   역
하니 是故로 易은 逆數也라.
     시고   역   역수야
-설괘전 제3장

공자는 "천지가 상하에 자리를 정함에 산택이 서로 기운을 통하고 뇌풍이 서로 부딪히고 수화가 서로 쏘지(죽이지) 않는 가운데 팔괘가 서로 음양으로 배합하여 섞인다. 그러므로 가는 것을 셈함은 순하고 오는 것을 앎은 거슬리는 것이니 이런 까닭에 易은 역수(逆數)이다[26]."고 하였다.

상착(相錯)은 팔괘끼리 서로 섞이는 것으로 남녀가 부부로 짝하여 자녀를 생성하는 법도이다. '왕순래역(往順來逆)'은 남자가 짝인 여자를 찾아가고 여자는 반대로 거슬려 와서 부부로 합하는 수리법도인데 이로부터 낙서의 구궁 배합이 펼쳐진다.

남녀팔괘의 순차적인 부부배합을 살피면 먼저 건삼련(☰, 1) 부친이 곤삼절(☷, 6) 모친을 낳은 다음 1·6이 서로 배합하여 자식인 오행의 수(水)를 생성한다. 뒤이어 진하련(☳, 2) 장남이 손하절(☴, 7) 장녀를 낳은 다음 2·7이 서로 배합하여 자식인 오행의 화(火), 감중련(☵, 3) 중남이 이허중(☲, 8) 중녀를 낳은 다음 3·8이 서로 배합하여 자식인 오행의 목(木), 간상련(☶, 4) 소남이 태상절(☱, 9) 소녀를 낳은 다음 4·9가 서로 배합하여 자식인 오행의 금(金)을 생성한다.

건·곤(☰·☷)은 1태양·6태유, 진·손(☳·☴)은 2소음·7소강, 감리(☵·☲)는 3소양·8소유, 간·태(☶·☱)는 4태음·9태강의 기질 배합으로, 각기 수화목금(화수목금)을 순차적으로 생성한다. 선천팔괘방위도의 중심에는 일월(日月)로 대표되는 역유태극(易有太極)이 감추어져 있어 5·10(천극·지극·황극·무극)이 상호 배합하여 토(土)를 생성한다.

실제적인 오행생성은 후천팔괘방위도에서 펼쳐지지만 선천팔괘 속에 이미 음양오행의 기본 바탕을 선천적으로 내장하고 있다. 선조의 음덕이 없이 후손이 번성할 수 없듯이 선천이 없는 후천은 없다.

---

25. 『周易(주역)』 서괘하전(序卦下傳): 井道 不可不革 故 受之以革——.
26. 『周易(주역)』 설괘전 제3장: 天地定位 山澤 通氣 雷風 相薄 水火不相射 八卦相錯——.

五行	성질/작용	팔괘의 부부배합	천도와 지도의 오행(인도) 생성
水	潤下	乾一坤六 天地合水	☰ 天1(太陽부친) 生水 ☷ 地6(太柔모친) 成水
火	炎上	震二巽七 雷風合火	☳ 地2(小陰장남) 生火 ☴ 天7(小剛장녀) 成火
木	曲直	坎三離八 水火合木	☵ 天3(小陽중남) 生木 ☲ 地8(小柔중녀) 成木
金	從革	艮四兌九 山澤合金	☶ 地4(太陰소남) 生金 ☱ 天9(太剛소녀) 成金
土	稼穡	陽五陰十 日月合土	☰ 天5(日精조부) 生土 ☷ 地10(月華조모) 成土

선천팔괘방위도의 중심부에선 易의 조화인 무극이태극(无極而太極)이 지극히 펼쳐진다. 지극 10월음(月陰)과 천극 5일양(日陽)은 음수(陰水)와 양화(陽火)로 서로 대극(對極) 관계이지만 음양화합을 이룬다. 음수인 10은 양화인 5를 '수극화'로 부드럽게 자극(刺戟)하여 5양화가 안으로 '화생토'하여 후천 양토를 시생하도록 돕는다. 또한 후천 음토를 불러들여 10음수를 '토극수' 하게 함으로써 후천 음토가 완성되게 만든다.

이 이치를 일컬어,

"天一生水 地六成之, 地二生火 天七成之,
 천일생수 지육성지 지이생화 천칠성지
天三生木 地八成之, 地四生金 天九成之,
 천삼생목 지팔성지 지사생금 천구성지
天五生土 地十成之."
 천오생토 지십성지

라고 한다. 천간지지의 생성법도 역시 이를 바탕토대로 삼는다.

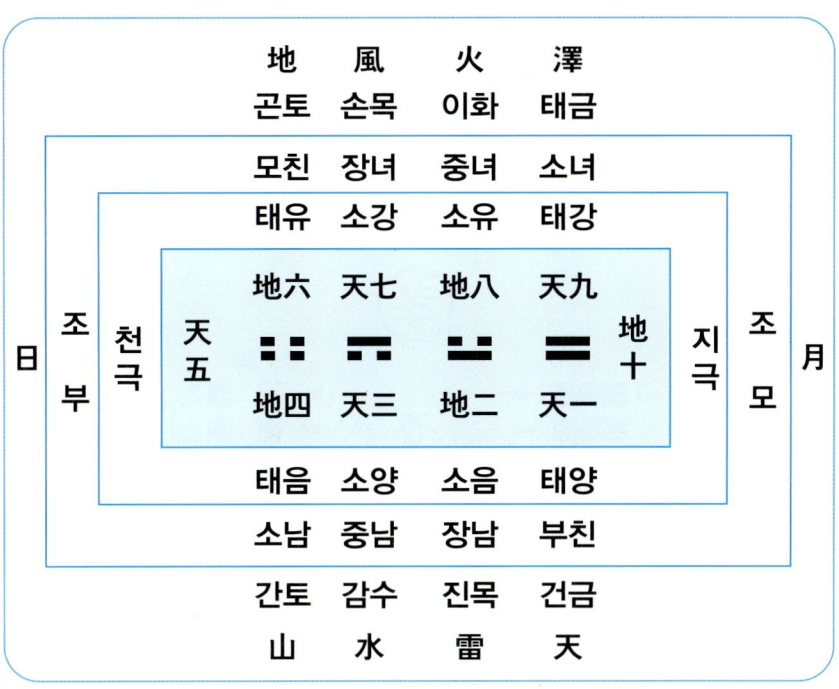

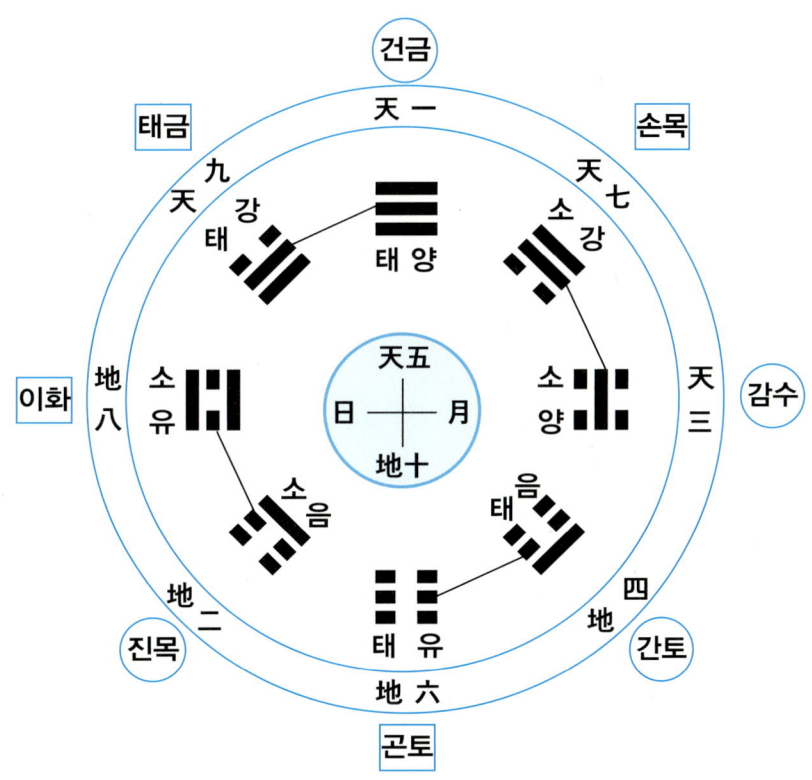

앞에서도 설명하였지만 외적 측면은 사상수로 나타나므로 '삼천양지(參天兩地)'의 기본 수리를 따라 부모자녀를 9(태양수) 6(태음수) 7(소양수) 8(소음수) 네 가지로 나누어 쓴다. 음이 극성하면 양으로 변하고 양이 극성하면 음으로 화하는 효(爻)의 변동에 응용된다. 아래의 그림으로 설명을 대신한다.

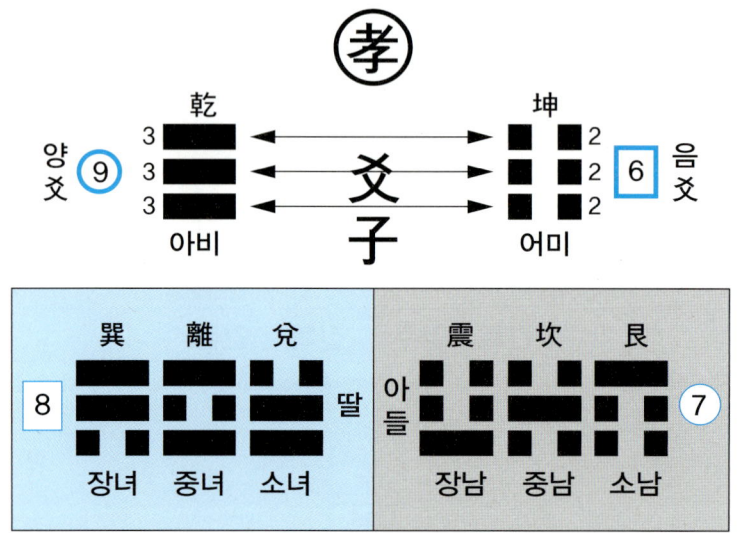

○ **중천 낙서 – 사상교배(四象交配)**

①신구배문(神龜背文)

우(禹)가 순(舜) 임금의 명을 받아 9년 동안 치수할 당시에 낙수(洛水)라는 강물에 신령한 거북이가 출현하였다. 낙서는 그 등에 갈라진 1~9까지의 '수를 나타낸 무늬'를 말한다. 낙수(洛水)는 황하의 지류(支流)이다. 용마(龍馬)가 나올 복희씨 당시는 문자가 없었던 선사 시대이기에 '그림 도(圖)', 신구(神龜)가 나올 요순 당시는 고대 문자인 서계(書契)가 이미 쓰이던 역사 시대이기에 '글 서(書)'라 하였다. 오늘날 도서관이란 명칭도 하도낙서의 도서(圖書)에서 따온 것이다.

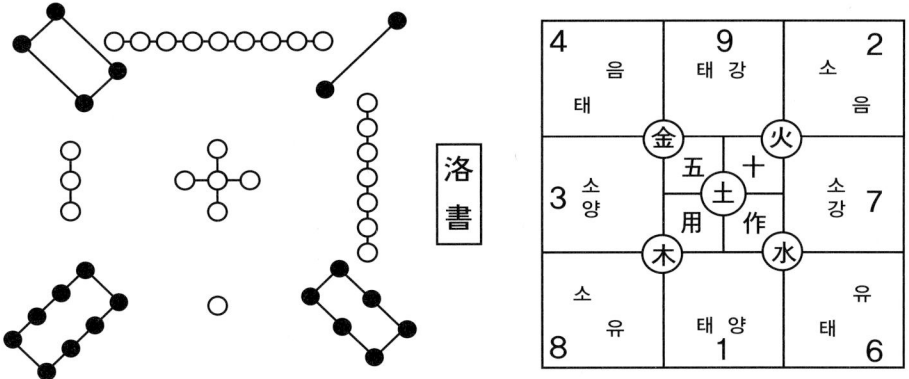

　하도는 본체에 해당하는 오행상생원리를 보여주는 반면 낙서(洛書)는 현상에 해당하는 오행상극원리를 보여준다. 오행은 상생과 상극의 작용을 하는 양면성이 있다. 음은 양, 양은 음을 낳듯이 상생은 상극, 상극은 상생을 낳는다. 본체에서 현상이 나오지만 현상은 다시 본체로 돌아가므로 도서는 '10체9용'인 동시에 '9체10용'이다. 하도의 10수와 낙서의 9수가 내외표리(內外表裏)를 이루어 선천하도는 후천낙서를 낳고 후천낙서는 다시 선천하도로 복귀한다.

　천지태극을 상징하는 하도 중앙의 5와 10이 서로 교역하여 펼치는 기본 수리가 오십대연(五十大衍)이다. 이를 바탕으로 한 것이 50 댓개비를 펼치는 서법인데 신구(神龜)등의 중앙에 처한 5황극(천극) 또한 10무극(지극)의 무궁한 조화를 일으키며 복(卜)의 핵심인 토(인극)를 세운다. 이를 '5용10작'이라고 한다. 복(卜)과 서(筮)에 모두 대연(大衍) 50의 수리가 들어있음을 주목하여야 한다.

　하도의 1~10에 이르는 천지의 수 55는 '선천수', 1~9에 이르는 낙서의 45는 상대적으로 '후천수'이다. 낙서의 중앙과 팔방으로 배열된 1~9를 일명 '구궁수(九宮數)'라고 한다.

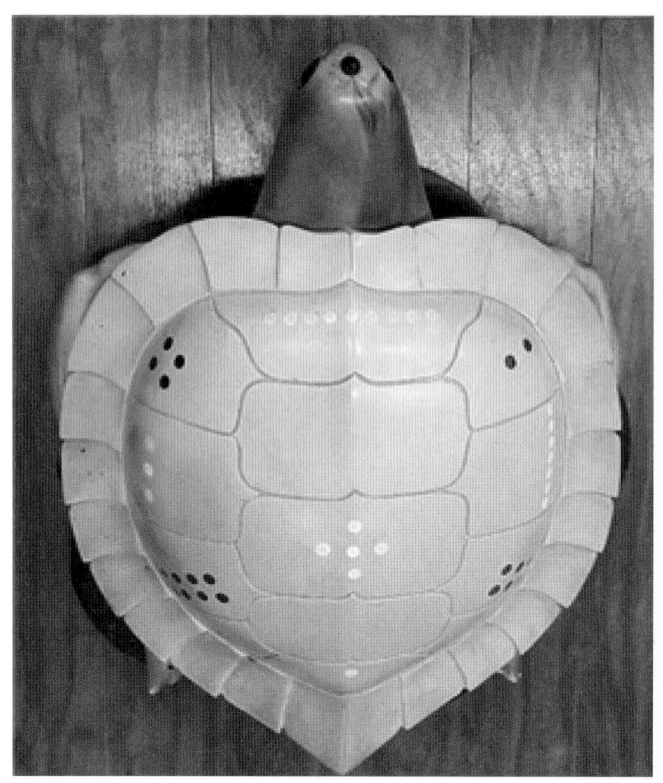

구궁수(九宮數) 45

낙서를 짊어진 거북이 등을 살피면 1은 아래 꼬리(尾部), 9는 위 머리(頭部), 4와 2는 위의 두 어깨(肩部), 8과 6은 아래의 두 다리(足部) 쪽에 해당한다.

중앙의 5를 중심으로 보면 전후좌우 네 정방(正方)에 천수에 속하는 1·9·3·7, 모퉁이인 네 유방(維方)에 지수에 속하는 2·4·6·8이 놓여있다.

구궁수인 1 2 3 4 5 6 7 8 9의 수를 하도로 놓고 보았을 때 1 2 3 4는 내적인 생수이고 6 7 8 9는 외적인 성수이다. 또 중앙에 5와 10이 함께 있는 하도에 반해 낙서에는 10은 없고 5만 중앙에 자리한다.

전체적으로 5를 근본주체로 하여 천수 1·3·7·9(태양·소양·소강·태강)가 네 정방, 2·4·6·8(소음·태음·태유·소유)이 네 모서리에 거처한다. 양강(陽剛)한 기질인 천수가 정대(正大)하게 주장하고 음유(陰柔)한 기질인 지수가 유순히 그 곁에서 보필하는 '양주음보(陽主陰輔)'의 상이다.

홀수 · 짝수가 전체적으로 '쌀 미(米)' 형태로 전개된다.

구궁수를 선천팔괘방위도에다 비교하면 정괘(正卦)인 건곤감리(乾坤坎離) 자리에 양강한 천수 9 · 1 · 7 · 3, 반괘(反卦)인 진손간태 자리에 음유한 지수 8 · 2 · 6 · 4가 온다. 구궁수(九宮數)가 선천팔괘방위도와 직결되어 있음을 보여주는 핵심단서이다.

상고 시대 역사 기록인 『書經(서경)』의 요전(堯典) 순전(舜典)편 등에는 구궁낙서에 기본 바탕을 둔 고대 정치의 심법과 덕목 등이 다수 실려 있다. 『周易(주역)』의 구덕괘(九德卦)와 『中庸(중용)』의 '구경(九經)' 등도 구궁낙서의 수리에서 유래된 것이다.

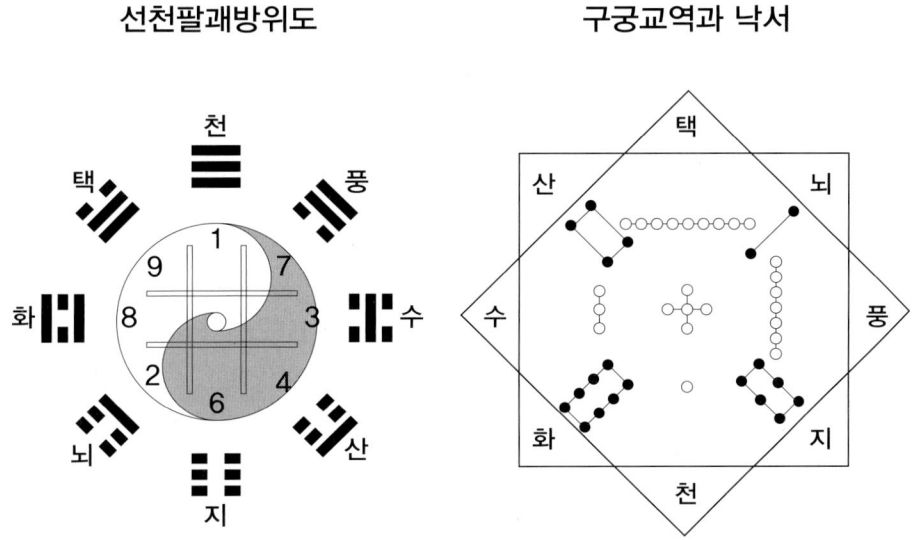

하도의 10수(1~10)를 합친 55와 낙서의 9수(1~9)를 합친 45가 총 100이므로 '하락총백(河洛總百)'이라고 한다. 백분율(百分率)의 쓰임이 곧 '하락총백(河洛總百)'에서 기인한다.

하도의 10수로써 선천의 본체원리가 세워지고 낙서의 9수로써 후천의 변화작용이 일어난다. '열 십(十)'에서 손가락 하나를 구부리면(乙) 자연스레 '아홉 구(九)'가 되어 태양위수인 1체9용의 합일을 이루므로 하늘을 9천으로도 표명한다[27].

하도에서 낙서가 나오고 낙서는 다시 하도로 되돌아간다. 선천이 후천을 낳고 후천은 다시 선천으로 복귀하므로 서로 체용의 합일을 이룬다. 선천의 법도는 10체9용이지만 후천의 법도는 9체10용이다.

하도(河圖)의 하(河)는 황하 본류, 낙수(洛水)의 낙(洛)은 지류이므로 본말 관계에 해당한다. 하도는 간(幹), 낙서는 지(枝)이다, 수(水) 부수 대신 '나무 목(木)'을 붙이면 하(河)와 낙(洛)이 나무의 밑동인 '자루 가(柯)'와 나무 가지인 '가지 각(格)'으로 바뀐다. 본격(本格)이란 뜻도 하락(河洛)의 본말에 관계된다. 아래는 하도 낙서의 수리에 '『周易(주역)』의 관문'으로 일컫는 『大學(대학)』의 3강령 8조목을 함께 대비한 그림이다.

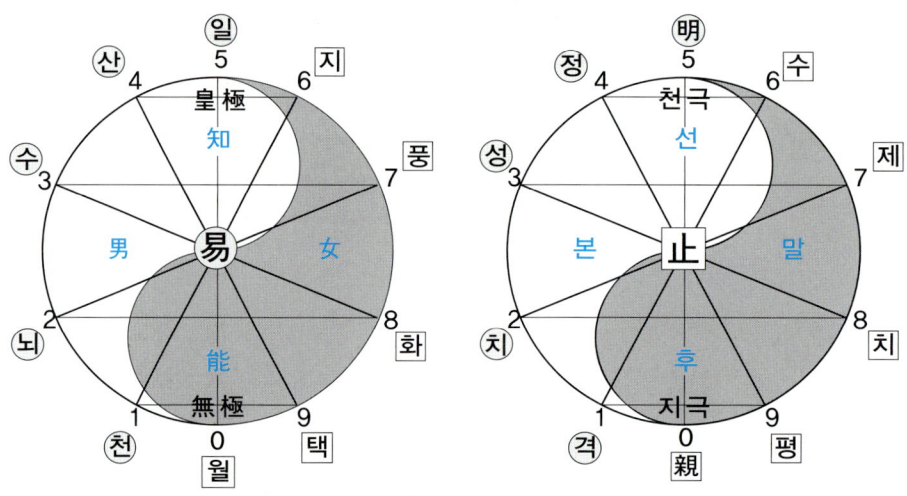

---

[27]. 수를 헤아릴 적에 손가락을 다 편 상태가 아무것도 없는 0(=10)을 나타내지만 엄지손가락 하나를 구부리면 하나인 동시에 아홉이 되어 일체구용(一體九用)이다. 구구법(九九法)도 이 구궁수와 연관된다.

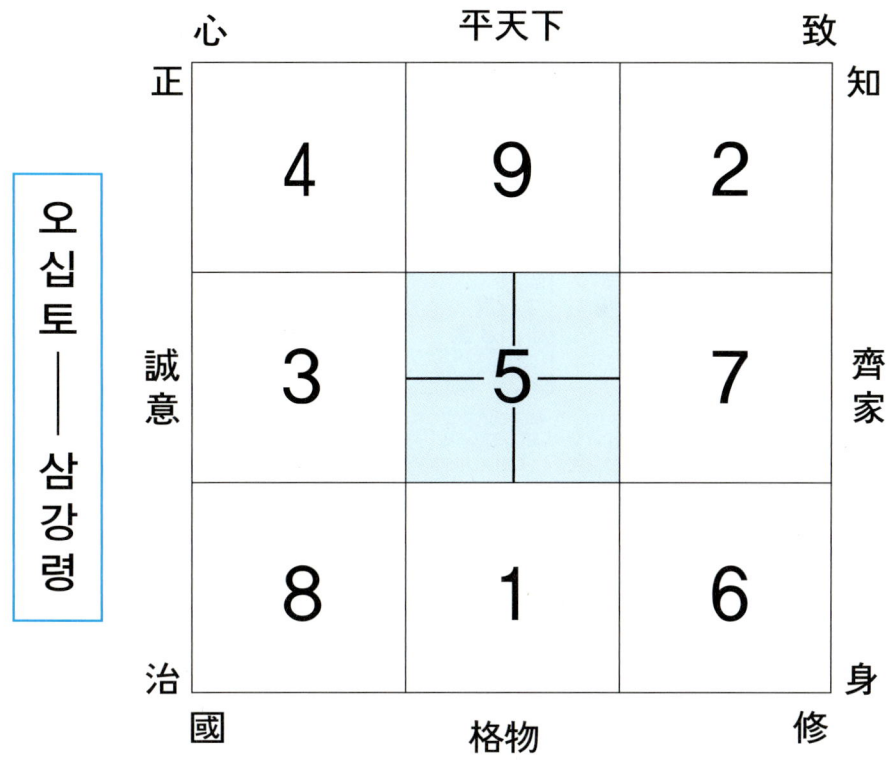

『書經(서경)』 홍범(洪範) - 구주(九疇)

오행(五行 ☷1) 오사(五事 ☳2) 팔정(八政 ☵3)

오기(五紀 ☶4) 황극(皇極 ☺5) 삼덕(三德 ☰6)

계의(稽疑 ☱7) 서징(庶徵 ☲8) 복극(福極 ☴9)

『書經(서경)』의 홍범구주(洪範九疇)[28]는 무왕이 주(周)나라를 세운 뒤에 은(殷)나라의 기자(箕子)를 찾아가 천하를 다스리는 도에 대해 문답한 내용이다. 천자가 천하 만민을 다스리는 정치 법도에 대한 해설이다.

28. 오행(五行)은 자연에 의한 만물의 생명원소(水·火·木·金·土)
 오사는 사람의 생명활동(貌·言·視·聽·思)
 팔정은 백성을 다스림에 꼭 필요한 정책(食·貨·祀·司空·司徒·司寇·賓·師)
 오기는 때와 달력에 관련된 근본벼리(歲·月·日·星辰·曆數)

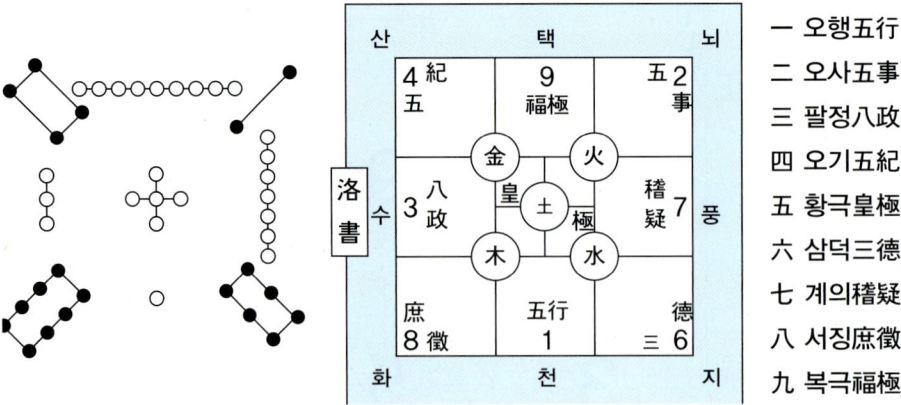

'큰물 홍(洪), 법 범(範)'은 치수에 쓰였던 대법(大法), '동무 주, 무리 주(疇)'는 같이 하는 무리를 이른다. 홍범구주는 우(禹)가 치수할 당시 낙수에 출현하였다는 낙서의 구궁수에 바탕을 둔다.

1오행·2오사·3팔정·4오기·5황극·6삼덕·7계의·8서징·9복극(1五行·2五事·3八政·4五紀·5皇極·6三德·7稽疑·8庶徵·9福極)으로 전개되는 구주(九疇)의 중심은 대중지정(大中至正)한 중앙의 5황극이다.

②선천팔괘의 교역상착(交易相錯)

낙서의 구궁수는 선천과 후천을 잇는 가교로서 '중천교역(中天交易)'의 법도를 표상한다.

공자는 『周易(주역)』 설괘전 제3장에서 선천팔괘방위도를 중심으로 남녀의 교역왕래에 의한 부부상착(夫婦相錯)을 다음과 같이 설명하였다.

"天地定位에 山澤通氣하며 雷風相薄하며 水火不相射
  천지정위   산택통기   뇌풍상박   수화불상석
하야 八卦相錯하니 數往者는 順코 知來者는 逆하니
     팔괘상착   수왕자   순   지래자   역
是故로 易은 逆數也라."
시고   역   역수야

'하늘과 땅이 자리를 정함에 산과 못이 기운을 통하며 우레와 바람이 서로 부딪치며 물과 불이 서로 해치지 아니해서 팔괘가 서로 섞인다. 그러므로 지나간 일을 셈하는 것은 순하고 찾아올 일을 알아내는 것은 거스른다, 이러한 까닭에 易은 수를 거꾸로 셈하는 것이다.'

1(一)과 2(二)가 만나서 3(三)이 되고 하늘(天)과 땅(地)이 만나서 만물(人)이 나오며 해(日)와 달(月)이 만나서 밝음(明)이 일어나듯이 남녀가 서로 만나 부부관계를 맺어야 자녀를 낳는 것은 바뀔 수 없는 자연의 철칙이다.

'가운데 중(中)'을 '맞출 중(中)'이라고도 한다. 서로 만나기 이전은 선천, 만난 이후로는 후천, 때 맞추어 만남은 중천이 된다. 팔괘의 상착(相錯)이란 남녀의 괘들이 서로 한 몸을 이루는 것으로 음양교역의 왕래(往來)를 통하여 부부로 짝하는 것을 가리킨다. 이는 선천 사상위수의 분리에 의한 결과이다. 팔괘상착에 의한 남녀의 직교(直交)와 부부의 병합(倂合)이 곧 중천교역(中天交易)의 낙서 구궁수이다.

천지정위(天地定位)와 산택통기(山澤通氣)는 서로 맞물려 진행된다. 1·6(☰·☷)의 합수와 4·9(☱·☶)의 합금으로 금수일가(金水一家)가 된다. 큰 음양에 해당하는 사상배합이므로 먼저 설명한 것이다.

뇌풍상박(雷風相薄)과 수화불상석(水火不相射)도 서로 맞물려 진행된다. 2·7(☲·☵)의 합화와 3·8(☳·☴)의 합목으로 목화일가(木火一家)가 된다. 작은 음양에 해당하는 사상배합이므로 뒤에 설명하였다.

황극은 지극히 큰 표준법도
삼덕은 제왕이 나라백성을 다스리기 위한 기본 덕성 (正直·剛克·柔克)
계의는 의심된 일을 두루 묻고 살펴 옳은 방향을 정함
(雨·霽·蒙·驛·克·貞·悔의 卜筮)
서징은 자연에서 일어나는 가뭄·장마 등의 좋고 나쁜 조짐
(雨·暘·燠·寒·風의 休咎)
복극은 황극의 도가 실현되는 여부에 따른 하늘의 복덕(5복)과 징벌(6극),
임금이 쓰는 권선징악의 방편
(壽·富·康寧·攸好德·考終命의 福, 凶短折·疾·憂·貧·惡·弱의 極)

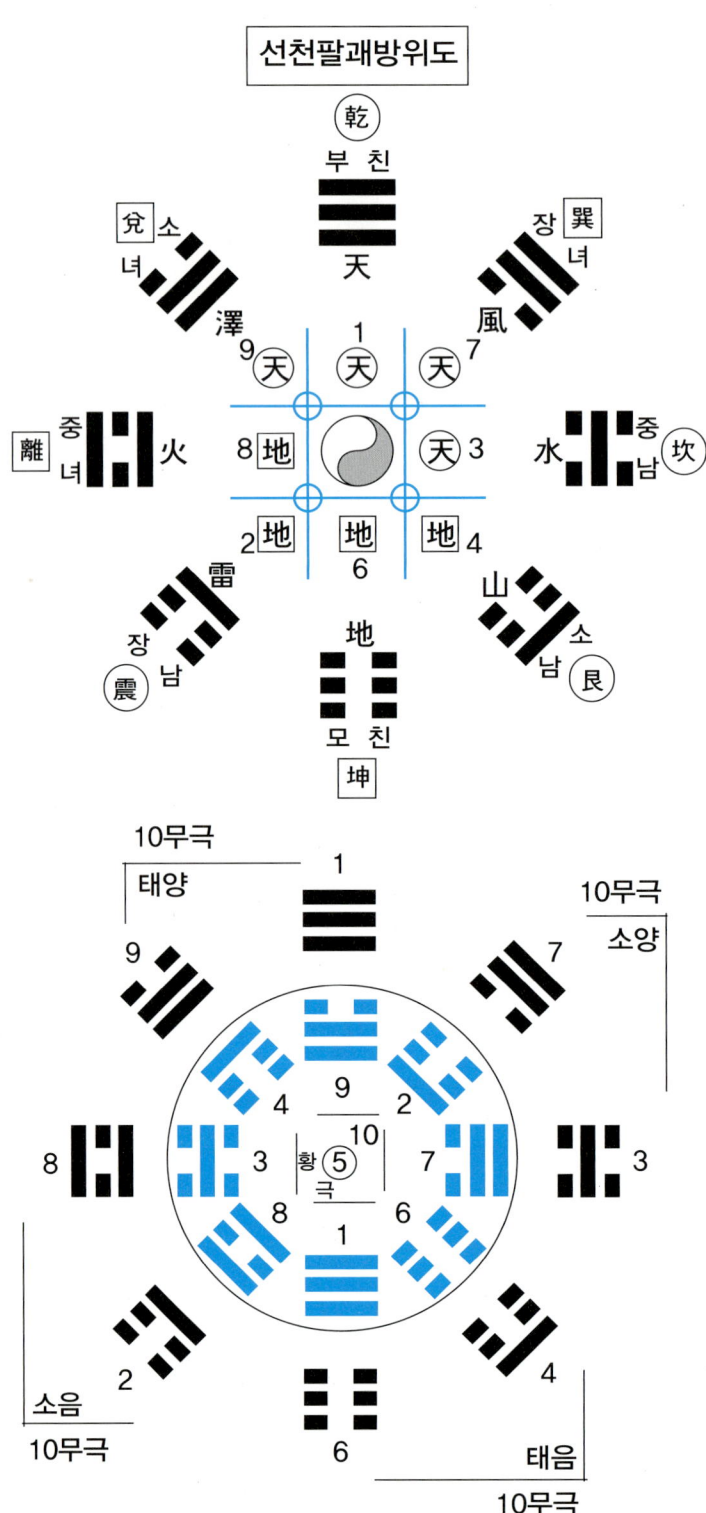

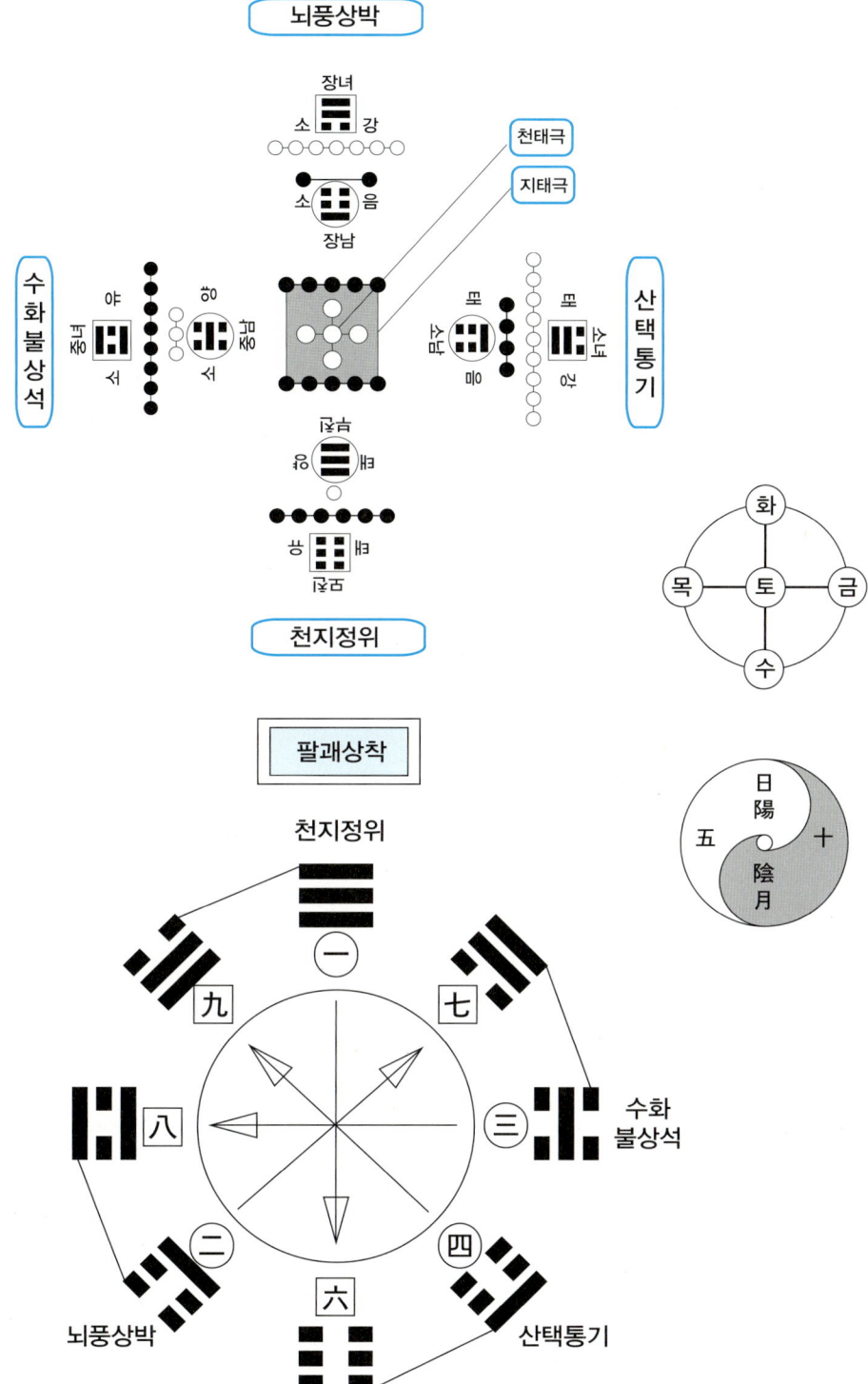

서설(序說)

노자 『淸靜經(청정경)』에 자연의 도에는 청탁동정이 있음을 지적하며,

"**天淸地濁**하며 **天動地靜**이요 **男淸女濁**하며 **男動女靜**이니
천 청 지 탁   천 동 지 정   남 청 여 탁   남 동 여 정

降本流末하여 **而生萬物**이라."
강 본 유 말   이 생 만 물

라고 하였다.

천도에 해당하는 남자는 양물로서 본(本), 지도에 해당하는 여자는 음물로서 말(末)에 속한다. 뿌리에서 가지 끝으로 흐른다는 것은 양물이 음물에게로 나아가 교합함을 이른다. 만물을 낳는다는 것은 음양교합에 의한 오행생성을 말한다. 하늘이 땅에게 밝은 양기를 베풀어주고 남자가 여자에게 사랑의 씨앗을 뿌림에 따라 땅이 만물을 낳고 여자가 아이를 낳는다.

천지남녀에는 본말선후가 있다. 먼저 능동적인 양물이 발동하여 음물에 나아가고 수동적인 음물은 이를 고요히 맞이한다. 마치 벌과 나비가 꽃으로 날아가듯이 남자가 제 짝을 찾아 앞장서 여자에게 움직여 나아가는 것이 자연의 순리이다.

선천팔괘의 왕래교합을 남자 위주로 살피면 아비1(☰)이 어미6(☷)으로, 장남2(☳)가 장녀7(☴)로, 중남3(☵)이 중녀8(☲)로, 소남4(☶)가 소녀9(☱)로 물 흐르듯이(順) 자연히 나아간다. 남자 1 2 3 4가 여자 6 7 8 9로 나아감이 순리이므로, '수왕자순(數往者順)'이다.

여자 위주로 살피면 어미6은 아비1을, 장녀7은 장남2를, 중녀8은 중남3을, 소녀9는 소남4를 각기 맞이하여(逆) 받아들인다. 이는 남자 1 2 3 4의 빈자리에 그 곁에 처한 여자 9 8 7 6이 거꾸로 밀려옴을 필연적으로 수반(隨伴)한다.

아비(☰, 1태양위)에 소녀(☱, 9태양수), 장남(☳, 2소음위)에 중녀(☲, 8소음수), 중남(☵, 3소양위)에 장녀(☴, 7소양수), 소남(☶, 4태음위)에 어미(☷, 6태음수)가 각기 따라오므로 '지래자역(知來者逆)'이다.

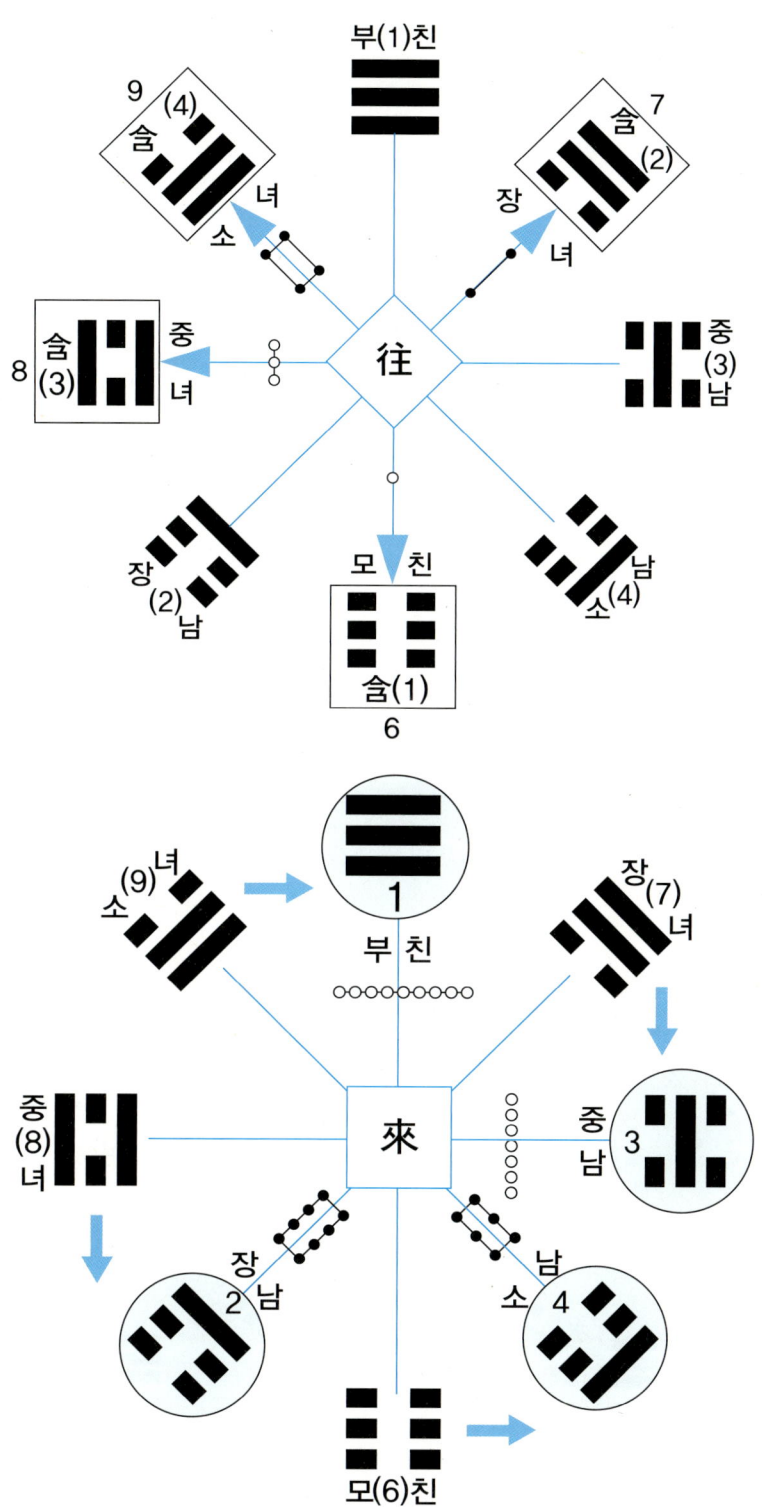

③금화교역(金火交易)

天風姤

선천팔괘방위도는 하도의 1·6(☰·☷), 2·7(☱·☶), 3·8(☲·☳), 4·9(☴·☵)가 서로 마주보며 만날 때를 기다리는 '대대(待對)의 모습'이다. 천지와 남녀가 아직 사귀지 못한 상태이기에 선천에 해당한다.

『周易(주역)』에서 만남을 상징하는 괘가 천풍구(天風姤,44)이다. '만날 구(姤)'는 선천오전과 후천오후가 만나 교차하는 한낮 정오, 월령절기로는 다시 음이 늘어나기 시작하는 5월(午月) 하지에 해당한다. 낙서는 미혼남녀가 부부로 만나서 오행이라는 자녀를 낳는 이치이다. 그러므로 낙서를 선후가 바뀌는 일오중천(日午中天)의 교역(交易)시기로 간주한다.

본래 선천팔괘방위도는 사람을 중심으로 상하에 천지가 정위(定位)하듯이 절대로 바뀔 수 없는 본체원리를 표상한다. 언제나 하늘은 위에 있고 땅은 아래에 있다. 선천은 만고불역의 기틀이며 부동의 불변진리이므로 '불역'이라고 한다. 부모를 바꿀 수 없고 과거로 되돌아갈 수 없음과 같다.

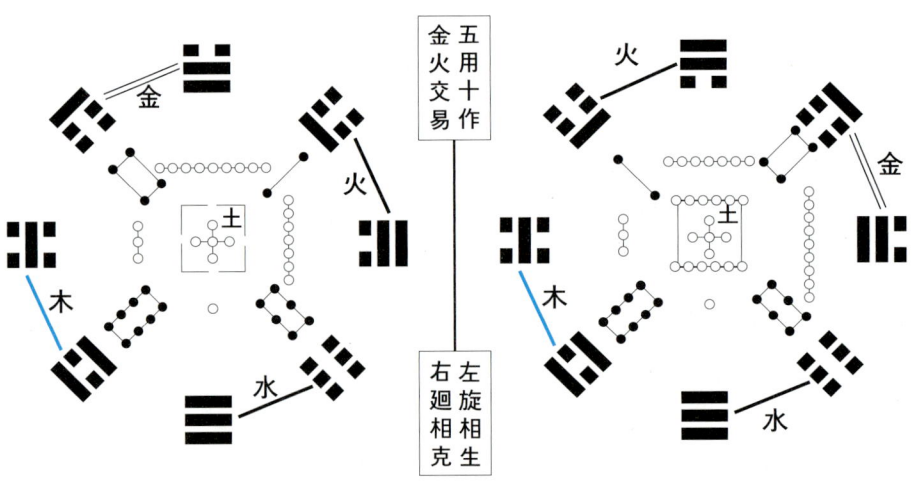

地天泰　'중천교역(中天交易)'은 선천팔괘 자체가 자리를 바꾸는 것이 아니라 천지자연의 음양기운이 흘러 '왕래교통(往來交通)'함을 이른다. 『周易(주역)』은 교역왕래를 중시하므로 상천과 하지의 기운이 꽉 막혀 폐색(閉塞)된 불역의 상태를 천지비(天地否,12), 잘 흘러 개통(開通)된 교역의 상태를 지천태(地天泰,11)로 표명한다.

天地否　이해를 돕기 위해 중천교역(中天交易)의 구궁낙서에 팔괘를 배정하여 교역팔괘라 표명한다. 음양지도(陰陽之道)인 선천팔괘와 오행지리(五行之理)인 후천팔괘를 연결하는 중간다리 역할을 하는 셈이다.

　교역팔괘를 바깥 반대편에서 살피면 건곤(☰☷)과 감리(☵☲)는 괘의 형상이 변동이 없지만 진손(☳☴)과 간태(☶☱)는 각기 괘의 형상이 뒤집어져 간태(☶☱)와 진손((☳☴)으로 바뀐다. 건곤감리(乾坤坎離)는 부도전(不倒轉)으로 바뀌지 않는 정괘(正卦)이지만 진손간태는 도전(倒轉)이 되어 뒤집어지는 반괘(反卦)이기 때문이다.

　『周易(주역)』 계사상전(繫辭上傳)에 이르길 "세 무리씩 대오(隊伍)를 지어 변하며 그 수를 착종(錯綜)을 한다. 그 변함을 통하여 드디어 천하의 무늬를 이루며 그 수를 다하여 드디어 천하의 형상을 정하니 천하의 지극한 변함이 아니면 그 누가 능히 여기(易)에 참여하겠는가[29]?"라 하였다. 착종(錯綜)이란 하나로 섞어놓고 반대로 뒤집어 살피는 것이다.

　'섞일 착(錯)'은 서로 사귀어 하나로 섞이는 교착(交錯), '모을 종(綜)'은 서로 대립되는 모순을 정립·반정립을 거쳐 통일시키는 종합(綜合 → 정반합)을 가리킨다. 팔괘에 있어서도 부부로 짝하여 교착(交錯)하는 건·곤(☰·☷),

---

29. 『周易(주역)』 계사상전(繫辭上傳) 제10장: 三伍以變 錯綜其數 通其變 遂成天地之文 極其數 遂定天下之象 非天下之至變 其孰能與於此.

서설(序說)　087

감·리(☵·☲), 진·손(☳·☴), 간·태(☶·☱)가 착괘(錯卦)로 합한다.

　반면 반대편 위에서(宗) 괘를 뒤집어 보아 모양이 바뀌게 되면 이를 종괘(綜卦)라고 한다. 정괘(正卦)인 건·곤·감·리(☰·☷·☵·☲)는 뒤집어보더라도 괘의 모양이 그대로이지만 반괘(反卦)인 진·간·손·태(☳·☶·☴·☱)는 뒤집어져 괘의 모양이 반대로 바뀐다. 진(☳)의 종괘는 간(☶), 간(☶)의 종괘는 진(☳), 손(☴)의 종괘는 태(☱), 태(☱)의 종괘는 손(☴)인 셈이다.

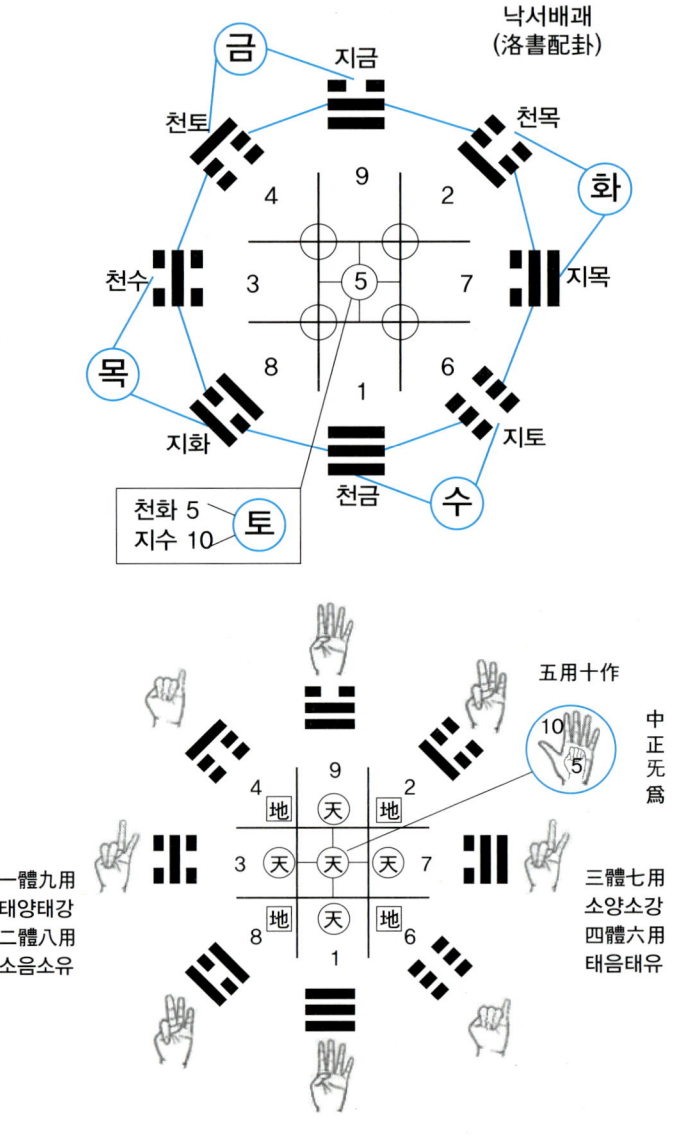

교역팔괘를 살피면 동북방면의 정괘(正卦) 건곤감리(乾坤坎離)는 뒤집어 보더라도 그대로이지만 서남방면에 온 반괘(反卦) 진손간태는 반대편에서 볼 때 뒤집어진다. 아침때가 되면 집안에서 집밖으로 나갔다가 저녁때가 되면 반드시 집밖에서 집안으로 돌아오기 마련이다.

이렇게 교역팔괘를 출입 착종(錯綜)하면 간태☶☱)와 진손(☳☴)이 도전(倒轉)되어 4·9합금(合金)이 2·7합화(合火)로 자리를 바꾼다. 이를 '금화교역(金火交易)'이라 한다. 교역팔괘는 내적으로 오행이 우회상극(右回相克)하지만 외적으로는 좌선상생(左旋相生)하는 '음양상대성의 원리'를 자연히 보여준다. "고추 먹고 맴맴" 하듯이 제자리를 맴돌면 물상은 정반대로 돌아가는 반전 현상이 일어나는 것과 같다.

지구는 지축을 중심으로 시계반대방향으로 돌아가지만 천체는 시계 방향으로 돌아가는 천문 현상과 동일한 이치이다. 낙서의 오행상극으로부터 하도의 오행상생의 조화가 발생하는 반전의 근본계기는 후천팔괘방위도에 의한다.

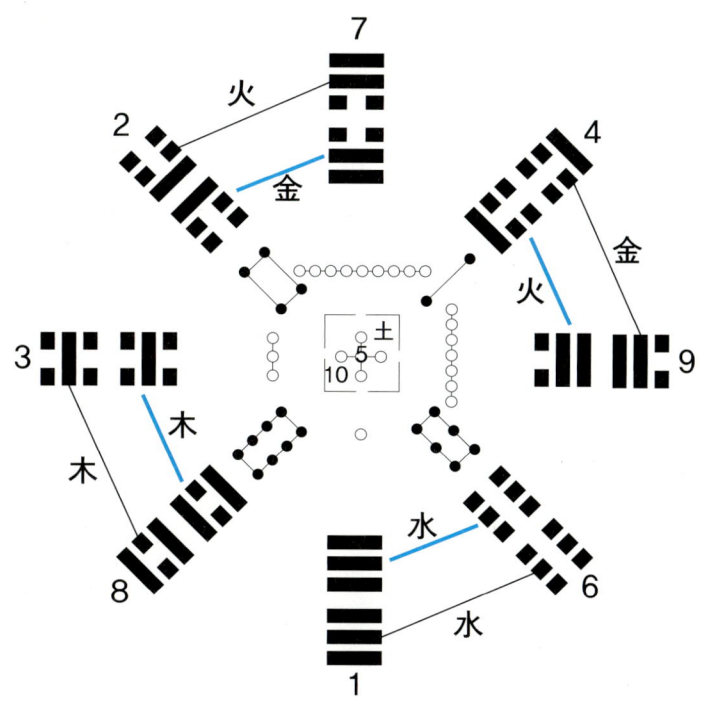

○ 후천 팔괘 – 오행지리(五行之理)

①낙서를 법한 후천팔괘

　주(周)나라의 역인『周易(주역)』은 은(殷)나라 말기, 주(周)나라 초기(殷末周初)에 쓰인 글이다. 당시 문왕은 서쪽 기산(岐山) 일대를 다스린 큰 제후였기에 서백(西伯) 또는 기백(岐伯)으로 불리었다. 노인을 공경하고 어진 덕을 백성에게 베풀어 천하의 민심이 문왕에게 쏠리자 은(殷)나라의 천자였던 폭군 주(紂)가 이를 시기하여 유리옥(羑里獄)이란 곳에 7년간 유폐시켰다.

　문왕은 이곳에서 당시의 어려운 시대 상황을 배경으로 64괘사(卦辭)를 지어 도탄에 빠진 천하인민이 '피흉취길(避凶趣吉)'할 수 있는 도리와 방편을 세상에 전하였다. 또한 인류가 대동 화합하는 후천시대의 도래를 예견하고 그 때에 크게 쓰이도록 은밀한 뜻을『易經(역경)』속에 담았다고 한다. 후천팔괘는 낙서의 구궁수를 징검돌로 하여 배정된다.

　선천에서 후천을 넘어가는 중간 관문이 구궁낙서의 중천교역(中天交易)이기 때문이다. 인사적인 측면에선 선천은 부모가 양육하고, 중천은 부부가 화합하며, 후천은 자녀가 주도하는 때로 비유된다[30].

　음양의 동정변화를 나타낸 '선천팔괘'는 남녀의 교역왕래가 이루어져 사상 위수가 기질배합을 하여 오행을 생성하는 이치를 원천적으로 갖추고 있다.

　이를 표상한 구궁낙서는 생성된 오행이 시계반대방향으로 우회하며 '상극'하는 흐름을 보인다. 교역팔괘를 반대편에서 보면 금화교역(金火交易)이 자

---

[30] 송(宋)나라 때의 소자(邵子: 1011~1077)는 복희의 음양팔괘를 선천팔괘, 문왕의 오행팔괘를 후천팔괘로 각기 정의하였다. 또한 공자의 가르침에 따라 하도 내외에 자리한 생수와 성수를 천도의 음양과 지도의 강유 둘로 배정하여 역의 상수(象數)를 밝히는데 큰 기여를 하였다. 또『홍범(洪範)』과『周易(주역)』에 근원을 둔『皇極經世(황극경세)』를 짓고 복희 선천괘도를 위주로 한 '원회운세일월성신(元會運世日月星辰)'의 운행주기로써 천도운행의 기본 바탕을 정립하였다. (부록1)

연히 일어나 시계방향으로 좌선하며 '오행상생'하는 신묘한 조화가 행하여진다.

이 오행의 극생반전(克生反轉)은 오행상극의 중천낙서에서 오행상생의 선천하도로 회귀(回歸)함을 의미하는데 그 반전의 계기를 '후천팔괘'가 만든다.

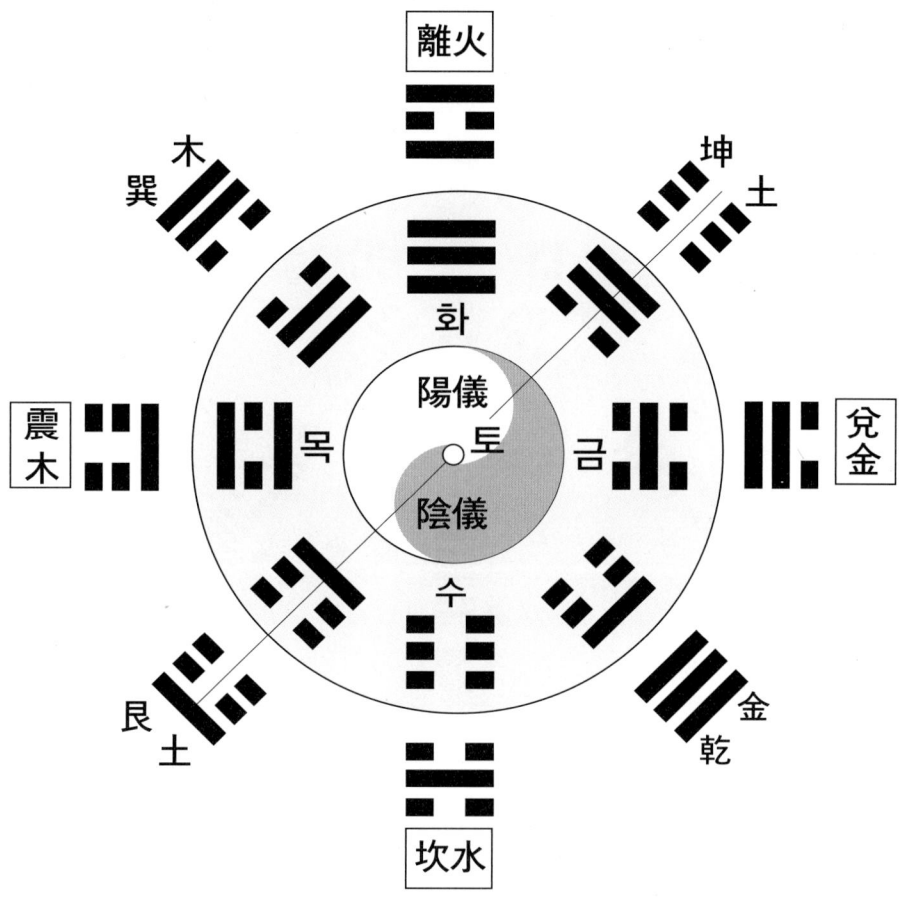

선천팔괘는 태극이 3변하여 팔괘를 펼치는 음양의 동정변화를 나타내므로 꾸밈없는 무극한 자연을 그대로 담은 이천(理天)에 상응한다.

교역팔괘는 사상남녀의 왕래교합으로 생성된 오행의 상극상생을 나타내므로 천지만물에 두루 흐르는 기천(氣天)에 상응한다.

후천팔괘는 중천교역(中天交易)의 구궁낙서로 완성된 음양오행의 신비조화를 드러내므로 눈앞에 실제 펼쳐지는 현상인 상천(象天)에 상응한다.

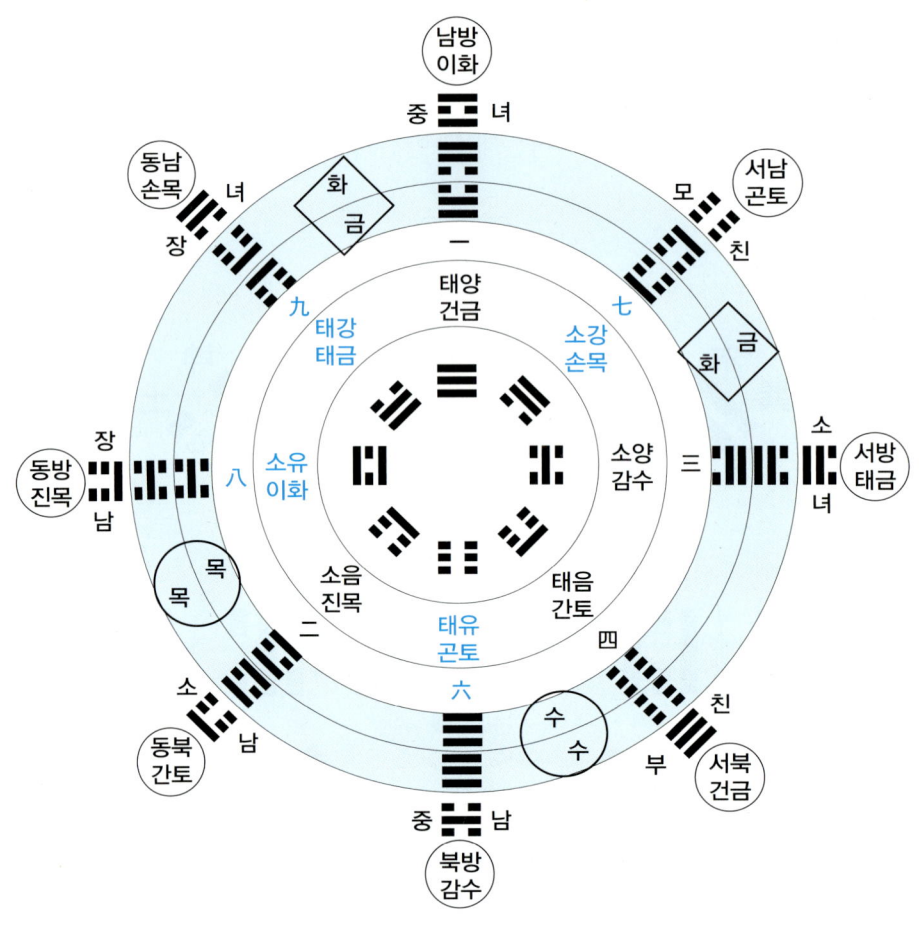

②선천팔괘(음양지도), 후천팔괘(오행지리)

선천과 후천은 내외본말의 인과관계로 이어진다. 어제가 지나가고 내일이 밀려오는 한복판에는 늘 오늘이 자리하듯이 선천이 지나가고 후천이 밀려오는 한복판에는 늘 중천이 자리한다. 중(中)은 천하의 대본(大本), 화(和)는 천하의 달도(達道)이다. 선천적인 자질과 후천적인 노력이 함께 내외합일을 이루어야 하듯이 올바른 중심을 세워야 지극한 무위조화가 펼쳐진다.

사성일심(四聖一心)으로 일관 전승된 『周易(주역)』은 선후의 중심을 잡아 그 종시(終始)를 바로 하는 '중천교역관(中天交易觀)'을 밑바탕으로 한다.

『書經(서경)』 홍범(洪範)과 『周易(주역)』을 유학의 핵심 근간으로 삼아 '洪易學(홍역학)'을 제창한 야산(也山) 선생의 부문(敷文)에서는 이를 '중어선후 정기종시(中於先后 正其終始)'로 표현하였다.

때는 되돌아갈 수도 앞당길 수도 없다. 늘 오늘이듯이 때의 중심은 현재일 뿐이다. 요순우(堯舜禹)의 근본 심법(心法)은 요임금이 순임금에게 "미덥게 그 중을 잡으라(允執厥中)"고 하고 순임금이 우임금에게 "사람의 마음은 오직 위태하고 도의 마음은 오직 미미하니 오직 깨끗하고 한결같아야 미덥게 그 중을 잡을 수 있다(精一執中)"고 전한 가르침으로 간결하게 귀결된다.

천도변화를 가르치는 易에서도 선후천팔괘의 가교 역할을 하는 '중천교역(中天交易)'을 지극히 중요시한다. 선후는 내외본말의 관계이므로 안으로는 선천팔괘의 순리를 따르고 밖으로는 후천팔괘의 흐름을 쫓아 중정(中正)을 취하여야 한다. 중천교역(中天交易)에서 금화교역(金火交易)을 일으켜 반정존본(反正存本)함이 '극기복례 천하귀인(克己復禮 天下歸仁)'을 이루는 길이다.

선천적인 자질도 중요하지만 후천적인 노력이 반드시 함께 합하여 만이 중화(中和)의 대공을 성취한다. 易의 관문으로 일컫는 『大學(대학)』의 격물장(格物章)에서도 "사물에 본말종시가 있으니 선후를 알면 도에 가까워진다."고 하였다. 선후의 도란 인과율(因果律)이며 이는 易 전체를 포괄하는 선후천팔괘의 원리 작용에서 나타난다. 『大學(대학)』의 격물치지(格物致知)를 易에서는 괘효사(卦爻辭)로 판단한 '점(占)'으로 표명한다.

③후천팔괘, 차서도(次序圖)와 방위도(方位圖)

자녀에 해당하는 후천팔괘 1감·2곤·3진·4손·5중(中)·6건·7태·8간·9리는 중천교역(中天交易)의 구궁낙서(1~9)를 징검돌로 하여 전개된다. 하도의 오행생성과 선천팔괘의 남녀상착(男女相錯)을 밑바탕으로 하여 자녀가 나오기 때문이다.

이는 선천남녀인 1부친 · 2장남 · 3중남 · 4소남 · 6모친 · 7장녀 · 8중녀 · 9소녀로부터 후천팔괘의 1감 · 2곤 · 3진 · 4손 · 6건 · 7태 · 8간 · 9리가 출현함을 말한다.

후천팔괘방위도는 해가 도는 방향(順行)으로 오행상생의 조화를 이룬다. 문왕은 건괘(乾卦) 괘사(卦辭)에서 하늘의 도를 춘하추동 4계절의 덕인 "건원형이정"으로 정의하였다. 이에 공자는 봄철을 대표하는 정동방의 진괘(☳)로부터 겨울철을 대표하는 정북방의 감괘(☵)를 거쳐 동북의 간괘(艮卦, ☶)에 이르는 과정으로 후천팔괘방위도를 설명하였다.

후천오행팔괘(문왕팔괘)

4	9	2
3	⑤	7
8	1	6

- 相見乎離 — 離
- 致役乎坤 — 坤
- 齊乎巽 — 巽
- 說言乎兌 — 兌
- 帝出乎震 — 震
- 戰乎乾 — 乾
- 成言乎艮 — 艮
- 勞乎坎 — 坎

帝出乎震하야 齊乎巽하고 相見乎離하고 致役乎坤하고
제 출 호 진   제 호 손   상 견 호 리   치 역 호 곤
說言乎兌하고 戰乎乾하고 勞乎坎하고 成言乎艮하니라.
열 언 호 태   전 호 건   노 호 감   성 언 호 간

- 설괘전 제5장

  흐름을 살피면 '목화토금수'의 상생하는 순서에 따라서 양목인 동방진목(☳)이 음목인 동남손목(☴)으로 나아가 함께 음화인 남방리화(☲)를 '목생화'한다. 남방리화는 음토인 서남곤토(☷)를 '화생토'하고 서남곤토는 음금인 서방태금(☱)을 '토생금'한다. 서방태금은 양금인 서북건금(☰)으로 나아가 함께 북방감수(☵)를 '금생수'한다. 북방감수의 경우는 양토인 동북간토(☶)의 '토극수'를 받는 가운데 정동진목을 '수생목'한다.

  북방감수를 '토극수'하는 동북간토는 정동진목으로부터 '목극토'를 받는다. 북방감수의 물이 과도하게 정동진목에게 공급되지 않도록 수위(水位)를 조절·제어하는 수문 역할을 함과 동시에 정동진목이 뿌리내리도록 튼튼한 토대를 제공하는 것이 동북간토이다. 물(☵)은 산세를 따르고 산에는 나무(☴)가 자란다.

  오행상생의 흐름이 순리적으로 배열되는 후천팔괘는 교역팔괘의 착종(錯綜)에 의해 하도의 무위상생(无爲相生)이 실현됨을 뜻한다. 생생(生生)하는 易의 원리대로 서로 돕고 위하는 만민함열·만국함녕(萬民咸悅·萬國咸寧)의 세상이 후천팔괘로 전개되는 것이다.

帝出乎震	齊乎巽	相見乎離	致役乎坤	說言乎兌	戰乎乾	勞乎坎	成言乎艮
동방진목	동남손목	남방리화	서남곤토	서방태금	서북건금	북방감수	동북간토
양목	음목	음화	음토	음금	양금	양수	양토

④후천팔괘의 특징

후천팔괘의 가장 큰 특징은 괘위(卦位)가 낙서 구궁수에 의해 배열되고 팔괘가 하도의 오행상생에 따라 운행된다는 점이다. 구체적으로 살피면, 하도 원리대로 북방감수·동방진목·남방이화·서방태금(☵·☳·☲·☱)이 사방 정위(正位)에 자리하며 오행상생의 흐름을 가진다.

동방과 북방에는 남괘(陽), 서방과 남방에는 여괘(陰)가 자리한다. 위인 서방과 남방은 음의 방위로서 여괘, 아래인 동방과 북방은 양의 방위로서 남괘가 자리하여 동류끼리 무리 짓는 모습이다. 남괘는 양강(陽剛)한 오행, 여괘는 음유(陰柔)한 오행에 속한다.

여괘인 손·리·곤·태(☴·☲·☷·☱)는 선천팔괘의 태양·소양, 남괘인 건·감·간·진(☰·☵·☶·☳)은 선천팔괘의 태음·소음에 자리한다. 천도가 인사, 음양이 오행으로 바뀐 상태이다.

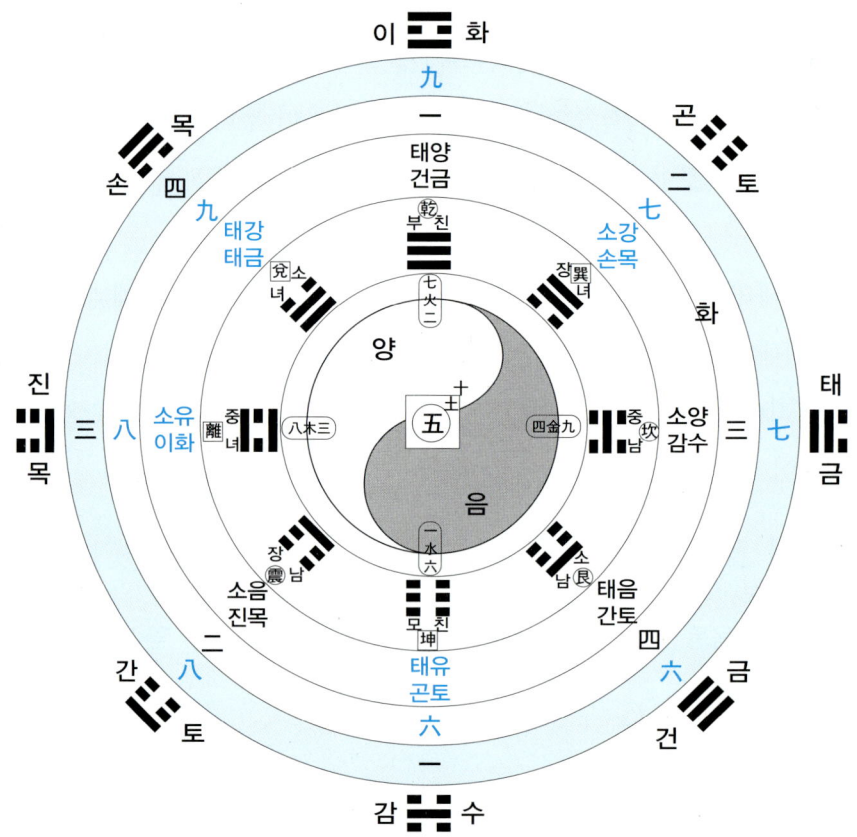

096 청고의 주역 풀이 乾,坤

북방감수가 동방진목을 수생목하여 돕지만 물이 너무 많으면 나무가 썩는다. 흙이 없으면 나무가 뿌리를 박지 못하므로 동북간토가 북방감수를 토극수로 막고 동방진목이 뿌리내리도록 목극토로 조절한다.

남방이화가 서방태금을 화극금하면 삼복더위에 모든 곡식이 타버려 열매를 맺지 못한다. 그러므로 흙이 없으면 토생금이 되지 않아 단단하게 결실을 거둘 수 없다. 서남의 곤토가 남방의 불기운을 덜어내는 '화생토'를 하는 반면 서방의 금기운을 토생금하는 중간 조절작용을 한다. 하도 중앙의 5·10토(土)와 마찬가지로 '동북간토와 서남곤토'가 오행을 조절하며 생극(生克)의 묘용을 다한다.

⑤ 신묘문(神妙文)

神也者는 妙萬物而爲言者也니
신 야 자   묘 만 물 이 위 언 자 야
動萬物者 莫疾乎雷하고 撓萬物者 莫疾乎風하고
동 만 물 자 막 질 호 뢰   요 만 물 자 막 질 호 풍
燥萬物者 莫熯乎火하고 說萬物者 莫說乎澤하고
조 만 물 자 막 한 호 화   열 만 물 자 막 열 호 택
潤萬物者 莫潤乎水하고 終萬物始萬物者 莫盛乎艮하니
윤 만 물 자 막 윤 호 수   종 만 물 시 만 물 자 막 성 호 간
故로 水火 相逮하며 雷風이 不相悖하며
고   수 화 상 체   뇌 풍   불 상 패
山澤이 通氣然後에아 能變化하야 旣成萬物也하니라.
산 택   통 기 연 후   능 변 화   기 성 만 물 야
- 설괘전 제6장

공자는 『周易(주역)』 설괘전에서 선후천팔괘의 선후변화작용을 하나로 묶어 천지건곤의 신묘조화로 만물이 생성 변화함을 설명하였다. 앞 문장은 후천팔괘의 춘하추동과 동남서북의 '목화금수', 뒤 문장은 선천팔괘가 교역하여 '목화금수'를 순차적으로 생성하는 자연한 흐름을 밝혀놓았다.

신묘문(神妙文)의 전체문장에서 필자가 바라본 역의 상수리가 자연하고도 분명히 논증된다.

본체 하도[元]에서 선천팔괘[亨]가 나온 다음 남녀교역의 구궁낙서[利]가 방위적으로 전개되고, 오행상극의 선천세상으로부터 후천팔괘[貞]의 신묘작용에 의해 금화교역(金火交易)이 일어남으로써 마침내 오행상생의 후천 세상으로 전환이 이루어지는 것이다.

희문주공(羲文周孔)이 사성일심(四聖一心)으로 전한 『周易(주역)』경전의 대의(大義)이다.

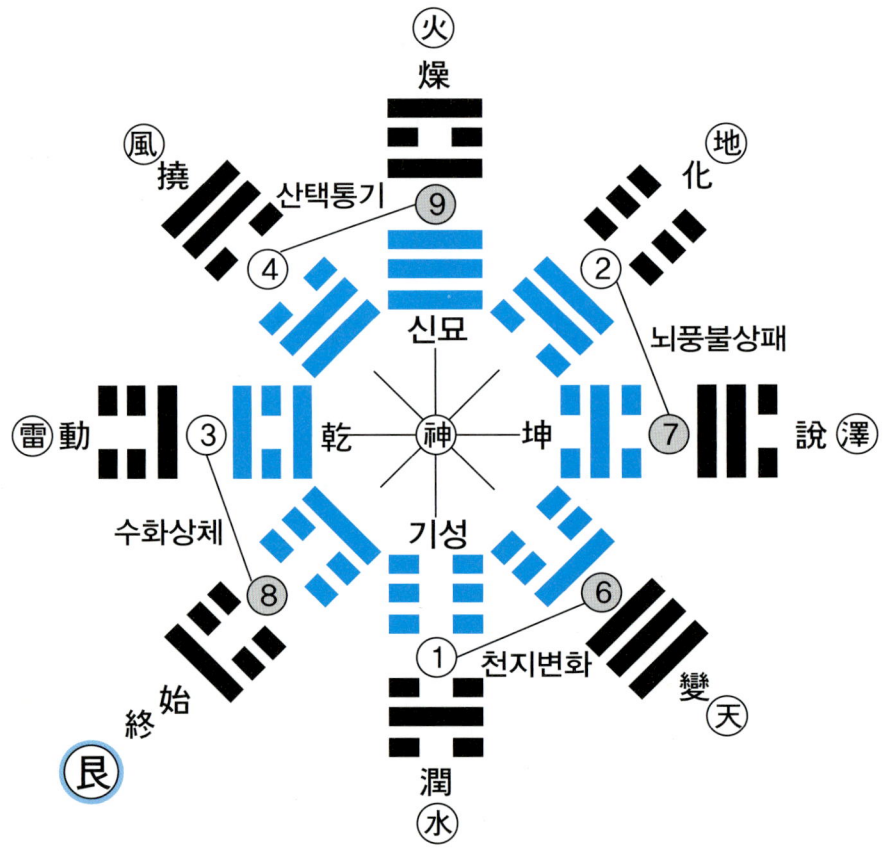

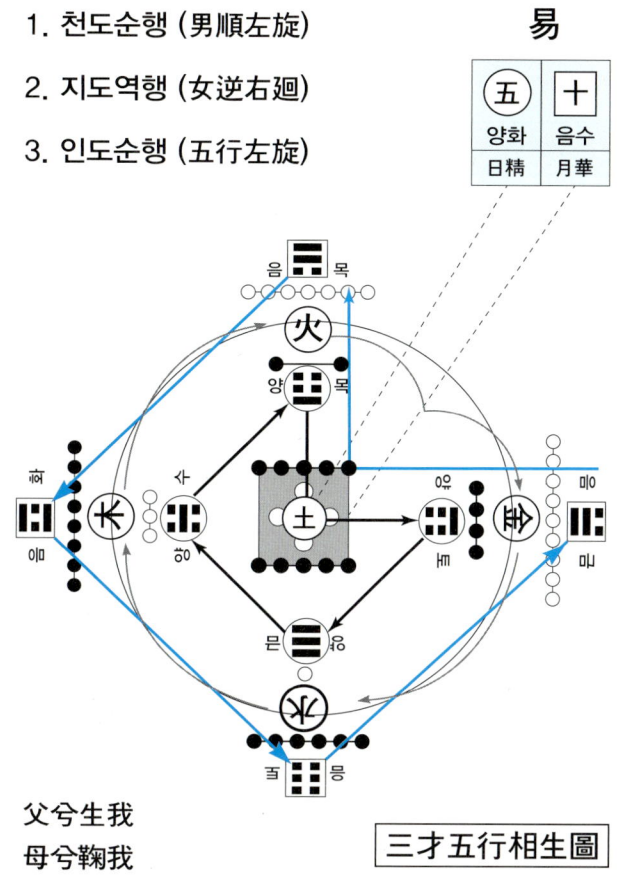

　오행의 수화목금토는 액기형질체(液氣形質體)로 연계된다. 수(水)는 液만 있고 아직 氣가 없는 유액무기(有液无氣), 화(火)는 氣는 있는데 아직 형상을 갖추지 못한 유기무형(有氣无形), 목(木)은 형상은 갖추었는데 아직 바탕을 갖추지 못한 유형무질(有形无質), 금(金)은 바탕은 있지만 體를 이루지 못한 유질무체(有質无體), 토(土)는 바탕과 체를 다 이룬 유질유체(有質有體)이다.

　태아의 생성도 임신 1개월에 부모의 정혈이 엉기고(有液无氣) 2개월에 기혈이 흐르고(有氣无形) 3개월에 모발이 자라고(有形无質) 4개월에 단단한 뼈가 생기고(有質无體) 5개월에 피부를 갖춘(有質有體) 다음 이후 10개월까지 완전히 성장하여 출산한다.

⑥오행의 사물배속

五行	水	火	木	金	土
五事	貌(모)	言(언)	視(시)	聽(청)	思(사)
五常 (五德)	智(지) 是非 시비	禮(례) 辭讓 사양	仁(인) 惻隱 측은	義(의) 羞惡 수오	信(신) 忠恕 충서
五方	北(북)	南(남)	東(동)	西(서)	中(중)
五氣	寒(한)	熱(열)	溫(온)	冷(냉)	濕(습)
五色	黑(흑)	赤(적)	靑(청)	白(백)	黃(황)
五臟	腎(신)	心(심)	肝(간)	肺(폐)	脾(비)
五味	鹹(함)	苦(고)	酸(산)	辛(신)	甘(감)
五性	精(정)	神(신)	魂(혼)	魄(백)	意(의)
五聲 五音	羽(우) 喉(후)ㅇ	徵(치) 舌(설)ㄴ	角(각) 牙(아)ㄱ	商(상) 齒(치)ㅅ	宮(궁) 脣(순)ㅁ
五蟲 五靈	介(개) 玄武	羽(우) 朱雀	鱗(인) 靑龍	毛(모) 白虎	裸(나) 聖人
五賊	哀	樂	喜	怒	慾
五元	元精(1)	元神(7)	元性(3)	元情(9)	元氣(5)
五物	濁精(6)	識神(2)	游魂(8)	鬼魄(4)	妄意(10)

　오령(五靈)에서 기린(毛蟲)이 동방목, 봉황(羽蟲)이 남방화, 거북(甲蟲)이 서방금, 용(鱗蟲)이 북방수를 각기 대표하는 것으로도 본다.
　모린(毛麟)과 우봉(羽鳳), 귀갑(龜甲)과 용린(龍鱗)이 서로 이웃한다는 뜻이다.

5. 周易(주역)의 체계와 구성

○ 상경(上經)과 하경(下經)

『周易(주역)』경전의 체계는 선천적이고 추상적인 천도의 형이상 (⇨ 道)을 다룬 상경(上經)과 후천적이고 구체적인 인사의 형이하 (⇨ 器)를 다룬 하경(下經)으로 나뉜다. 一에 卜(점 복)을 놓은 上下는 오르내림과 위아래를 가리키는 글자이다. 태초의 혼돈시기에 가볍고 맑은 양기가 위로 올라가 하늘이 열리고 무겁고 탁한 음기가 아래로 내려와 상하천지가 열렸듯이 상경(上經)과 하경(下經)으로 나눈 것이다.

周는 입(口)을 써서(用) 의사표현을 두루 한다는 의미다. 周를 占(점칠 점)과 中(맞출 중)의 합성자로 간주하면 사물의 길흉화복을 점쳐 두루 적용한다는 뜻이 나온다. 中과 卜을 합친 用(쓸 용) 또한 상하내외선후의 중심을 잘 잡아 판단하고 분석하여 사물에 활용(活用)하고 응용(應用), 이용(利用)함을 의미한다.

상하선후의 이치에 따라서 6효로 구성된 대성괘(大成卦)도 하괘인 내괘를 선천, 상괘인 외괘를 후천으로 나눈다. 『周易(주역)』의 괘서도 乾(1)과 坤(2), 屯(3)과 蒙(4), 需(5)와 訟(6) 등처럼 양(홀)과 음(짝)으로 한 몸을 이루면서 전개되는데, '건은 선천, 곤은 후천' 하듯이 앞의 괘(홀)를 선천, 뒤의 괘(짝)를 후천으로 간주한다.

자연의 易을 주재하는 주인공인 태극은 천지인 삼재(三才)의 열림(太)과 더불어 나무가 빠르게 뻗어나간다(極)는 뜻이다. 동방의 삼팔목도(三八木道)를 바탕으로 태극은 양의(兩儀)와 사상, 팔괘의 3단계를 거쳐 소성팔괘를 낳고 거듭 대성64괘를 펼친다.

나무의 줄기를 중심으로 자라는 뿌리와 가지를 본뜬 木(=十+八) 또한 3변을 통하여 생성되는 효가 여섯 차례로 18변을 하여 대성64괘를 펼치는 뜻을 겸한다. 이를 상경(上經) 30괘와 하경(下經) 34괘의 도전배합 관계로써 관찰하면 상경(上經)은 선천 건양(乾陽)이 18변하는 '양목의 성장'에, 하경(下經)은 후천 곤음(坤陰)이 18변하는 '음목의 성장'에 견주어진다. 문왕이 동방목도로써 『周易(주역)』 상하의 편제를 나누었음을 살필 수 있는 중요한 대목이다.

위(位)는 사람(人)을 세워(立) 자리를 정한다는 뜻이지만 사람이 선 자리를 一에서 六까지 단계를 나누어 고하(상하)를 정한다는 뜻도 담겨있다. 사람을 중심으로 하늘과 땅이 나뉘므로 자연 상천하지(上天下地)의 기본 법도가 세워진다. 하늘의 밝은 양은 강건하여 앞장서고 땅의 어두운 음은 유순하여 뒤따른다. 이를 '양선음후(陽先陰後)'라고 한다.

① 건곤(乾坤)과 감리(坎離)

30괘로 구성된 상경(上經)은 건곤(乾坤)에서 시작하여 감리(坎離)로 끝난다. 천지와 수화는 음양의 체(體)와 용(用)인 것에서 상경(上經)의 시종(始終)으로 놓았다. 건곤(☰☷)과 감리(☵☲)는 상하남북과 좌우동서에 처한 사정괘(四正卦)이다.

남북의 수직은 경(經), 동서의 수평은 위(緯)이다. 천지건곤이 상하로 늘어선 날줄(經)로서 정적인 체가 되는 반면 수화감리는 좌우로 오가는 씨줄(緯)로서 동적인 용이 된다.

대성 건곤감리(乾坤坎離)는 상하괘(내외괘)가 같은 괘들끼리 겹친 중괘(重卦)로서 64대성괘로 표상되는 우주 천체의 항구한 네 기둥이다. 상하좌우의 네 정방에 자리한 정괘(正卦)인데다 반대편에서 보아도 뒤집히지 않는 부도전괘(不倒轉卦)이기 때문이다.

② 상하경전의 기틀

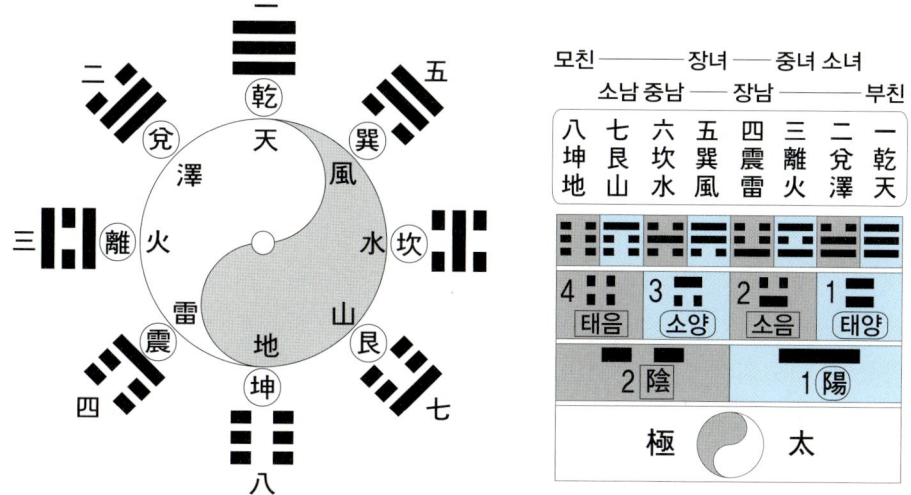

　34괘로 구성된 하경(下經)은 선천팔괘방위도에서 네 간방(間方)의 교통배합을 나타낸 함항(咸恒)으로 시작한다. 자연적으로는 산택(☱☶)의 통기(通氣)와 뇌풍(☳☴)의 배합(配合), 인사적으로는 처녀총각이 함께 사랑하여 아내남편으로 항구한 가정을 이루는 괘들이다.

　택산함(澤山咸,31)과 뇌풍항(雷風恒,32)은 네 모퉁이에 자리한 유괘(維卦)들 간에 마주보며 남녀가 짝을 짓는 괘들이다. 진(震☳) 장남과 간(艮☶) 소남, 손(巽☴) 장녀와 태(兌☱) 소녀는 반대편에서 보면 서로 뒤집히는 도전괘(倒轉卦)이다. 이를 반괘(反卦)라 한다.

　부도전의 정괘(正卦)를 기틀로 한 선천 상경(上經)은 불역에, 도전(倒轉)의 반괘(反卦)를 머리로 한 후천 하경(下經)은 변역에 각기 기반을 두었음을 볼 수 있다.

　한편 상경(上經)은 수(水)와 화(火)가 상하로 겹친 중수감(重水坎,29)과 중화리(重火離,30)로 끝나는 반면 하경(下經)은 수와 화로 구성된 수화기제(水火旣濟,63)와 화수미제(火水未濟,64)로 끝난다. 기제는 수승화강(水昇火降)을 이루고 6효가 모두 제 위치에 바르게 처하여 완벽하게 안정된 상태이지만 미제는 내괘의 물은 아래로 흐르고 외괘의 불은 위로 타올라 수화가 교통하지 못하고 6효가 모두 바르지 못하여 불안한 상태이다. 시간적으로는 기왕(旣往)

과 기정(既定)의 지나간 과거선천이 기제, 미래(未來)와 미정(未定)의 다가올 미래후천이 미제이다.

○ 육위(六位)와 육효(六爻)

　　대성괘를 구성하는 육효(六爻)는 초위(初位)와 이위(二位), 삼위(三位), 사위(四位), 오위(五位), 상위(上位)의 육위(六位)로 자리를 나누어 시공 우주를 설명한다. 초(初)와 상(上)으로 일컫은 것은 본말(本末)과 시종(始終)을 나타내고자 함이다. 이위(二位)와 오위(五位)는 각기 내괘와 외괘의 중(中)을 얻어 괘의 중심적인 역할을 한다.

　　대개 일체 만유를 담는 그릇인 허공(虛空)은 상하좌우전후의 여섯으로 나누어 육허(六虛)라 일컫는다. 뗄 수 없는 한 몸으로 합하므로 육허(六虛)로부터 동서남북상하의 공간인 육합(六合)이 나오며 음효와 양효를 싣는 여섯 자리인 육위(六位)가 전개된다. 세월의 흐름인 왕고래금(往古來今)의 시간은 밝은 양이 자라는 자축인묘진사(子丑寅卯辰巳)와 어두운 음이 자라는 오미신유술해(午未申酉戌亥)로 대별된다. 이를 육위시성(六位時成)이라고 한다. 세월주기인 일월의 소식영허(消息盈虛)가 곧 하루 열두 때와 한 해 열두 달이다.

　　육위(六位)는 홀짝 기우(奇偶)의 양선음후(陽先陰后)의 기본 법도에 따라 홀수 번째의 초위(初位)와 삼위(三位), 오위(五位)는 양위(陽位)에 속하고 짝수 번째의 이위(二位)와 사위(四位), 상위(上位)는 음위(陰位)에 속한다.

　　초위(初位)는 사위(四位), 이위(二位)와 오위(五位), 삼위(三位)와 상위(上位)는 내외음양의 상호배합을 이루어 응(應)한다.

　　양효는 九이고 음효는 六이라는 수를 쓴다. 64괘의 바탕인 384효는 노양과 노음의 용수(用數)인 九(아비)와 六(어미)으로 이름을 삼았다. 양효로만 이루어진 건괘(乾卦)와 음효로만 이루어진 곤괘(坤卦)의 효사(爻辭)에 대한 설명

말미에 용구(用九)와 용육(用六)을 언급하였다.

건괘(乾卦)의 경우 초위와 상위의 양효 九는 위(位)를 앞세워 초구(初九)와 상구(上九)로, 중간의 이위와 삼위, 사위, 오위는 양효 九를 앞세워 구이(九二)와 구삼(九三), 구사(九四), 구오(九五)로 표명한다.

곤괘(坤卦)의 경우는 이와 반대로 초육(初六)과 상육(上六), 육이(六二), 육삼(六三), 육사(六四), 육오(六五)로 표명한다.

중(中)과 정(正)을 살피면 구이(九二)와 구오(九五)는 중(中)을 얻은 효이고 초구(初九)와 구삼(九三), 구오(九五)는 정(正)을 얻은 효이다, 반면 구이(九二)와 구사(九四), 상육(上六)은 바르게 처하지 못한 부정(不正)의 효이다. 괘효(卦爻)의 길흉을 논함에 있어서 중(中)을 얻은 효를 으뜸으로 여겨 길하게 보고 그다음 정(正)의 여부 및 응(應)의 관계를 따진다. 마지막으로 이웃하는 효와 음양으로 더불어 함께하여 돕는 것을 비(比)라고 한다.

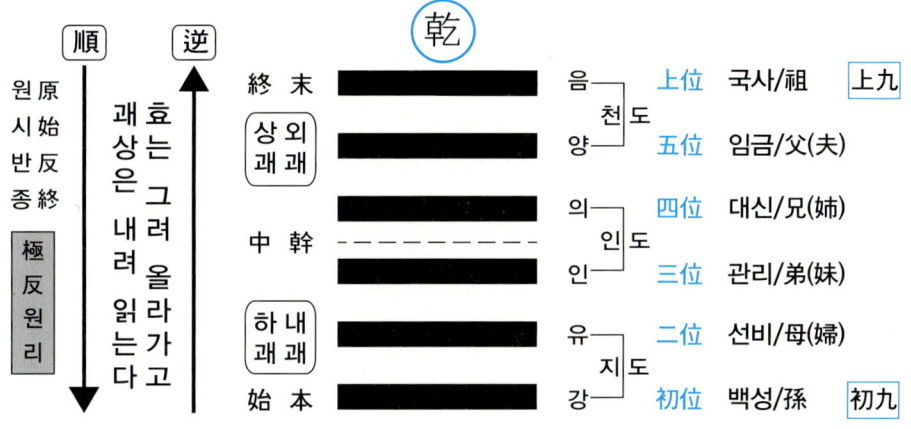

① 동정(動靜)과 변화(變化)

양효와 음효를 대표하는 九와 六은 성숙한 노양과 노음이기에 서로 교역배합을 할 수 있으며, 양에서 음으로 바뀌고 음에서 양으로 바뀌는 변동을 일으키지만 七(아들)과 八(딸)은 미숙한 소양과 소음이기에 아직 음양이 바뀌는 변동을 일으킬 수 없다. 노음인 六이 소양인 七로 변하고 노양인 九가 소음인 八로 화하는 이치를 '음변양화(陰變陽化)'라고 한다. 變(변할 변)은 새로움이 일어나는 선천, 化(화할 화)는 거두어 이루는 후천이다.

역의 수리는 삼천양지(參天兩地)로부터 출발한다. 양을 3으로 놓고 음을 2로 두면 3양의 건삼련(乾三連) 부친(☰)은 9, 3음의 곤삼절(坤三絶) 모친(☷)은 6, 1양2음인 진감간(震坎艮) 세 아들은 각기 7, 1음2양인 손리태(巽離兌) 세 딸은 각기 8에 해당한다. 6 7 8 9는 하도의 사방외부에 자리하는 사상의 용수(用數)이기도 하다.

음변양화 이치에 따라 노양 9의 부친 건삼련(☰)으로부터 소음 8에 속하는 장녀 손(巽☴)과 중녀 리(離☲), 소녀 태(兌☱)가 나오고, 노음 6의 모친 곤삼절(☷)로부터 소양 7에 속하는 장남 진(震☳)과 중남 감(坎☵), 소남 간(艮☶)이 나온다.

②본괘(本卦)와 지괘(之卦)

384효사(爻辭)는 모두 각기의 효가 발동한 경우를 가정하여 쓴 글이다. 본괘의 각 효가 발동하여 양효는 음효로 변하고, 음효는 양효로 변한 상태의 괘를 지괘라고 한다. 본괘는 줄기, 지괘는 가지와 같다. 초구효사는 건지구(乾之姤), 구이효사는 건지동인(乾之同人), 구삼효사는 건지리(乾之履)로 변동하는 흐름을 담고 있다.

중천건(重天乾)의 초구(初九)가 동하면 손하절(巽下絶☴) 장녀 8로 화하여 본괘인 건괘(乾卦)에서 지괘인 천풍구(天風姤,44)로 바뀐다. 구이(九二)가 동하면 이허중(離虛中☲) 중녀 8로 화하여 천화동인(天火同人,13), 구삼(九三)이 동하면 태상절(兌上絶☱) 소녀 8로 화하여 천택리(天澤履,10), 구사(九四)가 동하면 손하절(巽下絶☴) 장녀 8로 화하여 풍천소축(風天小畜,9), 구오(九五)가 동하면 화천대유(火天大有,14), 상구(上九)가 동하면 지괘가 택천쾌(澤天夬,43)로 각기 바뀐다. 육효가 모두 다 동하면 건괘(乾卦)로 부터 곤괘(坤卦)로 바뀌어 건지곤(乾之坤)이 된다.

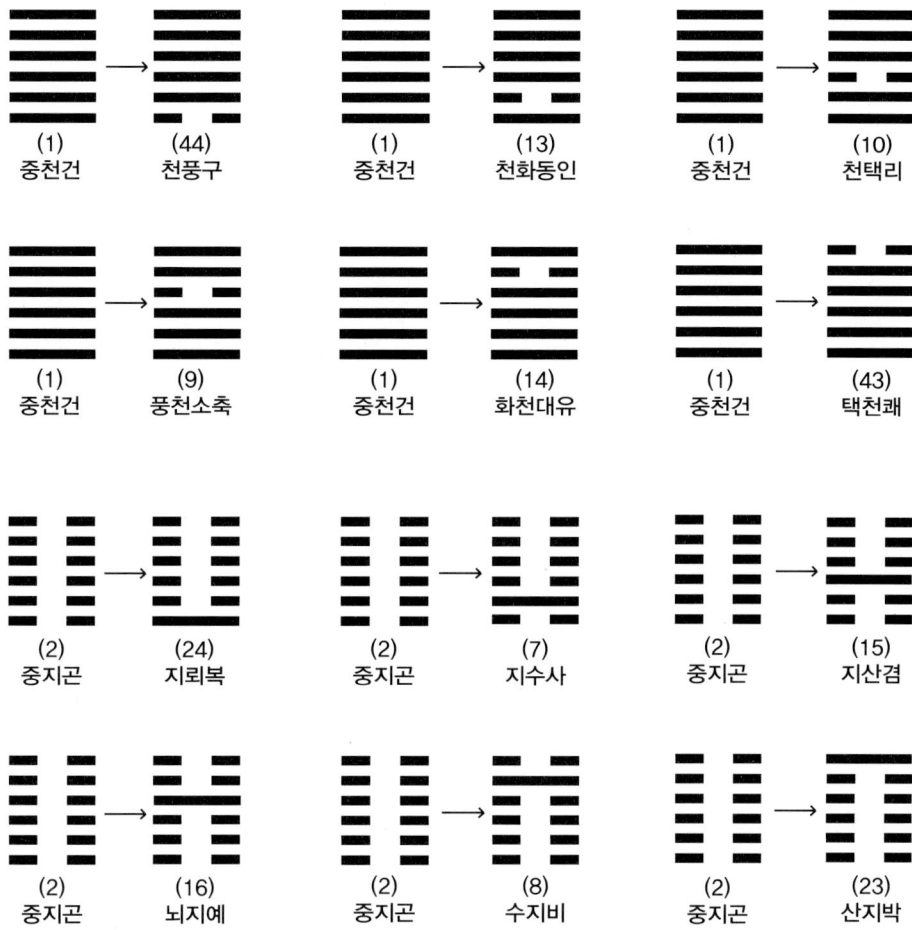

③춘하추동의 사시변화 → 원형이정

64괘를 거느리는 『周易(주역)』경전의 첫 문장이 건(乾)의 원형이정이다. '변화의 서(書)'인 『周易(주역)』경전이 사시변화인 조석주야와 춘하추동을 기틀로 하였음을 보여주는 대표적인 문장이다.

선천팔괘의 부부배합에 있어서 원(元)은 감리수화의 삼팔목(三八木)으로 봄, 형(亨)은 진손뇌풍의 이칠화(二七火)로 여름, 이(利)는 간태산택의 사구금(四九金)으로 가을, 정(貞)은 건곤천지의 일육수(一六水)로 겨울에 각기 연계된다.

복희 선천팔괘의 차서도(次序圖)와 방위도(方位圖)는 하도의 수리가 원천 바탕이다.

계사전(繫辭傳)에는 건도성남(乾道成男)과 곤도성녀(坤道成女)와 더불어 음양의 기(氣)로써 천도를 세우고 강유의 질(質)로써 지도를 세운다고 하였다[31]. 음양은 하늘의 생기(生氣)이고 강유는 땅의 성질(成質)이다. 음양(기)과 강유(질)의 상호배합은 남자인 사상의 체위(體位)와 여자인 사상의 용수(用數)가 서로 부부로 짝함을 이른다. 이로부터 수화목금(화수목금)이 순차적으로 생성된다. 천도와 인사를 하나로 연결하여 사상오행을 정의한 것이다.

---

31. 『周易(주역)』 설괘전(說卦傳) 제1장: 昔者聖人之作易也 將以順性命之理 是以立天之道曰陰與陽 立地之道曰柔與剛 立人之道曰仁與義.

복희 선천팔괘(음양지도) – 內本
구궁 중천교역(사상배합) – 中幹
문왕 후천팔괘(오행지리) – 外末

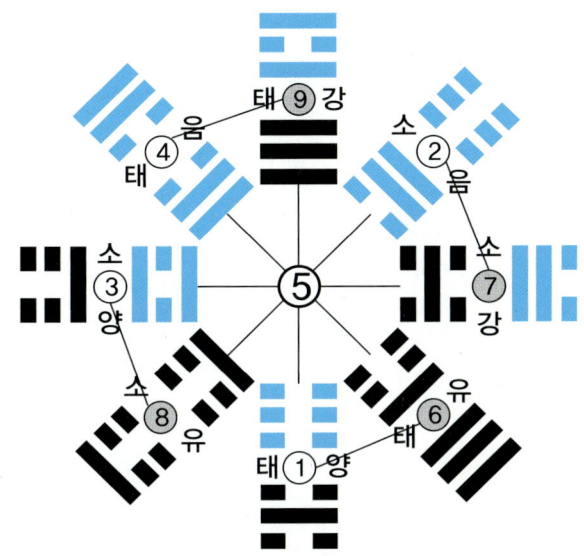

1태양(☰) 2소음(☱) 3소양(☲) 4태음(☳) → 남괘

6태유(☶) 7소강(☵) 8소유(☴) 9태강(☷) → 여괘

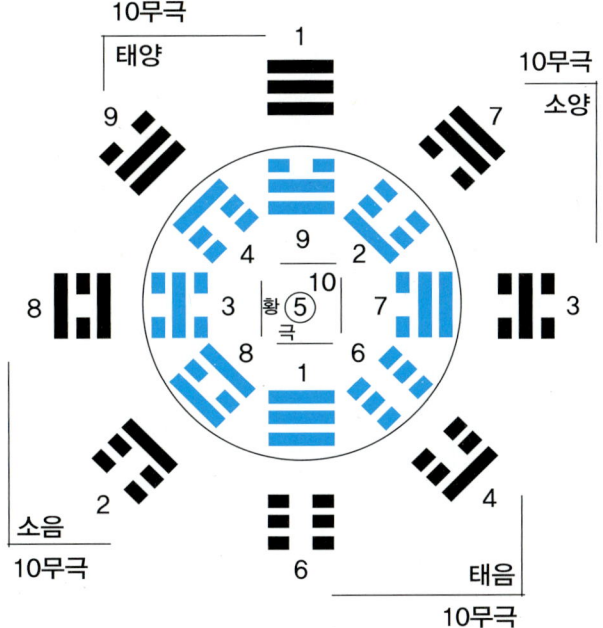

서설(序說)

고대역법과 周易(주역)

제2부 고대역법과 周易(주역)

1. 周易의 주기변화와 60간지

○ 도서와 간지

　유가(儒家)의 수경(首經)인 『周易(주역)』은 천지일월의 도를 본체로 하여 인사준칙의 법도를 밝힌 글이다. 그 중심인 태극이 펼치는 음양오행의 중정한 조화는 60간지로 나타난다. 천지의 절용(節用)을 세우고 일월운행을 설명한 역법의 원리가 60간지에 갖추어져 있기 때문에 '주기변화' 즉 주기적인 일월의 운행에 대한 뜻으로도 『周易(주역)』을 풀이한다. 『周易(주역)』의 60번째 괘가 바로 물(☵)이 연못(☱) 위에 가득히 차있는 수택절(水澤節, 60)이다.[32]

　일정 한도(限度)로 물을 수용하는 연못 형상을 본받아 마디로써 법도를 짓고 중정(中正)의 도로써 소통하게 하는 군자의 '절이제도(節以制度)'와 '중정이통(中正以通)'을 공자는 강조하였다. 역법으로는 60간지의 절도 있는 운행 법도로써 시절변화를 정확히 알게 하여 백성이 다치거나 재물을 손상하지 않도록 적절히 보호하기 위함이다.

　동방 태극의 삼팔목도(三八木道)에서 팔괘가 창시되었듯이 간지도 동방 태극의 삼팔목도(三八木道)에서 비롯되었다고 추정된다.[33] 간지는 하늘의 천간(天干, 10干)과 땅의 지지(地支, 12支)를 배합한 60간지로 전개된다. 10干(甲, 乙, 丙, 丁, 戊, 己, 庚, 辛, 壬, 癸)과 12支(子, 丑, 寅, 卯, 辰, 巳, 午,

---

32. 6효로 괘가 이루어지므로 1년의 주천상수인 360효에 부합하는 것이 節이다. 후천팔괘의 북방 물괘(☵)는 겨울을 상징하고 서방 연못괘(☱)는 가을을 상징하므로 가을이 지나 겨울이 이르러 한 해의 과정을 완전히 마친 것으로도[節止] 풀이된다.
33. 간지법 또한 하도의 음양오행의 원리를 응용한 것이다.

未, 申, 酉, 戌, 亥)를 배합한 60간지에서 제일 앞머리에 오는 것이 갑자(甲子)이므로 일명 60갑자(甲子)로도 일컫는다.

60간지의 마지막인 계해(癸亥)는 정고(貞固)한 체(體)로서 종결(끝)을 상징한다. 상하 간지가 모두 음수(陰水)인 계해(60)는 태유(6태음수, ☷)에서 화성되어 나온다. 마디는 종(終)과 시(始)를 구분하는 중간기점인데 특히 대나무 마디(節, 60)는 변함없는 불역, 과불급(過不及)이 없는 중정(中正)을 대표적으로 상징한다. 연못 또한 물을 담는 한도가 분명히 정해져있다.

천간(天干)의 첫 번째인 甲과 지지의 첫 번째 지지인 子의 천지배합이 곧 갑자(甲子)이다. 우리말에 생각할 틈도 없이 일이 불현듯 갑작스레 시작됨을 '갑자기(甲子起)'라고 한다. 무극(0)에서 태극(1)이 비롯되듯이 과학적으로 논증할 수가 없지만 어느 때인가 아득한 태초에 갑자년 갑자월 갑자일 갑자시가 갑자기(甲子起) 열려 역수(曆數)가 전개된 것이다.[34]

천간(天干)의 경우는 동적인 원대(元大)한 덕을 머리로 삼기에 동방의 양목(甲木)으로 시작하는 반면에 지지의 경우는 정적인 정고(貞固)한 덕을 머리로 삼기 때문에 북방의 양수(子水)로 시작하는 것이다.

달력에서 매우 요긴하게 쓰이는 간지 생성의 원리는 상고시대의 하도낙서 및 팔괘 등에서 유래되었다. 幹(줄기 간)과 枝(가지 지)에 干과 支가 들어있듯이 양의 부호인 '—'은 나무의 줄기(干)로서 순양(純陽)의 하늘에 해당하고 음의 부호인 '--'은 나무의 가지(支)로서 순음(純陰)의 땅에 상응한다.

천지운행에서 천도는 중심인 줄기로서 앞서 주장하고(干, 주장할 간) 지도는 그 갈려진 가지로서 뒤따라 천도를 받들고 받치는(支, 지탱할 지) 본말선후의 관계이다. 순양의 괘로서 부친인 건(乾)이란 글자에 천간(天干)의 갑을

---

34. 아득한 상고 때부터 내려온 천간(天干)과 지지는 음양오행의 부호, 이를 배합한 60갑자는 날짜의 부호로 쓰인다. 천정동지(天正冬至)를 역원(曆元)으로 한 새해의 시작은 갑자년 갑자월 갑자일 갑자시에 기준하며 그 복원주기를 240년으로 본다. 태초책력은 오성일월의 칠정(七政)이 북두성을 중심으로 일열 취합함과 동시에, 연월일시가 사갑자(四甲子)를 이룬 때라고 한다.

병(甲乙丙)이 들어있고 순음의 괘로서 모친인 곤(坤)이란 글자에 지지의 신(申)이 들어있음에서 알 수 있듯이 천간지지의 기본 법도가 『周易(주역)』 전체에 흐르고 있는 것이다.

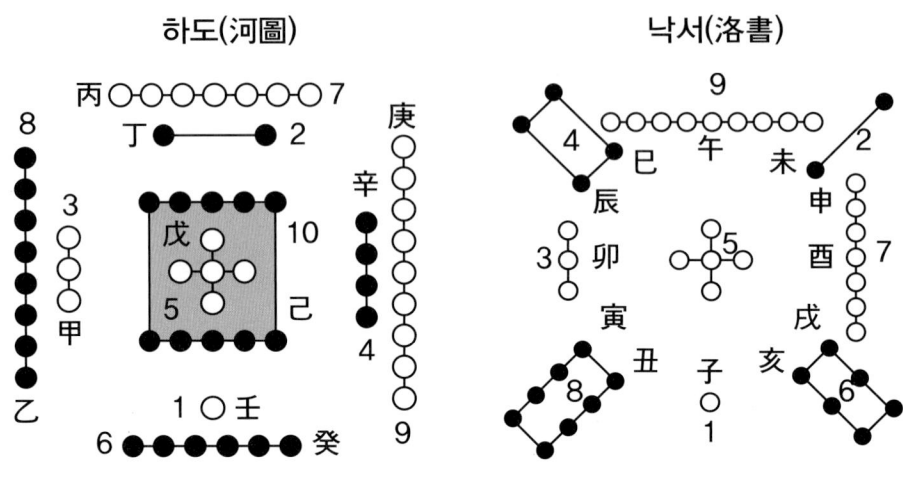

하도낙서와 천간지지

음양오행으로 배정되는 천간지지에서 천도의 이치를 담은 하도(河圖)는 천간(天干)을 생성하고 지도의 이치를 담은 낙서(洛書)는 지지(12지)를 생성함이 위의 그림에 나타난다. 홀수(천수)는 양의 천간(天干)과 지지를, 짝수(지수)는 음의 천간(天干)과 지지를 각기 생성한다.

甲乙(木)과 丙丁(火), 戊己(土), 庚辛(金), 壬癸(水)의 총 10간으로 구성된 천간(天干)은 중간의 戊己를 전후로 봄여름 생장기(生長期)인 선천의 갑을[春]과 병정[夏], 가을겨울 수장기(收藏期)인 후천의 경신[秋]과 임계[冬]로 대별된다. 수(數)를 헤아리는 기본 수단이 수(手)이다. 열 손가락이 10천간(天干)이라면 12지지는 두 손목을 보탠 것이다. 十에다 又(또 우)를 받친 支에 열 손가락과 지탱하는 두 손목을 포함한 12에 대한 뜻이 담겨있다.

①하늘이 베푸는 10간(十干)

천1은 壬水를 생하고 지6은 癸水를 이룬다.

북방 壬癸一六水 : 정강이(壬) 발바닥(癸)

지2는 丁火를 생하고 천7은 丙火를 이룬다.

남방 丙丁二七火 : 어깨·팔(丙) 척추(丁)

천3은 甲木을 생하고 지8은 乙木을 이룬다.

동방 甲乙三八木 : 머리(甲) 목(乙)

지4는 辛金을 생하고 천9는 庚金을 이룬다.

서방 庚辛四九金 : 성기(庚) 다리(辛)

천5는 戊土를 생하고 지10은 己土를 이룬다.

중앙 戊己五十土 : 갈비(戊) 배·창자(己)

오행의 수리와 천간(天干)의 배속

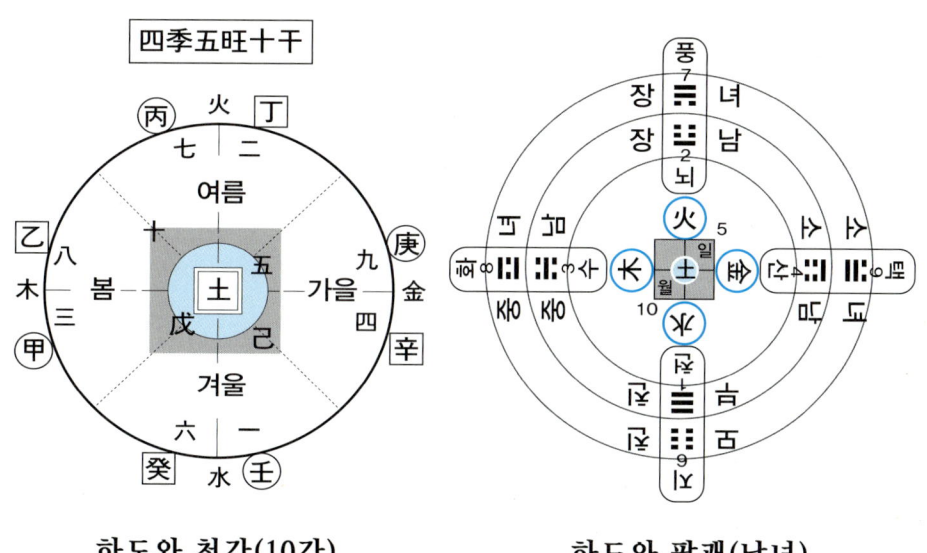

하도와 천간(10간)   하도와 팔괘(남녀)

은하의 선회(旋回)를 표상한 하도의 10수는 10간인 천간(天干) '갑을병정무기경신임계'를 생성한다. 오행생성 이치로는 수(水) 화(火) 목(木) 금(金) 토(土)의 순서에 따라 북방수 임계(壬癸)를 머리로 하여 남방화 병정(丙丁), 동방목 갑을(甲乙), 서방금 경신(庚辛), 중앙토 무기(戊己)가 펼쳐진다.

해가 시계방향인 동남서북으로 돌아 주야와 사시가 흐르듯이 하늘이 베푸는 때는 오행이 상생하는 순서인 목생화→ 화생토→ 토생금→ 금생수로 유행한다. 이에 따라 동방의 갑을(甲乙)은 목, 남방의 병정(丙丁)은 화, 중앙의 무기(戊己)는 토, 서방의 경신(庚辛)은 금, 북방의 임계(壬癸)는 수로써 10간의 진행 순서가 정해진다.

하늘이 사람을 앞세운다는 것은 강건한 덕을 뜻하는 '굳셀 건(健)'이란 글자에 잘 나타난다. 만물과 사람은 하늘이 베푸는 오행의 기운으로 살아가며 아침과 봄에 해당하는 동방의 목에서 인사적인 활동이 시작된다. 나무의 극진한 생장을 뜻하는 태극 그대로 '갑을병정무기경신임계'의 10간은 일반적으로 인체 또는 나무에 비겨서 만든 글자로 본다.

사람의 신체(身體)는 자연을 본받아 상천(上天)을 표상하는 둥근 머리가 위에 있고 하지(下地)를 표상하는 배가 아래에 있다. 하늘에서 땅으로 기운을 내리듯이 천간(天干)은 위(머리)로부터 아래(발)에 이르는 순서로 전개된다. 이에 따른 해설은 다음과 같다.

첫째 천간인 갑(甲)은 단단한 머리
→ 天三(☰) 生木을 나타낸 甲字

둘째 천간인 을(乙)은 굽혀지는 목
→ 地八(☷) 成木을 나타낸 乙字

셋째 천간인 병(丙)은 둘로 벌어진 어깨
→ 天七(☰) 成火을 나타낸 丙字

넷째 천간인 정(丁)은 허리의 척추
→ 地二(☷) 生火를 나타낸 丁字

다섯째 천간인 무(戊)는 내장을 보호하는 갈비뼈
→ 天五(황극) 生土를 나타낸 戊字

여섯째 천간인 기(己)는 구불구불한 뱃속 창자
→ 地十(무극) 成土를 나타낸 己字

일곱째 천간인 경(庚)은 교합하는 남녀의 성징
→ 天九(☰) 成金을 나타낸 庚字

여덟째 천간인 신(辛)은 우뚝 선 다리
→ 地四(☷) 生金을 나타낸 辛字

아홉째 천간인 임(壬)은 다리 아래 정강이
→ 天一(☰) 生水를 나타낸 壬字

열째 천간인 계(癸)는 좌우의 발바닥
→ 地六(☷) 成水를 나타낸 癸字

를 각기 표상한다.

나무의 생장과정으로 천간(天干)을 살피면

첫째 천간인 갑(甲)은 단단한 껍질 속에서 생명의 뿌리내림
둘째 천간인 을(乙)은 연약한 싹이 어렵게 비틀고 나옴
셋째 천간인 병(丙)은 밝게 꽃이 피어남
넷째 천간인 정(丁)은 줄기를 힘차게 뻗어 나아감
다섯째 천간인 무(戊)는 잔가지가 생겨남 → 丁戊(成)
여섯째 천간인 기(己)는 내부적으로 열매익음 → 성기(成己)
일곱째 천간인 경(庚)은 단단해진 열매를 거두어들임 → 경개(更改)
여덟째 천간인 신(辛)은 가지를 자르듯 정돈함 → 혁신(革新)
아홉째 천간인 임(壬)은 좋은 씨앗을 가려 보관함 → 임신(妊娠)
열째 천간인 계(癸)는 씨앗의 암수음양이 결정됨 → 규도(揆度)

를 각기 표상한다.

②땅이 펼치는 십이지(十二支)

첫째 지지인 자(子)는 모태에 생명이 수정됨 → 밝음을 일으킴. 복(復)
둘째 지지인 축(丑)은 뱃속에서 태아가 자람 → 때가 다다름. 림(臨)
셋째 지지인 인(寅)은 가정에서 아이가 길러짐 → 평화로이 안정함. 태(泰)
넷째 지지인 묘(卯)는 문을 활짝 엶 → 크게 씩씩함. 대장(大壯)
다섯째 지지인 진(辰)은 힘차게 진출함 → 소인 음을 결단함. 쾌(夬)
여섯째 지지인 사(巳)는 완전히 성장함 → 굳세고 튼튼함. 건(乾)
일곱째 지지인 오(午)는 한계에 도달함 → 새로이 만남. 구(姤)
여덟째 지지인 미(未)는 서서히 열매 맺음 → 음을 피해 숨음. 돈(遯)
아홉째 지지인 신(申)은 열매를 수확함 → 문을 걸어 닫음. 비(否)
열째 지지인 유(酉)는 거두어 저장함 → 머물러 살핌. 관(觀)
열한째 지지인 술(戌)은 불이 꺼지듯 어두워짐 → 깎여 떨어짐. 박(剝)
열두째 지지인 해(亥)는 속이 모두 비워짐 → 고요하고 유순함. 곤(坤)

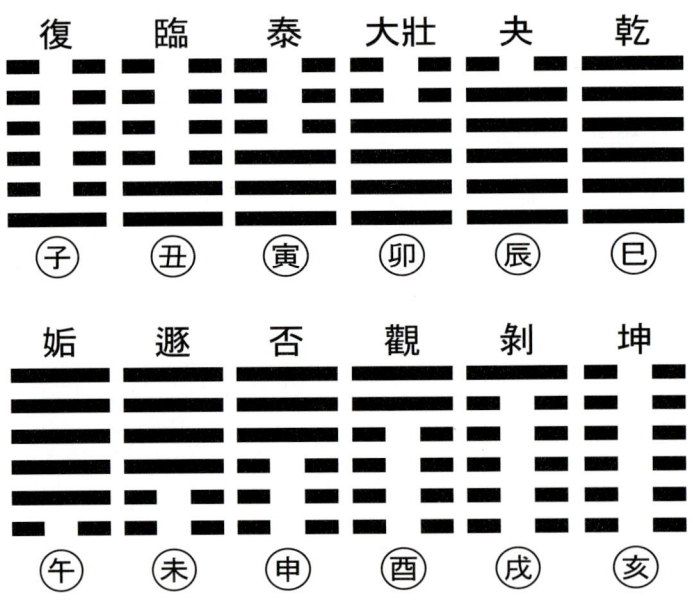

12지지(地支), 12월괘(月卦)

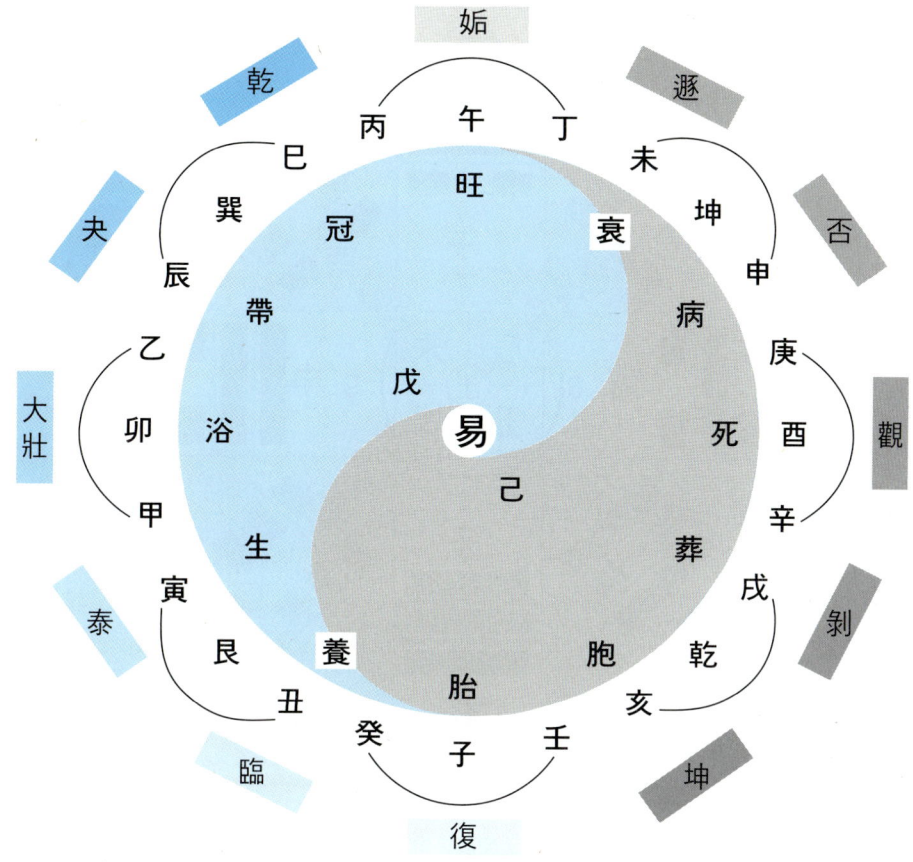

12운괘(運卦) 및 월령, 간지, 방위

갑과 인은 3에서, 을과 묘는 8에서 비롯되며(甲寅三兮乙卯八)

정과 사는 2에서, 병과 오는 7에서 비롯되며(丁巳二兮丙午七)

무와 진술은 5에서, 축미는 10에서 비롯되며(戊辰戌五丑未十)

신과 유는 4에서, 경과 신은 9에서 비롯되며(辛酉四兮庚申九)

임과 자는 1에서, 계와 해는 6에서 비롯되며(壬子一兮癸亥六)

기는 홀로 100가지 수의 마침이다(己獨百之數之終).

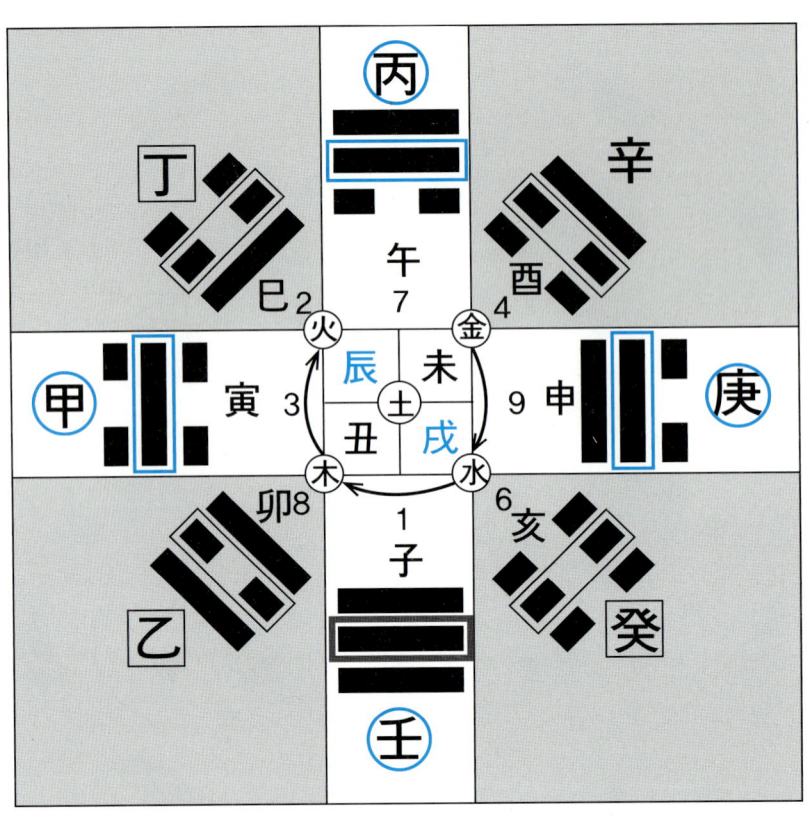

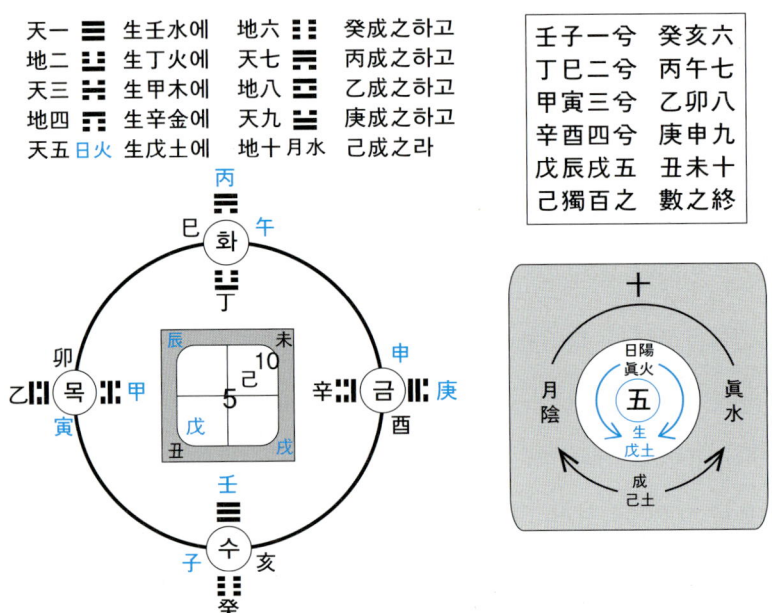

금화교역(金火交易)에 의한 〈10干12支〉 생성 및 하도의 간지배정(필자)

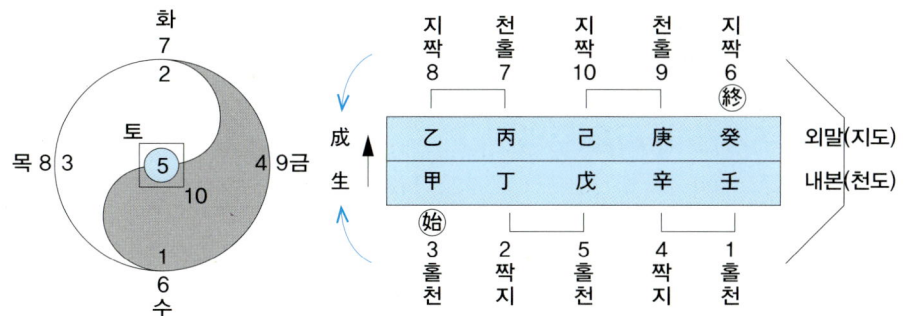

하도 10수와 천간(天干)의 음양오행

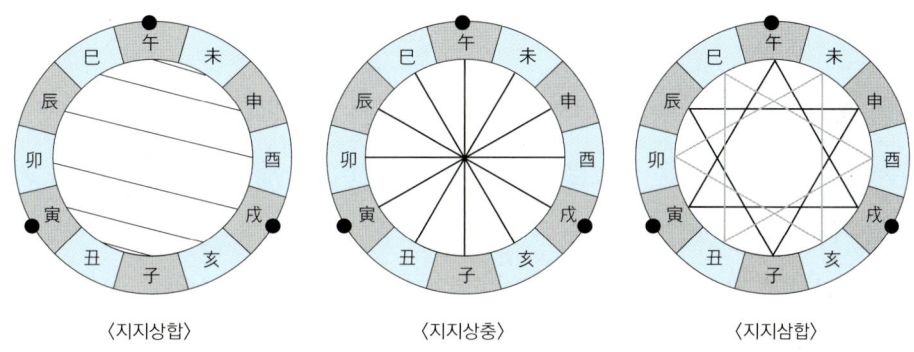

〈지지상합〉　　〈지지상충〉　　〈지지삼합〉

12지지의 상호관계

　12지지의 음양오행을 살피면 먼저 일월이 천체에서 서로 회합(會合)하는 법도에 따른 자축과 인해, 묘술, 진유, 사신, 오미가 상합한다. 서로 대칭을 이루는 측면에선 자오와 축미, 인신, 묘유, 진술, 사해가 각기 상충한다.

　삼합 구조로는 북방수를 중심으로 한 '신자진', 남방화를 중심으로 한 '인오술', 동방목을 중심으로 한 '해묘미', 서방금을 중심으로 한 '사유축'이 어울려 조화를 이루며 합일한다. 천간(天干)과 지지의 합충(合沖) 관계 등은 『해와 달을 머금은 주역(2019, 도서출판 담디)』에 상세히 풀이하였다.

2. 오십대연(五十大衍)을 비장(秘藏)한 고대동양의 달력

○ 달력의 주기변화, 周易(주역)

시공 우주의 철리(哲理)를 담은 '주(周)나라의 易'이 '周易(주역)'이다. 周는 60갑자의 운행주기를 나타내고 易은 일월왕래에 의한 하루에 대한 의미로도 쓰인다. '두루 주(周), 바꿀 易'은 문자 그대로 '두루 바꾸어 변통하다'는 뜻이지만 천체 둘레(周圍)를 도는 일월교역에 대한 의미도 함축되어 있는 것이다.[35]

달력 측면에서는 60갑자 운행주기[周]로 기영 삭허가 각기 하루[易]씩 생성됨이 周易(주역)이다[36]. 괘효(卦爻)를 얻는 周易(주역)에서의 서법(筮法)도 기영과 삭허인 기삭 교합에 의한 윤월(閏月)의 생성법도이다.

일월기삭의 상대적인 달력법도는 『中庸(중용)』에서의 중(中)과 과불급(過不及)을 이해하는 기초 단서가 된다. 옛 성인들이 천추만대로 전한 심법(心法)이 오직 깨끗하고 오직 한결같다는 '유정유일(惟精惟一)'에 밑바탕을 둔 미덥게 그 중심을 잡는다는 '윤집궐중(允執厥中)'이다. 『中庸(중용)』 제1장에서는 이 중(中)을 천하의 대본(大本)이라고 정의하였다. 일월운행의 중정법도를 깊이 관찰유념(觀察惟念)해야 실체적인 유학공부의 근간대본(根幹大本)도 확고하게 세워진다.

①일행(日行)과 월행(月行)에 의한 기영과 삭허

---

35. 周는 천지운행의 節用(60 간지= 60일) 즉 천도의 떳떳한 상수(常數)를 뜻하므로 본체 불역(不易)에, 易은 주야교대에 의한 일월의 변화작용을 뜻하므로 교역과 변역(變易)에 대비된다.

36. 『周易(주역)』의 60번째 절괘(節卦)에 60간지로써 천지도수의 절용(節用)을 설명한다.

고대동양의 달력은 60일 기준으로 일월역수가 진퇴하여 일행(日行)의 기영(양의 넘침)과 월행(月行)의 삭허(음의 비임)가 하루씩 산정되는 원리에서 출발한다. 즉 1주인 60일을 기준으로 태양운행은 하루가 과도하여 61일로 앞서 나아가는 반면에 태음운행은 하루가 미급하여 59일(朋, 두 달)로 물러나는 것이다[37]. 양의 정수와 음의 정수로 진퇴하는 수학의 기초셈법이 곧 60간지의 운행주기를 중심의 기본 원점(0)으로 하여 1진(+1) 1퇴(-1)하는 기삭(기영과 삭허)이다[38]. 태극이 펼치는 선천팔괘방위도 안의 12양은 태양 36책(12×3)이고 12음은 태음 24책(12×2)이다. 둘을 합친 60책은 1주 60易에 상응하며 이는 역수(曆數)의 절용(節用)을 상징하는 '중정(中正)한 상수(常數)'이다. 태양 36책(策)에서 음의 씨눈 격인 삭허 하루가, 태음 24책(策)에서 양의 씨눈 격인 기영 하루가 나온다. 간(艮)은 본래 '씨눈(氏日)'과 '날(日)의 씨(氏)'를 의미한다.

'間(사이 간)'은 껍질(甲)이 양쪽으로 터진 門 틈새의 日이다. 60일인 1甲을 관문으로 하루씩 생성되는 기영과 삭허의 날짜를 가리키는데 艮의 음의와 서로 통한다.

[37] 천지의 음양오행은 10간(干)과 12지(支)의 상호배합인 60간지로 운행되는데 이에 상응하는 60일이 '두루 주(周)'이다. 일월주야의 하루가 '바뀔 易'과 통하므로 1년의 주천상수는 '6周 360易'이 된다. 『周易(주역)』이란 경전이 천도운행에서 비롯된 글임을 알 수 있다. 달력에선 늘 변함없는 상수(常數)인 60일을 중(中)의 기준으로 세운다. 이보다 과도한 역수가 기영이고 부족한 역수가 삭허이다. 기영과 삭허 둘을 하나로 묶어 기삭의 윤이 이루어진다.

[38] 〈그림〉에서 ○(陰中의 1양)은 기영, ●(陽中의 1음)은 삭허를 나타낸다. 태음책수인 24일은 하루의 기영을 낳고 태양책수인 36일은 하루의 삭허를 베푼다. 태음은 소양으로 변(變)하고 태양은 소음으로 화(化)하듯이 부모격인 태양과 태음이 상호 60일로 배합절용(配合節用)을 이루는 가운데 1進1退의 交易변화 즉 하루씩의 기삭변화(소음소양의 역수)를 시생(始生)한다.

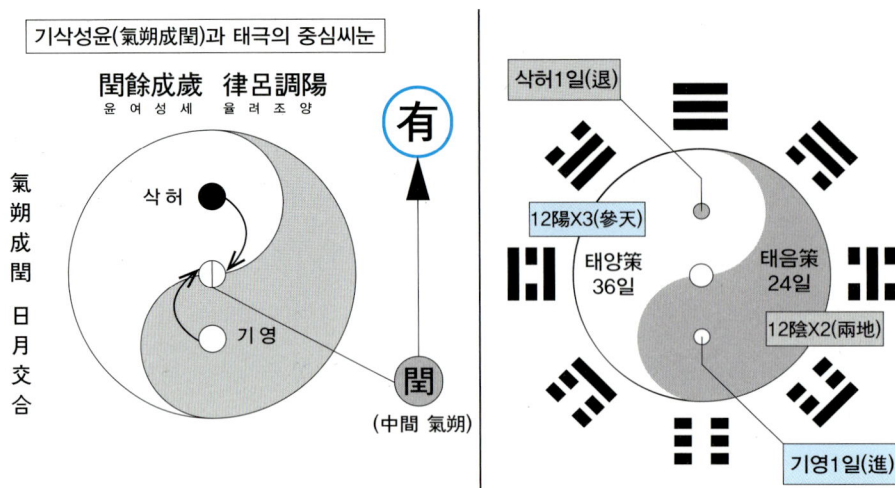

태극의 조화에 의한 기삭 및 태양태음 책수

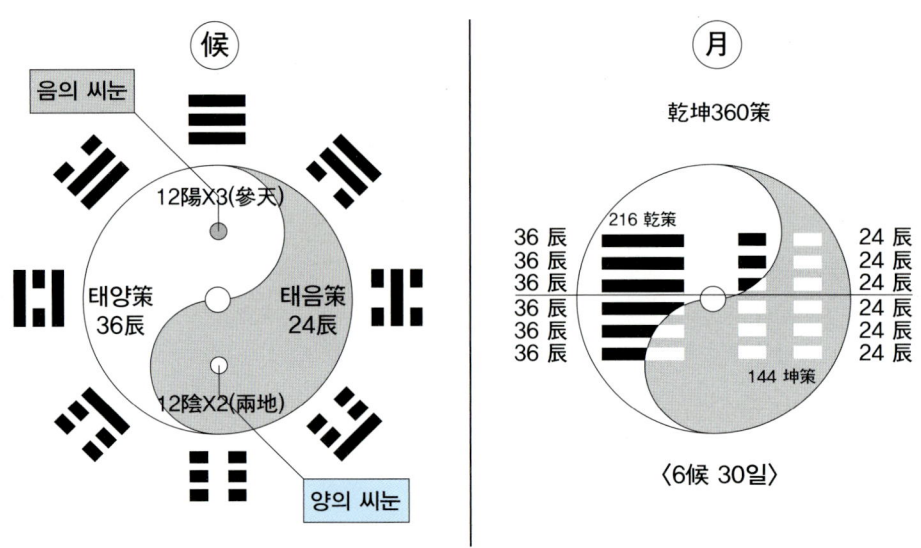

5일 1후(候), 6후 1월(月)

    1년(年) 12월(月)의 운행역수는 4계(季)와 8절(節), 24기(氣)와 72후(候), 360일(日)과 4320신(辰)으로 각기 나뉜다. 1절(節)은 45일이고 1기(氣)는 15일이며 1후(候)는 5일이다.

    공자는 역의 기본 수리를 '삼천양지(參天兩地)'로 정의하였다. 60간지의 운행과 연계되는 삼천양지는 3일(36辰)과 2일(24辰)을 더한 5일 1후(候)의 운행주기를 낳는다. 이를 대성 건곤(乾坤)으로 연계하면 6후(候)의 30일로 이루어진 1월(月)의 운행주기가 나타난다. 예를 들면 건괘(乾卦) 초구(初九)3일과 곤괘(坤卦) 초육(初六) 2일이 합하여 5일이 이루어지는 것이다.

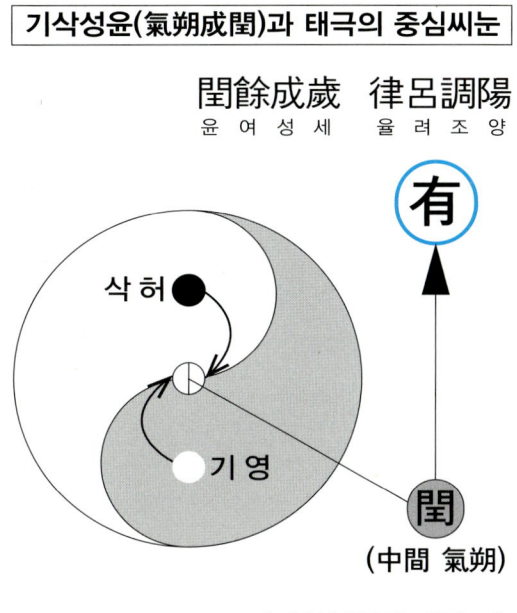

기영과 삭허는
음양의 씨눈격
艮(氏+目)은 태극의
씨눈으로 '날의 씨'
즉 기영과 삭허의
日氏를 상징
상하 中間의 관문〈門〉에
대한 뜻도 내포

〈야산선생의 태극도〉

②주천상수 360

천지 원방형(圓方形)의 내각(內角)은 모두 다 360도이다. 중정중용(中正中庸)의 상수(常數)인 360은 과불급이 없는 영원무궁한 진리(이상향)를 표상한다. 6양과 6음이 펼쳐지는 태극의 건곤조화는 하루의 12辰(○), 한 달의 소식영허(消息盈虛)로 나타난다. 한 달의 상수인 30일(360辰)을 12회 거듭한 한 해의 주천상수 360일을 기틀로 하여 6周 360易의 '주역(周易)의 중정(中正)한 법도'가 세워진다.

③세(歲)와 년(年)

『書經(서경)』 요전(堯典)편[39]에 요임금이 희씨(羲氏) 화씨(和氏)에게 하늘의 일월성신을 역상(曆象)하여 인사의 때를 공경하여 받들라고 명하면서 한 해(朞:돌 기)가 366일이므로 윤월(閏月)을 써서 사시를 정하고 歲를 이루라고 거듭 당부한 내용이 나온다.

고대역법에서는 주천도수 $365\frac{1}{4}$일을 歲로, 12삭망월의 $354\frac{348}{940}$일을 年으로 표명하였다[40], 오늘날에는 年과 歲를 동일한 뜻으로 사용하는 경우가 일반적이지만 옛날에는 연세(年歲)를 각기 나누어 음력(월행)과 양력(일행)의 한 해를 간단히 구분하도록 하고 달력에서의 기영과 삭허를 쉽게 계산할 수 있도록 한 것이다. 『千字文(천자문)』에도 "윤여성세(閏餘成歲)"라는 문구가 등장한다.

본문 해설에서는 독자가 이해하기 쉽도록 年을 순태음년(12삭망월)으로, 기삭의 윤을 포함한 歲를 주천도수 1년, 6周 360易을 주천상수 1년으로 표명하였음을 밝혀둔다[41].

○ 고대동양의 윤법(閏法)

①기삭(기영과 삭허)의 성윤

하늘 천체와 땅 지구는 양동음정(陽動陰靜)의 관계이다. 고대 동양에서는 지구를 부동(不動)의 중심축으로 간주하고 천체 별자리를 따라 태양이 1주천

---

[39] 『書經(서경)』 요전(堯典)편: 帝曰 咨汝羲曁和아 朞는 三百有六旬有六日이니 以閏月이라사 定四時成歲하야 允釐百工하야 庶績이 咸熙하리라.

[40] 주(周)나라에서는 년(年), 은(殷)나라에서는 사(祀), 하(夏)나라에서는 歲 또는 재(載)를 한 해 명칭으로 삼았다. 고대동양의 달력은 순태음 12삭망월을 가리키는 음력의 年, 주천도수 1년을 뜻하는 歲를 포괄한다. 60갑자와 24기절력(氣節曆), 기삭의 윤달 등에 관련해서는 '역법의 역사와 역리학의 바른 이해' (도서출판 해조음, 2015, 저자 이상엽)를 참조하기 바란다.

[41] 야산(也山) 선생의 경원력(庚元曆)에선 하루는 일월이 교대하는 음양주기이므로 일(日)을 易으로 바꾸어 쓴다.

(周天)하여 매일 1도씩 나아가는 것으로 하루를 계산하였다.

천체 일월오성(日月五星)은 시계방향으로 좌선하며 하루 1주천(周天)하여 천체운행이 360도에 항시 1도씩 앞으로 나아가 1년에 $365\frac{1}{4}$도를 돈다. 한 해의 주천상수 360일에 $5\frac{1}{4}$일을 더한 것이 실제 한 해의 주천도수이다. 천체의 운행을 따라 해도 1주천(周天)하여 하루를 운행하지만 천도에 항시 1도가 부족하다. 달은 천도의 하루에 비해서는 $13\frac{7}{19}$도, 해의 운행(日行)에 비해서는 $12\frac{7}{19}$도가 미치지 못한다.

일월의 회합과 달의 삭망주기를 구하는 식은 다음과 같다.

$12\frac{7}{19} \times y = 365$와 $\frac{1}{4}$ [y= 辰 즉 삭망주기]

$\frac{235}{19} \times y = \frac{1461}{4}$, 따라서 $y = \frac{4}{1461} \times \frac{19}{235} = \frac{27759}{940} = 29\frac{499}{940}$

고대달력의 940분법에 근거하면 1삭망월은 $29\frac{499}{940}$일이고 2삭망월은 $59\frac{58}{940}$일이다. 중정한 1년의 주천상수 360일에 기준하면 순태양 1년은 $365\frac{235}{940}$일, 순태음 1년(12삭망월)은 $354\frac{348}{940}$일이다. 360일에 과도한 $5\frac{235}{940}$일이 1년의 기영이고 부족한 $5\frac{592}{940}$일이 1년의 삭허이다. 기영과 삭허를 합친 1년의 기삭이 $10\frac{827}{940}$일이므로 3년에는 $32\frac{601}{940}$일, 5년에는 모두 $54\frac{375}{940}$일, 8년에는 $87\frac{36}{940}$일의 기삭이 각기 쌓인다.

②재윤법(再閏法)과 삼윤법(三閏法)

일월기삭의 배합에서 기삭성윤(氣朔成閏)으로 일컫는 달력의 윤이 발생한다. 3년에 1윤을, 5년에 2윤을 넣어 계절과 달력의 기본 날짜를 대략 맞추는 방편이 기초윤법인 오세(五歲) 재윤법(再閏法)이다.

한편 8년의 기영 42일과 삭허 $45\frac{36}{940}$일을 합친 $87\frac{36}{940}$일의 기삭 날짜는 87일의 정수를 약간 상회한다. 29일의 3배수인 87일을 3윤으로 가정한 것이 『周易(주역)』경전에서 중시하는 팔세(八歲) 삼윤법(三閏法)이다.

③십구세(十九歲) 칠윤법(七閏法) → 장법(章法)

현재까지도 활용되는 정밀한 고대 역법이 주천도수 19년(즉 19歲)을 기본주기로 7개월의 윤을 두는 방법이다[42]. 235개월의 삭망주기를 바탕으로 삼는데 일월이 합치된다는 뜻에서 章(글 장, 빛날 장)의 법도 즉 장법(章法)이라고도 한다.

달력에서 쓰는 940분법은 4장의 76歲를 주기로 912평월과 28윤월을 합친 총수 940에서 비롯된 것으로 추정된다. 하늘의 성좌(星座)를 28수(宿)를 정한 까닭도 달의 운행과 별자리의 운행을 조화롭게 합치시키고자 한 역수방편으로 보인다.

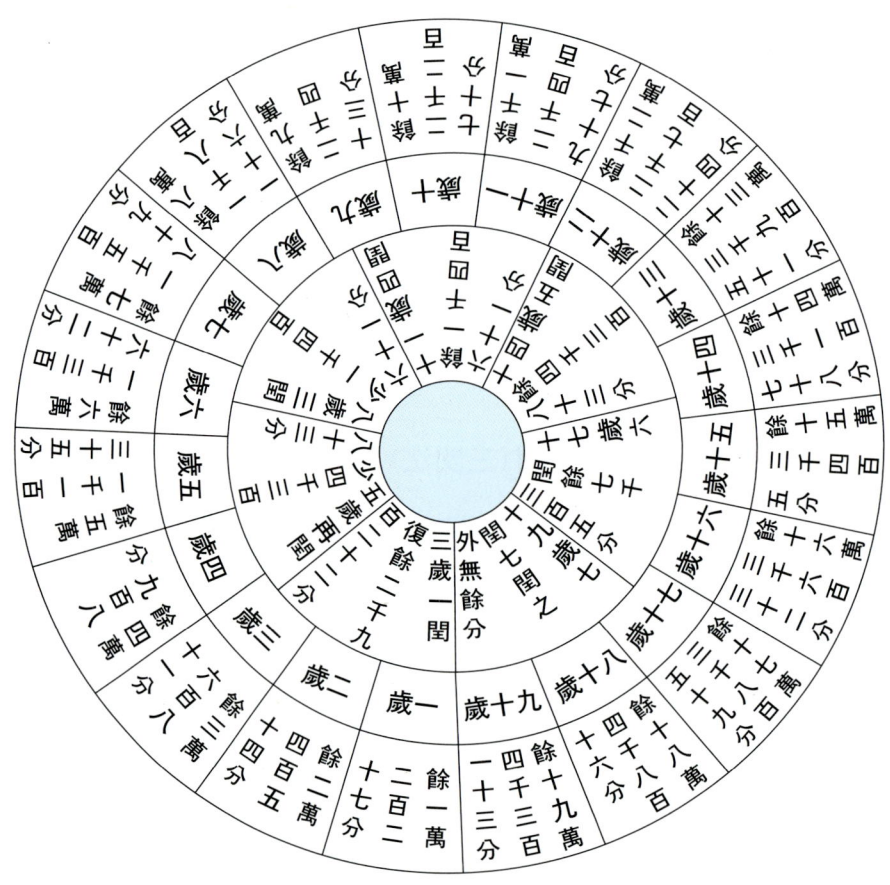

④삭망윤일(태음윤일)로 인한 연대월(連大月)

60간지에 상응하는 60일은 상수 1周이다. 대월 30일과 소월 29일로 기본 짝을 이루는 평월의 날짜는 대략 59일을 약간 상회한다(朋). 2삭망월의 정수 59일을 뺀 나머지 우수리 $\frac{58}{940}$일이 16회 쌓이면 16朋(32삭망월)이 $944\frac{928}{940}$일이 되므로 1일이 늘어난 945일($-\frac{12}{940}$)로 간주한다. 이 1일이 삭망윤일(태음윤일)이다. 삭망윤일로 인한 945일은 천수인 1 3 5 7 9를 모두 상승(相乘)한 역수이다.

945일(32평월)의 중심인 1일의 삭망윤일으로 인해서 이른바 연속적으로 30일의 대월을 두는 연대월(連大月)이 발생한다. 32삭망월의 한복판인 제16월인 소월이 대월로 되어 제15월 제16월 제17월이 모두 대월로 이어진다는 뜻이다.[43]

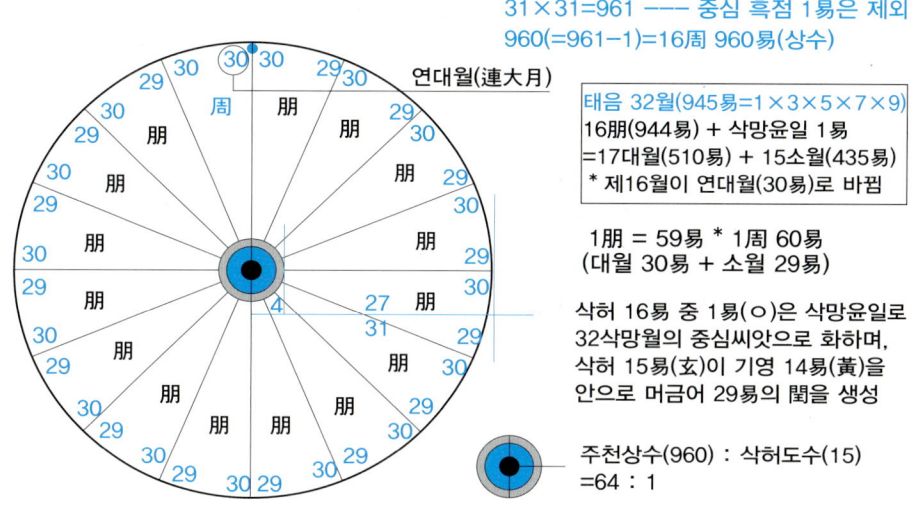

42. 치윤법(置閏法)으로는 5년에 2개월의 윤달을 넣는 재윤법(再閏法)과 8년에 3개월의 윤달을 넣는 삼윤법(三閏法), 19년에 7개월의 윤달을 넣는 장법(章法= 七閏法) 등이 대표적이다. 달력의 940분법은 4章 즉 76년의 총 삭망월수가 940(912평월+28윤월)임을 의미한다.

43. 일월운행을 정밀하게 실측계산하면 48회의 연대월이 쌓인 순태음 128년(1,536월) 마다 1일의 삭망윤일이 줄어들어 연대월이 47회만 있게 된다. 19년에 7개월의 윤을 두는 940분법(章法)의 계산으로는 $-\frac{576}{940}$일이지만 실제로는 −1일의 오차가 생긴다.

순태음 32 삭망월(순서)	朔望月주기 (29 $\frac{499}{940}$ 일)	역수의 과불급(+,−)	순태음 32 삭망월(순서)	朔望月주기 (29 $\frac{499}{940}$ 일)	역수의 과불급(+,−)
제1월(대월) 30일	29 $\frac{499}{940}$ 일	+ $\frac{441}{940}$ 일	제17월(대월) 30일	502 $\frac{23}{940}$ 일	+ $\frac{917}{940}$ 일
제2월(소월) 29일	59 $\frac{58}{940}$ 일	− $\frac{58}{940}$ 일	제18월(소월) 29일	531 $\frac{522}{940}$ 일	+ $\frac{418}{940}$ 일
제3월(대월) 30일	88 $\frac{557}{940}$ 일	+ $\frac{383}{940}$ 일	제19월(대월) 30일	561 $\frac{561}{940}$ 일	+ $\frac{859}{940}$ 일
제4월(소월) 29일	118 $\frac{116}{940}$ 일	− $\frac{116}{940}$ 일	제20월(소월) 29일	590 $\frac{580}{940}$ 일	+ $\frac{360}{940}$ 일
제5월(대월) 30일	147 $\frac{615}{940}$ 일	+ $\frac{325}{940}$ 일	제21월(대월) 30일	620 $\frac{139}{940}$ 일	+ $\frac{801}{940}$ 일
제6월(소월) 29일	177 $\frac{174}{940}$ 일	− $\frac{174}{940}$ 일	제22월(소월) 29일	649 $\frac{638}{940}$ 일	+ $\frac{302}{940}$ 일
제7월(대월) 30일	206 $\frac{673}{940}$ 일	+ $\frac{267}{940}$ 일	제23월(대월) 30일	679 $\frac{197}{940}$ 일	+ $\frac{743}{940}$ 일
제8월(소월) 29일	236 $\frac{232}{940}$ 일	− $\frac{232}{940}$ 일	제24월(소월) 29일	708 $\frac{696}{940}$ 일	+ $\frac{244}{940}$ 일
제9월(대월) 30일	265 $\frac{731}{940}$ 일	+ $\frac{209}{940}$ 일	제25월(대월) 30일	738 $\frac{255}{940}$ 일	+ $\frac{685}{940}$ 일
제10월(소월) 29일	295 $\frac{290}{940}$ 일	− $\frac{290}{940}$ 일	제26월(소월) 29일	767 $\frac{754}{940}$ 일	+ $\frac{186}{940}$ 일
제11월(대월) 30일	324 $\frac{789}{940}$ 일	+ $\frac{151}{940}$ 일	제27월(대월) 30일	797 $\frac{313}{940}$ 일	+ $\frac{627}{940}$ 일
제12월(소월) 29일	354 $\frac{348}{940}$ 일	− $\frac{348}{940}$ 일	제28월(소월) 29일	826 $\frac{812}{940}$ 일	+ $\frac{128}{940}$ 일
제13월(대월) 30일	383 $\frac{847}{940}$ 일	+ $\frac{93}{940}$ 일	제29월(대월) 30일	856 $\frac{371}{940}$ 일	+ $\frac{569}{940}$ 일
제14월(소월) 29일	413 $\frac{406}{940}$ 일	− $\frac{406}{940}$ 일	제30월(소월) 29일	885 $\frac{870}{940}$ 일	+ $\frac{70}{940}$ 일
제15월(대월) 30일	442 $\frac{905}{940}$ 일	+ $\frac{35}{940}$ 일	제31월(대월) 30일	915 $\frac{429}{940}$ 일	+ $\frac{511}{940}$ 일
제16월(連대월) 29일+1윤일	472 $\frac{427}{940}$ 일	− $\frac{464}{940}$ 일 → + $\frac{476}{940}$ 일	제32월(소월) 29일	944 $\frac{928}{940}$ 일	+ $\frac{12}{940}$ 일

32삭망월의 삭망주기 945일(삭망윤일과 연대월)

⑤태음윤일(삭망윤일)과 태양윤일

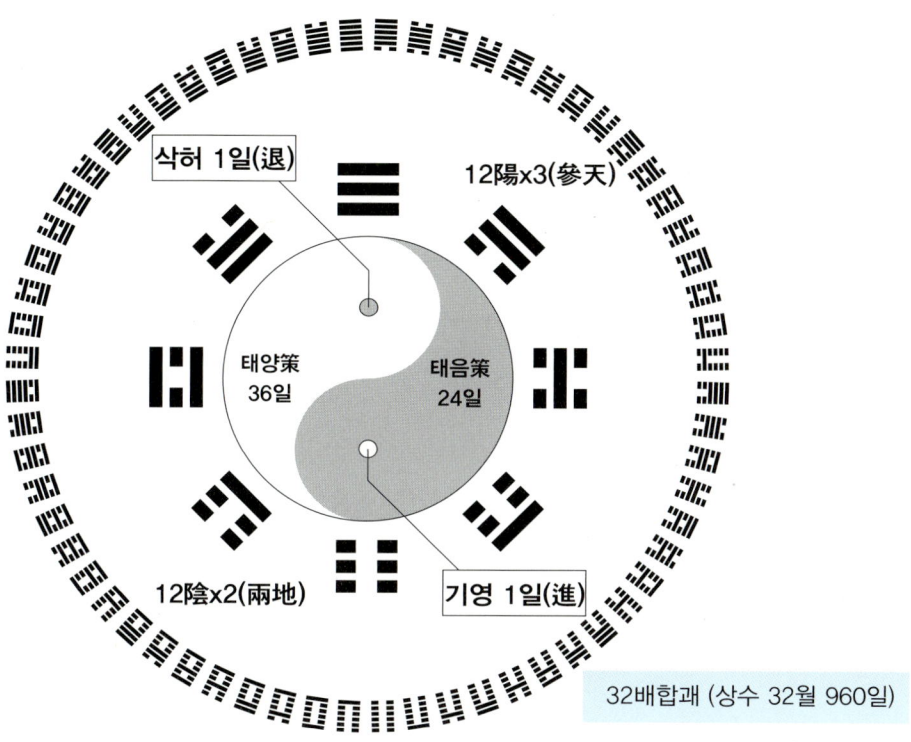

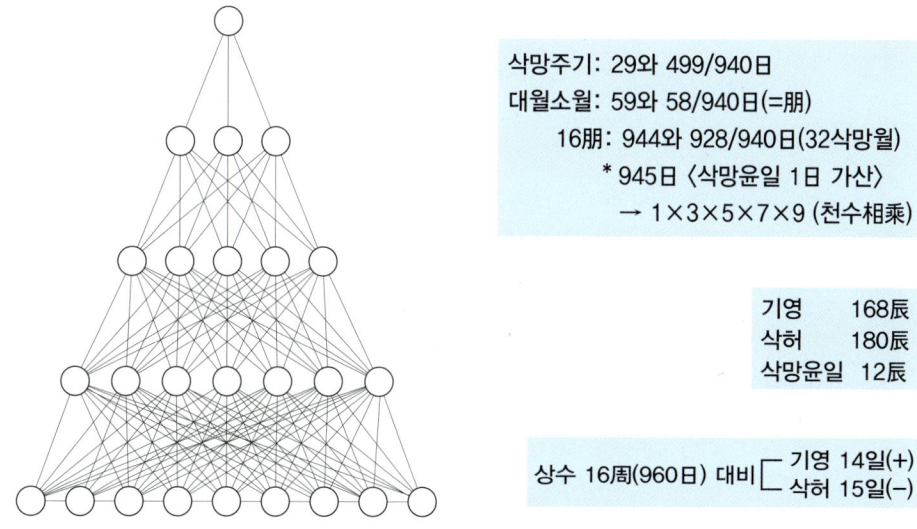

32삭망월 주기로 생성되는 태음윤일

달력에서는 순태음 8년 주기로 3일의 태음윤일(삭망윤일)이 생기는 반면 양력에서는 주천도수 8년을 주기로 2일의 태양윤일이 생긴다. 삼천양지(參天兩地)의 〈3 : 2〉로 대비되며 각기 128년(2^7)을 주기로 하루씩 윤일이 줄어든다.

주천도수 128년의 삭허 총합은 720일(=45×16)에서 하루가 늘어난 721일, 기영 총합은 672일(=42×16)에서 하루가 줄어든 671일이다. 전체 기삭이 1,392일(=87×16)이므로 삼윤법에서 생성되는 8년 주기의 기삭 87일은 변동이 없이 진행된다. 천지일월의 운행조화가 참으로 신묘하기 그지없다.

나머지 우수리를 계산하면 128년 주기로 빠지는 태양력상의 윤일이 86,400년에서는 다시 1일이 늘어난다. 무궁태극의 丶(점 주)로서 일월역수의 극점(極點)에 해당하는 날짜이다.

순태음 128년을 주기로 빠지는 태음윤일(삭망윤일)의 경우는 대략 86,400년의 $\frac{1}{12}$인 7,200년(86,400월) 주기로 다시 1일씩 늘어난다. 대신 삭허 날짜는 자연 1일씩 줄어드는데, 극미한 오차이므로 무시하여도 좋다[44].

---

[44] 128년 주기로 1일씩 삭허날짜는 늘고 기영 날짜는 줄지만 기삭 총일수는 변동이 없다. 개물기 전체로 정밀히 계산하면 삭허가 11일 줄어들고 기영이 1일이 늘어나서 대략 10일의 기삭오차가 발생한다.

8歲 3閏 기삭도(氣朔圖)

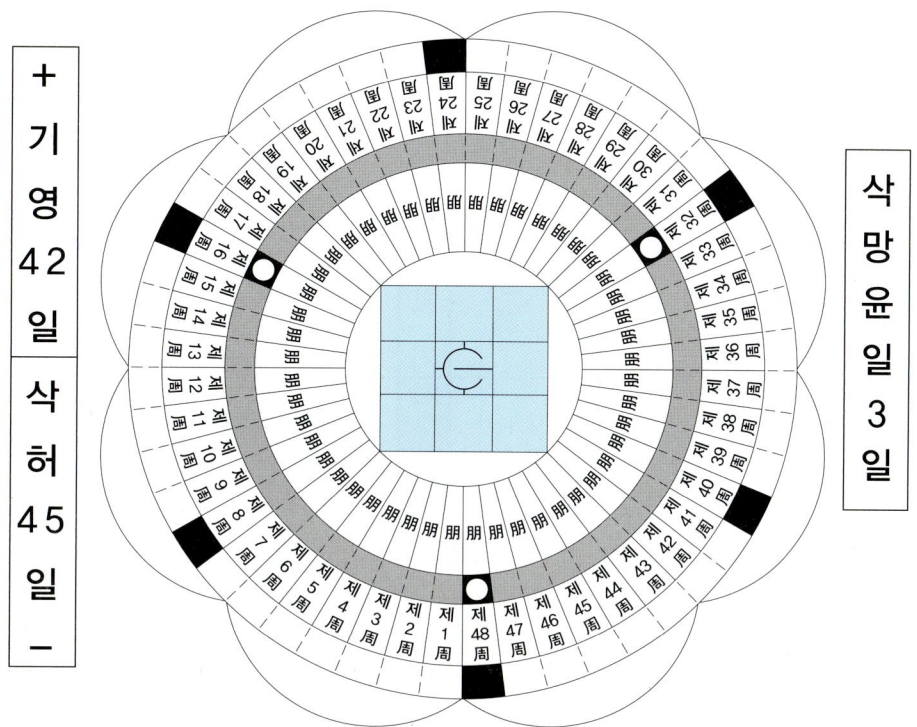

주천상수(48周 2880易)

8歲3閏

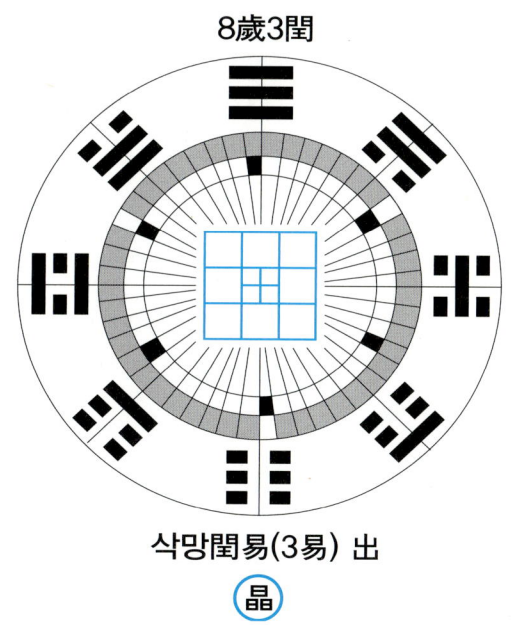

삭망윤역(3易) 出

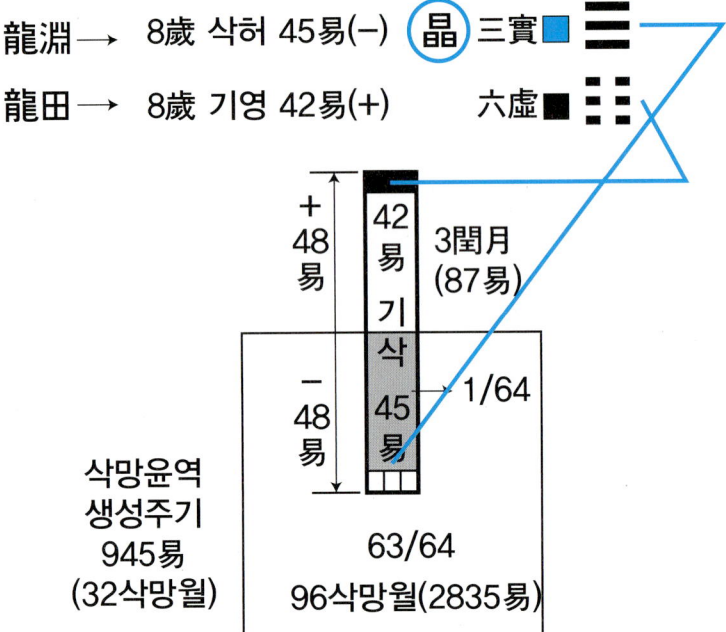

自彊月輪圖
八歲三閏圖

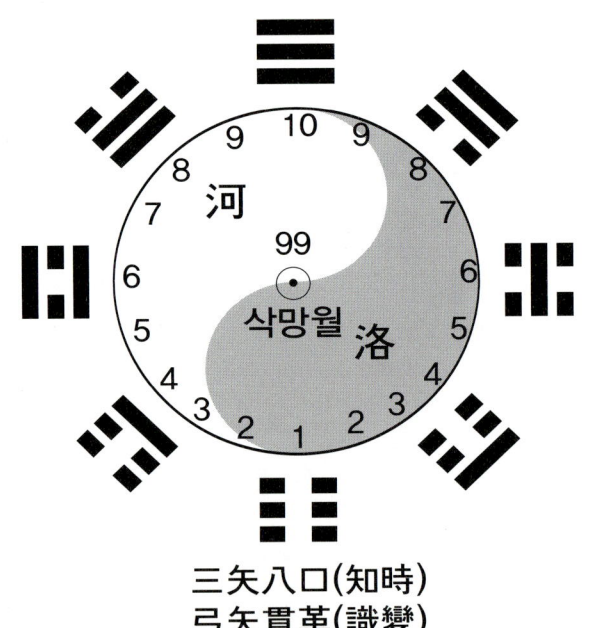

三矢八口(知時)
弓矢貫革(識變)

⑥동방의 용(龍)

동방의 양목을 대표하는 三震(☳) 장남이 청룡(靑龍)이다.

8년의 주천상수인 48周 2,880일을 기준으로 주천도수는 이보다 42일이 늘어난 2,922일, 순태음 8년의 월행도수는 이보다 45일이 줄어든 2,835일이다. 기영(+)과 삭허(-)의 전체 기삭 87일이 대략 3윤에 가까우므로 삼윤법(三閏法)으로 일컫는데 3변하여 팔괘를 펼치는 태극의 수리법도에 자연히 상응한다. 달력의 삼팔목도(三八木道)라 할 수 있다.

순태음 8년(96삭망월)의 전체 날짜 2,835일은 945일의 3배수이다. 그 가운데 포함된 삭망윤일 3일(晶)이 96평월을 이끄는 侯(제후 후) 역할을 하는 결정체인데 이를 압축적으로 표명한 주역 문자가 龍(용 룡)이라고 필자는 본다. 이에 따르면 8년의 주천상수 2,880일은 용정(龍井)에, 삭허 45일은 용연(龍淵)에, 기영 42일은 용전(龍田)에 각기 비유된다.

태극의 3변 과정은 적소성대(積小成大)에 따른 소축(小畜)과 대축(大畜)의 법도이다. 소주기로는 32삭망월 당 삭망윤일 1일이, 대주기로는 96삭망월 당 삭망윤일 3일이 세상에 출현을 한다.

⑦서방의 호(虎)

서방의 음금을 대표하는 七兌(☱) 소녀가 백호(白虎)이다.

19년의 주천도수는 순태음 19년(228평월)에 7윤을 더한 235삭망월의 날짜와 합치된다. 일월이 일신(日新)하는 뜻에서 장법(章法)으로 일컫는데 228평월에서 제외된 기삭의 7윤을 상징하는 주역문자가 곧 虎이다.

3일의 삭망윤일[三卜]으로 점을 찍어 순태음 8년(96평월)의 평상적인 날들을 이끄는 '侯'로 내세운 '龍'이 '平月'을 대표한다면 7개월 윤달[七卜]로 점을 찍어 주천도수 19년을 보간하는 '虎'는 '閏月'을 대표한다고 볼 수 있다.

> **龍**
> 순태음 8년을 주기(96삭망월)로 3일(三)의 삭망윤일을 등에 싣고 때 맞추어[卜] 몸체[己月]를 세워[立] 하늘로 날아오르는 용.
>
> **虎**
> 주천도수 19년에서 생성되는 7윤의 법도로 일곱 걸음[儿]을 내딛는 범.

龍은 用(쓸 용)과 그 음의가 통한다. 본체인 평월은 각기 주장하는 60의 월령간지를 독자적으로 쓰지만[用] 안으로 기삭이 감춰진 윤월은 월령간지를 독자적으로 주장하여 쓸 수 없다[勿用]. 용(龍)과 호(虎)는 평월과 윤월의 주(主)와 객(客)으로 상대된다. 용(龍)과 호(虎)의 글자 속에도 주인인 己(나)와 손님인 人(남)을 넣어 주객을 서로 대비시켜 놓았다.

7윤[虎]이 세 차례 나아가는 3장의 말미(末尾)인 제 57년은 호랑이 꼬리를 밟아 위태로운 이호미(履虎尾) 형국이다. 말미(末尾)를 뜻하는 尾(꼬리 미) 안의 毛(털 모) 또한 21윤에 상응한다.

8년으로는 3윤이 7회 쌓인 21윤이 56년을 주기로 진행되고 19년으로는 7윤이 3회 쌓인 21윤의 물(物)이 57년을 주기로 진행된다. 무심코 삼윤법도를 그대로 적용하면 달력의 괴리(乖離)가 생겨 사람이 호랑이에게 물리는 호질(虎咥)의 변고가 일어난다.

건괘(乾卦) 구삼(九三)이 변한 천택리(天澤履, 10) 괘사(卦辭)에도 "리호미(履虎尾) 부질인(不咥人)"이라고 하였는데 살얼음을 밟듯이 조심하며 예를 밟아 나아가면 설령 범꼬리를 밟더라도 물리지 않음을 말한다. 履(밟을 리, 신 리)는 발을 보호하는 신발을 뜻하기도 한다.

3장인 57년에 합치하는 57번째 효가 마침 리괘(履卦) 육삼(六三)이다. 음유한 소인으로서 중정을 잃은 육삼(六三)은 상도(常道)에서 벗어난다. 그러므로 효사(爻辭)에 한쪽 눈만 뜨고 발을 저는 '묘능시(眇能視) 파능리(跛能履)'

형상으로서 '리호미(履虎尾) 질인(咥人)이 되어 흉하며 무인(武人)이 대군(大君) 노릇을 한다.'고 경계하였다.

⑧3章(57년) 주기의 손입(巽入)

손입법은 8歲 삼윤법의 장점을 살리면서 보다 정확한 칠윤법에 맞추는 방편으로, 제 57년을 기삭교합이 없는 무윤(無閏)의 순태음년으로 간주한다.
순태음 56년(8×7, 672삭망월)은 7龍, 21개월의 윤은 3虎(21윤)이다.
삼윤법과 칠윤법의 어긋남을 해결하는 그 중간의 손입 1년(12삭망월)은 사람이 출입할 수 없는 태고밀림의 無(橆)에 각기 해당한다.
『周易(주역)』에서 여괘(旅卦, 56)는 백대과객인 일월의 여정, 나그네 인생길을 상징한다.
다음에 오는 손괘(巽卦)는 유순한 재질의 음목을 대표하는 괘이므로 초목이 우거진 밀림(密林) 또는 속으로 파고들어 은복(隱伏)하는 바람으로 상징된다.
밖으로 떠돌던 나그네가 때가 다하면 본래 처소로 돌아가 숨는다. 손(巽)은 바람처럼 자취가 사라지는 공수래공수거(空手來空手去), 무아(無我)의 세계와도 통한다. 공자는 9덕괘의 마지막에 이 손(巽)을 두고, 일월역수를 저울질을 하되 중심 본체는 안으로 숨기는 '칭이은(稱而隱)'을 말씀하였다.
3章인 57년 주기로 수확되는 21윤을 적절히 배분하는 주역문자가 散(흩어질 산)이다. 현용달력의 장법에서는 1년의 24기에서 중기(中氣)가 들지 않는 달을 선택하여 윤월을 적절히 흩어서 배분한다. 평월의 중심이 중기(中氣)인 까닭인데 이를 중기가 없는 달에 윤을 두는 '무중치윤(無中置閏)'으로 표명한다.

⑨21章(399년)의 건책 통어

장법도 오래되면 미미한 우수리가 쌓여 다시금 어긋나므로 순태음 7년이 손입한 21章(399년)에 또 1년을 추가하여 역수의 중심으로 삼는 건책법(乾策法)이 등장한다.

손입 7년에 건책 1년을 합친 8년은 400년 주기 전체를 통어(統御)한다. 400년의 $\frac{1}{50}$인 8년간이 3윤이 무적용(无適用)되는 무윤(無閏)의 순태음년으로 간주되는 것이다.

즉 5황극이 펼치는 오십대연(五十大衍)의 기본 수리는 $\frac{49}{50}$를 외용(外用)으로 하여 8년 주기의 삼윤법을 쓰고 $\frac{1}{50}$은 내본(內本)이 되어 무윤(無閏)의 방편으로 삼음을 말한다.

고대동양의 윤법은 재윤법(5歲) 삼윤법(8歲) 칠윤법(19歲)을 기본으로 하여 손입법(57歲) 건책법(400歲) 간배법(1,600歲)의 과정으로 극진하게 정밀해진다. 이들을 전체적으로 통괄하는 달력법도의 정화가 오십대연(五十大衍)이다.

⑩간배(艮背)

상고시대 하(夏)나라 역법인 연산은 장법의 한계를 해결하는 방편으로 윤달의 근원(根源)을 세우는 법도를 세웠다고 필자는 추정한다. 중산간(重山艮, 52) 괘사(卦辭)에 나오는 간기배(艮其背)를 근거로 하여 간배법(艮背法)이라 표명한다.

예를 들어 12章 228년에서 생성되는 84윤은 순태음 7년이다. 그 배후(背後)에는 간배(艮背) 7개월이 들어있다.

간배 1개월에 12개월의 윤월이 동인(同人)하여 합동하는 상이다. 간배 49개월은 건책 4년(48월)을 주기로 1개월의 윤이 발생하는 것으로 간주된다.

乾策 1歲 統御 21章圖

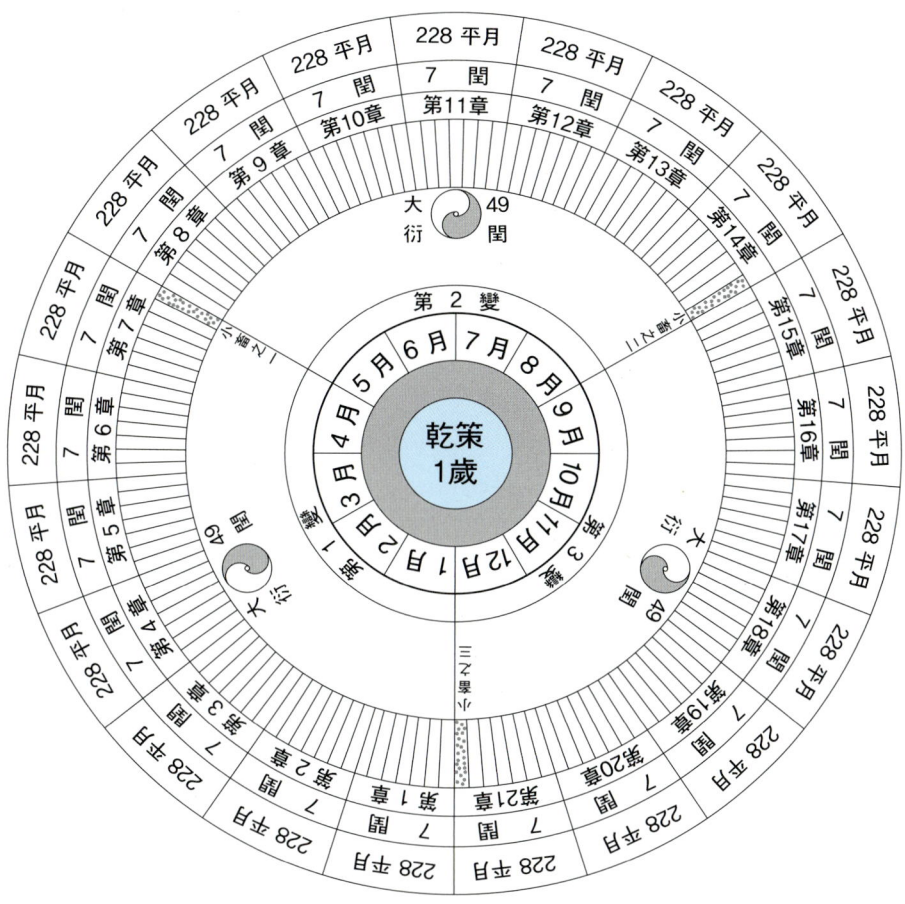

주천도수 1,600년은 84장의 1,596년에 간배(艮背) 4년을 합친 역수이다. 정밀히 계산하면 주천상수 1,600년은 83장인 1,577년으로 산정된다. 1,600년의 역수 주기에서 1장의 19년과 간배(艮背) 4년이 과도한 기영도수에 해당하는 셈이다. 전체 개물기인 86,400년으로는 건책 216년 속에서 총 54개월의 윤이 유극으로 세워지는데 건책 216년(2,592월)과 유극(54월)을 합친 2,646 삭망월이 역수의 배후에 감춰진 간배(艮背) 도수이다.

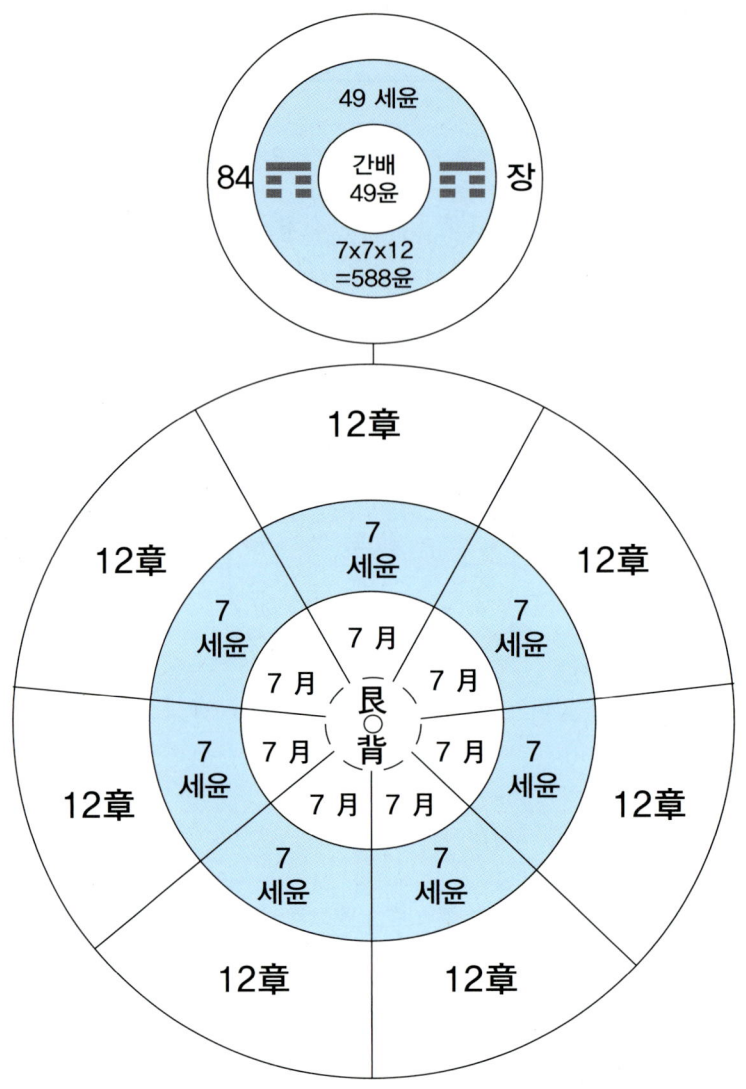

⑪ 황극과 유극

　황극50책 가운데 49책은 주천도수 32년 당 순태음 1년(12삭망월)에 해당하는 윤월을 낳는다. 자연 1,600년에서 순태음 49년(588월)에 해당하는 윤월이 나온다. 물용(勿用) 1책인 32년(건책4년 + 손입28년) 속에서 유극 1월이 추가되어 385월이 되므로 1,600년의 실제 윤월은 총 589월이다.

황극과 유극을 합친 385월은 하도의 10수(1~10) 전체를 각기 자승(自乘)한 수의 총합이다. 중심의 황극 1책이 쌓아올린 10층의 탑이 곧 황건유극(皇建有極)의 형상이다. 유극은 만유(萬有)의 표준인 인극과도 같다.

최상부의 1^2은 유극, 기단부의 10^2은 무극으로 각기 연계되며 나머지 284(=2^2~9^2)가 1,600년의 기영 과도수의 윤달 총수와 신묘하게 합치한다. 1,600년에서는 83장(1,577년)이 주천상수 1,600년이다. 이를 제외한 건책 4년(49월)과 1장(235월)의 역수가 기영(과도수) 도수임을 깊이 명심하자. 천도의 변화에 따른 치력명시(治歷明時)의 핵심이 되기 때문이다.

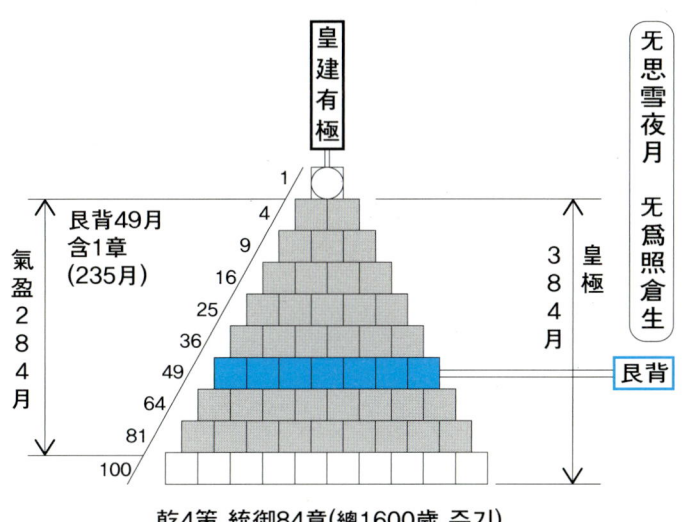

乾4策 統御84章(總1600歲 주기)

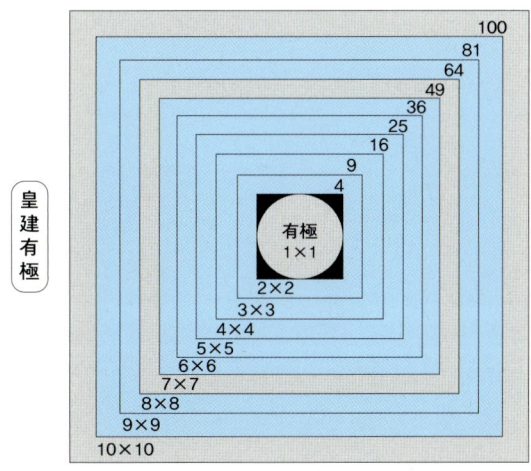

1600년 주기
皇建有極(乾之大有)

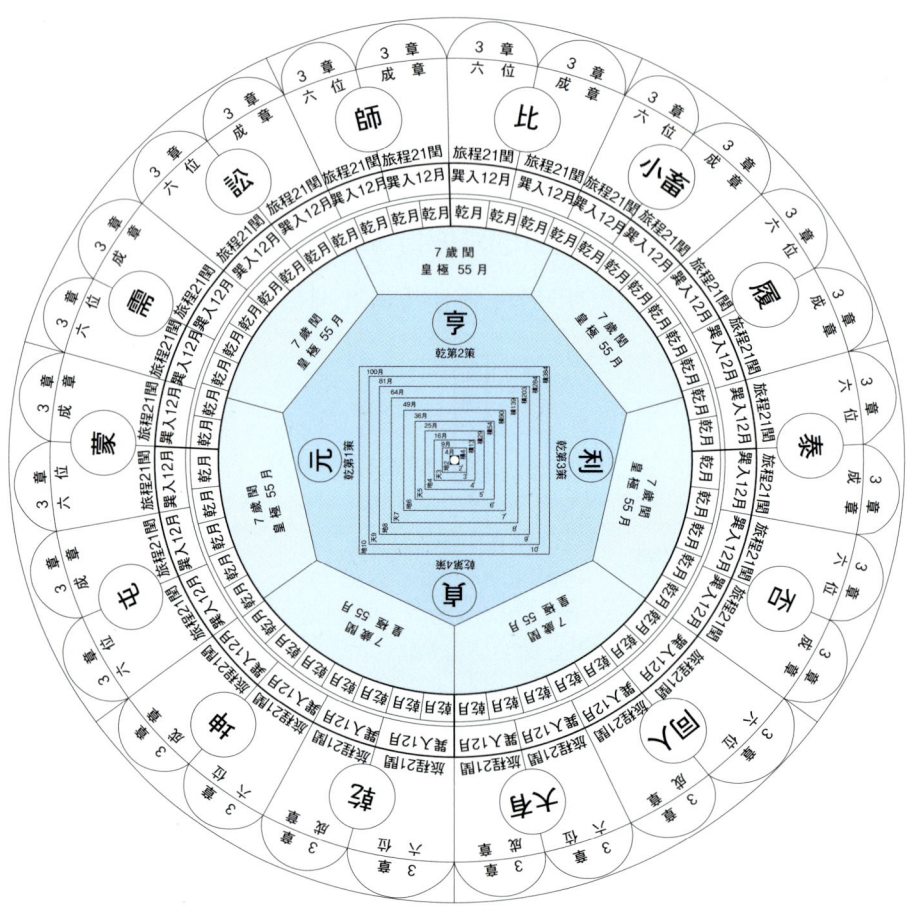

1. 건곤경문 역해(曆解)

오십대연(五十大衍)의 태극원리로 바라본 건곤경문

䷀ 重天乾(1)

乾은 元코 亨코 利코 貞하니라.
건　　원　　형　　이　　정

　전체 6효를 통솔하는 괘사(卦辭)인 건(乾)의 원형이정은 4년의 주천상수(1,440일)와 기영도수(21일)의 일월주기가 그 밑바탕이다. 나아가 개물기 8회간으로 대연(大衍)하면 주천상수(1,440甲 → 86,400년)와 기영도수(21甲 → 1,260년)이다.

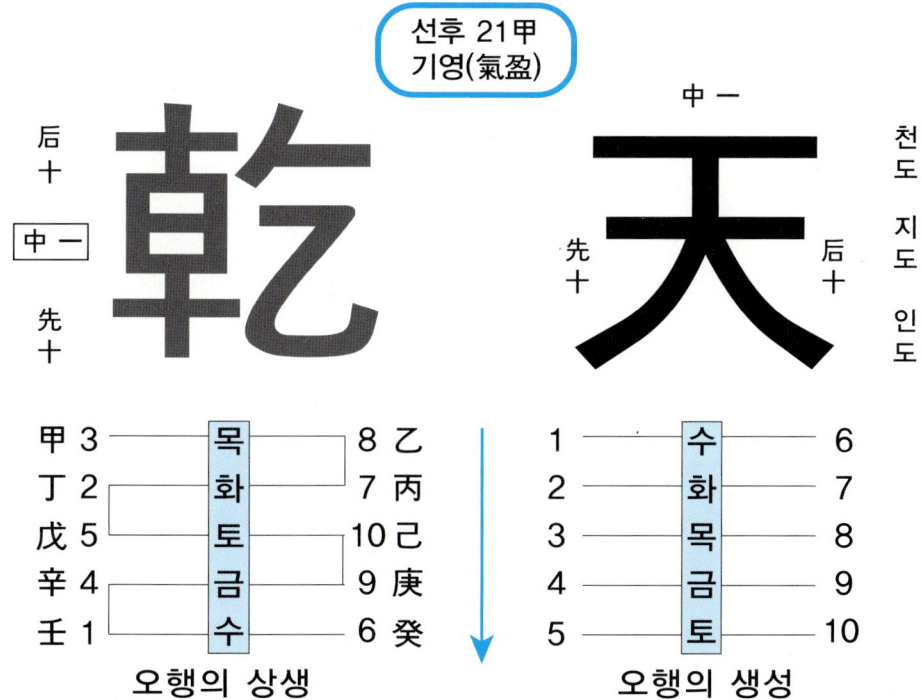

『周易(주역)』경전에서 천도의 선후변화를 설명하는 기본 토대이다.

건괘(乾卦)의 괘사(卦辭)와 효사(爻辭)는 원형이정으로 운행하는 사시변화의 운행법도에 기본을 둔 글이므로 괘사(卦辭)와 효사(爻辭)의 근원을 찾아 내려면 고대 달력의 수리법도를 반드시 살펴야 한다.

앞에서 설명하였지만 32삭망월의 중심인 연대월(連大月)은 태음윤일(삭망윤일) 1일의 생성에 기인한다. 32삭망월로 한 몸이 되는 945일은 천수(1 3 5 7 9)를 상승(上乘)한 조화역수이다. 그 3배수인 순태음 8년의 96삭망월이 한 마리 용(龍)으로 상징되고 8년의 기삭 87일에 의한 3윤이 태극이 전개하는 동방 삼팔목도(三八木道)에 상응한다.

설괘전(說卦傳) 제11장에는 '양마(良馬), 노마(老馬), 척마(瘠馬), 박마(駁馬)'의 네 마리 말로써 건(乾)의 원형이상을 표상하였다. 복희씨 당시에 하도를 등에 짊어지고 나온 신비한 영물인 용마(龍馬)는 머리는 용이고 몸은 말의 형상을 하였다고 전해오는데 천상의 용과 지상의 말은 다 같이 강건한 건(乾)을 대표하는 양물이다.

순태음 32년(384삭망월)은 원형이정의 4마리 용마(龍馬)가 이끄는 사마일승(四馬一乘)의 乘(수레 승)과도 같다. 삭허는 수레의 빈 공간, 기영은 수레에 실린 物(만물 물)이다. 『道德經(도덕경)』에 나오는 그 마음을 비워서 그 배를 채우는 허기심(虛其心)과 실기복(實其腹)의 법도와도 통한다.

계사상전(繫辭上傳) 제9장에서 공자는 216건책과 144곤책의 배합인 360책이 당기지일(當朞之日) 360일이고 32년의 주천상수 11,520일이 만물책수(萬物策數)라고 정의하였다[45]. 주천상수 32년(384월)을 태극의 오십대연(五十大衍)으로 확장하면 유극 1월이 세워지는 1,600년, 나아가 용구(用九) 용육(用六)의 9×6=54로 확장하면 개물기 전체 86,400년의 역상(曆象)이다.

---

[45] 전체 64괘는 32괘로 배합하여 태극본체의 형상을 이룬다. 32년의 달력주기가 32相이다.

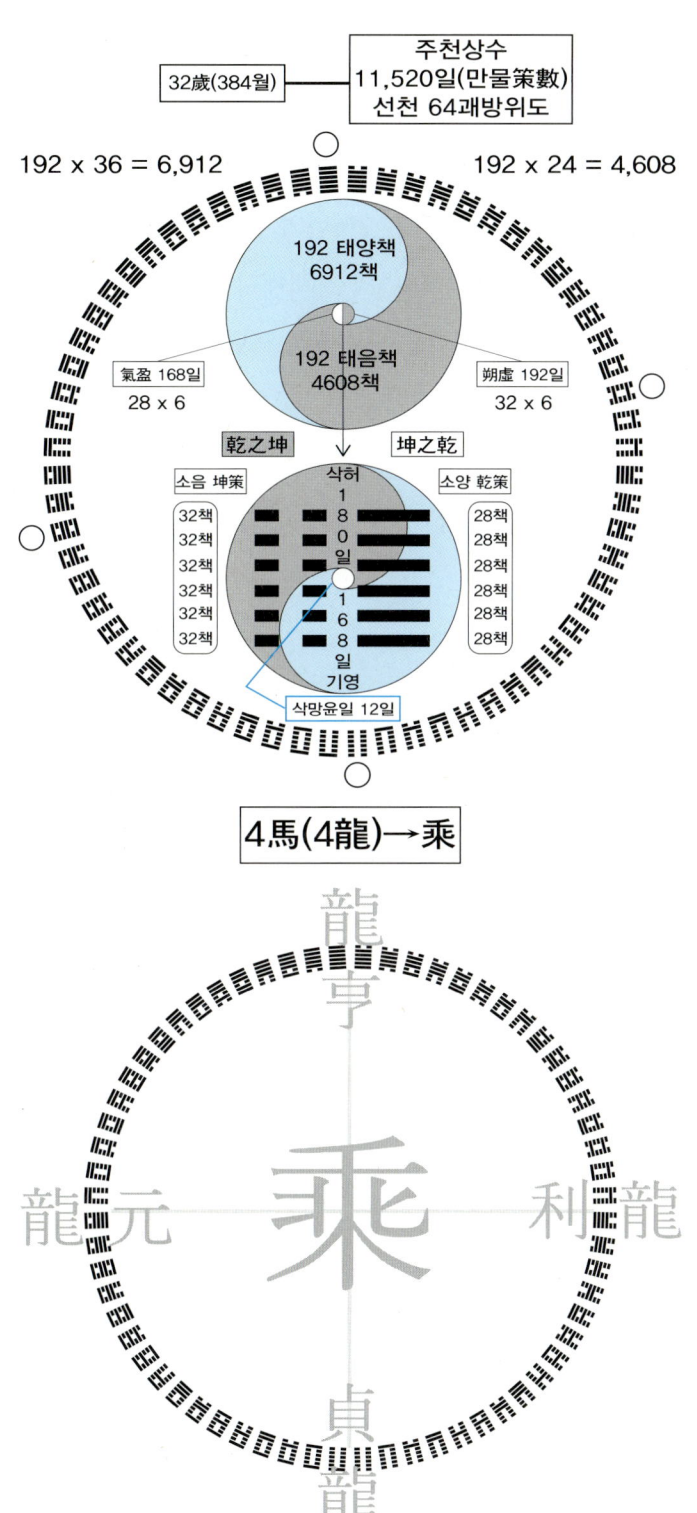

건괘(乾卦) 초구(初九)에서 상구(上九)에 이르기까지 효사(爻辭)의 전체 글자수가 개물기 전체에서 생성되는 54개월의 유극에 합하는 54자이다. 건(乾)은 개물기 86,400년의 기영 21甲을 베푸는 주체이다. 각 효당 36년의 건책과 9章(171년), 건괘(乾卦) 전체로는 216년의 건책과 54章(1,026년)의 1,242년이 기영 대과도수로 산정된다. 216년의 건책에서 나오는 54윤의 유극, 54章에 내포된 378윤을 모두 더하면 432윤의 순태음 36년이 더 늘어난다. 선후천변화의 경갑변도를 주도하는 소과도수이다.

初九는 潛龍이니 勿用이니라.
초구   잠룡   물용

①태양윤일의 물용(勿用)

1년의 주천상수는 360일이고 주천도수는 365일이다. 작은 우수리가 쌓임으로 인해 태양윤일 1일을 보태어 366일이 되는데 2월이 28일 아닌 29일로 끝나는 해가 양력상의 윤년이다. 원형이정 4년을 주기로 평년에 속하는 3년 동안은 365일만 쓰고 태양윤일을 쓸 수 없다(잠룡물용(潛龍勿用)). 평민(平民)의 낮은 지위에 있는 초구(初九)는 달력(태음태양력)의 평년(平年)에 상응한다.

양력상의 평년은 주천도수 365일, 윤년은 4년 주기로 1일의 윤일(閏日)이 가산된 주천도수 366일을 쓴다. 4년으로 돌아가는 신자진(申子辰)의 해마다 1일의 태양윤일을 가산하는 윤년은 원형이정의 네 번째로서 완성을 뜻하는 貞에 상응하는 해이다. 366일을 쓰는 윤년엔 2월 29일(양력)이 등장한다.

그 외 주천도수가 365일인 평년은 윤일을 쓸 수 없는 물용(勿用)에 해당한다. 초구(初九)와 상대가 되는 구사(九四)에서는 혹약재연(或躍在淵)이라고 하였는데 4년에 하루씩 윤일이 뛰어오르는 법도에 자연 상응한다.

②건지구(乾之姤)의 물용(勿用)

원칙적으로 주천상수 360일 보다 과도한 기영 $5\frac{1}{4}$일은 천도의 중정(中正)을 벗어난 까닭에 쓰지 말아야(勿用) 한다. 주천상수를 넘어선 기영도수가 4년으로는 기영 21일, 8년으로는 기영 42일이다. 개물기 전체 8회(會)로는 기영 42世(21甲)가 천도의 중정을 벗어난다.

초구(初九)가 동한 천풍구(天風姤,44)는 12월괘 중 하지(夏至)의 달인 음력 5월로 선후음양이 교역하는 중요한 시기이다. 때를 만난다고 하듯이 姤(만날 구)는 만남을 뜻한다. 한 해의 중(中)이기도 하지만 중천과도시기인 오회(午會)를 상징하는 괘이다.

구괘(姤卦)(姤卦)의 괘사(卦辭)에는 여자를 취하지 말라는 "물용취녀(勿用取女)", 초구효사에는 쇠말뚝에 붙들어 맨다는 "계우금니(繫于金柅)", 구오효사에는 하늘로부터 떨어져 나온다는 "유운자천(有隕自天)"이 나온다. 오회(午會)의 중천과도시기에 개물기(開物期. 86,400년) 전체에서 발생하는 과도(過渡)한 기영도수의 물용(勿用)에 대한 비사(秘辭)이다.

혁괘(革卦) 대상에서 공자는 일월의 역수(易數)를 다스려 후천시기를 밝힌다는 '치력명시(治歷明時)'를 강조하였다. 야산(也山) 선생도 천도의 중정(中正)을 회복해서 후천시대를 여는 '중어선후(中於先后) 정기종시(正其終始)'를 특히 중시하였다.

③오십대연(五十大衍)의 물용(勿用)

400년의 $\frac{1}{50}$인 8년간은 역수의 본체중심으로 3윤이 적용됨이 없는 무윤(無閏)의 순태음년이다. 본체는 쓰지 않으므로 체불용(體不用)이라고 한다. "대연의 수가 50이니 그 쓰임은 49라(大衍之數 五十 其用 四十有九)." 속에 체인 '물용(勿用)'의 황극 1책이 들어있다.

개물기 전체로는 216년의 건책이 각기 21장을 거느려 총 4,536장(86,184년)을 통어하는 대인 역할을 한다. 3장(57년)을 기본주기로 손입하는 물용(勿用) 1년이 주어지므로 건책 216년과 손입 1,512년을 합친 순태음 1,728년이 개물기 전체의 황극불어수($\frac{1}{50}$)이다.

황극 50책 중 중심의 황극 1책은 허일무위(虛一无爲)의 지공무사(至公无私)를 상징한다. 기삭의 음양교합이 없는 무윤(無閏)의 본체도수로 간주되므로 잠룡물용(潛龍勿用)의 상이다.

8년 주기의 삼윤법에서는 3장의 역수인 57년을 주기로 무윤(無閏)의 순태음 1년을 손입(巽入)하여 장법과의 어긋난 괴리를 해결한다. 손입하는 순태음 년의 경우도 기삭교합이 없는 무윤(無閏)의 측면에선 '잠룡물용(潛龍勿用)'의 상이다. 덕의 완성과정을 설명한 9덕괘의 마지막에 57번째 괘인 손괘(巽卦)에 대해 공자는 일월역수를 저울질(계산)하되 중심본체는 숨기는 '칭이은(稱而隱)'의 손입법도를 이미 지적하였다.

장법도 오래되면 미미한 우수리가 쌓여 다시금 어긋나므로 순태음 7년이 손입한 21장인 399년에 또 1년을 추가하여 역수의 중심으로 삼는 '건책법(乾策法)'이 등장한다. 손입 7년에 1년의 건책을 합친 순태음 8년이 400년 주기를 통어(統御)하는 이른바 '황극불어수(皇極不語數)'이다.

곤괘(坤卦) 초육(初六)에 나오는 '이상견빙(履霜堅氷)'도 손입 7년과 건책 1년을 기본으로 삼는 역수법도를 가리킨다.

④간배(艮背)의 물용(勿用)

개물기 전체를 주도하는 216년의 건책 속에서 이른바 역수의 밑뿌리인 '간배(艮背)'가 나온다. 背(등 배, 北月)는 장법에서 사용하지 않는 물용(勿用)의 '배후(背後)에 감춰진 달'을 의미한다.

밖으로 쓰이는 장법(章法)에서는 보이지 않는 배후의 물용(勿用) 도수이므로 간배(艮背)라고 필자는 명명한다. 12章의 배후에는 7월, 84章의 배후에는 49월, 4,536章의 배후에는 2,646월이 간배(艮背)로 처한다.

건책 4년이 이끄는 1,600년 주기의 전체 기영도수는 간배(艮背) 49월과 1章(19년)이며 주천상수는 83章(1,577년)으로 산정된다. 곤괘(坤卦) 육삼(六三)의 함장가정(含章可貞)과 혹종왕사(或從王事), 구괘(姤卦) 괘사(卦辭)의 물용취녀(勿用取女), 구오(九五)의 포과함장(包瓜含章)과 유운자천(有隕自天) 등이 이와 관계된 글들이다.

九二는 見龍在田이니 利見大人이니라.
구 이 　 현 룡 재 전 　 　 이 견 대 인

①태양윤일을 생성하는 4년(田)

태양력상의 윤년은 4년을 기본주기로 2월이 28일이 아닌 29일로 마친다. 물용(勿用)으로 잠겨있던 태양윤일 1일이 마침내 모습을 보인다. 건(乾)의 기영 21일에 속한 태양윤일 1일은 만물의 영장인 사람(大人→矢)에 비견된다. 풀벌레를 뜻하는 萬은 건(乾)의 선후 20甲(先十甲後十甲)에 상응한다. 사람과 만물은 모두 건(乾)의 양기에 의해 시생한다.

이견대인(利見大人)은 평상시에 감춰진 태양윤일을 4년(田)에 한 번씩 만나보는 것과 통한다. 日은 甲과 통하므로 4년의 주천상수 1,440일에서 추가적으로 생성되는 기영 21일이 86,400년(1,440甲) 개물기 전체로는 기영 21甲(1,260년)이다. 20甲(萬)이 만물이라면 중심 1甲(單)이 사람에 비견된다. 만물을 이끄는 주인공으로서 사람을 그 중심에 세우는[健] 이치이다. 이견(利見)의 利(이로울 리)는 기영의 수확물에 해당한다.

②건지동인(乾之同人)

구이(九二)가 변한 지괘가 천화동인(天火同人, 13)이다.

태음태양력(달력)에는 12삭망월의 평년, 1달의 윤월을 보강한 13삭망월의 윤년이 있다. 초하루에서 보름을 거쳐 다시 초하루로 돌아오기까지가 '삭망월(朔望月)'이다. 차고 넘치는 기삭의 윤을 더한 13삭망월의 날짜수가 『周易(주역)』의 384효에 합하는 384일이다[46].

12개월의 평월이 1개월의 윤을 중심으로 합동하는 윤년의 역수가 묘하게도 『周易(주역)』 384효에 상응한다. 윤달이 12개월 쌓인 중심의 배후(背後)에 '역수의 뿌리(根)'인 1개월의 간배(艮背)가 또 존재한다. 모두 12:1로 동인(13)을 한다.

달수가 비록 달라도 평년과 윤년은 같은 한 해이므로 동인하는 형상이다[47].

구이(九二)는 양력상의 윤년과 같이 하루의 태양윤일이 나타나(見) 역수의 중심(田)을 얻는 때이다. 田을 4口가 모인 형태로 보면 원형이정의 4년(田)과 통한다.

③400년 주기의 건책 1년 → 대인[矢]

오십대연(五十大衍)의 관점에서는 8년을 50회 거듭한 400년을 주기로 21章(399년)을 통어(統御)하는 건책 1년이 대인(大人)에 비유된다. 순양의 건금(☰)은 양강(陽剛)하므로 강직한 矢(화살 시)로 형상된다. 하늘의 내적 중심을 얻은 구이(九二) 대인(大人)도 矢(大+人)의 역할을 한다. 건(乾) 원형이정의 4덕과 같이 역수의 큰 주기인 100년을 4회 거듭한 400년(田)은 8년이 50회 거

---

[46]. 태음태양력(달력)상으로는 초구를 순태음 12월의 평년(平年), 구이를 기삭의 윤달을 넣는 윤년(閏年)으로 볼 수 있다. 달의 삭망주기는 $29\frac{499}{940}$일, 12삭망월은 $354\frac{348}{940}$일이다. 평년상의 순태음년 12월은 $354\frac{348}{940}$일, 1개월의 윤을 더한 13개월의 윤년은 $383\frac{847}{940}$이다.

[47]. 필자가 연구한 바로는 12평월에 1윤월이 가산된 윤년과 마찬가지로 윤월이 12회 거듭할 때마다 그 배후(背後)에 이른바 간배(艮背) 1월이 중심 속에 세워져 〈12:1〉로 동인을 이룬다. 간배(艮背)는 역수의 뿌리(根)를 의미한다. 뒤에 구체적으로 설명한다.

듭된 대연(大衍)의 기본주기이다.

장법(章法)의 미진한 한계를 극복하기 위한 방편으로 399년의 21장을 통어하는 수(首)로 1년을 세운 역법이 '건책법(乾策法)'이다. 역수의 중심으로 세우는 건책 1년은 잠룡으로 감춰진 역수가 현룡(見龍)으로 화하여 세상에 나타남과 같다.

8년의 주천상수(2,880일)와 삭허도수(45일)는 〈64:1〉로 대비(對比)되는데 『周易(주역)』 64괘의 마지막에 오는 수화의 기제(旣濟. 63)와 화수의 미제(未濟. 64)가 이에 상응한다. 64에서 체(體)인 1을 뺀 63을 용(用)으로 삼는 순태음의 평월은 일월이 정당하게 교역왕래하여 안정된 기제의 상이지만 미제는 기영(☰)과 삭허(☷)가 서로 통하지 못하여 건너지 못한 상이다.

주천상수의 $\frac{1}{64}$인 삭허는 극진한 공(空)과 통한다. 주천도수 8년(2,922일)마다 기삭 87일이 생성되지만 4년을 32회 거듭한 128년을 주기로 삭망윤일과 태양윤일이 각기 1일씩 줄어드는 변동이 일어난다. 128년은 2^7으로 이를 675회 거듭한 역수가 86,400년의 개물기이다. 그 사이에 삭허 1일이 늘어나는 대신에 기영 1일이 줄어들며 8년을 주기로 한 기삭날짜 87일은 변동 없이 진행된다. 신묘함의 극치이다.

400년의 $\frac{49}{50}$인 392년은 외적인 황극 49용책(用策)으로서 8년 주기의 삼윤법을 활용(活用)하지만 나머지 $\frac{1}{50}$인 8년(손입7년과 건책1년)은 내적인 물용(勿用)의 황극불어수로서 무기삭의 순태음년으로 간주된다.

100년이 4회(田) 거듭된 400년은 8년이 50회 거듭한 주기이다. 400년의 기영은 71삭망월, 1,600년의 기영은 284삭망월, 86,400년의 기영은 순태음 1,278년으로 정확히 산정된다. 혁괘(革卦) 대상에 이른 "치력명시(治歷明時)"를 푸는 핵심열쇠이다.

구이(九二)가 변한 천화동인(天火同人, 13)은 아래의 불이 하늘로 향하여 화취조(火就燥)하며 합하는 상이다. 4년 당 21일이, 400년 당 71삭망월이 가산되어 덧붙는 것이다.

九三은 君子ㅣ 終日乾乾하야 夕惕若하면 厲하나 无咎ㅣ리라.
구삼 군자 종일건건 석척약 려 무구

①건건석척(乾乾夕惕)

　한 해의 주천상수 360일은 하늘 건(乾)의 강건한 덕과 땅(坤)의 유순한 덕이 중정(中正) 배합한 결과이다. 건(乾)의 원형이정 4덕은 하루의 조석주야, 한 달의 소식영허, 한 해의 춘하추동뿐만이 아니라 4년을 기본으로 기영 21일을 베푼다. 8년에는 기영 42일이다.

　4년의 주천도수가 1,461일이므로 4년의 주천상수 1,440일을 기준으로 기영(기영) 21일이 발생한다. 이를 전체적으로 확장한 86,400년의 개물기가 1,440甲(2,880世)이다. 기영 21甲의 42世에 대비되는 것이 삭허 45世이므로 기삭이 총 87世 생성되는 셈이다.

　괘사효사(卦辭爻辭) 및 「十翼(십익)」을 포함한 『周易(주역)』경전에서는 1년(年) 12월(月) 360일(日) 4,320신(辰) 및 이를 확장한 1원(元) 12회(會) 360운(運) 4,320세(世)로써 천도변화를 설명한다[48].

　종일건건(終日乾乾)의 건건(乾乾)은 4년 주기의 기영 21일을 거듭한 8년 주기의 기영 42일에 해당한다. 『周易(주역)』은 3才3分의 법도로써 천도를 나누어 설명한다. 하루로는 인시 중반에서 술시 중반까지가 일어나서 잠들기까지의 실제적인 활동 주기이므로 종일(終日)로 빗대어 표현한 것인데, 한 해의 24기로는 인월 중반(우수)에서 술월 중반(상강), 개물기 8회(會)로는 인회 중반에서 술회 중반까지를 말한다.

　1원(元) 12회(會)의 129,600년으로 대연(大衍)하면 종일(終日)은 인회(寅

---

[48] 송대의 대유학자 소자는 『皇極經世(황극경세)』를 지어 대중지정(大中至正)의 황극(皇極)이 세상을 경영하는 원리를 밝히는 한편 '황극경세도(皇極經世圖)'를 그려 천지자연이 펼치는 역수(曆數)의 법도를 밝혔다. 여기에선 연월일시 대신 세월일신(歲月日辰)을 사용하였다.

會)중반에서 오회(午會)중반에 이르는 43,200년의 선천(乾)에서, 오회(午會)중반에서 술회(戌會)중반에 이르는 43,200년의 후천(乾)까지이다. 건건(乾乾)은 그 사이에 발생하는 기영 42世(=21甲)이다.

한낮인 일중(日中)은 중천인 오회(午會)와 통한다. 선후천이 크게 바뀌는 과도기로서 '중어선후(中於先后) 정기종시(正其終始)'의 이른바 일월역수의 선후천고정(先後天考定)이 필요한 때이다. 역수의 중정(中正)을 때 맞추어 바로잡지 않으면 천도의 일월역수가 어긋나서 후천의 문을 열 수 없다. 그 때를 정확히 맞추어 후천의 때를 밝혀야 '칠칠맞다'는 革(혁)이 된다. 49번째의 괘에 처한 革은 만물이 여름(☰)에서 가을(☱)로 바뀌어 혁성됨을 상징한다. 혁(革)의 대상에 공자가 말씀한 "치력명시(治歷明時)"는 과도한 기영 21甲을 다스려 책력을 혁신하라는 뜻으로도 풀이된다. 革(廿中一)이란 글자에도 내포되어 있다.

과도한 기영도수는 천도의 중정(中正)을 벗어난다. 일오중천(日午中天)을 넘어가기 직전에 때 맞추어 개물기의 전체 기영도수를 비워[尸] 천도를 회복해야[復] 하므로 건건석척(乾乾夕惕)의 위태로움으로써[厲] 경계한 것이다.

②건지리(乾之履)

구삼(九三)의 석척(夕惕)은 대천(大川)을 건너는 험난한 어려움을 가리킨다. 선천의 상경(上經)을 실제로 끝마치는 28번째 괘인 대과(大過)가 대천(大川)의 형상이다. 川(내 천)은 天과 발음이 같고 3획의 乾(☰)을 세워놓은 형태이다. 피안에 이르는 생사바다, 천국에 이르는 요단강인 셈이다.

개물기 전체로는 360일을 벗어난 기영 5일이 주천상수 1,200년(20甲), 기영 $\frac{1}{4}$일이 주천상수 60년(1甲)이다. 1,200년은 선천건책 108년에서 마지막 건책 3년(大川)에 배속된다.

구삼(九三)이 변한 천택리괘(天澤履卦. 10)는 종즉유시(終則有始)와 극기복례(克己復禮)를 상징하는 괘이다. 履(밟을 리)는 선천에서 후천으로 밟아 넘어가는 중간통로와도 같다. 1,200년의 대천(大川)에 해당하는 건책 3년이 석 대의 화살인 삼시(三矢)로 표상된다[49]. 건괘(乾卦) 대상의 자강불식(自彊不息)에서 이른 彊(굳셀 강)도 마찬가지이다[50]. 선천의 108책을 불가에서 일컫는 108염주와 108번뇌로도 야산(也山) 선생은 풀이하였다.

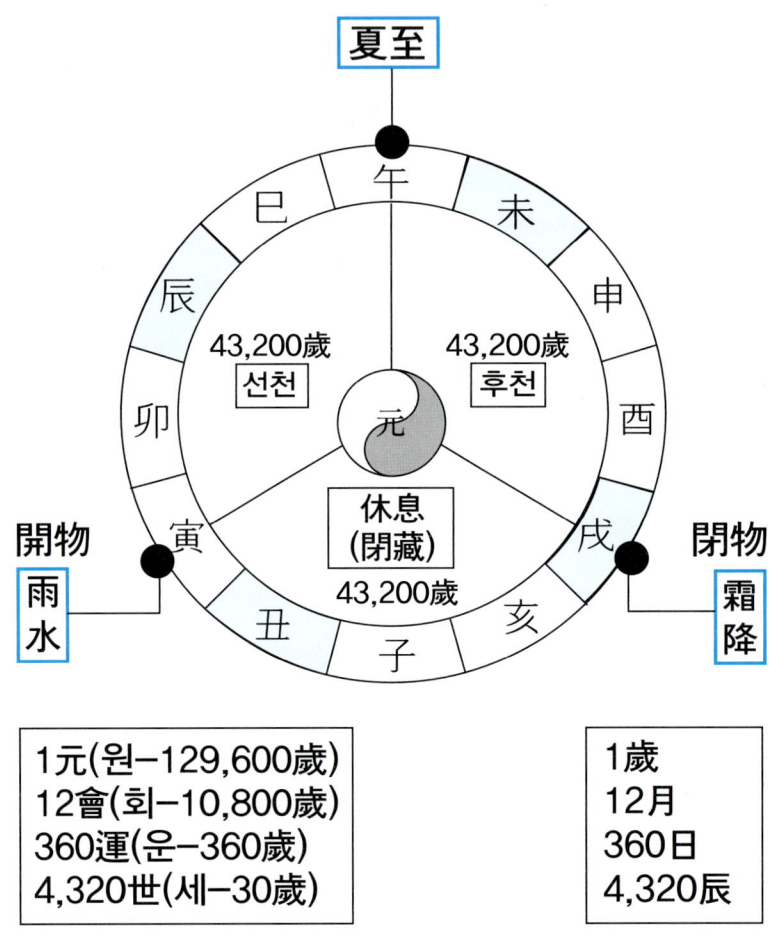

49. 『周易(주역)』경문 전체 효사(爻辭)에 대천(大川)을 상징하는 三矢가 나온다. 서합(噬嗑, 21) 구사효사의 "得金矢", 해(解, 40) 구이효사의 "得黃矢", 여(旅, 56) 육오효사의 "射雉一矢亡"이 그것이다.

50. 고괘(蠱卦, 18)의 蠱(좀먹을 고)에 담긴 삼시(三尸)의 세 마리 벌레, 해괘(解卦, 40) 구이효사에 나오는 삼호(三狐)의 세 마리 여우도 모두 三矢와 연계된 내용이라 여겨진다.

九四는 或躍在淵하면 无咎ㅣ리라.
구사   혹약재연   무구

①혹약재연(或躍在淵)

　양력으로는 매년 360일에 5일의 기영도수가 쌓이며 신자진(申子辰) 해인 4년마다 하루의 기영수가 더해져 6일의 기영도수가 쌓인다. 구사(九四)가 네 번째 효이므로 4년마다 하루의 기영이 늘어나는 것이 혹약(或躍)에, 이후 3년 동안은 다시 연못으로 들어가 모습을 감추는 것이 재연(在淵)에 상응한다. 초구(初九)의 잠룡과 대비되는 내용이다.
　원형이정 4년 주기로 하루씩 가산되는 양력의 2월 29일(태양윤일), 32삭망월을 주기로 하루씩 가산되는 삭망윤일(태음윤일) 또한 혹약(或躍)의 법도에 상응한다.

②건지소축(乾之小畜)

　구사(九四)가 변하면 풍천소축(風天小畜, 9)이다. 바람이 하늘위에 부는 상으로 작고 부드러운 음이 공손한 미덕으로 아래의 강건한 하늘의 양들을 제지한다. 내괘 선천에서 외괘 후천으로 넘어온 상태이므로 과도한 기영을 빼내어 빈 삭허에 더함으로써 천도의 혁(革)을 행하는 때이다. 후천을 맞이하려면 먼저 천도의 중정(中正)을 맞추어야 한다는 뜻이다.
　19년을 주기로 7개월의 윤을 가산하는 장법(章法)은 8년을 주기로 3개월의 윤(閏)을 가산하는 삼윤법보다 훨씬 정밀하다. 원형이정 4년을 4장(章) 28윤(閏)의 법도로 넓히면 940삭망월의 역수주기가 나온다. 달력에 쓰이는 940분법의 기본 토대가 되며 이로부터 천체의 성좌를 28수로 정하는 기준이 세워졌다.
　북극성을 중심으로 28수 별자리가 공동(共同) 일체가 되어 군신이 합일하듯이 돌아가는 것이 배달조선의 윷놀이에 쓰이는 윷판이다. '共(같이 공, 함께 공), 畜(쌓을 축)' 등이 관련글자이다.

건책 4년이 거느리는 84章(1,596년)의 1,600년은 32년(384평월)이 50회 거듭한 달력주기로 태극이 펼치는 오십대연(五十大衍)의 핵심폿대이다. 정밀히 역수를 계산하면 1,600년의 주천도수가 19,200평월에 589윤(閏)을 합친 19,789 삭망월이고 1,600년의 주천상수가 83章(1,577년)이다.

나머지 건책 4년의 간배(艮背) 49월과 1章 235월을 합친 284삭망월이 기영도수, 305삭망월이 삭허도수로 극진히 대비된다. 천도운행의 중정을 회복함에 있어서 기영 284윤[或躍]을 삭허 305윤[在淵]으로 품는 기본 법도가 꼭 필요하므로 뒤이은 건문언전(乾文言傳) 해설에 혹약재연(或躍在淵)을 건도내혁(乾道乃革)이라고 하였다. 이는 곤괘(坤卦) 육삼효사의 함장가정(含章可貞)과 혹종왕사(或從王事), 무성유종(无成有終)을 푸는 열쇠도 된다.

③건지중부(乾之中孚)

달력은 8년의 주천상수 48周(2,880易)를 기준으로 기영 42일이 혹약(或躍)으로 진(進)하고, 삭허 45일이 재연(在淵)으로 퇴(退)를 한다. 기삭 87일이 쌓이므로 이를 29일×3=삼윤(三閏)으로 간주한다. 96평월에 가산되는 삭망윤일 3일은 삭허 태중(胎中)에서 태어난 순수 결정체(結晶體)이다.

삼윤(三閏)을 포함하여 총 99삭망월로 돌아가는 8년 주기의 삼윤법(三閏法)은 일월역수의 기삭 날짜가 정수로 산정 대비된다는 사실이 매우 특별하다. 괘효(卦爻)를 뽑는 『周易(주역)』의 오십대연(五十大衍) 근본 토대가 이 삼윤법(三閏法)이다. 개물기 전체로 대연(大衍)하면 주천상수 1,440甲(2,880世)을 기틀로 기영 42世와 삭허 45世가 생성된다.

기영42일과 삭허45일을 합친 87일의 기삭은 29일의 3배수이다. 이로부터 3개월의 윤을 두는 8년 주기의 삼윤법(三閏法)이 세워졌다. 태양력 128년의 역수를 기본주기로 태양윤일은 1일 줄어든다. 순태음력 또한 128년의 역수를 기본주기로 태음윤일(삭망윤일)이 1일 줄어들지만 대신에 삭허 날짜로 1일 늘어나는 까닭에 8년 주기의 87일을 두는 기삭법도는 변동 없이 그대로 진행된다.

삼윤법(三閏法)의 달력법도로는 48일의 삭허 중에서 3일의 삭망윤일(태음윤일)이 생성되므로 이를 뺀 45일만이 실제 삭허의 날짜이다. 기영은 종일건건(終日乾乾)의 건건(乾乾)에, 삭허는 혹약재연(或躍在淵)의 淵(못 연)에 각기 상응한다. 1년의 주천상수가 45일씩의 총 8절(節)로 구성되므로 8년의 주천상수 2,880일은 64절, 삭허 45일은 1절이 된다. 주천상수의 $\frac{1}{64}$인 삭허는 지극히 고요한 공(空)의 본체로서 밖으로 64괘(384효)를 펼치는 무위(无爲)의 조화를 행한다.

순태음 32평월(945일=1×3×5×7×9)은 항구한 몸체를 이루는 역수단위이다. 1일의 삭망윤일은 대월 30일과 소월 29일로 朋(벗 붕)을 이루며 나아가는 32평월(16朋 944일)에 가산되는 중심씨앗과 같다. 순태음 8년의 96평월(2,835일) 속에 포함된 3일의 삭망윤일은 평상적인 달력의 중심(中心)이자 결정(結晶)이다.

윤은 빈 자궁(子宮)으로 비유되는 진공(眞空)의 삭허가 기영을 포태(胞胎)하는 산물(産物)이다. 삭허의 빈 그릇에 기영을 담을 수 있는 것은 14(42) : 15(45)로 기영보다 삭허가 조금 더 많기 때문이다.

구삼(九三)과 구사(九四)는 중간의 인위(人位)에 속하는 효로서 서로 연계된다. 오십대연(五十大衍)의 법도로는 개물기 전체에서 발생하는 기영도수를 이끌어내어 삭허도수 속에 집어넣는 것이 혹약재연(或躍在淵)이라 할 수 있다.

천지자연은 불역의 항구함을 본체로 하여 오로지 중정(中正)할 뿐이다. 그러므로 선천에서 후천으로 나아가는 대천(大川)을 맞이하는 때에는 주천상수의 중정법도를 회복할 수 있도록 일월역수를 다스려서(革) 본래의 하늘로 되돌아가 귀일(歸一)해야 하는 것이다.

이는 구삼[夕惕]과 구사[或躍]가 변한 중부(中孚)의 도로도 설명된다. 중부는 연못 위에는 늘 바람이 불어 내리듯이 진실함으로 화응(和應)하는 괘이다. 부모가 자식을 지극한 사랑으로 품어주는 형상이므로 문왕은 괘사(卦辭)에 일오중천(日午中天)의 "이섭대천(利涉大川)"을 말씀하였다. 중부 괘사(卦辭)의 "돈어길(豚魚吉) 이섭대천(利涉大川)"은 태극선(太極船)에 미물인 돼지와 물고기에 이르기까지 모든 만물(중생)을 실어서 다 함께 중천바다를 건너간다는 내용이다.

중부는 천도의 중절(中節)을 맞추기 위하여 중심의 삭허 속에 기영을 품어주는 방편이다. 건괘(乾卦)의 구삼(九三) 구사(九四)가 변한 중부는 수택절(水澤節, 60) 다음에 온다. 덜고 더하는 손익(損益)은 빼고 더하는 감리(坎離)와 통하므로 중천감리(中天坎離)의 손익도수(損益度數)로 표명된다.

④일오중천(日午中天)의 경금사용(庚金使用) → 중용(中庸)

소주역(小周易)으로 일컫는『中庸(중용)』은 '오회중천(中)에 庚金을 사용한다(庸)'는 심오한 뜻을 함축한다.『中庸(중용)』의 수장(首章)에 "천지위언(天地位焉)과 만물육언(萬物育焉)이 치중화(致中和)"에 의함을 밝혔다. 중용경문에 이른 미발지중(未發之中)의 中은 미래(未會)로 나아가기 전인 오회(午會)의 중천교역(中天交易)시기를 이른다. 그 시기를 놓치지 않고 정확히 과녁의 핵심을 겨냥하여 일월역수의 중정(中正)을 맞추는 것이 '발이개중절(發而皆中節)의 和'이다. 대본달도(大本達道)인 中和,『周易(주역)』의 中正과 中孚 등이 모두 하나로 통하는 덕목임을 알 수 있다.

천심(天心)은 불개이(不改移)다. 천도운행은 선천에서 후천으로 바뀔지라도 언제나 본체는 불변이다. 지구의 공전주기나 달의 삭망주기 등 하늘의 운행도수는 억지로 고쳐 바꿀 수 있는 인위적인 대상이 아니므로 지구의 중심축이 바로 서서 360일 정원괘도로 돌아간다는 등의 천도변혁은 결코 일어날 수 없다. 천체현상에서 일어나는 지구의 세차(歲差) 운동이 이를 과학적으로 분명히 입증한다.『周易(주역)』경전에서의 천도변혁은 개물기 전체에서 발생하는 과도한 기영을 중천시기에 때 맞추어 다스림으로써 주천상수 360의 중정법 도를 회복하고 선후조화를 이루는 것이다. 이를 '중어선후(中於先后) 정기종시(正其終始)'라고 한다. 야산(也山) 선생의 부문(敷文)에 이 문장이 나온다.

九五는 飛龍在天이니 利見大人이니라.
구오　　비 룡 재 천　　　이 견 대 인

① 5황극의 도

　달력의 극진한 조화는 100년이 4회 거듭 쌓인 400년을 다시 4회 거듭한 1,600년 주기에서 나타난다. 건책 4년에 손입 28년을 합친 순태음 32년(384월)이 밖으로 1,568(=32×49)년을 거느리고 이로부터 588윤(순태음 49년)이 나와야 계산상 맞지만, 실제로는 미세한 우수리의 쌓임으로 인해 1월의 윤이 더 늘어난 589윤이 된다. '윤월의 극(極)'이라는 뜻에서 유극이라고 표명해보았다.

　『書經(서경)』 홍범(洪範)편에 은(殷)나라 기자(箕子)가 무사무위(无思无爲)의 중정한 5황극의 도를 설명하는 내용 중에 '황건유극(皇建有極)'을 말씀한 바에 따른 것이다. 건(乾) 구오(九五)가 변한 대유(大有)의 명칭도 이와 관계된다.

　중심의 황극 1책은 기삭의 일월교합이 없으므로 달력상의 무극에 합한다. 무극한 384월의 고요한 중심 황극 속에서 또 1월의 윤이 세워지므로 진공묘유(眞空妙有)라 할 수 있다.

　건책은 모두 216책이다. 400년이 216회 거듭한 역수가 곧 개물기의 86,400년이다. 건책 1년이 21장(399년)을 거느리고 건책 4년은 84장(1,596년)을 거느린다. 건책 1년엔 손입 7년이, 건책 4년엔 손입 28년이 각기 합하여 황극의 중심본체를 형성한다.

② 1,600년 주기의 건책 4년 → 구오대인[有極]

계사전(繫辭傳) 제9장에서 공자는 8년 주기를 4회 거듭한 32년(384월)의 주천상수 11,520일을 만물의 책수로 삼아 오십대연(五十大衍)을 설명한다. 32년의 50배수가 건책 4년(田)이 84장(1,596년)을 거느리는 1,600년인데 그 가운데 1윤의 유극이 또 추가적으로 옹립된다.

400년 주기로 건책 1년을 세움이 구이(九二)의 '현룡재전(見龍在田) 이견대인(利見大人)'에 해당한다면 1,600년 주기로 유극 1윤을 생성하는 건책 4년은 구오의 '비룡재천(飛龍在天) 이견대인(利見大人)'에 해당한다. 구오(九五)가 변한 괘도 이를 상징하는 화천대유(火天大有, 14)이다.

황극불어수의 순태음 32년(384월) 속에서 일어나는 이러한 진공묘유(眞空妙有)의 조화를 『書經(서경)』 홍범(洪範)편에서는 "황건유극(皇建有極) 회귀유극(會歸有極)"이라고 표명하였다. 주천상수 1,600년은 83장(1,577년)의 주천도수로, 건책 4년과 1장(19년)은 기영의 과도수로 각기 산정된다. 이는 구이(九二)가 변한 천화동인(天火同人, 13)괘 괘사(卦辭)에서 일컬은 '이섭대천(利涉大川)'의 천도변화를 푸는 단서이기도 하다.

건책 216년이 86,400년의 개물기 전체를 통어함을 바탕으로 『周易(주역)』 경전의 64괘 384효도 구성된다. 만물이 생명의 문을 열고 세상에 나오는 것은 천지건곤(易)의 음양조화(神)이다. 易의 문(門), 易의 쌓임(縕)을 공자는 건곤(乾坤)으로 정의하였다[52]. 개물(開物) 21甲의 교역수수(交易授受)를 기본 토대로 한 건곤(乾坤)이란 문자가 이를 여실히 입증한다.

구오(九五)가 변하면 태양이 중천에 올라 온 누리를 비추는 화천대유(火天大有, 14)이다. 『書經(서경)』 홍범(洪範)편에 기자(箕子)가 무왕에게 5황극을

---

[52] 『周易(주역)』 계사하전(繫辭下傳) 제6장: 子曰 乾坤 其易之門邪 乾 陽物 坤 陰物也 陰陽 合德 而剛柔有體.

설명하며 '황건유극(皇建有極) 회귀유극(會歸有極)'을 말한 내용도 대유(大有)의 괘명(卦名)과 괘상(卦象)에 상합한다.

혁괘(革卦) 대상에서 이른 '치력명시(治歷明時)'는 개물기 전체의 건책 216년(54 유극 포함)과 54章(378윤)의 1,026년에 기인하는데 순태음 역수로는 1,242년에 432윤(순태음 36년)을 합친 1,278년이다.

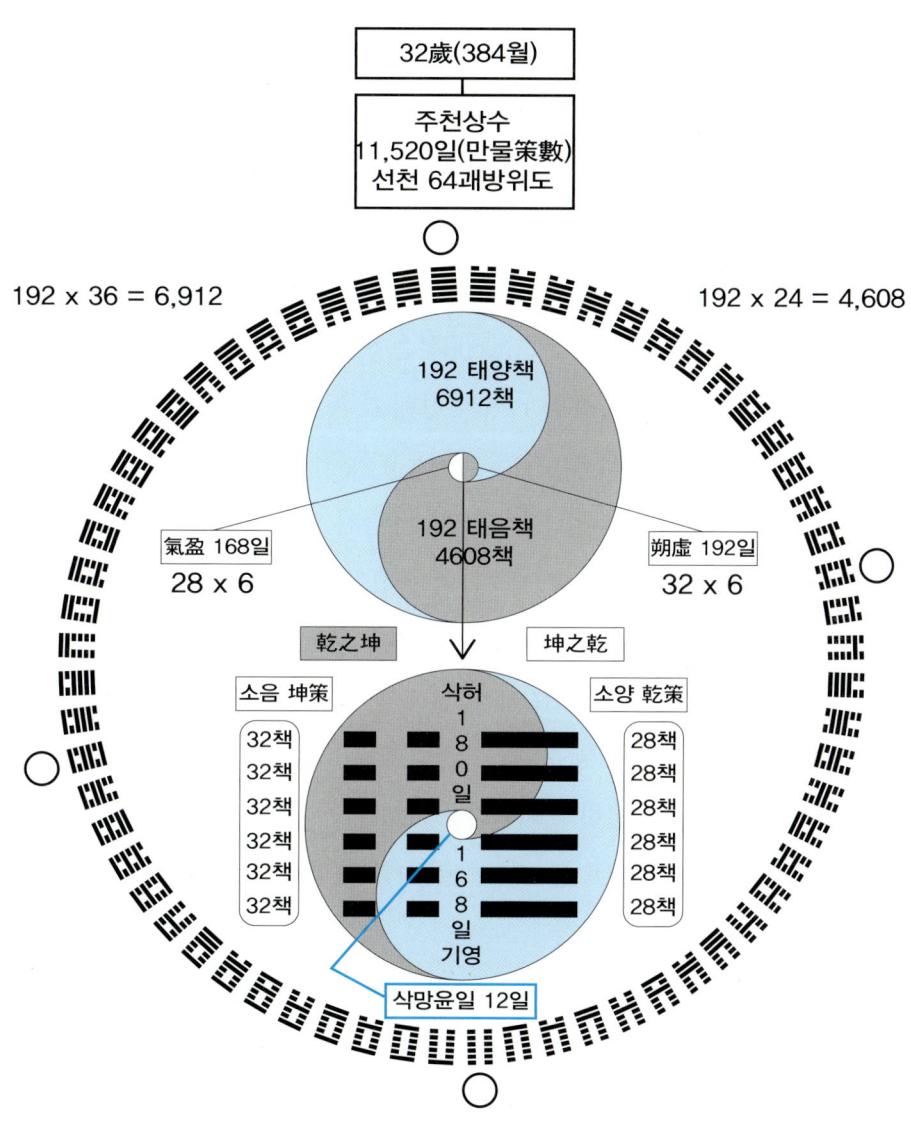

32년의 기삭생성과 만물책수 11,520

③간배법(艮背法)과 경갑변도

필자가 연구한 바에 의하면 상고시대 하(夏)나라의 역법인 연산은 장법의 한계를 해결하는 방편으로 윤달의 근원(根源)을 세우는 법도를 세웠다. 중산간(重山艮. 52) 괘사(卦辭)에 나오는 '간기배(艮其背)'를 근거로 하여 '간배법(艮背法)'이라 표명한다.

예를 들어 12장 228년에서 생성되는 84윤은 순태음 7년이다. 그 배후(背後)에 간배(艮背) 7개월이 들어있다. 간배(艮背) 1개월에 12개월의 윤월이 동인(同人)하여 합동하는 상이다. 간배(艮背) 49개월은 건책 4년(48월)을 주기로 1개월의 윤이 발생하는 것에서 말미암는다.

주천도수 1,600년은 84장의 1,596년에다 4년의 간배(艮背)를 합친 역수이다. 정밀히 계산하면 주천상수 1,600년은 83장인 1,577년으로 산정된다. 1,600년의 역수 주기에서 1장의 19년과 간배(艮背) 4년이 과도한 기영도수에 해당하는 셈이다.

장법에서의 1,596년과 간배(艮背)의 4년을 합친 역수는 32년이 50회 거듭한 1,600년이다. 공자는 건곤(乾坤)을 1년의 주천상수 360책(策)으로, 만물을 32년(384월)의 주천상수 11,520책(策)으로 정의하였다. 간배법(艮背法)은 1,600년의 삭망월수가 19,789(=19,200+589)인데서 비롯된 상고시대의 역법이다. 『書經(서경)』홍범과 『周易(주역)』경전의 밑뿌리인 오십대연(五十大衍)의 근본실체가 여기에서 확연히 드러난다.

86,400년의 개물기 전체로 볼 때는 건(乾)의 기영 21甲(1,260년)이 총 54장(1,026년)에 건책 216년을 더한 1,242년으로 산정된다. 54장 속에 내포된 378윤, 건책 속에 내포된 유극 54월에서 순태음 36년(432윤)이 자연 나온다. 순태음 역수로는 1,278년이 기영의 과도수이다.

1,260년(21甲)을 기준으로 양력은 이보다 18년 부족한 1,242년, 음력(달력)은 이보다 18년 과도한 1,278년인데서 역수틈새가 또 36년 벌어진다. 여기에

서 이른바 '36허도수(虛度數)'에 의한 '경갑변도'가 세워진다. 산풍고(山風蠱, 18) 괘사(卦辭)와 중풍손(重風巽, 57) 구오효사에 선후천의 도수가 변함을 말씀한 것이 이를 바탕으로 한다[53].

上九는 亢龍이니 有悔리라.
   상구   항룡   유회

①만초손(滿招損) 겸수익(謙受益)

일월운행의 과차(過差)는 기영으로 상징되는 상경 28번째 괘인 대과(大過)와 삭허로 상징되는 하경 32번째 괘인 소과(小過.)로 대비된다. 상구(上九)는 지나치게 높게 처한 상태인데다 중(中)과 정(正)을 모두 잃었으므로 과도(過度)하고 강포(强暴)한 항룡(亢龍)에 해당한다.

교만하면 손해를 부르고 겸손하면 유익함을 얻는다(滿招損 謙受益). 지나친 처신은 반드시 뉘우침을 낳을 뿐이다. 잘못된 지나친 상황을 돌이키기에는 엎질러진 물처럼 때를 놓쳐버린 상태이므로 상구(上九)는 결단(決斷)이 나서 후회막급(後悔莫及)이다.

한 해의 천도운행은 주천상수 1년의 6周 360易이 '과불급이 없는 중정(中正)한 역수'이다. 4년으로는 21일, 8년으로는 42일, 개물기인 8회로는 21甲(42世)이 기영의 과도수이다. 오회중천을 넘어가기 직전 선후의 중간시기에 때 맞추어 과도함을 결단(決斷)하고 척결(剔抉)하여야만 '천도의 중정(中正)'을 회복하여 후천의 문을 열 수 있게 된다. 『周易(주역)』경전에서 가르치는 하늘의 명(命)이다.

---

53. 『周易(주역)』 蠱(고)괘: 蠱 元亨 利涉大川 先甲三日 後甲三日 巽(손)괘: 九五 貞 吉 悔亡 无不利 无初有終 先庚三日 後庚三日 吉.

②건지쾌(乾之夬)

　구삼(九三)이 변한 천택리(天澤履, 10)와 상구가 변한 택천쾌(澤天夬, 43)가 서로 대비된다.

　땀 흘린 노고에 의한 수확의 기쁨은 손익(損益)의 과정과 결과로 나타난다. 유익(有益)한 결실을 상징하는 풍뢰익(風雷益, 42)은 8년의 기영 42일에 상응하는 괘이다. 益은 가득 차서 넘친다는 溢(넘칠 일)과 통한다. 익괘 다음의 괘도 과도함을 끊어내는 택천쾌(澤天夬, 43)인데 연못의 봇물이 터져 흘러넘침을 상징한다.

　양이 극성하면 마침내 음이 미미하게 시생하고 음이 극성하면 다시 양이 미미하게 시생한다. 극과 극이 통함을 '궁극에 달하면 다시 본래로 돌아오다'는 '극즉반(極則反)'이라고 한다.

　상구(上九)가 변한 쾌괘(夬卦)는 초구(初九)가 변한 구괘(姤卦)와 서로 통한다. 반대편에서 보면 같은 모습인 도전괘이므로 상구항룡의 유회(有悔)가 초구잠룡의 물용(勿用)과 하나로 이어짐을 알 수 있다. 상구(上九)는 일월역수가 과도(過度)하여 생명이 끊어지는 뉘우침이 따르고 초구(初九)는 일월역수가 잠장(潛藏)하여 세상에 쓰이지 못한다. 전혀 다른 상황의 설명이지만 기영 21일을 베푸는 건(乾)에 관련해서는 하나로 통한다.

　초구(初九)의 '잠룡물용(潛龍勿用)'과 상구(上九)의 '항룡유회(亢龍有悔)' 또한 동일한 대구(對句) 문장 형식을 취하였다.

用九는 見群龍호대 无首하면 吉하리라.
　용구　　견군룡　　　무수　　　길

①건지곤(乾之坤)

하늘의 양은 실(實)하고 땅의 음은 허(虛)하다. 무수(旡首)는 과도한 하늘의 기영 21甲(42世)을 내세우지 않고 삭허로 표상되는 땅의 음속에다 묻어둔다는 뜻이다.

머리를 들지 않는 겸허한 用九의 법도를 통하여 건괘(乾卦)에서 곤괘(坤卦)로 변하듯이 선천 건에서 후천 곤으로 바뀌므로 길하다고 하였다. 묘종(苗種, 모종)을 하여 선천에서 후천으로 이종(移種)함과 같다. 건지곤(乾之坤)은 삭허를 낳는 천도의 현묘한 조화이기도 하다.

② 천공(天空)

천도의 중정(中正)을 표상하는 360을 맞추고자 주천도수에서 비워낸 과도한 기영도수를 '천공(天空)'이라고 한다. 후천의 주역책력으로 창제한 경원력(庚元歷)에 천공(天空)이란 명칭이 나온다.

○ 건괘(乾卦) 결어(結語)

형이상의 도(道)를 주재하는 하늘은 밝은 생명의 기운(氣運)으로 만물을 잉태시키고 형이하의 기(器)를 형성하는 땅은 만물을 실어 생육한다. 태극의 큰 문(門)이 건곤(乾坤)이므로 그 글자 속에 21의 교역수수(交易授受)를 행하는 천지자연의 이치를 담아놓았다.

주천상수(周天常數) 360일을 기준으로 매년 $5\frac{1}{4}$ 일씩 주천도수(周天度數)가 넘치고 원형이정 4년을 주기로 21일의 기영이 더해진다. 8년 주기로는 종일건건(終日乾乾)의 건건(乾乾)이 기영 42일(태양윤일 2일 포함)이다. 소성팔괘의 기본주기에 상응하는 8년(주천상수 2,880일) 마다 6위×소양수7의 기영 42일(+), 6위×소음수8의 삭허 48일(-)이 각기 생성된다.

건(乾)의 6양은 기영 42일, 곤(坤)의 6음은 삭허 48일을 내포한다. 삭허 48일

주천상수 (周天常數)	평달 (순태음)	삭허(朔虛) −	기영(氣盈) +	기삭(氣朔) 총일수	삭망 윤일	참조
주천상수 (周天常數)	2월	1易	1易	2易	無	5歲 (再閏法)
주천상수 (周天常數)	12월 (1歲)	6易	6易	12易		
주천상수 (周天常數)	60월 (5歲)	30易	30易	60易(2윤)		
60干支의 節用 − 筮法의 기초원리						
8周 (480易)	16월	8易 ⇨ 實7.5	7易	소음수8(삭허) 소양수7(기영)		32 삭망월 (945易)
16周 (960易)	32월	16易 ⇨ 實15	14易	29易 (1윤)	1易	
24周 (1,440易)	48월 (4歲)	24易 ⇨ 實22.5	21易			96 삭망월 (2,835易) 8歲 (三閏法)
32周 (1,920易)	64월	32易 ⇨ 實30	28易	소음策32/소양策28 58易(2윤)	2易	
48周 (2,880易)	96월 (8歲)	48易 ⇨ 實45	42易	87易 29易 × 3윤	3易	
50大衍(其用49)의 기본 바탕						
64周 (3,840易)	128월 (63周)	64易 ⇨ 實60 (삭허1주)	56易	116易	4易	주천상수 $\frac{1}{64}$ 삭허도수
192周 (11,520易)	384월 (32歲)	192易 ⇨ 實180	168易	소음坤策192〈소과〉 소양乾策168〈대과〉		32歲 만물책수 易계사전
				348易 29易 × 12윤	12易	
64괘 384효 ⇨ 192효 음양배합(32괘 음양배합)						
768周 (69,120易)	1536월 (128歲)	768易 實(720+1) 삭허일수 하루증가	672易 實(672−1) 기영일수 하루공제	1,392易 實(721+671) 29易 × 48윤 총기삭 一定	48易 ⇨ 實 47易	128歲 ⇨ 태양윤일 하루공제
86,400歲 = 128歲×675 = 384歲×225〈45×5〉 = 400歲×216〈36×6〉						
2,400周 (144,000易)	4,800월 (400歲)	2,400易 ⇨ 實 (2,250+3)	2,100易 ⇨ 實(2,100−3) 현용양력동	4,350易 實(2,253+2,097) 87易(3閏) × 50 實(3閏 × 49)	150易 ⇨ 實 147易	19세 7윤 〈21장〉 399歲 147閏

달력주기 周易 조견표 − 400년 주기(乾策1歲의 21章 통어)

54. 64괘가 32괘로 배합되므로 건곤배합(원형이정)을 4년으로 간주하면 『周易(주역)』 전체가 128년 역수주기에 해당한다. 128년은 태양윤일과 태음윤일(삭망윤일)이 하루씩 변동이 생기는 중요한 역수주기로 128년이 675회 거듭하면 개물기 86,400년(=128×675)이 된다.

가운데 3일의 삭망윤일이 생성되므로 실제의 삭허 날짜는 45일이다[54]. 일월의 진퇴동정이 양력으로는 기영의 소양(+)으로, 음력으로는 삭허의 소음(-)으로 상호 대비된다는 사실은 천도변화를 담은 『周易(주역)』경전 전체를 파악함에 있어서 매우 중요하다.

초구(初九)의 '잠룡물용'과 상구(上九)의 '항룡유회'가 변한 지괘가 택풍대과(澤風大過, 28)이고 구삼(九三)의 '종일건건'과 구사(九四)의 '혹약재연'이 변한 지괘가 풍택중부(風澤中孚, 61)이며 구이(九二)의 '현룡재전'과 구오(九五)의 '비룡재천'이 변한 지괘가 중화리(重火離, 30)이다. 모두 일오중천(日午中天)의 선후천과도기와 연관된 괘들이다.

개물기 내에서의 전체 기영도수로 인해 만물은 생성되지만, 천도의 중정에서 벗어난 대과한 역수이므로 중정한 천도를 회복하고 후천으로 건너가려면 반드시 한 번은 전체 기영대과를 비워내야만 하는 때가 온다. 과녁의 중심을 맞추는 革(과녁 혁)은 때를 맞추는 시중(時中)을 의미한다. 혁괘(革卦) 대상에도 공자가 "치력명시(治歷明時)"를 말씀하였다. 달력도수를 다스려 바뀌는 때를 밝힌다는 뜻으로, 과도한 일월역수를 덜어내어 중천도수로 더해주는 달력상의 손익영허(損益盈虛)를 말한다.

건괘(乾卦) 문언전 구오(九五)를 해설한 동성문(同聲文)과 합덕문(合德文)에 나타나듯이, 천도 전체를 통어(統御)하는 구오(九五)의 비룡대인은 선천(음양)에서 후천(오행)으로 바뀌는 대동변혁의 중심역할을 한다.

개물기 전체의 기영 21甲(42世)을 베푸는 천도에 관련하여서는, 건괘(乾卦) 6효의 설명이 다음같이 요약된다고 생각한다.

건지구(乾之姤)의 초구(初九) "潛龍勿用"에는 오회중천에 이르면 불역불성(不易不成)인 과도한 기영을 모두 묶어 물용(勿用)의 방편으로 대처해야 함을, 건지쾌(乾之夬)의 상구효사 "亢龍有悔"에는 항극한 과도함을 척결(剔抉)하고 결단(決斷)해야함을 각기 지적하였다. 개물기 전체에서 발생하는 역수의 중정(中正)을 맞추어야 한다는 면에서는 내용이 서로 통한다.

내외의 중심효인 건지동인(乾之同人)의 구이효사 "見龍在田 利見大人", 건지대유(乾之大有)의 구오효사 "飛龍在天 利見大人"에는 불이 하늘로 향하는 화취조(火就燥)의 선후법도를 따라 기영도수(☰)가 주천상수(☰)를 도와 합응함을 말하였다. 선후천의 천도 전체를 통어(統御)하여 대동지선의 세상을 주도하는 중심인 까닭이다. 건책에 상응하는 216년은 강직한 시(矢)를 펼치는 대인(大人) 역할을 한다.

중간 인위(人位)에 처하며, 선천을 마치고 후천으로 넘어가는 중천의 과도시기가 구삼(九三)과 구사(九四)이다. 건지리(乾之履)의 구삼효사 "終日乾乾 夕惕若 厲 旡咎"와 건지소축(乾之小畜)의 구사효사 "或躍在淵 旡咎"에는 일월운행의 행지(行止) 조절 즉 천도의 종즉유시(終則有始)에 의한 통어(統御)가 필연적으로 따름을 지적하였다. 역수의 대본달도(大本達道) 즉 중화(中和)를 이루어 천지를 안정케하고 만물을 기르는 중부(中孚) 중용(中庸)의 법도를 가르친 말씀이다.

건괘(乾卦) 단전(彖傳)에서도 "크게 마침과 시작을 밝히면 6효의 자리가 때 맞추어 이루어지니(大明終始 六位時成), 때로 6룡을 타서 하늘을 운전한다(時乘六龍 以御天)."고 하였다. 통어(統御)의 御(수레몰 어)는 일오중천(午)의

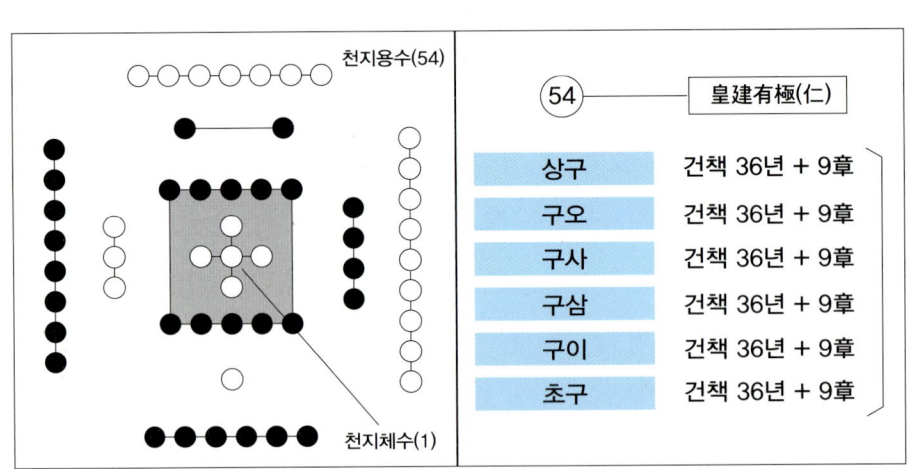

고갯마루에 짐을 부리고 힘을 조절하여 고개를 넘는 뜻이다. 일월의 行止(履와 小畜)를 통하여 선천을 마치고 후천으로 넘어가는 비사(秘辭) 문자이다.

32년이 50회 쌓인 1,600년 즉 50乘을 이끄는 만유(萬有)의 중심주체를 『書經(서경)』 홍범(洪範)편에서는 '황건유극(皇建有極)'으로 설명한다. 중심 황극의 지공무사(至公无私) 속에서 세워지는 유극 1윤을 『周易(주역)』경전에서는 '제출호진(帝出乎震)'이라 일컫는다.

천지만물의 표준법도인 유극은 진인(眞人) 성인(聖人)을 뜻하는 仁(어질 인)과 같다. '비룡재천(飛龍在天) 월인천강(月印千江)', '극기복례(克己復禮) 천하귀인(天下歸仁)'도 상통한다. 『周易(주역)』의 괘사(卦辭)와 효사(爻辭)도 개물기 86,400년(2,700乘의 54仁)의 건곤조화를 기본 토대로 한다.

1,600년(50乘)을 통섭하는 건책 4년과 유극 1윤에서 이른바 일월역수의 뿌리[根]인 49월의 간배(艮背)가 나온다. 84章(1,596년)에서 생성되는 순태음 49 윤년(588월)의 밑뿌리인 간배(艮背) 49월은 다시 칠분(七分. 切)을 한다. 간배(艮背) 7월이 각기 12章(228년)의 뿌리[根] 역할을 하는 것이다.[55]

후천팔괘로는 동방의 '제출호진(帝出乎震)'이 유극[仁]의 출현에, 동북의 '성언호간(成言乎艮)'이 간배(艮背)의 법도에 각기 연계된다고 하겠다.

한편 도전(倒轉) 관계인 수뢰둔(水雷屯, 3)과 산수몽(山水蒙, 4)은 반대편에서 바라보면 모습이 동일하다. 상경(上經)의 30괘에서 6괘가 부도전이고 12괘(24÷2)가 도전이 되어 18괘(108효), 하경(下經) 34괘에서도 2괘가 부도전이고 16괘(32÷2)가 도전이 되어 18괘(108효)이다. 『周易(주역)』의 64괘(384효)가 36괘(216효)로 압축 표상됨을 의미한다.

태극이 펼치는 대자연의 조화도 상경(上經) 18괘인 선천 양목(木)과 하경(下經) 18괘인 후천 음목(木)으로 축약된다. 개물기 전체(終日)를 거느리는 216 건책의 선천 108책과 후천 108책이다. 소자(邵子)가 지은 시문의 "천근과 월굴이 한가로이 왕래하니 36궁이 모두 봄이구나(天根月窟閒來往 三十六宮都是春)!"도 이를 두고 한 말씀이라 생각된다.

건책 216년은 개물기 86,400년을 통어(統御)하는 조화옹이기도 하다. 86,400년은 유극이 생성되는 1,600년이 9×6=54회 거듭한 역수이다. 노양 36책의 九 양효가 6회 거듭한 216책에 의해서 건(乾) 6효가 전개되므로 초구(初九)에서 상구(上九)에 이르는 과정이 9×6=54이다.

54는 태극 음양을 대표하는 태양수(노양수) 9와 태음수(노음수) 6을 상승(上乘)한 수로서 하도의 '천지지수(天地之數)'인 55(1~10)에서 정중앙(5)의 1을 뺀 천지의 용수(用數)이다.

용마(龍馬)가 지고 나온 하도의 중앙 5와 10은 황극(천극)과 무극(지극)을 대표하며 상호 배합하여 태극의 도인 오십대연(五十大衍)의 신비조화를 행한다. 천지의 수(55)에서 중앙 5황극의 중심 1점은 천지용수를 베푸는 천지체수이고 이를 뺀 나머지 54는 용구(用九) 용육(用六)의 구육(九六) 54이다. 건(乾)의 초구(初九)로부터 상구(上九)에 이르는 54가 하도의 천지용수 54를 상징하므로 54개월의 유극(仁)이 개물(開物) 86,400歲의 천도운행 전체를 통섭(統攝)함을 알 수 있다. 건책 216년과 더불어 54章은 건도(乾道)가 펼치는 개물기의 총 기영도수이고 지도(坤道)가 순히 이어 이를 실어줌이 『周易(주역)』경전에서 밝힌 건곤(乾坤)의 교역수수(交易授受)이다.

건(乾)으로 하늘의 명칭을 세우고 원형이정(元亨利貞)으로 하늘을 정의한 문왕의 뜻은 효사(爻辭)를 지은 주공에게로 그대로 계승된다. 건괘(乾卦)의 효사(爻辭)를 보면 초구(初九)에서 상구(上九)에 이르기까지 전체 문장이 마침 구육(九六) 54자이다. 86,400년 동안 54회의 유극이 생성되는 주기변화에 근거하여 문장을 구성한 것이라 여겨지는 대목이다.

---

55. 1章을 제외한 83章(1,577년)이 주천상수 1,600년이고 간배(艮背) 49월과 1章이 기영 과도수로 산정된다. 개물기 전체로 확장하면 일오중천 직전의 대천(大川)을 건너는 대과 시기에 치력명시(治歷明時)의 천도혁명을 행하는 역수토대가 산출된다. 『周易(주역)』경전의 괘사(卦辭)와 효사(爻辭) 여러 곳에 이를 설명하였다.

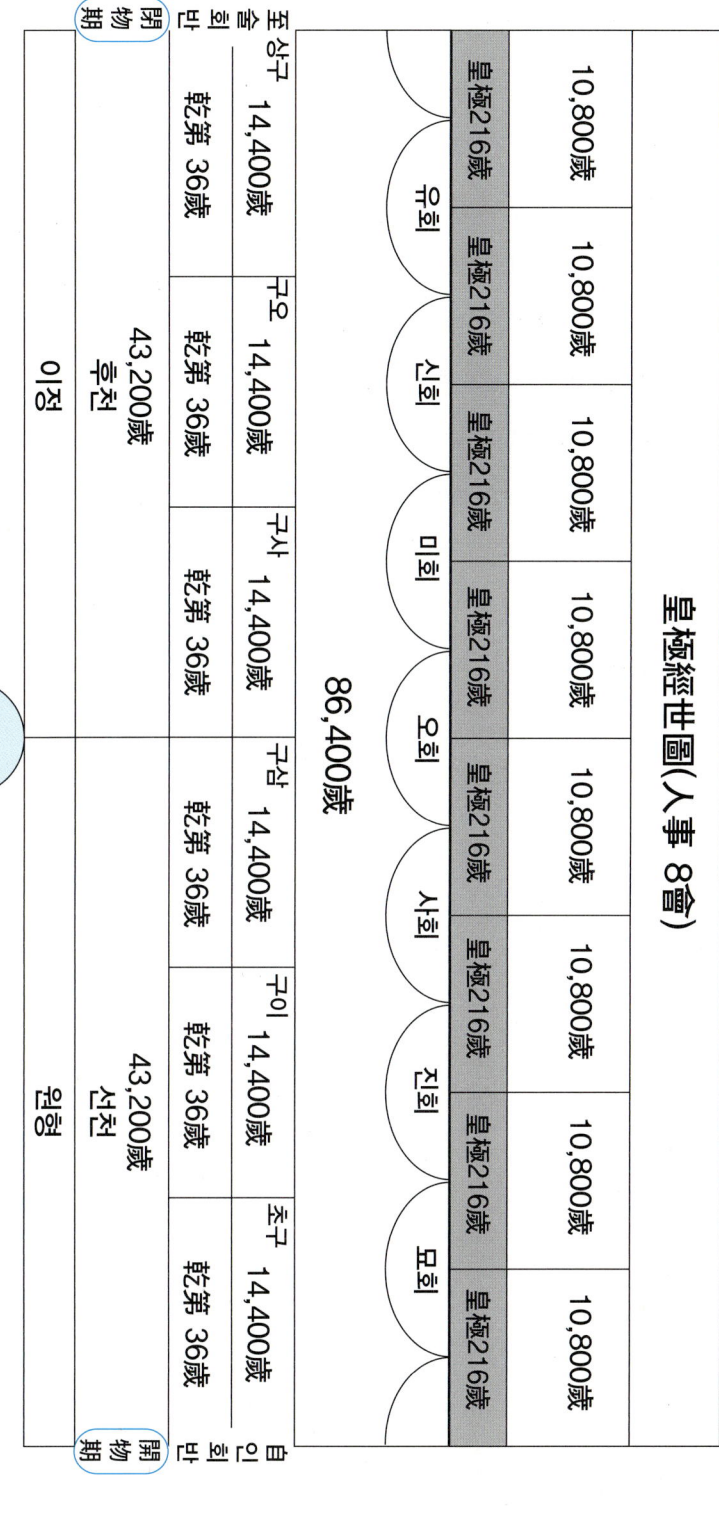

乾策(216歲)이 통어(統御)하는 開物 86,400歲와 九三의 종일건건(終日乾乾) - 필자

고대역법과 周易(주역) 171

初九는 潛龍이니 勿用이니라. (6자)

九二는 見龍在田이니 利見大人이니라. (10자)

九三은 君子ㅣ 終日乾乾하야 夕惕若하면 厲하나 无咎ㅣ리라. (14자)

九四는 或躍在淵하면 无咎ㅣ리라. (8자)

九五는 飛龍在天이니 利見大人이니라. (10자)

上九는 亢龍이니 有悔리라. (6자)

→ 건괘(乾卦) 효사(爻辭) 총 54자(9×6)

→ 건책 4년이 통어(統御)하는 1,600년(유극 생성주기)×54 = 86,400 歲

→ 건책 216년이 통어(統御)하는 86,400년의 개물기 *기영 **21甲**

→ 대중지정(大中至正)한 황극의 오십대연(五十大衍)

☷☷ 重地坤(2)

坤은 元코 亨코 利코 牝馬之貞이니 君子의 有攸往이니라.
　곤　원　형　이　빈마지정　　　군자　　유유왕
先하면 迷하고 後하면 得하리니 主利하니라.
선　　　미　　　후　　　득　　　　주리
西南은 得朋이오 東北은 喪朋이니 安貞하야 吉하니라.
서남　　득붕　　　동북　　상붕　　　안정　　　길

　　건원형이정 5자는 사시(四時) 및 오행의 천도운행을 표상한다. 여기 곤괘(坤卦)의 괘사(卦辭)는 한 달의 상수(常數) 30일에 상응하는 30자이다. 달력의 운행법도가 곤괘(坤卦)에 직결되어 있음을 엿볼 수 있는 대목이다. 상경(上經) 전체 30괘도 태음태양력인 달력 법도와 통한다.

　　건(乾)은 기영 21日(甲)을 땅에 베풀어주고 곤(坤)은 그 21日(甲)을 하늘로부터 받아들여 만물을 수태하여 출산한다. 건곤(乾坤)의 교역수수(交易授受)에 의한 원형이정의 결실조화가 4년 주기로는 기영 21일, 8년 주기로는 기영 42일이다.

　　선천 4회(인회반~오회반)의 43,200년에는 기영 21世, 후천 4회(오회반~술회반)의 43,200년에는 기영 21世이다. 선후천 8회(會)의 86,400년 전체로는 기영 42世(21甲)에 해당하는 물(物)이 열려나온다(開).

① 삼팔목도(三八木道)

　　소성괘를 중첩한 대성괘 건곤(乾坤)의 역상(曆象)이 작게는 8년의 주천상수 2,880일을 관문(關門)으로 삼는다. 기영 42일이 밖으로 넘치고 삭허 48일(실제는 45일)이 안으로 비어지는 가운데 순태음 8년(96평월)을 이끄는 삭망윤일 3일이 발생한다. 이를 제외한 실제 기삭 87일이 29×3이므로 3윤의 역수 (대략 88.59일)에 거의 가깝다[56].

순태음 8년을 기본 토대로 한 3윤의 99삭망월은 삼팔목도(三八木道)로 표상되는 태극의 수리법도에 상응하는 동시에 하락총백(河洛總百)의 99용수에 해당한다. 건괘(乾卦) 구삼(九三)효사의 '종일건건(終日乾乾)'과 대상전(大象傳)의 '자강불식(自彊不息)' 및 '彊(굳셀 강)'도 이와 연계된다.

②삭허(자궁) 속에서 탄생하는 삭망윤일(태음윤일)

『周易(주역)』으로 보면 60간지는 周이고 일월교역은 易이다.

건곤(乾坤)의 6위(位)를 각기 8주로 간주하면 건곤(乾坤) 전체가 48주(2,880易)의 8년 역상(曆象)이다. 그 중의 삭허 48易은 소음수(6×8)의 쌓임이고 기영 42易은 소양수(6×7)의 쌓임이다. 5년 주기의 재윤법(再閏法)에서는 1주(60易)를 중심으로 기영과 삭허가 각기 1易씩 진퇴(進退)하지만 실제로는 8주 당 삭허가 반일(半日)이 줄어든 7.5일이고 기영이 하루 줄어든 7易이다.

16주(960易)를 주기로 삭허가 15易이 되고 기영이 14易이 되므로 삭허 16易에서 1易이 사라지고 기영 16易에서 2易이 없어진다. 천일(天一)과 지이(地二)의 〈1:2〉로 대비되는 일월역수의 신비로운 조화이다. 삭허에서 사라진 이 1易이 32평월에 포함되는 삭망윤일(태음윤일)이다[57].

---

[56] 건(☰)의 3획과 곤(☷)의 6획은 삼실육허(三實六虛)에 상응한다. 8년의 주천상수 48주를 기틀로 하여 3실(實)의 삭망윤일 생성에 따른 실제 삭허는 48易에서 3易을 뺀 45易, 6허(虛)에 기인한 실제 기영은 48易에서 6易을 뺀 42易이 된다.

[57] 60간지에 상응하는 60일은 周(두루 주), 대월 30일과 소월 29일을 합친 59일은 朋(벗 붕)으로 표명된다. 대월과 소월이 짝하여 나아가는 32평월은 16朋으로서 대월 16개월과 소월 16개월이 배정되지만 16번째의 소월 29일에 삭망윤일 1易을 더하여 '연대월(連大月)'로 삼는다. 제15월과 제16월, 제17월이 연속적으로 대월이 됨을 의미한다.

③삭허와 공(空)

 삭망윤일 1易이 탄생함으로 인해 주천상수와 삭허도수는 〈64:1〉로 정확히 대비된다. 16周에 기준하면 중정(中正)을 푯대로 하는 주천상수의 $\frac{1}{64}$(삭허 15易)은 사물의 내적 본바탕인 공(空)의 실체와 상응하며 빈 태아의 자궁(子宮)과도 같다. 평범한 일상(日常)에 속하는 주천상수의 $\frac{63}{64}$(945易)은 항구불이(恒久不已)의 떳떳한 평월 32월의 역수이다.
 『周易(주역)』 64괘를 마치는 수화기제(水火旣濟, 63)와 화수미제(火水未濟, 64)가 이를 잘 표상한다. 건양(乾陽, ☰)의 기영 14易을 곤음(坤陰, ☷)이 월음(달밭. 자궁)의 삭허 15易으로 품어 윤달이라는 자식(子息. 기삭 29易)이 바야흐로 태어난다.
 삭망주기가 대략 29.53일이므로 실제 달력상으로는 반일(半日) 정도가 더 나아가야만 한다. 기영(+)과 삭허(-)를 합친 '기삭성윤(氣朔成閏)'에 의한 '윤여성세(閏餘成歲)'의 歲는 평년(순태음년)에는 12삭망월, 윤년에는 1월이 불어난 13삭망월이다.
 32평월을 평균주기로 넣어주는 1개월의 윤은 윤식(潤飾)하여 꾸미는 달로서, 물이 불듯이 늘어나는 潤(불을 윤)의 뜻과 통한다. 수레가 굴러가는데 꼭 필요한 윤활유(潤滑油)라 하겠다.
 사물의 이치를 막힘없이 통하는 것을 達(통달 달)이라고 한다. 신비로운 달의 운행을 전체적으로 살피면 천도의 중정(中正)을 표상하는 주천상수를 중심푯대로 하여 내적인 공(空)의 실체는 무사무위(旡思旡爲)의 삭허로, 진실무망의 정제(整齊)된 순수(純粹)한 달은 순태음의 평월로, 일월기삭의 음양교합인 색(色)은 불어나는 윤달로, 주천도수에 포함된 과도한 기영의 21甲은 외부로 발현된 물상(物相)으로 각기 비유된다. 건곤(乾坤)의 지극한 조화로 생성되는 이 21甲을 품어 구제(救濟)함이 일오중천(日午中天)의 교역시기에 물용(勿用)에 의한 '이섭대천(利涉大川)'이다. 순양의 건(乾)을 싣는 순음의 곤(坤)은 만유(萬有)를 담는 텅 빈 그릇인 무극의 법상(法相)에 합한다. 양의 기영을 음의 삭허로 품어안는 만물의 어미이기에 괘사(卦辭)의 빈마지정(牝馬之貞)을 노자의 가르침인 현빈(玄牝)과 곡신(谷神)의 도에 비유할 수 있다.

④6周의 360易과 천공역(天空易)

건책(乾策) 216과 곤책(坤策) 144가 배합하여 생성되는 한 해의 주천상수 360일은 60갑자의 주기가 6회 거듭한 6周 360易으로 하늘이 통어(統御)하는 중정(中正)한 역수이다. 야산(也山) 선생이 창제한 주역책력인 경원력(庚元歷)에서는 제1주에서 제6주까지를 6양이 늘어나는 '복주(復周), 임주(臨周), 태주(泰周), 대장주(大壯周), 쾌주(夬周), 건주(乾周)'로 표명한다.

땅이 싣는 $5\frac{1}{4}$일은 평년의 5일과 윤년의 6일로 구성되는데 1년의 주천도수에서 비워지는 과도한 기영도수이므로 주역책력인 경원력(庚元歷)에선 '천공역(天空易)'이라 표명한다.

천공역(天空易)은 평년의 경우 1음에서 5음으로 음이 점차 커가는 과정의 '구(姤1), 돈(遯2), 비(否3), 관(觀4), 박(剝5)'의 순서로 진행되고 4년 주기로 돌아오는 신자진(申子辰)해의 윤년에만 태양윤일격인 6음의 곤(坤6)을 하루 추가한다.

4년을 기본주기로 한 '원력(元曆), 형력(亨曆), 이력(利曆), 정력(貞曆)'에서 천공 곤역(坤易)을 넣어주는 해가 정력(貞曆)인 셈이다. 곤의 12획은 매년 3획을 4회 쌓아 최종 완성한다.

四 閏 卦 二 十 四 節 候

旣濟 (봄)	離 (여름)	未濟 (가을)	坎 (겨울)
䷾	䷝	䷿	䷜
蹇 井 坎 困 解 未濟	旅 鼎 未濟 蒙 渙 坎	睽 噬嗑 離 賁 家人 旣濟	節 屯 旣濟 革 豐 離
䷦ ䷯ ䷜ ䷮ ䷧ ䷿	䷷ ䷱ ䷿ ䷃ ䷺ ䷜	䷥ ䷔ ䷝ ䷕ ䷤ ䷾	䷻ ䷂ ䷾ ䷰ ䷶ ䷝
立春 雨水 驚蟄 春分 淸明 穀雨	立夏 小滿 芒種 夏至 小暑 大暑	立秋 處暑 白露 秋分 寒露 霜降	立冬 小雪 大雪 冬至 小寒 大寒

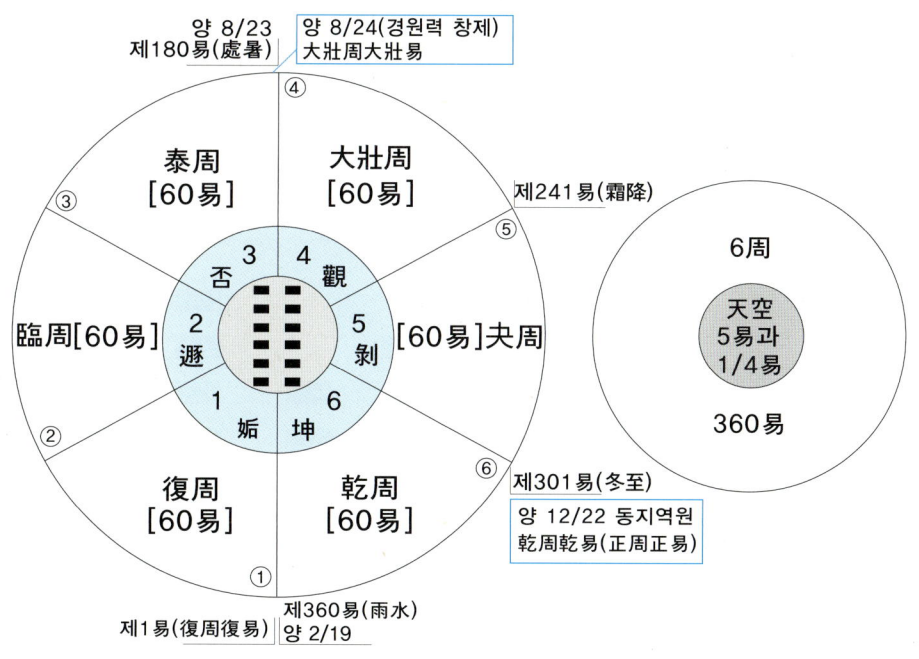

고대역법과 周易(주역) 177

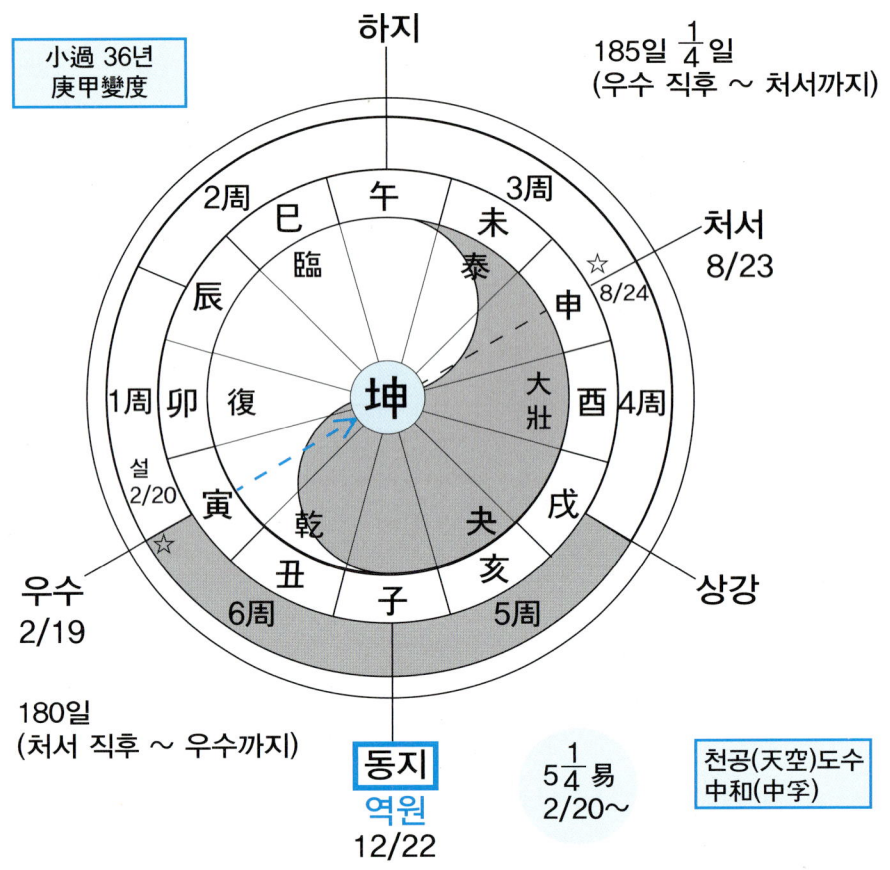

동지 역원(曆元)과 경원설 〈양 2월 20일→ 우수 익일〉

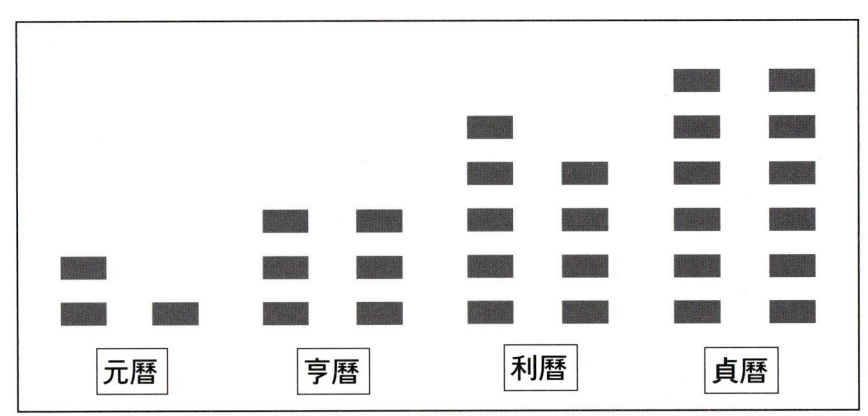

원형이정 4년 주기로 생성되는 천공곤역(天空坤易)

紀曆(元亨利貞)	地 支
1. 元曆(365일, 積 $\frac{1}{4}$일)	巳酉丑인 해 (365일)
2. 亨曆(365일, 積 $\frac{2}{4}$일)	寅午戌인 해 (365일)
3. 利曆(365일, 積 $\frac{3}{4}$일)	亥卯未인 해 (365일)
4. 貞曆(365일, 積 1일)	申子辰인 해 (366일)

1紀 6周	360易(순차)	易 名
제1주(復周)	제1역~60역	復(1) – 剝(60)
제2주(臨周)	61역~120역	臨(1) – 蠱(60)
제3주(泰周)	121역~180역	泰(1) – 履(60)
제4주(大壯周)	181역~240역	大壯(1) – 遯(60)
제5주(夬周)	241역~300역	夬(1) – 益(60)
제6주(乾周)	301역~360역	乾(1) – 小過(60)

天空易	
제1역(姤易)	䷫
제2역(遯易)	䷠
제3역(否易)	䷋
제4역(觀易)	䷓
제5역(剝易)	䷖
제6역(坤易)	䷁

初六은 履霜하면 堅氷이 至하나니라.
초육   이상   견빙   지

①곤지복(坤之復)

곤괘(坤卦)의 6효 해설은 전체적으로 음인 여자의 일생을 이야기한다. 초육(初六)의 소상 해설에는 음이 엉기기 시작하는 때이므로 처음 말을 유순히 길들이듯이 규범내칙(閨範內則)과 가규범절(家規凡節) 등으로 어린 처자를 잘 인도하여 밝은 도리를 회복할 수 있도록 하라고 하였다.

괘사(卦辭)의 빈마지정(牝馬之貞)에 뒤이어 순마(順馬)의 馴(길들일 순)을 말하였다.

선천의 원형(元亨)은 순양의 건괘(乾卦)가 주장하고 후천의 이정(利貞)은 순음의 곤괘(坤卦)가 주도한다. 음기가 극성해지는 가을과 겨울은 만물이 수장(收藏)하는 시기이다. 늦가을에 서리가 내리면 모든 생명들은 겨울이 닥칠 것을 미리 알고 땅으로 숨어들어 월동(越冬)을 준비한다.

초육(初六)이 동하면 자연 지뢰복(地雷復, 24)으로 변한다. 동지(冬至) 절후로 대표되는 자월(11월)을 복월(復月) 이라고 한다. 순음의 곤괘(坤卦)는 초겨울인 음력 10월의 해월(亥月)로서 늦가을인 음력 9월의 술월(戌月)과 한겨울인 음력 11월의 자월(子月)의 중간이다. 그 앞 달이 산지박(山地剝, 23)으로 표상되는 상강 절후의 술월(9월)이다. 씨앗(양)이 떨어져 땅속에 복장(伏藏)되었다가 마침내 다시 생명의 부활(復活)을 알리는 지뢰복(地雷復, 24)을 맞이하는 흐름이다.

② 이상(履霜)과 손입(巽入)

건괘(乾卦) 초구(初九)는 1번째 효이고 이에 대비되는 곤괘(坤卦) 초육(初六)은 7번째 효이다. 선천의 甲에서 후천의 庚으로 바뀌는 이치를 '경갑변도(庚甲變度)'라고 하는데 첫째 천간(天干)이 甲이고 일곱째 천간(天干)이 庚이다. 초육(初六)이 변동한 복괘(復卦) 괘사(卦辭)에 경갑변도에 관련된 "칠일래복(七日來復)"이 나온다.

산풍고(山風蠱,18) 괘사(卦辭)의 '선갑삼일(先甲三日) 후갑삼일(后甲三日)', 중풍손(重風巽, 57) 구오효사의 '선경삼일(先庚三日) 후경삼일(后庚三日)'로도 설명되는 칠일래복(七日來復)에서 이른바 36년의 허도수(虛度數)가 발생한다. 허도수 36년에 의한 '칠일래복의 경갑변도'는 선후천 변혁의 핵심축이다. 선천 갑자(1)가 후천 경자(37)로 바뀌고 선천 갑오(31)가 후천 경오(7)로 바뀌는 이치이다. 중천의 일오(日午)를 중심축으로 살피면 후천 하경(下經)이 시작하는 택산함(澤山咸, 31)의 갑오청마(甲午靑馬)가 경오빈마(庚午牝馬)로 바뀐다. 백마로 상징되는 경오빈마(庚午牝馬)가 60간지의 일곱 번째인 곤괘(坤卦) 초육(初六)의 효서(爻序)에 합치한다.

건괘(乾卦) 구삼(九三)이 변한 지괘인 천택리(天澤履, 10)는 57년을 주기로 손입(巽入)하는 법도에 상응한다. 손입(巽入)은 공순히 들어가 숨는 것으로 기삭 발생이 없는 무윤(無閏)의 순태음년과 같다. 21윤의 생성은 57년(3章), 21일의 기영(乾) 생성은 4년이다.

건괘(乾卦) 구삼(九三)을 3章(57년)으로 간주할 때 이에 상응하는 57번째 효가 마침 지괘인 리괘(履卦) 육삼(六三)이다. 그 효사(爻辭)에 "묘능시(眇能視) 파능리(跛能履), 리호미(履虎尾) 질인흉(咥人凶)" 등의 경계문구가 나온다. 상전(象傳)에는 묘능시를 족히 더불어 밝지 못하고(不足以有明), 파능리를 족히 함께 나아가지 못하는(不足以與行) 것으로 풀이하였다[58].

③역법의 기본

공자는 9덕을 상징하는 9괘 가운데 履를 '덕지기(德之基)', 復을 '덕지본(德之本)'이라고 하였다. 덕의 기본이 이복(履復)이듯이 履는 역법의 터전(基)이고 復은 역법의 근본(本)이다.

57년을 주기로 기삭이 없는 손입(巽入)의 방편으로 서리를 밟듯이 조심스럽게 과정을 밟는다. 삼윤법을 무심코 적용하면 자칫 호미(虎尾)를 밟아서 호구(虎口)로 떨어지기 때문에 무윤(無閏)의 방편을 쓰는 것이다.

나아가 복괘(復卦) 괘사(卦辭)에 이른 '칠일래복(七日來復)'의 법도로써 손입을 7회 거듭한 21章인 399년을 거치면 마침내 중심인 건책 1년에 이르러 400년 주기를 이룬다. 履라는 글자에 復이 들어있음을 유의하자. 삼윤법을 쓰는 8년이 50회 거듭한 400년은 대연(大衍) 50의 밑바탕이 된다.

---

[58] 『周易(주역)』리(履)괘: 六三 眇能視 跛能履 履虎尾 咥人 凶 武人 爲于大君 象曰 眇能視 不足以有明也 跛能履 不足以與行也.

삼윤법과 칠윤법의 어긋난 일월의 행보를 손입법으로 해결하고 7윤의 장법으로도 풀지 못하는 미세한 괴리(乖離)를 건책법의 방편을 써서 대처하는 것이다. 고대역법의 기본 바탕이 『周易(주역)』경전의 '이상견빙지(履霜堅氷至)'라는 문장에 내장되어 있다고 하겠다.

六二는 直方大라 不習이라도 旡不利하니라.
육이   직방대   불습   무불리

①곤지사(坤之師)

육이(六二)는 유순중정하다. 요조숙녀의 현숙함과 내외가 곧고 반듯한 빛난 덕을 갖추었기에 건(乾)의 큰 덕에 짝한다. 억지를 씀이 없는 무위자연(旡爲自然)으로 하늘에 지극히 순응하므로 초육(初六)의 학습지도를 통해 닦고 기르는 것과는 다르다. 애써 노력함이 없어도(不習) 자연적으로 좋은 결실의 큰 이로움이 따른다.

육이(六二)가 변하면 감괘(☵)로 바뀌어 지수사(地水師,7)가 된다. 무리를 통솔하는[帥] 한사람[一]이 장수나 스승 역할을 하는 또는 하늘의 구이대인이 땅의 중심에 임한 형상이다. 건책 1년(一)이 21장(399년)을 거느림이 강직한 화살(矢. 대인)을 쏘아 과녁의 중심을 관통함과 같다.

400년은 8년이 50회 거듭한 주기이다. 삼팔목도(三八木道)를 상징하는 삼윤법의 8년 주기로는 본래 150윤이 발생하지만 실제로는 3윤이 49회 쌓인 147윤(21장)만 생성된다. 오십토덕(五十土德)을 펼치는 대연(大衍) 50책에서 중심 1책은 허일무위(虛一旡爲)의 황극불어수(皇極不語數)로서 일월역수의 중정한 푯대를 상징한다. 일월의 기삭교합(有)이 없는(旡) 천진무구(天眞旡垢)한 상태의 순태음 역수라 할 수 있다. 무구(旡垢)는 무구(旡咎)와 통한다.

8歲 3閏 기삭도(氣朔圖)

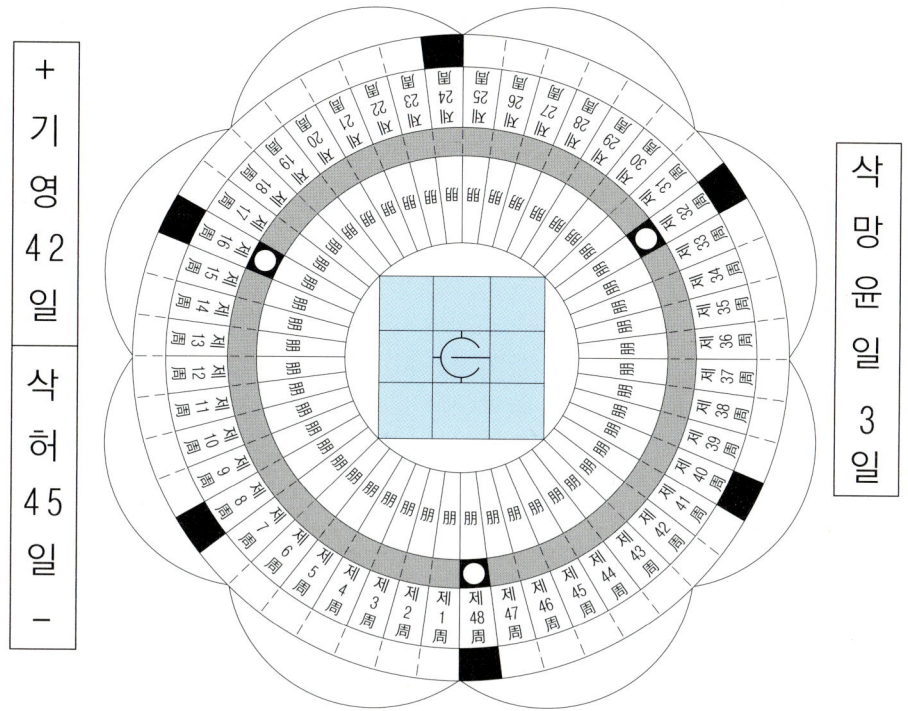

+ 기영 42일 삭허 45일 -

삭망윤일 3일

②정전(井田)과 오십대연(五十大衍)

낙서의 오용십작(五用十作)에 의해 생성되는 토(土)는 오행의 중심이다. 오십대연(五十大衍)을 대표적으로 상징하는 '정전도(井田圖)'는 고대 토지제도로 쓰인 '정전법(井田法)'의 모태가 된다. 사방 40(井)의 중심복판에 十을 넣어 50을 표상하기 때문이다.

48번째인 정괘(井卦)의 괘서(卦序)는 8년의 48주(2,880易)에 상응한다. 8년을 주기로 하여 기영 42易과 삭허 45易(태음윤일인 삭망윤일 3易 제외)이 생성되는 기본이치가 정전(井田)에 담겼을 뿐 아니라 이를 50회 거듭한 400년 주기도 정전(井田)기틀 속에 함축되어 있다.

400년을 4회 거듭한 1,600년의 주기로는 유극으로 일컫는 1윤이 추가적으로 세워지는데 야산(也山) 선생은 정전(井田)의 한복판에 ○을 그려 서쪽에서 동쪽으로 기운이 통하는 '산택통기(山澤通氣)'를 표상하였다.

 400년을 216회 거듭한 8회(86,400년)의 개물기 전체에서 생성되는 기영 42세와 삭허 45세도 정전(井田) 하나로 간단히 압축 귀결된다. 공자는 구덕괘(九德卦) 가운데 이 정괘(井卦)를 '덕지지(德之地)'로 표명하였다. 오십토의 정전(井田)에 유순중정한 땅의 지극한 '직방대(直方大)'가 두루 갖추어져 있는 것이다.

六三은 含章可貞이니 或從王事하야 无成有終이니라.
육삼   함장가정   혹종왕사   무성유종

①곤지겸(坤之謙)

 육삼(六三)은 부중부정(不中不正)한 상태이긴 하나 양의 자리에 음이 있는데다 선천의 내괘를 마치고 후천의 외괘로 넘어가는 자리이다. 시집 간 여자가 아기를 배어 만삭이 된 상태이다.

 함장(含章)은 빛나는 덕을 안으로 품어 갈무리하는 온순한 미덕을, 가정(可貞)은 올곧게 굳건히 지킴을 말한다. 자식을 위하는 헌신적인 모성애(母性愛)처럼 정고한 덕은 없다.

 혹종왕사(或從王事)는 건(乾)의 일을 따른다는 뜻이다. 건괘(乾卦) 구사(九四)의 혹약재연(或躍在淵)과 같이 부중부정한 상태의 곤괘(坤卦)의 육삼(六三)에도 의혹하는 '혹(或)'을 덧붙였다.

 왕사(王事)는 건괘(乾卦) 구삼(九三)에 군자가 종일건건(終日乾乾)하여 대천(大川)을 건너는 대사(大事)를 가리킨다. 곤의 미덕은 지순(至順)함과 공경(恭敬)함이다. 자신에게 주어진 직분에 오로지 최선을 다할 뿐 공을 내세우지 않고 끝까지 일을 완수함이 '무성유종(无成有終)'이다. 육삼(六三)의 자리도 내괘 선천을 끝마치는 곳이다.

소상에는 온갖 수고로움이 따라도 마침내 큰 경사가 뒤따른다고(時發) 하였다. 육삼(六三)이 안으로 밝고 큰 양적인 지혜를 지녔기 때문이다(知光大). 육삼(六三)이 변하면 간상련(艮上連, ☶)으로 바뀌어 지산겸(地山謙,15)이 된다. 일양(日陽)의 밝음을 듬뿍 머금은 15야(夜) 밝은 달을 나타내며 달력의 종결(終結)인 선천의 유종(有終)을 가리킨다. 어두운 밤중을 환히 비추는 겸허한 만월(滿月)은 임산부의 만삭과 같다.

노자『도덕경(道德經)』에 '욕심을 비워내서 그 배를 충실하게 채운다.'는 "허기심(虛其心) 실기복(實其腹)", '유와 무가 서로를 낳는다.'는 "유무상생(有无相生)"과도 통하는 내용이다.

겸괘(謙掛) 대상전에도 "부다익과(裒多益寡) 칭물평시(稱物平施)"를 말하였다. 부다익과(裒多益寡)는 많은 것을 끌어 모아 적은 데에 보탬을 이르고 칭물평시(稱物平施)는 물건을 저울질하여 골고루 베풀음을 뜻한다. 이는 선천을 넘어가기 전에 개물기(開物期) 전체의 과도한 기영을 빈 삭허로 함축(含蓄)하여 담는다는 의미다. 만삭을 이룬 모태에서 태아가 나옴은 겸괘(謙卦) 다음의 뇌지예(雷地豫, 16)로 설명된다.

편평한 땅 아래에 높은 산이 처한 겸괘는 지극히 겸손함을 상징한다. 겸괘 괘사(卦辭)의 '군자유종(君子有終)'은 건괘(乾卦) 구삼(九三)의 '종일건건(終日乾乾)'과 관계된다. 곤괘(坤卦) 육삼(六三)의 '무성유종(无成有終)', 겸괘 구삼효사에 이른 '군자유종(君子有終)' 등에도 거듭 終(마칠 종)을 넣어 모두 선천의 종(終)을 강조하였다.

②함장(含章)과 유종(有終)

삼윤법을 쓰는 8년이 50회 거듭한 400년은 건책 1년이 21장(399년)을 거느리는 주기로 주천상수를 벗어난 과도한 기영도수가 71개월로 산정됨이 특색이다. 1,600년(19,200평월)은 589윤을 더한 총 19,789삭망월이다. 589윤 가운데 삭허가 305월, 기영이 284월로 산정된다. 기영 284월은 4년의 건책(49월. 유극 포함)에 1章(235월)을 합친 역수이다. 이를 제외한 19,505월(19,200평월 + 삭허 305월)은 83章(1,577년)의 총 삭망월수인데 중정을 상징하는 주천상수 1,600년에 정확히 합치한다.

왕사(王事)는 개물기 전체를 이끄는 216년 건책을 가리키고 혹(或)은 선천에서 후천으로 넘어가는 중천시기를 의미한다. 건책 4년이 거느리는 84章(1,596년)의 1,600년 주기에서 건책 4년(49월)과 1章(235월)을 뺀 나머지 83章이 주천상수 1,600년이라는 사실은 『周易(주역)』경전에 내장된 천도 변화의 신비를 푸는 핵심 열쇠이다.

③54장(含章)과 216년(乾策)

건책 216년이 통어(統御)하는 4,536章(86,184년. 31,752윤 → 순태음 2,646 윤년)의 개물기 86,400년에서는 54章(1,026년. 378윤)과 건책 216년(2,592월 + 유극 54윤 = 간배(艮背) 2,646월)이 전체 기영도수이다.

순태음 1,242년(1,026 + 216)과 순태음 36윤년(378 + 54 = 432)을 합친 순태음 1,278년이 곧 종일건건(終日乾乾)의 42世(21甲의 1,260년)에 상응한다. 1,260년의 이 기영을 중심으로 태양역수는 18년이 부족한 1,242년이 되고 태음역수는 18년이 과도한 1,278년이 된다. 그 가운데 경갑변도의 근거가 되는 36윤년(432월)의 허도수(虛度數)가 발생한다.

주공이 말씀한 '含章可貞 或從王事'가 일오중천에 이르기 1,242년 이전 '이섭대천(利涉大川)'의 방편법도로써 선천을 끝마치고 후천을 새로이 여는 '중어선후(中於先后) 정기종시(正其終始)'를 설명한 것임이 여실히 입증된다. 소강절(邵康節) 선생의 작품인 '황극경세도(皇極經世圖)'와 경세연표(經世年表)는 『周易(주역)』의 일월역수를 산정하는 기본 근거가 되는데 야산(也山) 선생이 후천의 주역책력으로 창제한 경원력(庚元歷)에서도 이를 역수

계산의 토대로 삼는다.

『論語(논어)』술이(述而)편에서 공자는 "내가 몇 해 더 여유가 있어 50의 대연이치로써 역을 궁리한다면 참으로 큰 허물이 없을 터인데(加我數年 五十以學易 可以無大過矣)"라고 말씀하였다. 공자가 괘효(卦爻)를 얻는 방법으로 오십대연(五十大衍)의 설시(揲蓍. 시초를 셈)를 풀이하면서 32년(384월) 192주의 주천상수 11,520易을 만물의 책수로 정의한 것과 연관되는 말씀이다[59].

건괘(乾卦) 구삼(九三)의 석척(夕惕)에서 앞서 설명하였듯이 건책 3년이 거느리는 63章(1,197년)의 1,200년은 대천(大川)을 상징하는 역수이다. 또한 4년의 건책이 거느리는 84章(1,596년)의 1,600년은 32년을 50회 거듭한 오십대연(五十大衍)의 본체 역수이다.

216년의 건책이 통어하는 개물기 전체에선 순태음 1,278년(71×216 = 15,336월)이 기영도수이다. 아래 그림에 기삭의 윤을 둘로 각기 갈라 비교하기 쉽도록 하였다.

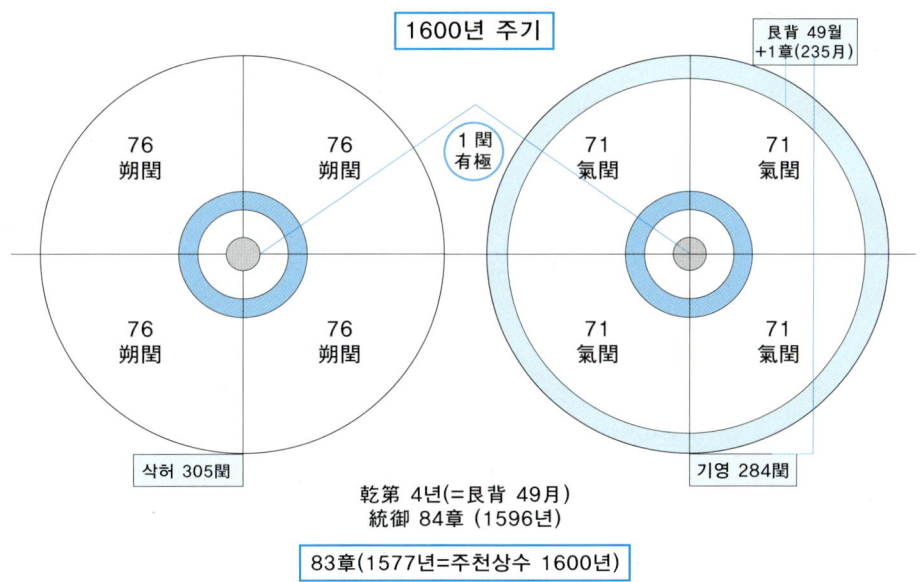

---

[59] 『周易(주역)』계사상전(繫辭上傳) 제9장: 乾之策 二百一十有六 坤之策 百四十有四 凡三百有六十 當朞之日 二篇之策 萬有一千五百二十 當萬物之數也.

1,600년 주기

건책4년 +손입28년

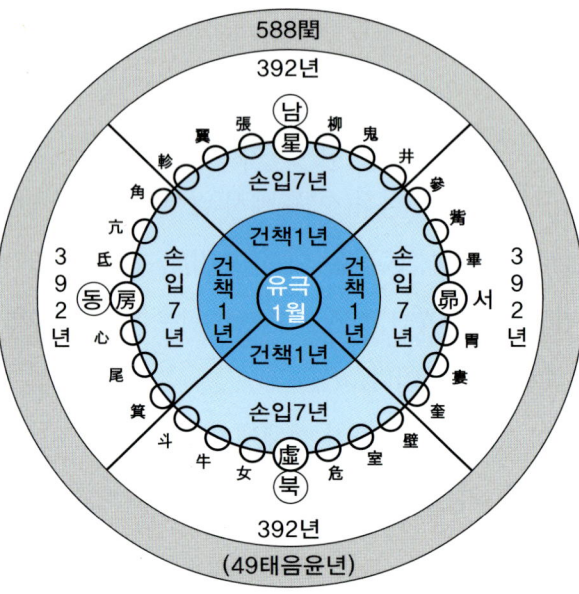

황건유극
(皇建有極)

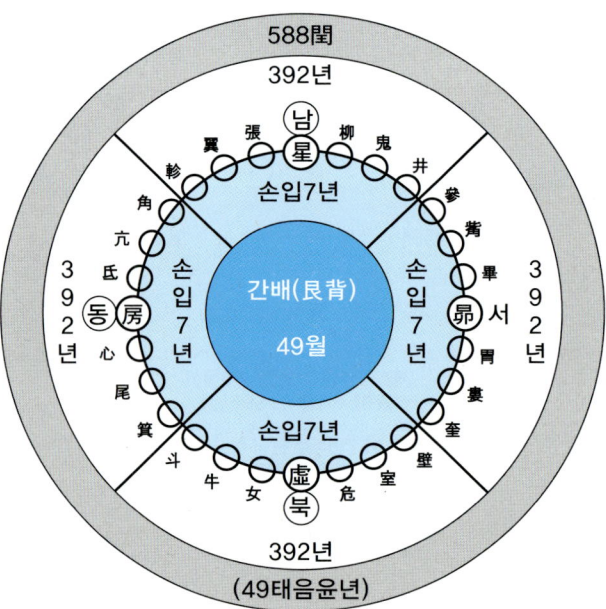

六四는 括囊이면 无咎ㅣ며 无譽리라.
육사   괄낭   무구   무예

①곤지예(坤之豫)

　육삼(六三)의 '함장유종(含章有終)'은 태아가 자라 임신한 배가 만삭이 됨을, 육사(六四)의 '괄낭무구(括囊无咎)'는 생명을 출산한 다음 안으로 포괄하여 자궁의 문을 순히 닫고 안정하고 휴식함을 뜻한다. 중간 인위(人位)에 속하므로 문장의 뜻이 서로 통한다.

　32월을 상수(常數)로 하는 16周(960역)로는 삭허 16역 속에서 삭망윤일 1易이 태어난다. 이를 뺀 실제의 기삭도수는 29역(기영 14易과 삭허 15易)이다. 기본적으로 삭허가 기영보다 하루의 여분(餘分)이 더 많은데 삭허가 기영을 담아주는 자궁(子宮)과 같기 때문이다.

　뇌지예(雷地豫, 16)는 16周에 상응하는 16번째 괘이다. 장남인 진목(震木, ☳)이 모친인 곤토(坤土, ☷)의 평지로 싹터 나온 모습이므로 출생의 기쁨과 즐거움을 뜻한다. 괘사(卦辭)에선 "제후를 세워 무리를 이끌음이 이롭다(利建侯行師)."고 하였는데 삭망윤일의 주도로 944일이 함께 안정을 이루는 역수(曆數) 이치와도 잘 통한다.

　다섯 음들을 홀로 이끄는 구사효사에 "유예(由豫)라. 대유득(大有得)이니 물의(勿疑)면 붕(朋)이 합잠(合簪)하리라."고 하였다. 유예(由豫)는 '말미암아 즐거워진다.'는 뜻이다. 삭망윤일 하루가 나와서 연대월을 형성함이 마치 비녀를 꽂은 여자들이 모여들듯이 32개월의 평달(16朋)로 일심동체가 되는 형상(形象)이다. 소성괘 순서로도 예괘(豫卦)의 상괘가 마침 32번째 괘이다.

②괄낭(括囊)과 천공(天空)

괄낭무구(括囊无咎)는 개물기 86,400년의 종일건건(終日乾乾)에 의한 결실물인 기영 42世(21甲)를 삭허 45世에 넣어둠으로써 천도의 중정(中正)을 정립하는 것을 말한다. 왕사(王事)를 주도적으로 펼치는 건책 216년(54윤 포함)과 함장(含章)으로 뒤따르는 54장을 함께 포괄(包括)하여 곤모(坤母)의 품안에 담는 괄낭의 법도가 경원력(庚元曆)의 천공역(天空易)에 잘 드러난다.

화취조(火就燥)와 수류습(水流濕)으로 하늘에는 불(☲)이 오고 땅에는 물(☵)이 오는 선후변화가 생긴다. 중부(中孚)는 건괘(乾卦)의 후천적 쓰임이다. 건괘(乾卦) 구삼(九三)과 구사(九四)가 변한 풍택중부(風澤中孚, 61)는 남방 이화(離火)의 대리(大離 ☲) 형상으로 일양(日陽)의 기영을 안으로 품어 기르는 모습이다.

소과(小過)는 곤괘(坤卦)의 후천적 쓰임이다. 곤괘(坤卦) 육삼(六三)과 육사(六四)가 변한 뇌산소과(雷山小過, 62)는 북방 감수(坎水)의 대감(大坎 ☵) 형상으로 월음(月陰)의 삭허 속에 대과도수인 기영을 담아놓은 모습이다. 소과의 호괘(互卦) 또한 대과이다. 그 가운데 기영 21甲 전후로 순태음 36년(432윤)이 발생한다.

36년의 허도수(虛度數)에 따른 경갑변도는 기영 대과도수를 해결하는 핵심 방편이다. 소과에 대해 공자는 절구(臼)를 사용하여 수확한 곡식을 공이(ㅣ)로 찧는 도정(搗精)으로 이를 풀이하였다[60]. 건건(乾乾)의 노력으로 결실된 대화(大和)의 수확물(21甲)을 거두어들여 절구로 찧고(庚) 겉껍질을 벗기는 소과의 방편은 곤(坤)에서 실제 펼쳐진다. 곤(坤)이란 글자에도 중앙의 토(土)에서 절구질(申)하는 뜻이 들어있다.

六五는 黃裳이면 元吉이리라.
　　육 오　　황 상　　　원 길

---

60. 『周易(주역)』소과괘: 斷木爲杵 掘地爲臼 臼杵之利 萬民 以濟 蓋取諸小過.

①황상(黃裳)

건괘(乾卦)의 구오(九五)는 '자강불식(自彊不息)'으로 천도의 선후변화를 통어(統御)하지만 곤괘(坤卦)의 육오(六五)는 '후덕재물(厚德載物)'로 하늘이 베푸는 밝은 양기를 받아들여 만물을 생성 화육한다. 곤(坤)은 오곡이 무르익는 결실기인 가을에 미토(未土)가 신금(申金)을 토생금(土生金)하는 이치를 담은 글자이다.

건(乾)으로부터 선후 21甲을 받아 펼치는 곤(坤)은 초가을을 가리키는 지지인 申이 들어있으며 중앙토를 대표하는 색인 黃과 그 의미가 통한다. 황(黃)과 상대적으로 비교되는 글자가 초봄을 가리키는 지지인 인(寅)이다. 음양종자인 씨앗(八)이 밭에서 싹터 자라나는(由) 시기에 아직 어리므로 처소인 집(宀)에서 머무르는 뜻이다.

황도(黃道)는 태양둘레를 도는 지구의 궤도로서 천구(天球)에 투영된 길이다. 黃의 廿(스물 입)은 볏단을 묶은 모습으로 가을의 결실을 가리킨다. 그 아래의 一을 더한 수가 21이다. 중앙토의 맛인 甘(달 감), 여름에서 가을로 바뀌는 革(가죽 혁, 고칠 혁)에도 21이란 수(數)가 들어있다.

黃 아래의 由(말미암을 유)는 甲을 뒤집은 형태이므로 8회(八) 간의 개물기에서 화육되는 21甲(開)의 결실물이 黃임을 알 수 있다. 곤덕(坤德)을 黃이란 글자로 표상한 것이다.

아래에 걸치는 裳(치마 상)은 평상시에 늘 입는 상의(常衣)를 가리키므로 부동의 상수(常數)와 통한다. 따라서 황상(黃裳)은 주천상수 21甲(1,260년)의 기영수로 풀이된다. 개물기 86,400년에서 생성되는 결실물 21甲을 땅이 겸허히 안으로 실어준다는 뜻이다.

황상원길(黃裳元吉) → 황중통리(黃中通理)

건구오(乾九五)에 대비되는 곤육오(坤六五) 효사에는 누른빛의 치마를 입듯이 후중한 미덕을 갖추면 크게 길하다는 '황상원길(黃裳元吉)'이 나온다. 공자는 아름다운 문채(文彩)를 함축하고 있기 때문이라고 이를 풀이하는 한편 곤문언전(坤文言傳)에서 '누를 황(黃)' 속에서 이치를 통한다는 '황중통리(黃中通理)'를 말씀하였다. 땅의 중심으로서 존귀한 지위의 육오(六五) 음은 자신을 낮추며 아름답고 후중한 덕으로써 백성들을 화육한다. 하늘 아래의 땅을 다스리는 천자의 복색도 누른빛이다[61].

선천 여름(화왕)에서 후천 가을(금왕)로 바뀌는 革의 과정엔 화극금(火克金)이 일어나는 '간난신고(艱難辛苦)'의 큰 어려움이 따른다. 이 시기에 약방(藥方)의 감초(甘草)와 같이 화생토(火生土)와 토생금(土生金)이 되도록 조절하고 매개하는 중천교역(中天交易)의 수레역할을 중앙 토가 주도한다. 본래 하늘의 현기(玄氣)를 받는 땅은 흙빛(흑색)이어야 함에도 굳이 황색으로 표현한 까닭은 오곡백과가 무르익는 초가을의 황금벌판을 상징하고자 함이다.

곤괘(坤卦)는 오행이치를 담은 후천팔괘의 서남 미곤신(未坤申) 방위에 처한다. 곤(坤)은 미토(未土)에서 신금(申金)으로의 토생금(土生金)이 일어나는 이치를 담은 주역(周易)문자이다. 미발(未發)의 상태로부터 발이개중절(發而皆中節)을 통한 중화(中和)의 대본달도를 펼치는 모체역할을 수행한다는 뜻이다.

땅은 8회에서 생성되는 하늘의 기영도수 21甲(開物)을 실어준다. 황상(黃裳)의 黃은 인회(寅會)중반에서 술회(戌會)중반까지 8會(八)에서 생성되는 개물(開物) 21甲의 革(→ 甘)을 모체인 땅이 도와줌을 나타낸 주역문자이다. 黃이란 글자도 위에는 卄一 아래에는 八, 중간에는 甲을 뒤집은 由이다. 由는 후천씨앗이 땅밖으로 발아하여 나온다는 뜻이다.

→ 뇌지예(雷地豫, 16) 구사효사의 유예(由豫)

한편 항상 입는 상의(常衣)로서 아래치마를 뜻하는 裳은 중정의 상수(常數)를 말한다. 땅이 주천상수 21甲(甘)의 만물을 두터이 실어주어 후천을 건너가게 하므로 '황상원길(黃裳元吉)과 황중통리(黃中通理)'를 이른 것이다. 돈괘(遯卦)와 혁괘(革卦)효사(爻辭)에 나오는 '황우지혁(黃牛之革)'도 이와 관련된다.

현황(玄黃)은 천지의 음양배합으로서 『周易(주역)』 곤괘(坤卦)의 효사(爻辭)에 나온다. 黃과 배합이 되는 玄은 가물가물하여 끝없이 아득한 하늘의 현기(玄氣)를 나타내는 색이다. 『中庸(중용)』 제33장의 마지막에 나오는 "무성무취(无聲无臭)"도 현묘(玄妙)한 하늘의 지극한 작용을 표현한 것이다.

체를 쓰지 않는다는 '체불용(體不用)'이듯이 달력의 모든 평월을 주재하는 숨은 본체는 바로 하늘이다. 현무(玄武) 거북이를 북방의 영물로 대표하듯이 달의 운행이치로는 내장되어 밖으로 드러나 보이지 않는 주천상수의 $\frac{1}{64}$ 즉 삭허도수가 무극한 하늘 본체에 연계된다. 『書經(서경)』 요전(堯典)편에 북방을 삭허와 관계된 삭방(朔方)으로 일컬었다.

②곤지비(坤之比)

육오(六五)가 변하면 수지비(水地比, 8)가 된다. 比(도울 비, 견줄 비)는 땅 위로 물이 흘러 즐거움을 상징한다. 대지는 물이 흐르도록 돕고 물은 땅의 만물을 기르게 하도록 돕는다. 상하 군민이 서로 도우며 평화로운 세상을 여는 때이다. 비는 '비수 비(匕)' 둘을 나란히 놓아 비교한다는 뜻이다. 七七 49로 분리하여 나누는 뜻도 담고 있어 대연의 49용책(用策)을 암시하기도 한다. 비괘(比卦) 괘사(卦辭)에 이른 원서(原筮)는 댓가지 50개비로써 괘효(卦爻)를 뽑는 대연(大衍)의 서법(筮法) 원리에 근원하여 세상을 다스리는 푯대를 세

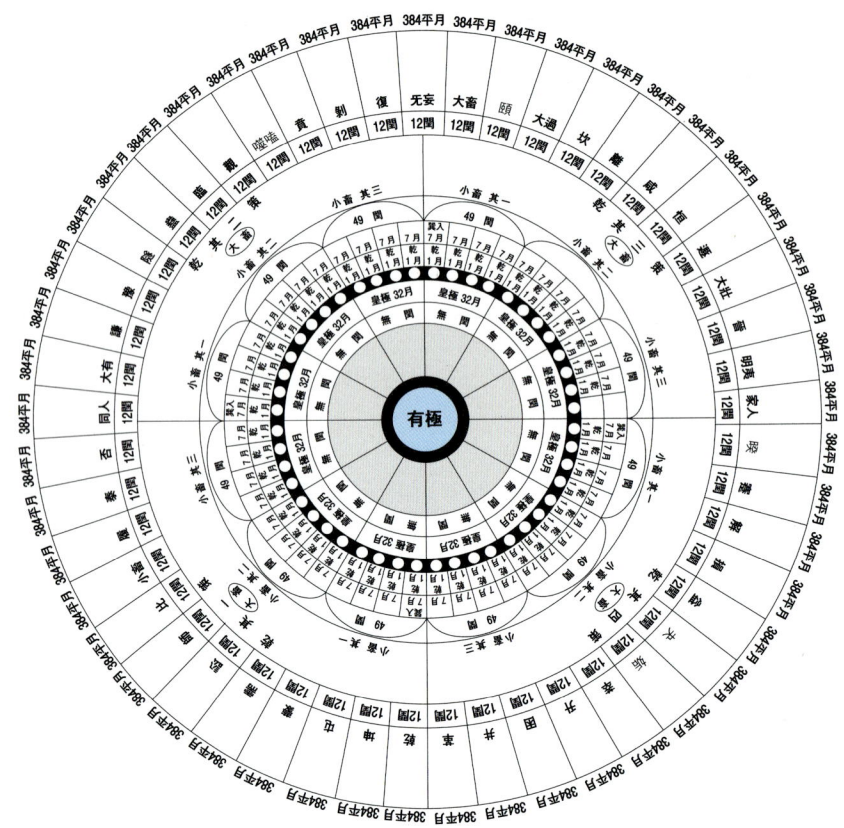

황건유극도(皇建有極圖)

운다는 뜻이다. 태극의 도는 오십대연(五十大衍)을 본체로 하여 8세 3윤을 전개하는데 50책에서 중심에 해당하는 황극 1책은 여기에서 제외된다. 황극 1책에 속한 역수가 8세 3윤의 법도가 적용되지 않는 무기삭, 즉 기삭의 윤달 생성이 없는 것으로 간주되기 때문이다.

'현비(顯比)'의 중정척도와 '왕용삼구(王用三驅)'의 정치법도는 윤의 생성 이치에 직결된다. 32개월을 달력주기로 1개월의 윤이 생성되는 법도를 삼구(三驅)로써 3배로 확대한 주기가 8년이다. 비괘(比卦)의 순서도 8번째이다. 동방의 태극목도(木道)를 효법한 『大學(대학)』의 3강령 8조목과도 통한다[62].

한편 구오효사에는 '현비(顯比)'와 '왕용삼구(王用三驅)'를 말하였다. 삼구(三驅)는 수렵사냥을 나갈 때 짐승이 도망칠 수 있도록 앞쪽은 열어두고 세

군데로 말을 모는 방법이다. 중심 푯대를 가리키는 현비(顯比)는 세상을 지선 중정으로 이끄는 황극의 도를 건괘(乾卦) 구오대인이 땅으로 내려와 펼침을 말한다. 땅(☷) 위에 물(☵)이 흐르는 형상이므로 어두운 밤중을 비추는 보름달처럼 무사무위(旡思旡爲) 청정무구(淸靜旡咎)의 참된 실체로서 진리를 주재하는 중심 역할을 하는 것이다.

上六은 龍戰于野하니 其血이 玄黃이로다.
상육 용전우야 기혈 현황

①용전우야(龍戰于野)

음의 기세가 극도로 치우친 상육(上六)은 건괘(乾卦) 상구(上九)의 '항룡유회(亢龍有悔)'에 상대가 되는 효이다. 어두운 음 소인이 양 군자(龍)를 의심하여 싸우는 것이 '용전우야(龍戰于野)'이다.

천지의 음양교합은 성숙한 암컷이 수컷을 불러들여 짝을 지음과 같다. 검고 누런 현황(玄黃)의 피는 교합을 통하여 여자의 혈(血)이 남자의 정(精)을 받아들임을 뜻한다. 생명의 근원바탕은 부정모혈(父精母血)이다.

대자연의 변화를 "궁즉변(窮則變) 변즉통(變則通) 통즉구(通則久)"라고 한다. 음이 극성해지면 양으로 변(變)하고 양이 극성해지면 음으로 화(化)하는 '극즉반(極則反)'의 원리에 의해 부모에서 자식으로의 끝없는 생명진화가 연속된다.

---

62. 대성 64괘(384효)에 상응하는 『大學(대학)』의 전문 10장이 총 64절목이다. 先과 後를 바탕으로 문장을 설명한 팔조목 2절은 64삭망월 당 기영(선)과 삭허(후)로 생성되는 2개월의 윤달에 비견된다. 이를 미루어보면 고본 『禮記(예기)』에 있는 『大學(대학)』과 『中庸(중용)』의 경전편제가 달력의 운행법도에 기본 바탕을 두었음이 나타난다. → 『대학착간고정(也山)』, 『주역의 관문 대학(2018. 도서출판 담디)』 참고 바람.

②곤지박(坤之剝)

　상육(上六)이 변하면 산지박(山地剝, 23)이다. 剝(깎을 박)은 음이 양을 깎아냄을 뜻한다. 음력 9월의 술월(戌月)은 상강 절후로서 음기가 극성해지는 때이다. 만물이 조락(凋落)하고 소멸(消滅)하는 늦가을로 음냉한 서북의 '술건해(戌乾亥)'의 방위에 속한다.

　초육(初六)의 이상견빙(履霜堅氷)에서 9월인 술월(戌月)에 떨어진 열매씨앗이 10월인 해월(亥月)에 땅에 복장(伏藏)되었다가 11월인 자월(子月)에 발아를 시작함을 이미 말하였다. 후천오행으로는 입동방위인 서북의 건방(乾方)은 차갑고 살벌한 곳이다. 강건함을 주장하는 건금(乾金)의 호전성(好戰性)으로 인해 싸움이 자주 일어나므로 '전호건(戰乎乾)'이라고 한다. 선천음양으로는 음기가 극성하고 후천오행으로는 건금이 주장하므로 남녀음양의 교전교합이 일어나는 것이다.

　박괘의 상구효사에 "석과불식(碩果不食)"이라고 하여 끝에 매달린 열매종자는 먹지 않고 씨로 삼기위해 남겨둠을 강조하였다. 이는 절차탁마(切磋琢磨)의 깎고 다듬는 수련과정을 통해서 극기복례(克己復禮)의 인(仁)을 회복함을 의미한다.

　1,600년을 주기로 주천상수는 83장(1,577년)이며 기영도수는 건책 4년(49월, 윤극 1윤 포함)과 1장(19년. 7윤)이다. 4년에 19년을 더한 햇수 23년은 23번째인 박(剝)의 괘서(卦序)에 자연히 합치하고 종자씨앗인 나머지 8윤이 24번째인 복(復)의 괘서(卦序)에 연계된다.

　1,600년을 54회 거듭한 개물기 86,400년은 건책 216년이 통어한다. 이를 대연(大衍)하면 1,242년(23×54)의 박(剝)과 36년(432월. 8×54)의 복(復)이 나온다. 건곤(乾坤)이 펼치는 21갑의 1,260년 전후로 각기 18년씩의 틈새가 벌어져서 1,242년(태양역수)이 1,278년(태음역수)으로 바뀌게 되는데 이로부터 경갑변도로 일컫는 36년의 허도수(虛度數)가 발생한다.

복괘 괘사(卦辭)에 이른 칠일래복(七日來復)의 경갑변도를 방편으로 하여 혁괘(革卦) 대상에 이른 치력명시(治歷明時)가 일오중천에 때 맞추어 단행된다[63]. 1,944년(갑신년) 8월 24일 신시를 역수푯대로 세워 야산(也山) 선생이 후천의 주역책력으로 창제한 경원력(庚元歷)의 개력시기가 이를 바탕으로 한다[64]. 18번째 괘인 고괘(蠱卦)의 '先甲三日 後甲三日', 57번째 괘인 손괘(巽卦) 구오(九五)의 '先庚三日 後庚三日' 등도 이러한 역수법도를 바탕으로 한 성인들의 말씀들이라 생각한다[65].

用六은 利永貞하니라.
용육   이 영 정

①영구(永久)와 이정(利貞)

곤의 도는 가을과 겨울의 덕인 이정(利貞)을 위주로 한다. 곤괘(坤卦) 6효가 모두 발동하면 건으로 바뀐다. 영구(永久)한 이정(利貞)의 땅의 이치가 아니면 결코 하늘의 도를 계승하여 완성할 수 없다. 건괘(乾卦) 용구(用九)에는 '무수(无首)'의 길함을, 곤괘(坤卦) 용육(用六)에는 큰 하늘에 짝하는 '유종(有終)'을 특별히 강조하였다.

---

63. 『周易(주역)』 복(復)괘 괘사(卦辭): 復 亨 出入 无疾 朋來 无咎 反復其道 七日 來復 利有攸往. 革(혁)괘 상전(象傳): 象曰 澤中有火 革 君子 以 治歷明時.

64. 『周易(주역)』경전에 이른 경갑변도에 따라 세수(歲首)와 시두(時頭)를 변화시키면 갑신년이 경신년으로, 임신월이 경신월로 바뀐다. 날짜는 역법의 밑바탕이므로 경신일 그대로 두고 갑신시를 경신시로 바꾸면 갑신년 임신월 경신일 갑신시가 경신년 경신월 경신일 경신시를 이루는 이른바 '사작경신(四作庚申)'이 된다. 이 때가 경원력(庚元歷)의 개력시점이다. 1,944년(갑신년)은 오회중천(午會中天)의 1,242년 전이다. → 소자의 '황극경세도(皇極經世圖)', 경세연표(經世年表)에 기준.

65. 『周易(주역)』고(蠱)괘 괘사(卦辭): 蠱 元亨 利涉大川 先甲三日 後甲三日.
巽(손)괘: 九五 貞 吉 悔亡 无不利 无初有終 先庚三日 後庚三日 吉.

②곤지건(坤之乾)

　용구(用九)의 건지곤(乾之坤)은 하늘이 땅에 기영을 베푸는 42世를 이르고 용육(用六)의 곤지건(坤之乾)은 하늘이 베푼 기영을 땅이 45世의 삭허로 순히 받아들여 만물을 낳아 실어주는 것이다.

곤괘(坤卦) 결어(結語)

　건(乾)과 곤(坤)의 전체 괘사(卦辭)와 효사(爻辭)는 일월역수 측면에선 다음과 같이 상호 대비된다.

①개합(開闔)

　건곤(乾坤)은 태극의 여닫이문 역할을 한다. 태극의 문을 열고 태극의 문을 닫는 건곤(乾坤)의 개합(開闔)을 통하여 오전(선천)의 양은 움직여 나아가고 오후(후천)의 음은 고요히 물러난다.
　양동음정(陽動陰靜)의 이치로, 건실한 건은 능동적이고 유순한 곤은 수동적이다. 일월교역의 측면에선 하늘은 주고 땅은 받는 수수(授受)를 한다. 순양 건(乾)이 기영의 밝은 생명의 원기를 앞서 땅에 베풀어주면 순음 곤(坤)이 빈 삭허의 그릇에 하늘의 양기를 순히 품어 만물을 낳는다.

②수수(授受)

　양력과 음력의 조화를 꾀한 것이 본래 달력(태음태양력)이다. 기영(+)과 삭허(-)는 일양(日陽)과 월음(月陰)의 항구한 왕래교합에서 태어나는 윤달이므로 천지부모가 만물을 자녀로 낳는 이치와 같다. 선천 건(☰)에는 남방이화

(☲), 선천 곤(☷)에는 북방감수(☵)가 각기 후천 괘로 이른다. 불이 붙고 물이 빠지는 화취조(火就燥)와 수류습(水流濕)에서 기영이 불고 삭허가 주는 일월의 기삭이 일어난다. 1년의 360일이 216건책과 144곤책의 배합이므로 주천상수는 건곤(乾坤)의 부부배합을 표상한다.

  8년의 삼윤법으로는 〈32 : 1〉의 비율로 32개월 당 1월, 32년 당 1년의 윤달이 생성된다. 건(乾)의 원형이정을 비롯한 『周易(주역)』경문 전체가 이를 바탕으로 하여 천도의 선후변화가 있음을 설명한다. 노양과 노음은 부모, 소양(기영)과 소음(삭허)은 자녀이다. 괘효(卦爻)가 변동하는 상황흐름은 노양에서 소음으로 바뀌고 노음에서 소양으로 바뀌는 음변양화(陰變陽化)의 이치로 나타난다.

③대연(大衍)

  남녀가 사랑하여 부부로 짝함으로써 자녀를 낳는 인사의 도리는 건도성남(乾道成男)과 곤도성녀(坤道成女)에서 비롯된다. 하도 사방의 생수(남괘, 1 2 3 4)와 성수(여괘, 6 7 8 9)는 남녀팔괘에, 천지태극인 하도 중앙의 天五(황극, 천극)와 地十(무극, 지극)은 이들을 생성하는 조부조모에 해당한다. 일월태극의 오십대연(五十大衍)도 5와 10이 서로 상승(相乘)하여 전개된다.

  1元 12회(會) 가운데 개물기인 8회(會) 동안 기영 21甲을 주고받는다. 건곤(乾坤)의 괘사(卦辭)와 효사(爻辭)는 이를 역수기틀로 삼아 중천교역(中天交易)의 시기에 때 맞추어 대과도수인 기영의 난제를 해결하고 다함께 대천을 건너는 방편을 제시한다. 건곤(乾坤)부모에 의해 파생된 나머지 62괘들도 일월역수의 운행법도를 각기 상황시기에 따라 설명하므로 전체 괘효(卦爻)가 모두 역상(曆象)을 함축하고 있는 셈이다.

  『大學(대학)』의 도인 대동지선(大同至善)의 구현은 『周易(주역)』경전에서 강조하는 후천세계의 이상이다. 그 요체가 '중어선후(中於先后) 정기종시(正

其終始)'의 중정(中正)인데 천도가 바뀌는 중간시기에 때 맞추어 선종후시(先終后始)를 단행함을 이른다. 대본달도(大本達道)를 일컫는 『中庸(중용)』에서의 중화(中和)가 이를 의미한다.

④윤법(閏法)

달력의 일월기삭을 계산하는 고대동양의 윤법은 본문 해설에서 논증한 바 대로 5년의 재윤법(1), 8년의 삼윤법(2), 19년의 칠윤법(3), 나아가 57년의 손입법(4), 400년의 건책법(5), 1,600년의 간배법(6)이 있다.

오십대연(五十大衍)은 황극 50책 가운데 중심본체의 1책에서 세우는 유극이 그 핵심이다. 4년의 건책에서 세워지는 이 유극 1윤으로 인해서 간배(艮背) 49월의 실체가 비로소 드러난다. 1,600년에서 발생하는 순태음 49년(588윤)의 씨눈인 간배(艮背) 49월은 84章(1,596년)의 배후(背後)에 존재한다. 1,600년의 주천상수는 83章(1,577년)이고 기영도수는 1章(235삭망월)과 간배(艮背) 49월로 산정된다.

이 1,600년을 구육(九六) 54회 쌓은 역수가 개물기 전체의 86,400년이다. 건곤(乾坤)의 명칭을 세워 易의 문을 삼고 『周易(주역)』경문의 괘효(卦爻)를 쓴 실증적인 근거 토대로 보인다.

『周易(주역)』경문에는 건곤(乾坤) 외에도 여타의 괘사(卦辭)와 효사(爻辭) 등에 오십대연(五十大衍)의 역법원리에 대한 내용이 전체적으로 두루 나타난다. 특히 서법(筮法)과 관계된 화뢰서합(火雷噬嗑, 21)과 기영과 삭허의 어긋남을 표상한 화택규(火澤睽, 38), 윤달로 보간함을 상징하는 수산건(水山蹇, 39), 대연(大衍) 49 용책에 상응하는 택화혁(澤火革, 49), 대연(大衍) 50 책에 상응하는 화풍정(火風鼎, 50) 및 주천상수 360을 표상하는 수택절(水澤節, 60) 등은 역법과 직접적으로 연관된 매우 대표적인 괘들이다. 이에 대해서는 다음 속편의 경문 해설에서 다시 조명한다.

64괘의 경문강설 〈乾坤〉

제3부 64괘의 경문강설 <乾坤>

天天 ☰ 重天乾(1)

○ 개설(概說)

① 괘상(卦象)

　만물의 형상이 물상(物象), 괘의 형상이 괘상(卦象)이다. 상하의 두 소성괘(小成卦)가 모두 강건한 건(乾,☰)이다. 하늘을 거듭한 중천(重天)의 괘상(卦象)이므로 여기에 괘의 명칭을 붙여 중천건(重天乾)이라고 표명한다.

　괘효(卦爻)를 구하는 여러 방법 중 50댓가지로 수를 세는 설시(揲蓍) 법도는 계사전(繫辭傳)에 나온다[66]. 먼저 괘효(卦爻)를 그릴 때에는 아래에서 위로 즉 초효(初爻)로부터 상효(上爻)로 나아가는 역행(逆行)의 과정을 밟아서 획을 긋는다. 나무가 생장하는 '본말선후(本末先後)의 흐름'에 따른 방법으로 태극으로부터 양의→사상→팔괘로 전개되는 이치이다. 건괘(乾卦)의 효사(爻辭)도 이에 따라 초구(初九)로부터 상구(上九)로 진행된다. 미래를 예측하고자 괘효(卦爻)를 구함은 순리(順理) 아닌 역리(逆理)에 기초한다.

　이를 "지래자역(知來者逆)"이라고 하는데 '미래의 일을 알아내는 것은 거슬림이다'는 뜻이다. 반면 괘상(卦象)을 읽을 때에는 물이 흘러내리듯 상괘에서 하괘 즉 외괘에서 내괘로 내려 읽는 순행(順行)의 흐름을 따른다. 사물의 표

---

[66]. 『周易(주역)』 계사상전(繫辭上傳) 제9장: 大衍之數 五十 其用 四十有九 分而爲二 以象兩 掛一 以象三 揲之以四 以象四時 歸奇於扐 以象閏 五歲 再閏 故 再扐而後 掛.

상(表象)은 겉이 먼저 드러나기 때문이다. 이를 "수왕자순(數往者順)"이라고 하는데 '지나간 일을 알아내는 것은 순함이다'는 의미다.

②괘명(卦名)

괘 전체를 대표하는 괘명(卦名)은 대문빗장을 푸는 핵심열쇠이므로 괘에 함축된 내용을 파악함에 있어서 매우 중요하다. 뜻글자인 한자(漢字) 가운데에는 周易(주역)의 심오한 원리가 담긴 글자들이 많이 발견된다. 천문(天文)과 인문(人文)을 두루 관찰한 일종의 易의 문자인 '역문(易文)'인 셈인데 성인의 도가 전승(傳承)된 측면에선 '사문(斯文)'에 해당한다.

삼라만상을 창조하여 거느리는 주인공은 하늘이다. 건(乾)은 일양지기(日陽之氣)를 쉼 없이 베푼다는 뜻이다.[67] 자연계의 물상(物象)에선 언제나 둥글고 밝은 태양(日=☉)이 하늘의 건양(乾陽)을 대행한다.[68] 64괘의 머리인 건(乾)은 아침 해가 떠올라 만물에게 밝은 햇살을 환히 비추는 倝(마를 간)과 새싹이 움터 나오는 乙(싹 을, 새 을)이 합쳐 밝고 굳센 하늘의 성정(性情)과 운행(運行)을 나타낸다.

乾(하늘 건)은 健(굳셀 건)과도 훈음(訓音)이 서로 통한다. 글자 구조를 파자하여 살피면

첫째, 하늘의 운행 법도인 天干(十干) 가운데 甲⑴ 乙⑵ 丙⑶을 한데 묶어서 뿌리를 내리고[甲] 싹을 틔워[乙] 활짝 꽃을 피우는[丙⇨人] 모든 생명

---

[67] 음양동정을 나타낸 선천팔괘의 정남방위의 일건천(一乾天) 자리에 오행유행을 나타낸 후천팔괘의 이화(離火)가 화취조(火就燥)하여 온다. 선천의 건(乾) 태양을 체로 삼고 후천의 남방 이화(離火)를 용으로 삼는 건체이용(乾體離用)의 법도이다.

[68] 만상(萬象)의 진리(眞理)는 자연의 수(數)를 통하여 조명된다. 수를 이해하면서부터 사물에 대한 지능(知能)이 발현되고 인류문명도 시작되었다. 고대동양 인문철학의 정화인 易의 근본은 상수리(象數理)이다. 경문의 가르침을 제대로 이해하기 위해서도 먼저 각 괘효(卦爻)의 상(象)에 내포된 자연의 수리(數理)를 바르게 추정(推定)한 다음 문장 전체를 살펴야 한다. 문장에 실린 글자 곳곳에도 상수리(象數理)가 두루 비장(秘藏)되어 있다.

의 활동(삶)이 하늘의 밝은 양기로 말미암는다는 의미다. 천지인(갑을병) 삼재(三才)의 도를 주재하고 통솔하는 주체가 강건한 하늘이라는 뜻이다. 倝(햇빛으로 말릴 간)과 乙(싹 을, 새 을)을 합친 형태로 보아도 풀이가 같다.

둘째, 건(乾)의 글자 왼쪽은 日의 위아래에다 각기 十을 놓아서 하늘의 밝은 해가 十干으로 거듭 운행함을, 글자 오른쪽은 乞(빌 걸, 구할 걸)로서 사람(人)이 등이 굽어질(乙) 정도로 허기져 먹을 것을 빌고 구한다는 뜻이다. 하늘이 쉼 없이 힘차게 돌면서 밝은 햇빛을 베풀어주므로 그 기운을 빌려(힘입어) 땅위의 모든 생명활동이 이루어진다. 밝은 기운을 베풀어 주길 빌고 구하는 대상이 하늘이라는 뜻도 된다.

셋째, 건(乾)의 오른편 气(줄 기)는 氣(기운 기)를 줄인 형태로서 일양(日陽)의 밝은 생기(生氣)를 나타낸다. 건(乾)의 왼쪽은 선후 20일에 중간 하루를 더한 21일 즉 하늘이 21日(甲)의 양기(陽氣)를 세상에 베푸는 뜻이다. 순양의 기운으로 꽉 들어찬[☰] 건(乾)은 기영을 나타낸다. 하늘의 기영도수(氣盈度數) 21일은 4년을 기본주기로 생성되는 역수(曆數)이다[69]. 건(乾)을 원형이정의 4가지 덕으로써 정의한 것과도 연계된다.

③ 괘서(卦序)

『周易(주역)』은 수리(數理)의 정화이다. 64괘의 순서(順序)는 사물의 질서(秩序)를 두루 함축 요약하므로『周易(주역)』의 전체 구조를 조명할 수 있을 뿐만 아니라 각 괘를 이해함에 있어서 지극히 중요한 단서(端緒)를 제공한다.

일(一)과 대(大), 세상에서 가장 으뜸인 큰 존재인 天(하늘, 하나, 한울, 한

---

[69] 60간지의 기본주기[周]를 중심으로 볼 때 태음인 달의 운행주기는 59일(두 달)로 하루 뒤처지고 태양인 해의 운행주기는 61일로 하루 앞서 나아가는 것으로 간주한다. 태음의 삭허와 태양의 기영이 1년에 각기 6일씩 발생하는데 실제적으로는 4년(24주 상수 1440일 ⇨ 1년은 6주 상수 360일)을 간격으로 태양의 기영도수는 21일(=5와 1/4일 X 4)만 발생한다.

얼)을 1로 대표한다. 1은 낱개의 기본 단위 또는 전체묶음을 나타내는 '하나'를 뜻하며 순서적으로 가장 앞서는 차례인 '으뜸(첫째)'이다.

　모든 존재는 하나로 시작하여 결국 하나로 돌아가 마친다. 시종여일(始終如一)의 1은 만유의 근원인 태극을 대표하는 기본 체수이다. 선천팔괘 순서는 일건천(一乾天) 이태택(二兌澤) 삼리화(三離火) 사진뢰(四震雷) 오손풍(五巽風) 육감수(六坎水) 칠간산(七艮山) 팔곤지(八坤地)로 진행된다. 하늘 부친에 해당하는 일건천(一乾天,☰)이 선천팔괘 순서에 있어서도 가장 앞선다. 천지인 삼재(三才)의 전개도 천개어자(天開於子)의 일(一)로부터 지벽어축(地闢於丑)의 이(二), 인생어인(人生於寅)의 삼(三)의 과정을 밟는다.

○ 경문

乾은 元코 亨코 利코 貞하니라.
건　　원　　형　　이　　정

乾:하늘 건　元:으뜸 원　亨:형통할 형　利:이로울 리　貞:곧을 정

건(乾)은 원대(元大)하고 형통(亨通)하고 이롭고 올곧으니라.

대의(大義)

　문왕이 건괘(乾卦) 전체에 대해 판단하고 분석하여 정의한 괘사(卦辭)이다. '단사(彖辭)' 또는 '단(彖)'이라고도 한다. 튼튼한 주둥이로 땅을 잘 파헤치고 단단한 음식물을 잘 씹어 소화시키는 돼지주둥이(어금니)가 단(彖)이다. 물건의 재질과 바탕을 판단하는 斷(끊을 단, 판단할 단)과도 음의가 상통한다.
　『周易(주역)』 경전은 공간(周)과 시간(易)의 우주를 담은 글이다. 周(두루 주)는 입[口]을 활용(活用)하여 두루 뜻을 밝힌다는 의미로 60(用)을 기본주

기로 반복하여 도는(ㅁ→ㅇ) 천도의 기틀(테두리)을 나타내기도 한다[70].

우주의 변화 원리는 천지일월의 주기 변화로 나타난다. 하늘이 베푸는 춘하추동 사시(四時)의 덕성이 원형이정이다. 하늘의 도야말로 '원대하고 형통하며 이롭고 올곧다'는 뜻인데 길흉판단의 점사(占辭)로써는 원형과 이정으로 나누어 '크게 형통하고 올곧음이 이롭다'고 풀이한다.

하늘의 도인 원형이정을 바탕으로 땅의 도인 생장수장(生長收藏), 사람의 도인 인예의지(仁禮義智)가 말미암는다. 송대(宋代)의 성리학(性理學)을 대표하는 주자(朱子)는 "원형이정은 천도의 떳떳함이고 인의예지는 인성의 벼리이다(元亨利貞 천도之常 仁義禮智 人性之綱)."라고 말씀하였다.

만물의 생성법칙인 오행은 수화목금(도개걸윷)을 거쳐 중심의 토(모)로 완성되지만 춘하추동 사시의 작용은 목화금수의 차례로 유행한다. 아침(봄)에 해당하는 동방으로부터 시작하여 점심(여름)의 남방, 저녁(가을)의 서방, 밤중(겨울)의 북방으로 회귀하는 순환과정이다. 이러한 때의 자연적인 흐름에 따라 건(乾)을 원형이정으로 정의한 것이다.

건(乾)의 4덕에서 첫째인 元(으뜸 원)은 一(한 일)과 兀(우뚝할 올), '가장(一) 우뚝(兀) 앞장서다'는 뜻이다. '착하고 크다'는 선(善)과 대(大)와 통하며 계절의 머리인 봄의 따듯한 덕을 나타낸다.

亨(형통할 형)은 亠(머리 두)와 口(입 구) 아래에 了(마칠 료), 초목[口. 생명]이 머리를 높이 추켜세운[亠] 모습으로 '생장과정을 다 마쳤다[了]'는 뜻이다. 길이 뚫려 열리는 '通(통할 통)'과 통하며 여름의 성장하는 덕을 나타낸다.

利(이로울 리)는 禾(벼 화)와 刂(칼 도), '심은 벼를 낫으로 베어 거두어들인다.'는 뜻이다. 그릇에 물건을 그득 담는 '益(더할 익)'과 통하며 가을의 이로운 덕을 나타낸다.

---

[70] 中(가운데 중. 맞출 중)과 卜(점 복)을 합친 用(쓸 용)은 점쳐서 맞추거나 중심을 찍는다는 뜻으로서 과불급(過不及)이 없는 중정(中正)의 상태를 나타낸다. 易은 일월의 자연스런 교대왕래를 뜻한다.

貞(곧을 정)은 貝(조개 패)와 卜(점 복), '알찬 열매종자(貝. 씨앗)를 골라내어(卜) 굳건히 보관하다'는 의미다. 올곧게 그쳐 늘 변함없는 정(正), 그릇이 완성됨을 나타낸 鼎(솥 정)과 통하며 겨울의 올곧은 덕을 나타낸다.

미언(微言)

易은 '변화(變化)의 서(書)'이다, 대자연의 운행변화인 易은 태극을 보유하여 일체를 주재한다. 공자는 '역유태극(易有太極)'을 설명하는 가운데 "변통(變通)은 사시보다 더한 것이 없다."고 하였다[71].

원형이정은 하늘이 베푸는 춘하추동 사시(四時)의 굳건한 덕성이다. 원형은 만물이 생장(生長)하는 봄여름의 선천, 이정은 만물이 수장(收藏)하는 가을겨울의 후천에 해당하는 덕성이다. 원형이정은 사상의 음양배합으로 생성되는 오행에서 봄의 목왕(木旺)과 여름의 화왕(火旺), 가을의 금왕(金旺), 겨울의 수왕(水旺)에 관계된다.

오행의 중심인 토(土)는 사방의 수화목금을 조절하고 조화하는 본체태극에 상응한다. 밖에 드러나지 않고 중심본체를 안으로 감추는 체불용(體不用)의 법도에 따라 춘하추동의 원형이정 4덕을 세워서 팔괘 전체를 대표하는 건(乾)을 정의한 것이라 생각된다.

①건곤(乾坤)의 교역수수(交易授受)

1년의 주천도수는 360일의 주천상수에 기영도수 $5\frac{1}{4}$을 더한 $365\frac{1}{4}$이다. 양력에서는 4년을 기본주기로 평년인 3년 동안은 360일에 5일의 기영도수가 붙

---

71. 『周易(주역)』 계사상전(繫辭上傳) 제11장: 是故 易有太極 是生兩儀 兩儀 生四象 四象 生八卦 八卦 定吉凶 吉凶 生大業 是故 法象 莫大乎天地 變通 莫大乎四時.

고 4년째 되는 신자진(申子辰) 해의 윤년에는 주천도수가 366일이 된다. 주천상수를 벗어난 기영도수 6일은 우수리 $\frac{1}{4}$일이 쌓여 생성되는 1일인 태양윤일로 인한 것인데 이를 토대로 원형이정의 '정(貞)'이 완성된다.

건괘(乾卦) 다음 곤괘(坤卦)의 괘사(卦辭)에서는 '빈마지정(牝馬之貞)'을 말하였다. 牝(암컷 빈)이란 문자도 '21일(牛) 기영의 조화(匕=化)'로 만물을 싣는 땅의 정고한 덕을 상징한다.

하늘(☰)은 기운이 실(實)하고 땅(☷)은 기운이 허(虛)하다. 원형이정 4년을 주기로 덧붙는 21일의 기영이 하늘이 베풀어주는 양기(陽氣)이다. 땅은 이를 유순히 받아들여 만물을 낳고 기른다.

천간(天干) 가운데 갑을병(甲乙丙)은 천지인(天地人) 삼재(三才)를 대표한다. 건(乾)도 뿌리를 아래로 내리고 싹을 틔우며 생명의 밝음을 꽃피우는 이치를 압축한 글자이다. 천도운행으로는 내외선후의 기영(乞) 20日(20甲. 先甲十日後甲十日)과 그 중간의 1日(1甲)을 하나로 묶어놓은 모양이다.

천지일월의 21일 교역수수(交易授受)에서 '乾(하늘 건)'에 대응되는 '坤(따곤)'이란 글자도 탄생하였다. 어미 곤토(☷)의 자궁이 아비 건금(☰)의 밝은 씨앗종자를 순히 받아들여 三七 21일(昔)만에 만삭을 이루는 것이 '錯(섞일 착)'이란 글자이다. 공자는 음양불측(陰陽不測)인 태극의 현묘한 조화를 神(신령할 신)이라고 하였는데[72] 건곤교착(乾坤交錯)에 의해 천지만물의 생성조화가 신묘하게 펼쳐진다는 뜻이다.

初九는 潛龍이니 勿用이니라.
초구   잠룡   물용

---

72. 『周易(주역)』 계사상전(繫辭上傳) 제5장: 富有之謂 大業 日新之謂 盛德 生生之謂 易 成象之謂 乾 效法之謂 坤 極數之來之謂 占 通變之謂 事 陰陽不測之謂 神.

初:처음 초, 시작 초 九:아홉 구 潛: 잠길 잠, 자맥질할 잠 龍:용 용, 임금 용
勿:말 물, 없을 물 用:쓸 용

초구(初九)는 잠겨있는 용(龍)이니 쓰지 말지니라.

대의(大義)

　하루로는 아직 밤잠에서 깨어나지 않은 때이다.
　양이 처음으로 시생(始生)하는 과정이므로 연못 속에서 잠든 용에 비유하여 '쓰지 말라(勿用)'는 경계를 하였다. 태아가 모체인 자궁에서 자라고 초목이 땅 속으로 뿌리내리는 시기이다. 상하존비(上下尊卑)의 위(位)로는 가장 아랫자리이므로 집에서는 나이 어린 손자, 나라에서는 낮은 신분인 평민(平民)에 해당한다. 초야에 묻힌 채 세상에 모습을 드러내지 않고 심신수양에 힘쓰는 잠거포도(潛居抱道)의 수행자에도 해당된다.
　초구(初九) 효가 발동하면 속으로 부드럽게 파고드는 손하절(巽下絶, ☴) 바람(음목)의 형상으로 변한다. 밖으로 강건한 건금(乾金)에 의해 금극목(金克木)의 제지를 받으므로 아직은 쓰일 수 없는 상태이다.
　건괘(乾卦)의 효사(爻辭)에는 원대(元大)하고 인자(仁慈)하며 순전한 양물(陽物)인 '용(龍)'이 등장한다. 동방은 만물이 힘차게 소생하는 봄철에 상응한다. 춘하추동(春夏秋冬)의 머리가 춘(春)이듯이 원형이정은 원(元), 인의예지는 인(仁)이다.
　만물을 영도하는 네 마리 신수(神獸)를 그린 사신도(四神圖)에서 동방은 청룡(靑龍), 서방은 백호(白虎), 남방은 주작(朱雀), 북방은 현무(玄武)로 대표한다. 풍운조화를 일으키는 동방의 영물이 어진 목덕(木德)을 상징하는 용이다. 운등치우(雲騰致雨)를 베풀어 생명을 유익하게 해주므로 어진 임금의 덕을 용덕이라고 한다.

미언(微言)

　潛(잠길 잠)은 본래 물속[氵]에서 자맥질할 때 입김[曰]을 내뿜은 후 들어가 잠김을 이르며 '잠을 자다'는 우리말의 '잠'과 음의가 통한다. 연관글자가 입김 내듯이 실을 토해내는 벌레 蠶(누에 잠)이다. 어린누에는 뽕잎을 먹고 잠을 잔다. 잠에서 깬 뒤 실을 토하고 다시 뽕잎을 먹고 잠자는 다섯 번의 오령(五齡) 과정을 반복하여 고치를 지은 다음에 번데기 상태로 있다가 때가 되면 허물을 벗고 하늘을 나는 나비로 변화한다.

　초구(初九) 잠룡이 구오(九五) 비룡(飛龍)으로 바뀌는 것도 잠비(潛飛)하는 과정을 거친다. 태중(胎中)의 어린 생명이 세상에 태어나 어른으로 성장하고 은거하여 학문과 덕을 닦는 수행을 하고 마침내 깨달음을 얻은 성인(聖人)이 되는 것도 이와 같다.

　물용(勿用)의 用(쓸 용)은 '중심(中)에 점을 찍다(卜)'는 뜻이다. 중심을 잡지 못하면 제대로 설 수 없으므로 사물을 제대로 운용(運用)할 수 없다. 선천 음양은 체, 후천 오행은 용에 해당하므로 본체원리인 선천팔괘 보다는 현상작용인 후천팔괘를 위주로 괘효(卦爻)를 살핀다.[73] 사람과 만물의 활동도 후천적인 오행작용에 의한다.

　선후(先后)의 복판은 중(中)이다. 낙서의 구궁(九宮)은 선천과 후천을 잇는 중천의 가교로서 대천(大川)을 건너는 나룻배와도 같다. 일감(一坎) 이곤(二坤) 삼진(三震) 사손(四巽) 오중(五中) 육건(六乾) 칠태(七兌) 팔간(八艮) 구리(九離)의 후천팔괘도 용구(用九)의 구궁수를 활용(活用)하여 표명한다.

　용(用)은 용(龍)의 음의와도 통한다. 순일한 양물(陽物)인 하늘의 용(龍)은

---

[73] 미래후천의 조짐을 살핌이 역점(易占)의 핵심요체이다. 약식으로 괘효를 구하는 점의 방식은 먼저 상괘를 구하고 이어 하괘를 구한 다음 마지막으로 효를 구한다. 선천으로 인해 후천이 펼쳐지므로 일건천(一乾天)의 1에서 팔곤지(八坤地)의 8에 이르는 선천팔괘의 괘서(卦序)를 활용한다. 괘효를 얻은 다음에는 선천팔괘의 위(位)에 상응하는 후천팔괘를 위주로 괘효의 내용을 분석한다.

태양수(노양수) 九를 쓴다. 그래서인지 용의 비늘도 九×九=81개라고 한다[74].
육효를 해설한 다음 마지막 용구(用九)에 육룡(六龍)이 모두 발동하여 곤괘(坤卦)로 변하는 이치를 설명한다.

九二는 見龍在田이니 利見大人이니라.
구 이   현 룡 재 전   이 견 대 인

見:나타날 현(=現), 볼 견 在:있을 재 田:밭 전

구이(九二)는 나타난 용이 밭에 있으니 대인을 만나봄이 이로우니라.

대의(大義)

하루로 보면 밝은 아침이 되어 눈을 뜨고 일어나는 때이다.

구이(九二)는 내괘의 중심을 얻은 건실(健實)한 효로서 지하에 숨은 초구(初九)와는 달리 지상의 밭에 모습을 드러낸 '현룡(見龍)'이다. 생명의 밝은 눈을 뜨는 좋은 시기를 만났으므로 덕이 있는 훌륭한 사람을 만나서 조력(助力)을 얻으면 이롭다.

구이(九二)가 발동하면 이허중(離虛中,☲) 불로 변하므로 사람의 눈(目)을 가리키는 見(나타날 현, 볼 견)이 나온다. 외괘 건금(乾金,☰)을 화극금(火克金)하여 밖으로 나올 수 있기에 적극적으로 능력을 발휘하여 세상과 함께 하는 때이다.

본괘와 지괘의 연계를 살피면 건지동인(乾之同人)이다. 불이 하늘을 향하여 화취조(火就燥)하여 나아가 합동하는 상이다. 내외의 중심인 2효와 5효는

---

[74] 개물기 86,400년에서 '윤달의 극(極)'인 '유극'이 54개월이 생성된다. 1원 129,600년에서는 81개월의 유극이 생성된다. 九×九=81의 글자로 구성된 『天符經(천부경)』 문장격식과 합치한다.

서로 응하므로 아래의 중심을 얻은 구이(九二) 대인이 위의 중심을 얻은 구오(九五) 대인을 서로 만나보라는 뜻으로도 풀이된다.

천화동인(天火同人, 13)의 괘사(卦辭)에도 '사람과 함께 함을 드넓은 광야(廣野)에서 하라'는 "동인우야(同人于野)"의 형통함을 말하였다. 드넓은 광야로 나아가 세상과 함께 더불어 덕을 밝히라는 뜻이다.

미언(微言)

田(밭 전)은 농경생활의 근본 토대로 사람이 모이는 중심지이고 대인(大人)은 훌륭한 덕을 널리 세상에 펼쳐 모든 이에게 유익함을 주는 사람이다. 이견(利見)은 '이로움을 보다'는 뜻이다.

화살을 본뜬 상형문자인 矢(화살 시)를 상하로 분리하면 대인(大人)이 된다. 굳세고 올곧은 화살은 하늘(☰)의 양강(陽剛)한 건금(乾金)의 형상이다. 사물의 본질을 정확히 맞추는 지(知)의 원천이 밝은 하늘이다. 知는 '대인지언(大人之言)'으로도 풀이된다. 강직한 화살(矢)로 과녁중심(口)을 꿰뚫듯이 하늘의 지혜를 통한 대인이 올곧은 목표를 밝게 제시하여 말해주기 때문이다.

구이(九二)가 변한 지괘도 천화동인(天火同人, 13)이다. 현룡재전(見龍在田)에서의 田 또한 轉(구를 전)의 음의와 은연중 통한다. 글자도 원형이정(4口)으로 회전(回轉)하며 나아가는 수레바퀴 모양이다.

九三은 君子ㅣ 終日乾乾하야 夕惕若하면 厲하나 无咎ㅣ리라.
　　구 삼　　　군 자　　　종 일 건 건　　　석 척 약　　　　　려　　　　　　무 구

終:마칠 종　乾:굳셀 건(=健)　夕:저녁 석　惕:두려워할 척　若:같을 약　厲:힘쓸 려, 위태로울 려　无:없을 무　咎:허물 구

구삼(九三)은 군자가 종일토록 굳세고 굳세게 노력해서 저녁까지 두려워 할 것 같으면 위태로우나 허물은 없으리라.

대의(大義)

밖으로 나아가 온종일 열심히 일하는 때이다[75].

전체적으로 보면 오위(五位)와 상위(上位)는 높은 천위(天位), 초위(初位)와 이위(二位)는 낮은 지위(地位), 그 중간의 삼위(三位)와 사위(四位)는 천지 사이에 처한 인위(人位)이다. 상하 중간의 인위(人位)에 처하고 양위(陽位)에 양효가 있어 제자리를 바르게 얻었으므로 하늘의 용(龍) 대신에 세상의 군자(君子)로써 표명하였다.

효와 위가 모두 강건(剛健)하므로 하늘의 도를 본받아 밤낮 없이[終日] 성실히 일하며[乾乾] 노력을 다한다. 내괘 선천 건(乾)이 끝나고 바야흐로 외괘 후천 건(乾)으로 바뀌는 '과도시기'이기에 그동안 일한 결과가 마침내 돌아온다. 하루일과가 끝나는 저녁[夕]은 선악길흉과 득실화복이 가려지는 심판(審判)이 주어지는 때이다. 마땅히 두려운[惕] 마음으로 신중(愼重)하고 조심(操心)스럽게 대처하면 비록 수고롭고 힘들지만[厲] 허물이 있을 리가 없다[无咎].

惕(두려워할 척)은 '易을 지은 성인(聖人)의 마음[心]'이라고도 한다. 선천에서 후천으로 때가 바뀌어[易] 결과에 대한 심판이 주어지므로 마음(心) 속으로 두려워하고 조심하라는 뜻이다. 厲(힘쓸 려)는 본래 '종일건건(終日乾乾)의 노력으로 거둬들인 애쓴 결실물[萬]을 곳간[厂]에 넣어둔다'는 의미다. 벌 떼[萬]가 무리지어 집[厂]을 짓는데 온힘을 다하므로 일에 힘쓰도록 권면

---

[75] 태양(日)은 자연계에서 일체 만물의 생명활동을 일으키는 기(氣)의 원천이다. 조석주야로 쉼 없이 돌아가는 日을 본체로 하여 회현삭망(晦弦朔望)을 거듭하는 月의 조화가 발현되고 이를 통하여 끝없는 세월이 운행한다.

(勸勉)하는 뜻으로 주로 풀이된다. 격려(激勵)와 독려(督勵) 등에 쓰이는 勵(힘쓸 려)와도 같다. 산기슭[厂]의 벌집[萬]을 잘못 건드리면 위태롭다는 경계로도 풀이된다.

萬(일만 만)은 벌의 더듬이와 몸체의 형상 또는 풀벌레(++禺)를 나타낸다. 백백지만(百百之萬)의 수로 쓰이며 만물(萬物)과 만민(萬民), 만인(萬人) 등에서 보듯이 헤아릴 수 없이 '많다'는 뜻이다. 역수로는 선10甲과 후10甲의 20甲[萬]에 의해 하늘 건(乾)이 만유(萬有)를 생성해 냄을 암시한 듯 보인다.

구삼(九三)이 발동하면 태상절(兌上絶,☱)로 변하여 저녁에 해당하는 서방태금(兌金)이 나온다.

본괘와 지괘의 흐름이 건지리(乾之履)이다. 천택리(天澤履,10)는 예(禮)를 굳건히 실천이행(實踐履行)하는 괘이다. 하늘(☰) 아래의 연못(☱) 수증기가 피어올라 하늘로 향해 나아가듯이 기꺼이 자신을 희생하며 위를 따라 강건하게 나아감과 통한다.

예(禮)는 상하를 분별하여 높고 낮음을 아는 데에서부터 출발한다. 부친 건금(乾金)은 양강한 금이고 소녀 태금(兌金)은 음유한 금이므로 강건한 금(☰)에 의해서 유약한 금(☱)이 밟힌다. 리(履)는 밑에서부터 기초단계를 밟아 갈수록 더욱 굳건해짐을 나타낸다. 전래풍속인 겨울철의 보리밟기와 정월대보름의 지신밟기, 삼월삼짇날의 답청(踏靑)에서 알 수 있듯이 밟아줄수록 오히려 생명력은 굳세어진다[76].

살얼음을 밟듯이 발걸음을 죽이고[尸] 조심히 나아가 근본을 되찾는[復] 극기복례(克己復禮)가 곧 리(履)이다. 열 달의 과정을 거쳐 생명이 새롭게 문을 열고 나오듯이 선천에서 후천으로 밟고 넘어가는 중간의 통로(通路)와도 같다.

---

76. 선천적 이치로는 이태택(二兌澤)에서 일건천(一乾天), 후천적 이치로는 서방태금(七兌)에서 서북건금(六乾)으로 이행(履行)하는 과정, 가을의 흰서리가 내리는 상강(☰)에서 겨울 얼음이 굳게 어는 동지(冬至 ☰)로 절기변화가 바뀌는 시기이다. 곤괘(坤卦)의 초육효사에 이른 "이상견빙지(履霜堅氷至)"와도 같다.

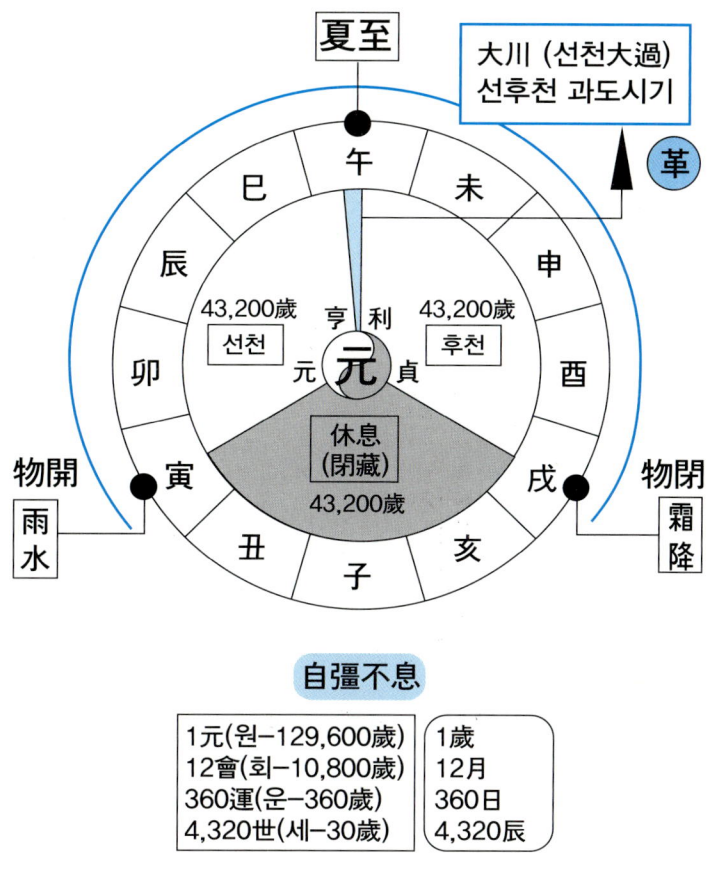

미언(微言)

  천도의 선후변화로 살피면 종일건건(終日乾乾)의 종일(終日)은 만물이 생성하고 소멸하는 활동주기로서 문을 여닫는 물지개폐(物之開閉)를 가리킨다.
  인사적인 측면에서는 하루의 일과(日課)가 인시(寅時) 중반에서 시작하여 오시(午時) 중반을 거쳐 술시(戌時) 중반에 이르러 종결된다. 한 해 농사시기로는 초봄인 음력 정월 중반에서 늦가을인 음력 9월 중반까지, 절후로는 인월(寅月) 중반의 우수(雨水)에서 술월(戌月) 중반의 상강에 이르기까지 이다[77].

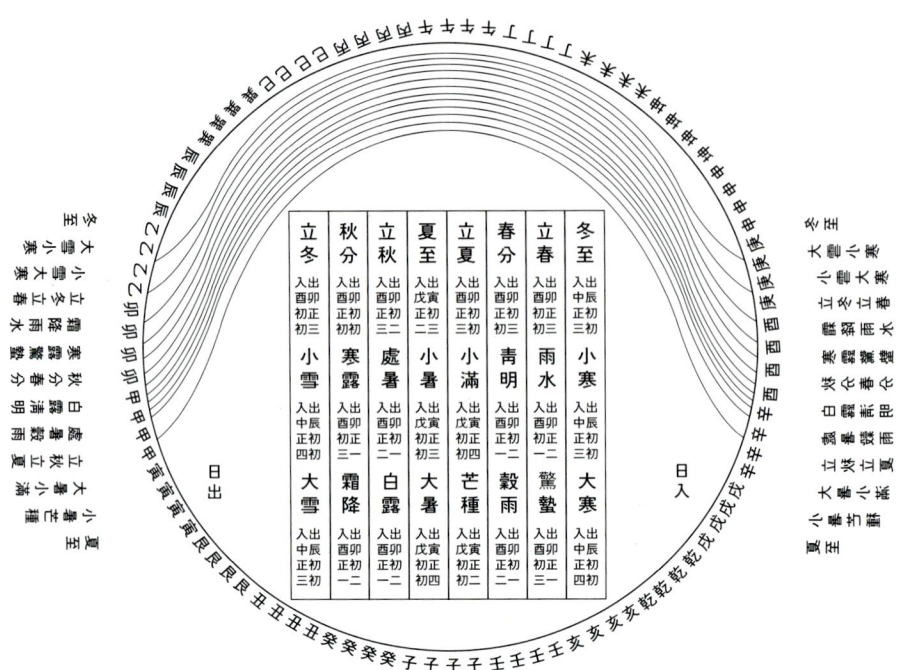

주야(晝夜) 일일백각(一日百刻)의 일출(日出)과 일몰
하지(夏至) 종일건건(終日乾乾)의 개물(開物)과 폐장(閉藏)

日(날 일)은 본래 태양이 지구를 한 바퀴 도는 하룻날의 일주(一周)를 말한다. 60日로 한 바퀴 일주(一周)하는 간지의 주기와도 통하므로 日 대신 甲으로도 표명하기도 한다. 천도운행의 대주기 1元 12會인 129,600년 중에서 만물이 생성되어 소멸하는 기간이 인회(寅會) 중반에서 술회(戌會) 중반까지 86,400년이다. 이를 '개물기'라고 하는데 '21甲(1,260년)'의 기영 건(乾)이 그 사이에 펼쳐진다. 1甲이 60년, 1세가 30년이므로 종일건건(終日乾乾)은 개물기의 기영 42세를 이른다[78].

---

77. 종일건건(終日乾乾)의 건건(乾乾)은 3윤을 생성하는 8년 주기의 '42일의 기영'을 암시한다. 내건외건(內乾外乾)의 선천후천으로 양분하여 천도의 변화를 설명한 문장이다. 하루 12시진의 8시진(인시중반~술시중반), 한 해 12월의 8개월(인월중반~술월중반), 세성(歲星)으로 표명되는 목성이 태양을 회전하는 12년 가운데 8년간(인년중반~술년중반), 더 나아가 1元 12회(會)의 8회간(인회중반~술회중반)을 이른다.

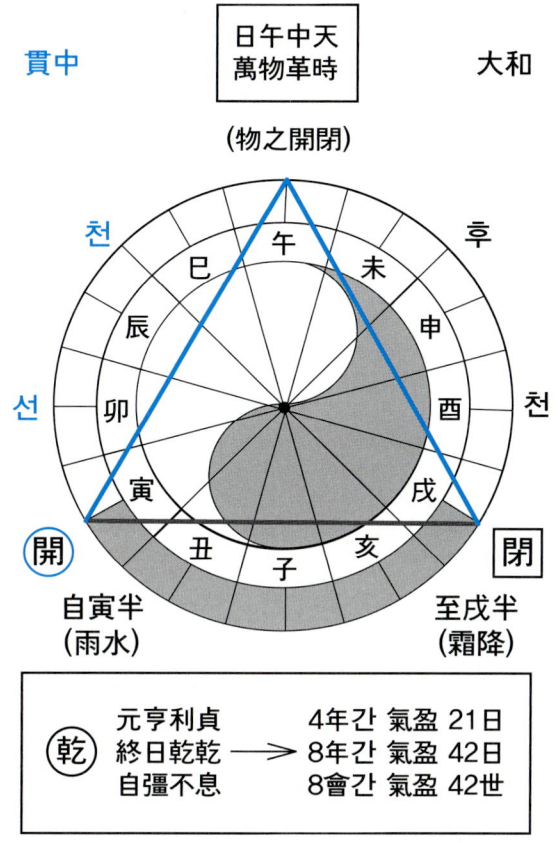

　開(열릴 개)는 甲을 양쪽으로 따갠 형태인 門(문 문)과 21을 뜻하는 幵(열 개)를 합친 글자이다. 개천(開天)을 통한 개물(開物) 즉 순양의 밝은 하늘이 문을 열고 21甲의 기영을 베풀어 만물이 열려 나온다는 글자가 形(모양 형)이다.

　건건석척(乾乾夕惕)은 선후천이 바뀌는 과도시기에 중천의 1甲을 포함한 선후 21甲(42世)의 과도한 기영도수를 끊어내어 척결(剔抉)하지 않으면 천도의 전체기틀이 어그러져 후천의 문을 열 수 없다는 경계로도 풀이된다. 刑(형벌 형)도 이러한 뜻이다.

---

78 기영 21日을 상징하는 대표적인 글자로 昔(옛 석, 오랠 석)도 있다. 양념을 버무리듯이 21日의 날짜가 뒤섞임을 뜻한다. 하늘의 운행도수가 4년을 주기로 기영 21일이 쌓임에 착안한 주역문자이다. 쇠붙이(金)에 금속의 막을 씌운(昔) '도금'을 나타낸 '錯(섞일 착, 버무릴 착, 어긋날 착), 措(둘 조)' 등이 이와 관련된 문자이다.

九四는 或躍在淵하면 无咎ㅣ리라.
구사 혹약재연   무구

或:혹 혹 躍:뛸 약 淵:못 연

구사(九四)는 혹 도약(跳躍)하였다가 못에 있으면 허물이 없으리라.

대의(大義)

한낮에 열심히 일하다가 오후에 들어서면서 잠시 쉬며 호흡을 조절하는 때이다.

쌓은 바의 실력이 아직은 부족하여 자신의 능력을 마음껏 펼칠 수 없으며 오직 자신감으로 성급하게 위로 나아가려다 외부의 견제(牽制)를 받아 일시적으로 좌절(挫折)을 겪는다. 내괘에서 벗어나 외괘로 전진하여 바야흐로 선천에서 후천으로 바뀐다. 하괘에서 상괘로 전진한 구사(九四)에서는 하늘의 용도 어진 덕의 군자도 특정하여 명시하지 않았다. 군주인 구오(九五) 바로 아래에 있으므로 대신(大臣)의 높은 자리이긴 하지만 음위(陰位)에 양효가 있어서 제자리를 얻지 못하였고 구이(九二)와 구오(九五)처럼 내외의 중심을 얻은 자리도 아니기 때문이다.

혹약재연(或躍在淵)은 구사(九四)가 부중부정(不中不正)하여 의혹(疑惑)하므로 자신이 처할 위치를 찾고 구오(九五)를 향하여 비상(飛上)할 때를 준비하고 시험해 보는 것이다. 비록 구오(九五)에 미치지는 못하였어도 구사(九四)가 시도하는 노력이 허물일 수는 없다[无咎].

실력을 갖추고 주변의 믿음을 얻으며 천시(天時)를 만나야 등천(登天)하여 풍운조화를 부리는 비룡(飛龍)이 된다. 구사(九四)가 동하면 손하절(巽下絶, ☴)로 변하여 부드러운 바람(☴)이 강건한 하늘(☰)로 불어 내려 풍천소축(風天小畜,9)이 된다. 안으로 강명(剛明)한 하늘의 덕이 쌓인 상태이긴 하지만 손순(遜順)한 바람이 위에서 불어와 밖으로 나아감을 공순히 제지(制止)하는 상황이다. 바람은 밖으로 드러나지 않는 은복(隱伏)을 뜻한다.

선천적 이치로는 일건천(一乾天)에서 오손풍(五巽風)으로 넘어가므로 선천의 양에서 후천의 음으로 전환하는 중대한 변혁 시기를 맞이한다. 괘체(卦體)가 1음5양이어서 양을 상대하는 음이 미약하므로 음양화합이 조화롭게 진행되지 못한다. 후천적 이치로는 동남방이 손목 바람을 대표한다. 서북방의 건금 하늘이 동남풍을 만나서 비를 내려야하는데 음기가 아직 미약하여 제대로 화합하지 못하므로 비의 은택(恩澤)을 온전히 베풀기가 어렵다. 소축(小畜)의 괘사(卦辭)에 구름만 빽빽이 형성되고 비를 내리지 못하는 "밀운불우(密雲不雨)", 제후인 서백(西伯) 문왕이 도탄에 빠진 동쪽 은(殷)나라를 돕지 못하고 오히려 어려움을 겪는 자신의 처지를 빗댄 "자아서교(自我西郊)"를 말하였다.

오행이치로는 동남 손목(巽木)이 부드러운 음목이고 서북 건금(乾金)이 강건한 양금이다. 내괘 건금이 외괘 손목을 금극목(金克木)하므로 비상(飛上)을 위한 도약(跳躍)을 시도해보는 상이다. 적소성대(積小成大)라 하듯이 소축(小畜)에서 대축(大畜)으로 실력을 크게 쌓으면 크게 발전할 수 있다.

4년을 주기로 하루씩 가산되는 양력의 2월 29일(태양윤일), 32삭망월을 주기로 하루씩 가산되는 삭망윤일(태음윤일)이 이 혹약(或躍)의 법도에 상응한다. 초구(初九)의 잠룡과 대비된다.

或(혹 혹)은 행여 있을지 모르는 외부의 적이 침입할 경우 백성[口]이 창[戈]을 들고 일치단결[一]하여 막아낸다는 뜻이지만 본래는 하루(一日)라는 날짜변동[戈]이 혹 발생할 수 있음을 나타낸 글자이다. 구사(九四)가 발동하여 변한 소축(小畜)도 하루라는 날짜가 늘어나 조금씩 쌓인다는 뜻과 통한다.

미언(微言)

구삼(九三)의 종일건건(終日乾乾)과 구사(九四)의 혹약재연(或躍在淵)은 해를 품은 달처럼 양의 기영 42世를 음의 삭허 45世로 미덥게 품는 중부(中孚)의 도와 관계된다. 효사(爻辭)에 모두 천진(天眞)의 무구(无咎)를 말하였다. 천도의 올바름을 회복하는 '반정존본(反正存本)'의 중요함을 강조한 것이다.

선종후시(先終后始)의 중간위에 처한 두 효가 변하면 일체의 중생을 품고 큰 내를 건너는 중부(中孚. 61)괘로 바뀐다. 천도의 중정(中正)을 상징하는 절괘(節卦. 60) 다음에 중부를 둔 까닭은 절도(節度)가 있어야 미덥게 부합(符合)된다는 의미다.

『中庸(중용)』제1장에 중(中)은 천하의 대본(大本), 화(和)는 천하의 달도(達道)라고 하였다. 중(中)의 미발(未發) 상태로부터 화(和)의 발이개중절(發而皆中節)을 펼치면 천지도 편안히 안정되고 만물도 지극히 길러진다[79].

九五는 飛龍在天이니 利見大人이니라.
구오   비룡재천   이견대인

飛 : 날 비

구오(九五)는 나는 용이 하늘에 있으니 대인을 만나봄이 이로우니라.

대의(大義)

정점(頂點)에 올라 최고의 능력과 역량을 발휘하여 열매를 완성하는 때이다. 하늘의 중정(中正)함을 겸비한 구오(九五)는 비룡(飛龍)의 대덕을 갖춘 대인(大人)이다. 군주일 경우 자신을 보좌해 줄 아래에 있는 대인을 만나봄이 크게 이롭다. 높은 지위와 덕을 갖춘 이가 아닌 일반인일 경우 존엄한 위의 대인을 찾아보아야 크게 이롭다(利見大人).

---

[79]. 『中庸(중용)』 제1장: 中也者 天下之大本也 和也者 天下之達道也 致中和 天地位焉 萬物 育焉.

구오(九五)가 동하면 이허중(離虛中,☲) 불로 변하여 건지대유(乾之大有)가 된다. 1음5양의 대유(大有)는 음이 홀로 높은 지위를 얻어 다섯의 큰 양을 거느려 소유(所有)한다는 뜻이다. 외괘 남방이화가 내괘 서북건금을 화극금(火克金)하여 위에서 제어하므로 밝은 불(☲)이 높은 하늘(☰) 위로 올라가 만방을 두루 비추는 모습이다.

　위의 대인 구오(九五)가 동한 대유(大有)와 아래의 대인 구이(九二)가 동한 동인(同人)에서 대동(大同)이 나온다. 유학의 핵심은 대동중정(大同中正)이다. 상하의 두 대인이 일심으로 합력하여 인의중정에 바탕을 둔 대동지선의 세상을 구현하는 것이다.

미언(微言)

　64괘 384효의 으뜸인 건구오(乾九五)는 6양 중에서 홀로 중정(中正)을 얻었으므로 하늘의 상제(上帝) 내지는 억조창생의 부모와 스승격인 성인(聖人)에 비견된다. 성인은 천시(天時)와 천명(天命)에 응하여 선천에서 후천으로 바뀌는 천도변화를 주재(主宰)하며 만유(萬有)를 통어(統御)한다.

　구오(九五)가 변한 남방의 불괘(☲)는 염상(炎上)하여 위로 오르므로 飛(날 비)가 나온다. 飛는 '날개[羽]를 활짝 펼쳐 상승하여 오르다[升]'는 뜻이다. 지풍승(地風升, 46) 괘사(卦辭)에 "남쪽을 정벌하기 위해 떠나면 길하다[南征吉]"고 하였다.

　설괘전에서는 남방의 이화(離火)를 두고 한낮에 서로 만나는 "상견호리(相見乎離)"를 말하였다. 다 같이 이견대인(利見大人)을 말씀한 건괘(乾卦)의 구이(九二)와 구오(九五)가 변한 지괘가 상경선천을 마치는 중화리(重火離.,30)이다. 선후에 때 맞추어 종시를 바로잡는 '중어선후(中於先后) 정기종시(正其終始)'를 펼치는 것을 '선후천고정(先後天考定)'이라고 한다. 하늘의 중정(中正)을 얻은 건구오(乾九五)가 그 주인공이다.

上九는 亢龍이니 有悔리라.
　상구　　항룡　　　유회

亢:목 항, 높을 항 悔:뉘우칠 회

상구(上九)는 높은 용이니 후회(後悔)가 있으리라.

대의(大義)

　삶의 과정이 완전히 끝나는 때로서 해가 지는 인생의 황혼기에 해당한다.

　건(乾)의 6양 가운데 가장 높은 자리에 있어 극도로 과강한데다 음위(陰位)에 양효가 와서 부중부정(不中不正)하다. 너무 지나쳐 후회가 따름을 경계하였다[亢龍有悔].

　상구(上九)에 이른 亢(목 항)은 신체의 상부에 속한 용의 목, 초구(初九)에 이른 勿(말 물)은 신체 하부에 속한 용의 네 다리를 가리킨다. 효가 처한 자리에 따라 문장뿐만 아니라 문자를 잘 살펴 배치하였음을 볼 수 있다.

　초효(初爻) 상효(上爻)가 시종본말로 대비되므로 '잠룡물용(潛龍勿用)'과 '항룡유회(亢龍有悔)'가 같은 문장형식이다. 내외의 중심을 얻은 구이(九二)와 구오(九五)도 '이견대인(利見大人)'을 함께 말하고 '현룡재전(見龍在田)'과 '비룡재천(飛龍在天)'의 비슷한 문장형식을 취하였다. 중간의 인위(人位)에 속한 구삼(九三)과 구사(九四)의 경우는 문장이 모두 '무구(无咎)'로 끝난다.

　상구(上九)가 동하면 태상절(兌上絶,☱)로 변하여 건지쾌(乾之夬)로 바뀐다. 구삼효사에 '석척(夕惕)'을 말하였듯이 서방태금은 하루의 일과가 끝나는 황혼(黃昏)의 저녁에 해당하므로 삶의 과정이 끝나는 때이다.

　夬(끊을 쾌)는 아래의 5양들이 똘똘 뭉쳐 맨 위의 음을 척결(剔抉)하여 결단(決斷)하는 상이다. 내괘의 굳센 건금(乾金)이 외괘의 약한 태금(兌金)을 금극목(金克木)하여 줄기가 끊긴다. 목을 끊는 참형(斬刑)과 같다.

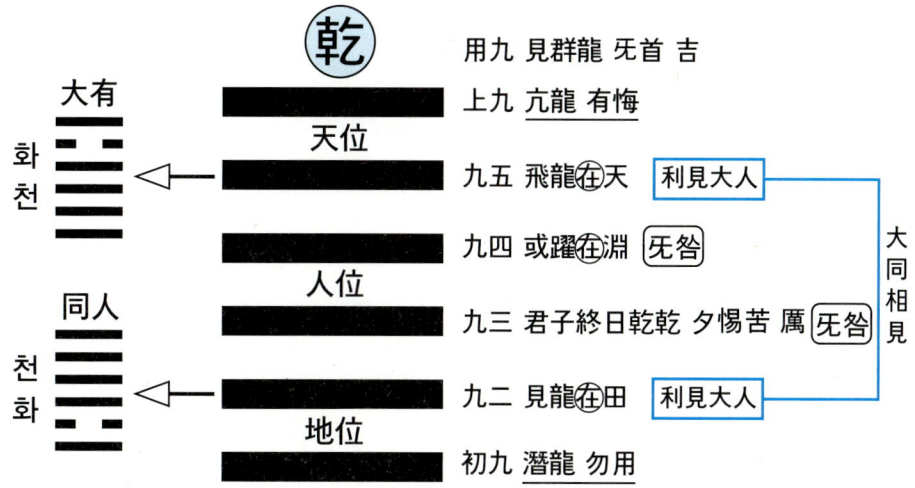

미언(微言)

　夬는 손으로 활시위를 당겨 틈을 벌림을 나타낸 글자이다. 물꼬를 트고자 밭두둑을 끊듯이 '끊어낸다'는 뜻으로 쓰이며 決(터질 결)과 缺(이지러질 결), 訣(이별할 결), 抉(도려낼 결) 등이 관련문자이다.
　괘효(卦爻)를 구하는 까닭은 본래 올바른 판단(判斷)으로 그릇된 사고를 척결(剔抉)하고자 함이다. 잡괘전(雜卦傳)의 마지막 문장이 夬에 대한 해설문장으로 끝난다. 소인을 결단하는 군자의 도가 그만큼 중요하기 때문이다.[80]

用九는 見群龍호대 旡首하면 吉하리라.
　용구　　견군룡　　　무수　　　길

群:무리 군　首:머리 수　吉:길할 길

용구(用九)는 뭇용을 보되 머리함이 없으면 길하리라.

80.『周易(주역)』잡괘전(雜卦傳): 夬 決也 剛決柔也 君子道長 小人道憂也.

대의(大義)

여기에서의 용구(用九)는 초구(初九)로부터 상구(上九)에 이르는 6양 전체를 쓴다는 뜻이다. 6효가 다 발동하여 건지곤(乾之坤)으로 바뀌는 과정이므로 선천에서 후천으로 넘어가는 중천과도기를 '용구(用九)의 시대'로 일컫는다. 실(實)한 건(乾)으로부터 허(虛)한 곤으로 변하므로 강건한 하늘이지만 무수(无首)의 유순한 미덕을 아우른다고 하였다. 건(乾) 속에 능히 곤(坤)이 함축되어 있다는 뜻이다.

군룡(群龍)은 건괘(乾卦)의 전체 6양을 가리키는데 누구든 우두머리가 되고자 앞장서면 필연적으로 다른 용들과 싸움이 일어나 위경(危境)을 자초하게 되므로 무수(无首)의 길함을 특별히 강조하였다.

우주 자연을 대표하는 하늘은 무궁무한하다. 삼라만상을 이끄는 머리임에도 불구하고 자신이 스스로 머리가 되지 않으므로 오히려 일체의 삼라만상을 망라하여 포괄(包括)한다. '무극이태극(无極而太極)'의 이치와도 통한다. 진리를 깨달은 성인(聖人)도 이와 같아서 무수(无首)의 극진한 덕을 베풀어 모두를 포용할 뿐 남들과 다투지 않는다. 유아독존(唯我獨尊)과 독생자(獨生子) 등도 우리 모두가 제각각 하늘의 지극한 성품씨앗을 부여받은 존귀한 존재임을 깨달으라는 선언적 가르침으로 풀이하여야 옳다고 생각된다.

『大學(대학)』과 『中庸(중용)』에 나오는 신독(愼獨)도 이러한 뜻이다.

미언(微言)

64괘의 384효 가운데 192효는 양효인 九, 192효는 음효인 六이다. 64괘의 부모는 6양의 건괘(乾卦)와 6음의 곤괘(坤卦)이므로 특별히 건곤(乾坤)의 효사(爻辭) 말미에 각기 용구(用九)와 용육(用六)을 달아 양효와 음효의 쓰임을 밝혔다.

양효(─)는 3이고 음효(--)는 2라는 '삼천양지(參天兩地)'의 기본 수리에 입각하여 살피면 사상수(四象數)인 육칠팔구(六七八九)에서 태양수 九는 3양의 건삼련(乾三連,☰) 부친에, 태음수 六은 3음의 곤삼절(坤三絶,☷) 모친에 연계된다. 구육(九六)의 성숙한 부모라야 음양배합을 통한 교역과 변역을 능히 펼칠 수 있으므로 용구(用九)와 용육(用六)이다.

소양수 七은 1양2음인 진감간(震坎艮,☳☵☶)의 세 아들에, 소음수 八은 1음2양인 손리태(巽離兌,☴☲☱) 세 딸에 연계된다. 七八의 미숙한 자녀는 어리므로 아직 음양의 교역변화를 펼칠 수 없으므로 불용(不用)이다. 초구효사에 나오는 잠룡물용(潛龍勿用)과도 통한다.

彖曰大哉라 乾元이여. 萬物이 資始하나니 乃統天이로다.
단 왈 대 재 건 원   만 물   자 시   내 통 천
雲行雨施하야 品物이 流形하나니라.
운 행 우 시   품 물   유 형
大明終始하면 六位時成하나니 時乘六龍하여 以御天하나니라.
대 명 종 시   육 위 시 성   시 승 육 룡   이 어 천
乾道ㅣ 變化에 各正性命하나니 保合大和하야 乃利貞하나니라.
건 도   변 화   각 정 성 명   보 합 대 화   내 이 정
首出庶物에 萬國이 咸寧하나니라.
수 출 서 물   만 국   함 녕

彖:돼지어금니 단, 판단할 단, 끊을 단 哉:어조사 재 資:바탕 자, 힘입을 자 始:처음 시, 비롯할 시 乃:이에 내 統:거느릴 통 雲:구름 운 行:움직일 행, 행할 행 雨:비 우 施:베풀 시 品:물건 품 物:만물 물 流:흐를 유(류) 形:모양 형 明:밝을 명 位:자리 위 時:때 시 成:이룰 성 乘:탈 승, 오를 승 以:써 이 御:몰 어, 다스릴 어 變:변할 변 化:화할 화 各:각기 각 正:바를 정 性:성품 성 命:목숨 명, 명할 명 保:지킬 보, 보전할 보 和:합할 화 出:날 출, 나타날 출 庶:여러 서 萬:일만 만 咸:다 함, 모두 함 寧:편안할 녕

단전에 이르길 크도다! 乾(건)의 元(원)이여! 만물이 이에 힘입어 시작(始作)하나니 이에 하늘을 거느리도다!

구름이 행해지고 비가 베풀어져서 품성(品性)을 갖춘 만물이 흐름따라 형용(形容)을 갖추니라.

크게 종(終)과 시(始)를 밝히면 여섯 자리가 이루어지나니 여섯 용을 타서 하늘을 몰고 가느니라.

하늘의 도가 변화함에 제각기 성명을 바로하나니 크게 화함을 보전하고 합해서 이에 이롭고 바르게 하니라.

머리가 여러 만물 가운데에서 나옴에 만국이 모두 편안하느니라.

대의(大義)

彖(끊을 단)은 괘 전체를 판단하고 분석하여 정의한 문왕의 괘사(卦辭) 즉 단사(彖辭)를 가리킨다. 땅을 잘 파헤치고 단단한 음식물도 잘 씹는 돼지의 주둥이(또는 어금니)처럼 물건의 재질과 바탕을 판단하는 斷(끊을 단, 판단할 단)과도 같은 뜻이다.

단왈(彖曰)은 '괘사(卦辭)의 말씀 즉 괘사(卦辭)는 가로되'라는 뜻이다. 문왕의 도를 계승한 공자가 지은 「十翼(십익)」 가운데 첫 번째에 해당하는 '단전(彖傳)'이다. 건괘(乾卦)의 단전이므로 건(乾)의 원형이정 4덕에 대해 순차적으로 설명하였다.

① 大哉乾元　萬物資始

하늘이야말로 오로지 원대하다[大哉乾元]. 만물이 여기에 힘입어 생명활동이 처음 시작한다[資始][81]. 그러므로 건(乾)의 4덕 가운데 원(元)이 머리가 되어 하늘을 이끌고 거느린다[乃統天].

건도성남(乾道成男) 곤도성녀(坤道成女), 건도에 의해 남자가 이루어지고 곤도에 의해 여자가 이루어진다. 하늘은 양물(남자)이고 땅은 음물(여자)이다. 하늘이 밝은 생명의 씨앗을 베풀어주면 땅은 이를 받아들여 잉태한다.

건괘(乾卦)단전은 "대재건원(大哉乾元) 만물자시(萬物資始)", 곤괘(坤卦) 단전은 "지재곤원(至哉坤元) 만물자생(萬物資生)"으로 시작한다. 지대(至大)와 시생(始生)으로 건곤부모의 역할을 서로 대조되도록 한 문장이다.

②雲行雨施 品物流形

하늘의 형통(亨通)한 덕에 대한 설명이다. 시행은 하늘의 움직임이고 운우(雲雨)는 하늘의 음양조화이다. 하늘에서 생성되는 운우(雲雨)는 운등치우(雲騰致雨), 덥고 습해진 땅의 수증기가 위로 올라가 구름이 형성되고 하늘의 찬 공기를 만나면 마침내 비를 형성하여 땅으로 내린다[雲行雨施]. 이로 인해 형상을 갖춘 생명이 세상에 흘러넘친다[品物流形]. 또는 하늘이 부여한 성품(性品)을 갖춘 만물이 타고난 형상대로 물이 흐르듯 유수(流水)한 세월을 살아간다.

流(흐를 류)는 하늘이 운우를 시행함으로써 만물이 유동(流動)함을 가리킨다. 위 하늘로부터 아래 땅으로 내려오는 자상이하(自上而下)의 이치에 따른 표현이다. 만물의 생명활동은 모두 물에서부터 시작한다. 만물의 구성하는 기본 원소인 오행의 시작도 천지의 일육합수(一六合水)이다.

대략적으로 천지인 삼재(三才)로 물건을 구분(區分)하여 품물(品物), 총체적으로 많은 수의 물건을 만물로 지칭한다. 形(모양 형)과 亨(형통할 형)은 음의가 통한다. "품물유형(品物流形)"은 노자의 『淸靜經(청정경)』에 나오는

---

81. 天(하늘 천)에 大(큰 대)가 들어있듯이 하늘의 큼을 예찬한 대재(大哉)라는 문장으로 시작한다. 哉(처음 재)는 중간에 말을 끊었다가 다시 이을 때 주로 사용하는 감탄형어조사로 침묵을 깨고(끊고) 처음으로 입을 여는 '비로소'를 뜻한다. 資(힘입을 자)는 재물에 버금가는 밑천을 말하고 始(비로소 시)는 여자에게 아이를 잉태시킴을 이른다.

"강본유말(降本流末)"과도 같다[82]. 곤괘(坤卦)단전에는 "품물함형(品物咸亨)"이라고 하여 건괘(乾卦)단전의 "품물유형(品物流形)"과 대비하였다.

③ 大明終始 六位時成

하늘은 크고 밝다. 하늘을 바탕으로 주야일월과 한서기후가 한없이 반복하여 순환을 한다. 때의 흐름은 동적인 순양(純陽)의 하늘이 주장하므로 천시(天時)라고 한다. 사물의 과정은 처음이 있으면 반드시 끝이 주어지므로 유시유종(有始有終)의 법도가 분명하다. 시종일관(始終一貫)함에도 불구하고 굳이 종시(終始)로 표현한 까닭은 무궁한 천도운행을 설명하고자 함이다.

전체 문장으로는 종즉유시(終則有始)하는 하늘의 운행법도를 크게 밝히면 여섯 자리로 때가 이루어진다는 뜻이다. 육위(六位)는 초효(初爻)에서 상효(上爻)까지를 이른다. 대성 건괘(乾卦)를 독립적으로 보면 내괘는 선천의 전반부이고 외괘는 후천의 후반부이다. 1년의 6周 360易과도 같다.

건곤음양을 짝으로 하여 살피면 1년의 12월, 1일의 12시진(時辰) 등으로 대비된다. 건괘(乾卦) 6양의 생장과정은 子丑寅卯辰巳, 곤괘(坤卦) 6음의 생장과정은 午未申酉戌亥이다.

천일(天一)과 지이(地二)는 본체인 내괘 부모, 인삼(人三)은 작용인 외괘 자녀로 간주된다. 또 내괘의 중심인 이효(二爻)는 선천의 음양, 외괘의 중심인 오효(五爻)는 후천의 오행을 상징하는 수이다. 내괘의 〈1 2 3〉을 합친 6과 외괘의 〈4 5 6〉을 더한 15도 2:5로 대비된다.

한편 초위(일위)와 이위, 삼위, 사위, 오위, 상위(육위)의 1 ~ 6을 다 더한 수가 21이다. 기영 21甲의 건(乾)의 도수와도 자연히 합치한다.

---

[82] 『大學(대학)』에 격물(格物)과 치지(致知)를 설명하는 대목에 "물건에는 본말이 있고 일에는 선후가 있으니 선후를 알면 도에 가까워진다(物有本末 事有終始 知所先后 則近道矣)."라 하였다. 천지남녀의 청탁동정에는 반드시 본말선후의 기본 법도가 있다.

종시(終始)를 선천의 마침과 후천의 시작으로 풀이하면 선천과 후천이 바뀌는 때에 맞추어 선천을 끝내고 후천을 열라는 뜻도 된다. 이를 '중어선후(中於先后) 정기종시(正其終始)'로 표현한다.

④時乘六龍 以御天

하늘은 여섯 마리의 용으로 하늘의 수레를 몰아 때를 운행한다. 시승(時乘)은 '때맞춰 올라타다'는 뜻이다. 御(수레 몰 어)는 수레를 몰아 운전함을 이른다. 앞 문장의 통천(統天)은 수레의 고삐를 손에 쥐고 통제(統制)하고 장악(掌握)한다는 뜻이고 여기의 어천(御天)은 수레를 몰아 운전한다는 뜻이다.

하늘이 통어(統御)하는 주체는 구오(九五)이고 펼치는 법도는 오십대연(五十大衍)이다. 彳(왼걸음 척)과 卸(짐 부릴 사)를 합친 御는 길을 가다가[彳] 짐을 부리고자 한낮[午]에 발걸음을 멈추고[止] 잠시 호흡을 조절[卩]함을 나타낸다. 선후천의 고정(考定) 즉 '중어선후(中於先后) 정기종시(正其終始)'를 암시한 주역문자로 보인다. 缺(이지러질 결)이란 글자와도 관계된다.

⑤乾道變化 各正性命

건(乾)의 원형(元亨)과 이정(利貞)에 의해 모든 생명은 생장(生長)과 수장(收藏)을 한다. 선후가 변화함에 따라 하늘이 명령한 천부의 본성을 제각기 바로 한다는 뜻이다. 괘명(卦名)인 건(乾)은 하늘이 펼치는 형이상의 도를 가리킨다. 건도는 천도와 같다.

변화는 음변양화(陰變陽化)의 줄임으로 극성한 음으로부터 양이 나와 자라는 선천과정을 변(變), 극성한 양으로부터 음이 나와 자라는 후천과정을 화(化)라고 한다.

⑥保合大和 乃利貞

가을과 겨울의 덕이 이정(利貞)이다. 대화(大和)는 결실을 크게 이룸[利], 보합(保合)은 상하지 않도록 보존하고 흩어지지 않도록 간수함[貞]을 이른다.

⑦ 首出庶物 萬國咸寧

모든 무리[庶物]를 이끄는 머리[首]가 나옴으로 인하여 온 세상이 모두 다 평안해진다는 뜻으로 구오대인이 세상에 출현하여 평치(平治)함을 말한다.

수출(首出)은 동방의 원덕(元德)을 대표하는 용이 하늘에 날아오르는 비룡재천(飛龍在天)을 의미한다. 선천에서 후천으로 넘어갈 때 제왕이나 성인의 출현이 곧 제출호진(帝出乎震)이다. 싹이 움터 나옴을 가리키는 出(날 출)이 정동방의 진룡(震龍)에 해당한다. 산(山)이 거듭한 형상이 出이고 진목(震木)의 근본 토대가 동북방의 간(艮)이므로 중산간(重山艮, 52)에서 태극의 도(道)가 나옴을 의미한다. 간산(艮山)은 상고 단군(檀君)이 세운 청구조선(靑丘朝鮮)으로 대표된다. 하(夏)나라 역으로 전해오는 연산의 수괘(首卦)도 중산간(重山艮, 52)이다.

함녕(咸寧)은 후천으로 상징되는 『周易(주역)』하경의 수괘(首卦)인 택산함(澤山咸, 32)과도 관계되는데 동서의 인류세계가 하나로 함께 힘을 합하여 대동지선(大同至善)의 평화로운 후천세상을 연다는 뜻이다. 택산함(澤山咸, 32)은 산 위에 연못이 있는 형상으로 백두산 천지(天池)와 한라산 백록담(白鹿潭)이 남북 상하의 끝자락에 위치한 한반도의 지형과도 같다. 백두산의 옛 명칭이 '함(咸. 감통, 통일)하지 아니할까'라는 '불함(不咸)'이라고 육당(六堂) 최남선(崔南善)은 주장하였다.

미국으로 대표되는 서방의 태(兌 ☱) 소녀가 한국으로 대표되는 동북의 간(艮 ☶) 소남에게 시집와서 함께 하나가 되어 함(咸)의 후천이 시작되는 비결이라고도 한다.

⑧ 용호(龍虎)

오행의 유행을 보여주는 후천팔괘는 구궁낙서의 수를 덧붙여 장남인 정동방 양목(陽木)을 삼진(三震☳), 소녀인 정서방 음금(陰金)을 칠태(七兌☱)라 부른다.

용(龍)과 호(虎)에는 괘를 상징하는 卜(점 복)과 삼칠(三七)의 구궁낙서의 수가 들어있다. 삼진(三震)의 동방청룡과 칠태(七兌)의 서방백호를 암시한 문자라 할 수 있다.『書經(서경)』순전(舜典)편에 신하의 이름 가운데 용(龍)과 호(虎)가 등장하므로 팔괘의 선후이치인 음양오행의 수리법도가 요순 당시에 이미 완비된 것으로도 여겨진다.

『周易(주역)』64괘에서 중뢰진(重雷震, 51)은 우레가 거듭된 중괘(重卦)이다. 동방청룡의 목덕(木德)을 대표하며 제사를 잇는 장남으로서 제주(祭主)를 상징한다. 천간지지가 모두 양목인 경우는 51번째 갑인(甲寅)이 유일한데 상하 모두 양목(陽木)인 경우도 중뢰진(重雷震,51) 뿐이다.

58번째의 괘인 중택태(重澤兌,58)는 연못이 거듭한 중괘(重卦)이다. 서방백호의 금덕(金德)을 대표하며 추수의 기쁨과 깨달음을 상징한다. 천간지지가 모두 음금인 경우는 58번째 신유(辛酉)가 유일한데 상하 모두 소녀 음금(陰金)인 경우도 중택태(重澤兌,58) 뿐이다.

象曰 天行이 健하니 君子ㅣ 以하야 自彊不息하나니라.
상 왈 천 행 건 군 자 이 자 강 불 식

象:코끼리 상, 모양 상 健:굳셀 건 自:스스로 자 彊:굳셀 강 息:숨쉴 식, 쉴 식

상전에 이르길 하늘의 운행이 굳건하니 군자가 이로써 스스로 굳세어 쉬지 않느니라.

대의(大義)

　공자의「十翼(십익)」가운데 하나인 '상전(象傳)'이다. 상전은 괘의 전체 형상에 대한 해설인 '대상전(大象傳)'과 각 효의 형상에 대한 해설인 '소상전(小象傳)'으로 나뉜다.

　하늘의 운행법도는 강건(剛健)하다. 이를 본받아 군자는 정성(精誠)을 다하여 쉬지 않고 노력을 다한다. 建(세울 건)에 人(사람 인)을 더한 健(굳셀 건)은 하늘이 사람[亻]을 만물의 으뜸으로 내세워[建] 영도(領導)하게 한다는 뜻이다. 以(써 이, 쟁기 이)는 밭을 가는데 쓰는 도구인 쟁기를 상징하므로 用(쓸 용)과 뜻이 통한다. 以의 좌우형태가 삼천양지(參天兩地)의 획상(畫象)인데다 丶(점 주)를 중심으로 人이 서로 대칭되는 모습이므로 사물의 근원바탕(丶)이 두 천지부모가 음양대칭으로 번갈아 베푸는 사랑의 결실물임을 보여준다.

　64괘 대상전(大象傳)의 대부분이 '군자가 활용(活用)하고 응용(應用), 적용, 이용(利用)한다'는 以(써 이)를 위주로 말하였으므로 周易(주역)을 '군자이학(君子以學)'이라고도 한다.

　강건한 재질을 갖춘 건강(乾剛)으로부터 건행자강(健行自彊)의 건강(健彊)이 나온다. 건강(健康)하다는 뜻과도 자연히 통한다. 무위자연(无爲自然)의 도를 행하는 하늘과 같이 군자의 자강(自彊)도 누구의 간섭이나 외부의 지시가 없이 자율(自律)의 의지로써 굳세게 전진한다. 불식은 쉼 없이 돌아가는 천체활동과 같이 휴식(休息)없이 연이어 나아감이다. 자연에 존재하는 모든 사물의 형상과 현상은 64괘와 384효의 상으로 압축 표현된다. 자연의 본래 모습(모양) 그대로인 상(象)을 바탕으로 인위적으로 본뜨는 像(본뜰 상)이 나온다.

　상전(象傳)은 사람들이 천지자연의 이치를 쉽게 본받을 수 있도록 공자가 쓴 글이다. 본받아 법도를 삼는 효법(效法) 중에서도 천지부모를 본받는 효천법지(效天法地)가 으뜸이다. 교학(敎學)의 근원이 부모를 본받아 섬기는 孝(효도 효)이므로 敎(가르칠 교)와 學(배울 학)에 모두 이 孝를 넣어놓았다. 부모인 九六이 상하로 사귀어서[爻] 자녀인 七八을 낳는[子] 사상의 이치에서 비롯된 글자가 곧 爻와 子를 상하로 둔 孝이다.

미언(微言)

象(코끼리 상, 모양 상)은 코끼리의 귀와 입, 어금니, 다리 넷, 꼬리의 모양을 본뜬 글자로 팔괘의 팔상(八象. 여덟 가지 모양)을 나타낸 글자이다. 육지에서 몸집이 가장 큰 코끼리는 멀리서도 모습이 잘 보이며 긴 코가 특징이다. 뇌지예(雷地豫, 16)는 어린 초목의 싹(☳)이 땅(☷)을 뚫고 밖으로 나오는 모습이다. 코끼리가 코를 먼저 내밀어 물건을 집듯이 밖으로 조짐기미[象]를 앞서 보여주는[予] 것이 豫(미리 예)의 본뜻이다. 사물의 흐름을 앞서 살피는 예견(豫見)과 예지(豫知), 예시(豫示), 예언(豫言)과도 관계된다.

鼻(코 비)를 상징하는 自(스스로 자)는 본래 생명의 활동인 호흡(呼吸)을 나타낸다. 태어나면서부터 스스로 호흡하고 그로 말미암아 생명활동이 있게 되므로 '스스로, ~로부터'라는 뜻으로 쓰인다.

息(숨 쉴 식)은 '코[自]의 호흡과 심장[心]의 박동으로 인해 살아 숨을 쉬다'는 뜻과 함께 '일체의 존재가 마음[心]으로 말미암은[自] 조화작용'이라는 의미다. 평상적인 자연의 일상과 달리 불식은 쉬지 않고 노력하는 종일건건(終日乾乾)을 말한다. '스스로, ~로부터'라는 뜻으로 쓰인다.

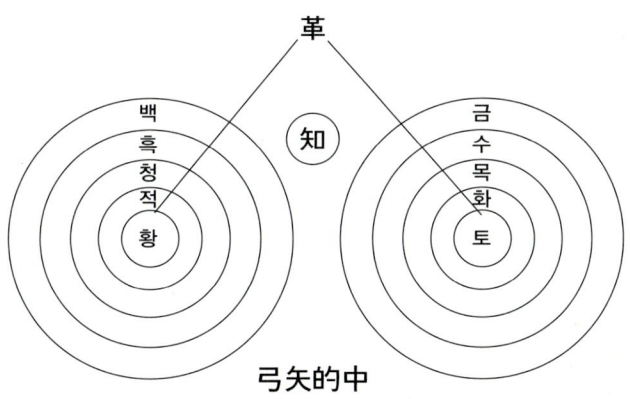

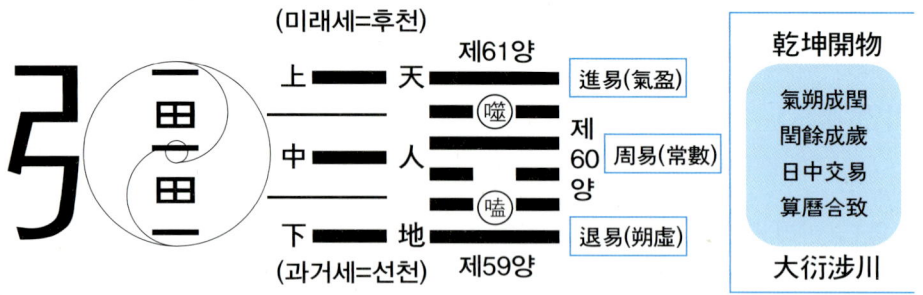

① 彊(굳셀 강)

주공이 구삼효사에 이른 '종일건건(終日乾乾)'의 가르침을 공자는 '자강불식(自彊不息)'으로 표현하였다.

彊(굳셀 강)은 시간의 경계(境界)로서 과녁(革)을 맞추는 도구인 궁시(弓矢)를 담은 글자이다.

원대한 동방의 목덕인 용덕이 彊이다. 弓(활 궁)은 삼팔목도(三八木道)로 표상(表相)되는 태극 본체를 가리키고 삼시팔구(3矢8口)의 知(알 지)를 담은 畺(지경 강)은 3윤(三矢☰)인 8년(田田)의 시간 영역에 비유된다. 99삭망월은 하락총백(河洛總百)의 수리법도이다.

구삼(九三)의 군자 종일건건(終日乾乾, 선천후천)에서 보았듯이 대천(大川, 중천)을 전후로 개물기인 8會가 선천(田. 기영21世)과 후천(田. 기영21世)으로 나뉜다. 知의 원천인 하늘(☰)의 3획에 상응하는 三矢를 건책 3년으로 간주하면 중천(1,200년의 大川)의 석척(夕惕) 시기에 해당한다. 그 때를 알아내고 중천의 과녁[革]을 정확히 겨냥하여 변혁함을 『周易(주역)』경전에서는 가르친다.

彊(굳셀 강)은 강건하게 돌아가며 때를 베푸는 시간적인 하늘의 경계영역[畺]을 가리키는 반면 곤괘(坤卦)에 언급된 疆(지경 강)은 공간적인 땅[土]의 경계영역[畺]을 뜻한다.

강(畺)은 상하의 田 사이에 밭두둑을 가른 三을 합친 글자로 경계(境界)의 나뉨을 나타내며, 三矢와 八口에 의한 知(알 지)를 암시한다. 彊은 활[弓]에 석대[三]의 화살[矢]을 매겨 과녁[田]을 쏘아 맞춤으로써 천도의 선후경계를 명확히 가르는 것이다.

　태극을 대표하는 동방의 삼팔목도(三八木道)를 담은 주역문자로서 8년을 기본주기로 3윤을 두어 99삭망월을 펼치는 달력(태음태양력)의 태극 법도와 통한다. 내외상하의 田은 선천과 후천의 중심지인 두 밭, 弓(활 궁)은 음양(◐)의 태극, 건(乾, ☰)의 모습인 三[3矢]은 천지인 삼재(三才)를 각기 표상한다. 三을 96삭망월을 이끄는 결정체(晶)인 삭망윤일 3일로 보면 3震의 용(龍)과도 연계된다.

　천도의 강건한 운행에 의한 인사적인 생명활동은 코의 호흡과 심장의 맥박이다. 만물의 영장으로서 천지의 중심을 얻은 사람은 평균적으로 1분에 18회의 호흡을 하고 72회의 맥박이 뛰는 90회의 생명활동을 한다. 계절을 이루는 석 달 90일 가운데 토왕(土旺)이 18일이고 목왕(木旺)과 화왕(火旺), 금왕(金旺), 수왕(水旺)이 각기 72일로 배분됨과 상응하는 법도이다.

　하루 전체 1,440분(24시)에서는 1元의 역수에 상응하는 총 129,600(90×1440)회의 호흡맥박 활동을 한다.

潛龍勿用은 陽在下也ㅣ오 見龍在田은 德施普也ㅣ오
잠 룡 물 용　　양 재 하 야　　　현 룡 재 전　　덕 시 보 야
終日乾乾은 反復道也ㅣ오 或躍在淵은 進이 无咎也ㅣ오
종 일 건 건　　반 복 도 야　　　혹 약 재 연　　진　무 구 야
飛龍在天은 大人造也ㅣ오 亢龍有悔는 盈不可久也ㅣ오
비 룡 재 천　　대 인 조 야　　　항 룡 유 회　　영 불 가 구 야
用九는 天德은 不可爲首也ㅣ라.
용 구　　천 덕　　불 가 위 수 야

陽:볕 양 也:어조사 야 德:큰 덕 普:널리 보 反:되돌릴 반, 뒤집힐 반 道:길 도
進:나아갈 진 造:지을 조 盈:찰 영 可:옳을 가 久:오랠 구 爲:할 위

잠룡물용(潛龍勿用)은 양이 아래에 있음이고 현룡재전(見龍在田)은 덕을 베품이 넓음이고 종일건건(終日乾乾)은 반복하는 도이고 혹약재연(或躍在淵)은 나아감이 허물이 없음이고 비룡재천(飛龍在天)은 대인의 조화이고 항룡유회(亢龍有悔)는 차서 가히 오래하지 못함이고 용구(用九)는 천덕은 가히 머리하지 아니함이라.

대의(大義)

대상전(大象傳)의 자강불식에 뒤이은 소상전(小象傳)이다. 건괘(乾卦)를 제외한 다른 괘들은 모두 효사(爻辭) 밑에 소상에 대한 해설이 뒤따른다.

문장의 끝에 결정사로 쓰이는 也(잇기 야, 땅 야)를 붙여놓았다. 후인들이 쓸데없이 글을 함부로 붙이지 못하도록 하였다는 이야기가 전한다. 이를 也를 아는 이라야 공자가 후세에 전한 周易(주역)의 참뜻을 알 수 있다는 뜻으로도 풀이한다. 한 과정이 끝나 새 과정이 열리는 종즉유시(終則有始) 측면에서는 선천 양의 시대를 마치고 후천 음의 시대를 연다는 뜻도 된다.

미언(微言)

전체 384효사(爻辭) 소상전(小象傳)에서 수지비(水地比, 8)의 육삼(六三)에는 호(乎), 택화혁(澤火革, 49)의 구삼(九三)에는 의(矣)로 문장이 끝난다. 건괘(乾卦) 용구(用九)와 곤괘(坤卦) 용육(用六)의 두 곳에 也를 달아놓았으므로 전체 384효 수리에는 어긋나지 않는다.

也(3획) 乎(5획) 矣(7획) 전체가 삼오칠(三五七)로 진행하는 달을 암시한다고도 한다. 달은 막힘없이 통하는 達(통달 달)과 같다. 也는 주맥(主脈)을 중심으로 좌청룡(左靑龍)과 우백호(右白虎)가 이어지는 지형(地形) 또는 생명을 낳는 여성의 생식기(음부)를 본뜬 글자이다. 乙(싹 을, 새 을)과 冂(마디절. 節의 줄임)을 합친 것으로 也를 풀이하면 건괘(乾卦) 다음을 곤괘(坤卦)가 잇듯이 땅인 음이 주장하는 후천곤도의 시대가 싹터 나오는 뜻이 된다.

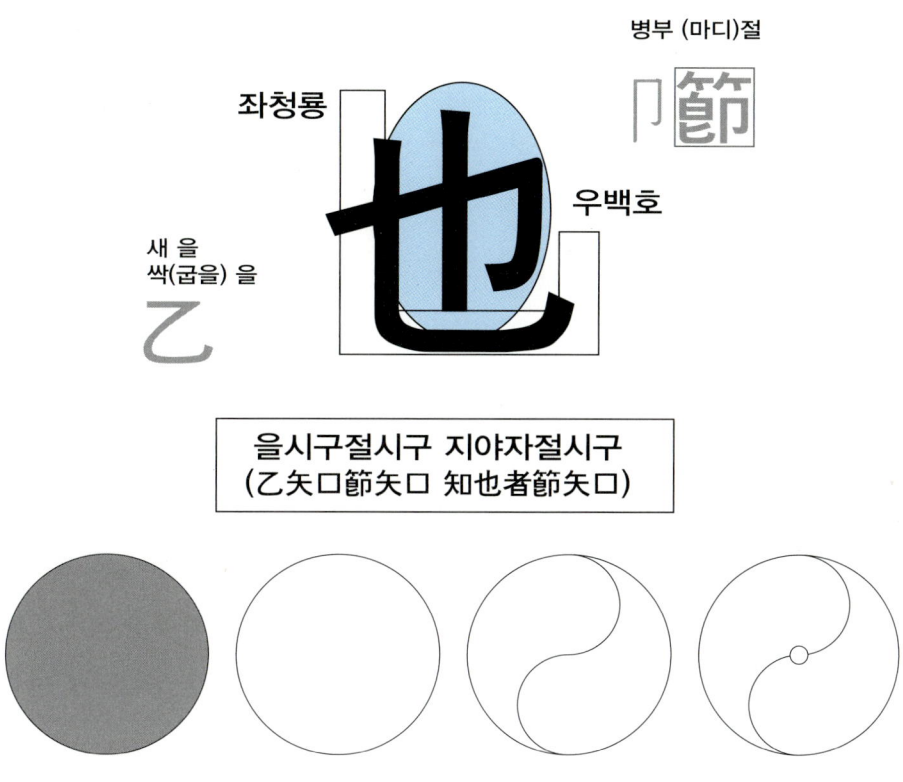

예로부터 전승되어 온 세간의 노래후렴구 "을시구(乙矢口) 절시구(節矢口) 지야자(知也者) 절시구(節矢口)"는 也를 아는 자라야 乙이 오는 절기를 안다는 뜻이다. 첫째 천간(天干)인 甲은 선천을, 둘째 천간인 乙은 후천을 상징한다.

한편 矢(화살 시)는 대낮을 가리키는 午의 자형과 時(때 시)의 음의를 겸한 글자이다. 矢에 과녁을 표상한 口를 더한 시구(矢口)는 과녁을 쏘아 맞히듯이 정확히 때를 알아낸다는 知(알 지)를 암시하는데 그 과녁의 중심을 꿰뚫는 것이 바로 革(바꿀 혁, 과녁 혁)이다.

文言曰 元者는 善之長也ㅣ오 亨者는 嘉之會也ㅣ오
문언왈 원자 선지장야 형자 가지회야
利者는 義之和也ㅣ오 貞者는 事之幹也ㅣ니
이자 의지화야 정자 사지간야
君子ㅣ 體仁이 足以長人이며 嘉會ㅣ 足以合禮며
군자 체인 족이장인 가회 족이합례
利物이 足以和義ㅣ며 貞固ㅣ 足以幹事ㅣ니
이물 족이화의 정고 족이간사
君子ㅣ 行此四德者ㅣ라 故로 曰乾元亨利貞이라.
군자 행차사덕자 고 왈건원형이정

善:착할 선 長:길 장, 어른 장 嘉:아름다울 가 會:모일 회, 모임 회 義:옳을의 幹:줄기 간, 주장할 간 體:몸 체 仁:어질 인 足:발 족, 족할 족 禮:예도 례 固:굳을 고, 단단할 고

문언에 이르길 원(元)은 착함의 어른이고 형(亨)은 아름답게 모임이고 이(利)는 의리의 화함이고 정(貞)은 일의 줄기(주장함)니 군자가 인을 체득하는 것이 족히 사람을 기르며 모임을 아름답게 함이 족히 예에 합하며 만물을 이롭게 함이 의리에 화합하며 바르고 굳셈이 족히 일을 주장하니 군자가 이 네 가지 덕을 행하느니라. 그러므로 '건원형이정'이라.

대의(大義)

문언(文言)은 문장과 말씀 즉 문왕과 주공(周公)이 지은 괘사(卦辭)와 효사(爻辭) 속에 전하신 말씀을 가리킨다. 건괘(乾卦)의 문언전과 곤괘(坤卦)의 문언전 둘은 각기「十翼(십익)」가운데 하나이다. 순양의 건괘(乾卦)와 순음의 곤괘(坤卦)는 태극의 문으로서 64괘의 큰 본체이고 부모가 되며 머리가 된다. 공자가 가장 중요하다고 여겨 특별히 건곤(乾坤) 두 곳에만 문언전을 붙여놓았다.

건괘(乾卦)문언전은 건괘(乾卦)의 육위시성(六位時成) 흐름으로 전체가 6절의 문장으로 구성된다. 여기는 제1절로서 원형이정 괘사(卦辭)에 대한 해설이다. 괘사(卦辭)인 건원형이정과 단전(彖傳) 전체의 문장이 총 64자인데 문언전 제1절 문장도 元者에서 끝 대목(故曰)까지 총 64자이다. 『周易(주역)』 64괘 전체를 이끄는 중요한 대목이기 때문이다. 모두 공자의 글이다.

미언(微言)

천명(天命)에 의한 본성(本性) 그대로 군자는 실천하고자 노력을 다한다. 그러므로 어진 덕성을 몸으로 체득함이 사람들을 사랑으로 기름에 넉넉하며, 모임을 아름답게 함이 예를 실행함에 넉넉하며, 만물을 이롭게 함이 의리를 준수함에 넉넉하며, 곧음을 굳게 지킴이 일을 주장하기에 넉넉하다. 인의예지(仁義禮智) 가운데 겨울의 정고한 덕에 해당하는 지(智)는 문장에 구체적으로 언급하지 않았다. 만물이 감춰지는 때가 겨울이듯이 지혜는 속으로 갈무리되는 까닭이다. 네 발이 달린 용의 형상에 따라 네 차례 족(足)을 언급하였다. 제5절에 구오(九五)의 대인을 설명한 문장에는 합(合)이 네 차례 나온다.

모든 착함 가운데 으뜸은 원(元)이고 아름다운 모임은 형(亨)이며 의로움의 결실은 이(利)이고 일의 줄기(주장)는 정(貞)이다. 하늘의 원형이정 4덕에 의해 사람의 인예의지 사단(四端)이 말미암는다.

팔과 다리 넷으로 온전한 인체(人體)를 갖추듯이 사단(四端)이 없다면 사람다운 사람일 수가 없다. 이곳에 이른 공자의 가르침에 따라 맹자는 누구나 하늘로부터 부여받은 본연의 심성이 본래 착하다는 성선설(性善說)을 주장했다. 이를 입증하는 도심(道心)의 실증적인 네 가지 단서(端緒)로 인의 실마리인 측은지심(惻隱之心), 의의 실마리인 수오지심(羞惡之心), 예의 실마리인 사양지심(辭讓之心), 지의 실마리인 시비지심(是非之心)을 제시하였다.

동서남북(좌우상하)의 사방에 대비되는 것이 인의예지이다. 『論語(논어)』

에도 안자(顔子)가 공자에게 인(仁)을 여쭙자 "자기 자신의 사사로움을 이겨서 예에 돌아가는 것이 인을 행함이고 하루라도 능히 극기복례를 행하면 온 천하가 다 어진 데로 돌아온다[83]."고 답하였다.

안연이 구체적인 덕목을 또 묻자 "예가 아니면 보지 말고 예가 아니면 듣지 말고 예가 아니면 말하지 말고 예가 아니면 움직이지 말라[84]."는 이른바 사물(四勿)로써 답하였다. 비례물시(非禮勿視) 비례물청(非禮勿聽) 비례물언(非禮勿言) 비례물동(非禮勿動)의 시청언동은 동방목(인), 서방금(의), 남방화(예), 북방수(지)에 각기 상응한다.

初九曰 潛龍勿用은 何謂也오
초 구 왈 잠 룡 물 용   하 위 야
子ㅣ曰 龍德而隱者也ㅣ니 不易乎世하며 不成乎名하야
자   왈 용 덕 이 은 자 야   불 역 호 세   불 성 호 명
遯世无悶하며 不見是而无悶하야
돈 세 무 민   불 견 시 이 무 민
樂則行之하고 憂則違之하야 確乎其不可拔이 潛龍也ㅣ라.
낙 즉 행 지   우 즉 위 지   확 호 기 불 가 발   잠 룡 야

曰:가로 왈 何:어찌 하, 무엇 하 謂:이를 위 隱:숨을 은 者:놈 자, 것 자 乎:어조사 호 世:세상 세, 인간 세 名:이름 명 遯:피할 돈, 달아날 돈 悶:민망할 민 是:옳을 시 樂:즐길 락 憂:근심할 우 違:어길 위 確:확실할 확 拔:뺄 발, 뽑을 발

초구(初九)에 이르길 '잠룡물용(潛龍勿用)'은 무엇을 이름인고? 공자 이르길 용의 덕이되 숨어 있는 것이니 세상을 따라서 자신을 바꾸지 아니하며 이름을 이루지 아니하여서 세상을 은둔하여도 민망함이 없으며

---

83. 『論語(논어)』 안연(顔淵)편: 子曰克己復禮爲仁 一日 克己復禮 天下歸仁焉.
84. 『論語(논어)』 안연(顔淵)편: 子曰非禮勿視 非禮勿聽 非禮勿言 非禮勿動.

옳게 보아주지 않아도 민망함이 없어서 즐거우면 행하고 근심이 되면 떠나 확고하여 가히 뽑을 수 없는 것이 잠룡이다.

대의(大義)

문언전 제2절로 효사(爻辭)에 대한 해설이다.

모두 자문자답(自問自答)의 형식으로 '어찌해서 이름인가?'라는 '하위(何謂)'의 문장형식을 취하였다. 何(어찌 하)는 '올바른 사람이 되려면 어찌해야 하는가?'라는 뜻이고 謂(이를 위)는 위장(胃臟, 밥통)에 음식이 담기듯이 전체를 담아서 '말하다'는 의미다.

'子曰'은 공자의 문인제자들이 스승이신 공자를 높이려는 뜻에서 죽간으로 책을 만들 때 덧붙인 것이라고 한다. 공자 스스로 자신을 높여 '子曰'이라고 하였을 리가 없기 때문이다. 子를 주공(周公)으로 보아야 한다는 주장도 있다.

초구(初九)는 아직 나올 때가 아니어서 은둔해 있을 뿐이지 용의 덕이 없는 것이 아니다. 어린 태아라도 존엄한 인격(人格)이 있음과 같다. 은거(隱居)한 수도자와 같아서 세상에 나와 적극적인 역할을 함이 없으므로 세상을 바꾸거나 이름을 남기지는 못한다. 세상을 피해 숨는다 하더라도 부끄러울 이유가 없고 남들이 자신의 올바름을 알아보아 주지 않더라도 부끄러울 까닭이 없다.

태동(胎動)하는 뱃속의 생명은 즐거우면 발을 차며 움직이다가도 근심되면 가만히 있을 뿐이다. 초목의 밑뿌리와도 같기에 확고한 상태를 그대로 유지하여야만 한다. 뿌리가 뽑히면 생명을 잃으므로 옳지 않다는 불가(不可)로써 경계하였다.

미언(微言)

정오에 상응하는 오회(午會) 중반은 역수의 중심푯대이다. 오회 중천을 넘어가기 직전에 이를 덜어내어 중심부에 품어야만 전체의 천도가 중정(中正)을 회복한다는 것이 『周易(주역)』경전의 가르침이다. 공자가 수택절(水澤節, 60)괘 단전에서 말씀한 "절이제도(節以制度) 중정이통(中正以通)", 풍택중부(風澤中孚, 61) 괘사(卦辭)의 "돈어길(豚魚吉) 이섭대천(利涉大川)" 등도 이를 가리킨다[85].

초구(初九)가 변한 지괘는 12월의 괘 중 음력 5월(午月)의 하지를 상징하는 천풍구(天風姤, 44)이다. 그 괘사(卦辭)에 "여자가 드센 형국이니 장가들지 말라(女壯 勿用取女)."는 경계를 하였다. 5양의 아래에 음[女]이 뒤따르는 [后] 괘가 姤(만날 구)이다. 선천에서 후천으로 넘어가는 중천의 과도시기를 만날 때 과도한 일월역수의 물용(勿用)이 반드시 필요하다는 뜻이다.

九二曰 見龍在田利見大人은 何謂也오
구 이 왈 현 룡 재 전 이 견 대 인   하 위 야

子ㅣ曰 龍德而正中者也ㅣ니 庸言之信하며 庸行之謹하야
자 왈 용 덕 이 정 중 자 야   용 언 지 신   용 행 지 근

閑邪存其誠하며 善世而不伐하며 德博而化ㅣ니
한 사 존 기 성   선 세 이 불 벌   덕 박 이 화

易曰 見龍在田利見大人이라 하니 君德也ㅣ라.
역 왈 현 룡 재 전 이 견 대 인   군 덕 야

庸:떳떳 용, 쓸 용, 평상시 용 信:믿을 신 謹:삼갈 근 閑:막을 한 邪:간사할 사 誠:정성 성 伐:칠 벌 博:넓을 박 君:임금 군

구이(九二)에 이르길 '현룡재전이견대인(見龍在田利見大人)'은 무엇을 이름인고?

공자 이르길 용의 덕이 바르게 가운데 한 것이니 평상시 말을 미덥게 하며

---

85. 『周易(주역)』절(節)괘 단전(彖傳): 彖曰 節亨 剛柔 分而剛得中 苦節不可貞 其道 窮也 說以行險 當位以節 中正以通. 중부(中孚)괘 괘사(卦辭): 中孚 豚魚 吉 利涉大川 利貞.

평상시 행실을 삼가서 간사함을 막고 그 정성을 보전하며 세상에 선행을 하여도 자랑하지 않으며 덕을 널리 베풀어 교화시키니 역에 이르길 '현룡재전이견대인'이라 하니 인군의 덕이다.

대의(大義)

구이대인은 하늘의 중심 덕을 체득한 이로서 『中庸(중용)』의 도를 널리 실천하여 세상을 밝히는 큰 등불의 스승이다. 평상시 언행을 떳떳이 하여 말을 미덥게 하고 행동을 삼가기에 안으로는 간사한 생각을 막아 정성을 보존하며 밖으로는 세상에 선한 업적을 행하였어도 자랑하지 않는다.

정중(正中)의 용덕은 『中庸(중용)』에 나오는 '지인용(知仁勇)의 삼달덕(三達德)'과도 연계된다[86]. 『論語(논어)』에 "지혜로운 이는 미혹하지 아니하고 어진 이는 근심하지 아니하고 용맹한 이는 두려워하지 아니한다."는 공자의 말씀이 전한다[87].

미언(微言)

살아감에 있어서 언행(言行)은 중추적인 기능을 하는 지도리[樞]와 기틀[機]과 같다. 여기 문장에서는 주로 言(말씀 언)과 관계된 信(믿을 신)과 謹(삼갈 근), 誠(정성 성) 등이 나온다. 言은 마음속에 품은 뜻을 밝히는 것으로 구이가 변한 남방 이허중(離虛中,☲)의 밝은 불과 통한다. 『書經(서경)』의 홍범(洪範)편에는 수화목금토(水火木金土) 오행에 의해 모언시청사(貌言視聽思) 오사(五事)가 나옴을 설명하였는데 그 중 火에 속한 것이 言이다[88].

---

[86] 『中庸(중용)』 제20장: 天下之達道 五 所以行之者 三 曰君臣也父子也夫婦也昆弟也朋友之交也五者 天下之達道也 知仁勇三者 天下之達德也 所以行之者 一也.

[87] 『論語(논어)』 자한(子罕)편: 子曰 知者不惑 仁者不憂 勇者不懼.

자사(子思)가 쓴 『中庸(중용)』이라는 서명(書名)이 이곳 문장에서 유래되었다. 공자의 도가 자사로 이어지는 핵심 근거이다. 『中庸(중용)』 전체를 이끄는 것이 천도를 일컫는 성(誠)이다. 천명(天命)의 성(性), 성스러운 성(聖)과도 그 음의가 서로 통한다.

九三曰 君子終日乾乾夕惕若厲无咎는 何謂也오
구 삼 왈 군 자 종 일 건 건 석 척 약 려 무 구   하 위 야
子ㅣ曰 君子ㅣ進德修業하나니
자 왈 군 자   진 덕 수 업
忠信이 所以進德也ㅣ오 修辭立其誠이 所以居業也ㅣ라
충 신   소 이 진 덕 야   수 사 입 기 성   소 이 거 업 야
知至至之라 可與幾也ㅣ며 知終終之라 可與存義也ㅣ니
지 지 지 지   가 여 기 야   지 종 종 지   가 여 존 의 야
是故로 居上位而不驕하며 在下位而不憂하나니
시 고   거 상 위 이 불 교   재 하 위 이 불 우
故로 乾乾하야 因其時而惕하면 雖危나 无咎矣리라.
고   건 건   인 기 시 이 척   수 위   무 구 의

修:닦을 수 業:업 업 忠:충성 충 辭:말씀 사 立:설 립 居:거주할 거 知:알 지
至:이를지 與:줄 여, 더불 여 幾:거의 기, 기미 기 存:있을 존 驕:교만할 교

구삼(九三)에 이르길 '君子終日乾乾夕惕若厲无咎'는 무엇을 이름인고? 공자 이르길 군자가 덕에 나아가며 업을 닦나니 충신이 덕에 나아가는 바이고 말씀을 닦아 그 정성을 세움이 업에 거처하는 바라. 이를 데를 알고 이르니 가히 기미할 수 있으며 (기미를 놓치지 않으며) 마칠 줄을 알고 마치니 의리를 보전할 수 있으니 이런 까닭에 윗자리에 있어도 교만하지 않으며 낮은 자리에 있어도 근심하지 않나니 그러므로 굳세게 굳세게 해서 그 때에 따라 두려워하면 비록 위태로우나 허물은 없으리라.

88. 『書經(서경)』 홍범(洪範)편: 二五事 一曰貌 二曰言 三曰視 四曰聽 五曰思.

대의(大義)

구삼(九三)의 군자가 건건불식(乾乾不息)으로 내적인 공덕(功德)을 쌓고 밖으로 선업(善業)을 닦는 '진덕수업(進德修業)'에 대한 내용이다.

종일건건은 선후의 건건(乾乾), 내외의 건건(乾乾)을 아우른 표현이다. 진덕(進德)은 내적이고 형이상적인 반면 수업(修業)은 외적이고 형이하적이다. 충직과 믿음은 내적인 덕(德)으로 나아가는 통로이며 성인의 참 말씀을 닦아 성실을 확립함은 외적인 업(業)[89]을 닦는 기반이다.

이로써 군자가 먼저는 안으로 다다를 곳을 알아내어 다다르니[知至至之] 자연히 일이 시작되는 기미(조짐)를 놓치지 않으며[可與幾也] 밖으로 끝마칠 바를 알아내어 끝 마치니[知終終之] 자연히 의리(결실)를 보존한다[可與存義也].

군자는 어느 때이든 자신의 위치나 직분에 따라 건건(乾乾)의 노력과 정성을 다할 뿐이다. 윗자리에 있다고 교만하지 않고 아랫자리에 있다고 근심하지 않는다. 선천이 후천으로 바뀐 두려운 때를 조심한다면 비록 위태로워도 별 탈이 없다.

구삼(九三)은 내괘에서 외괘로 나아가기 직전의 선천의 마지막 시기이다. 중천의 교역과정을 통해 선천에서 후천으로 넘어가는 큰 변화가 주어지므로 석척(夕惕)의 두려움이 따른다. 선천은 내본[乾], 후천은 외말[乾]에 해당한다. 내적인 진덕(進德)은 선천의 '건(乾)의 원형(元亨)'을 본받음이고 외적인 수업(修業)은 후천의 '건(乾)의 이정(利貞)'을 본받음이다.

89.① 쇠북종이나 북 등을 거는 틀을 본뜬 글자이다. 나무틀에 장식 꾸미는 일을 일삼는다. 업으로 삼는다하여 '일, 업'을 뜻하고 이로부터 '시작하다. 크다. 높다'는 의미가 파생되었다.
② 나무가 뿌리로부터 줄기와 가지를 뻗고 잎사귀와 열매가 무성해지듯이 일 또는 업이란 처음부터 끝까지 맡은 바의 업무(業務)를 잘 수행하라는 의미를 담고 있다.
③ 직업(職業)과 사업(事業) 등의 일을 뜻하는 것과는 달리 자신이 지은 마음과 행실로 말미암은 과업(課業)과 업보(業報), 업장(業障)을 뜻하기도 한다. 나무틀이 쇠북종이나 북을 지거나 업고 있듯이 짊어진 또는 업고 가는 것이 업장이란 뜻이다.

진덕의 방편인 '충신(忠信)'의 '지지지지(知至至之)'를 통하여 안으로 명덕(明德)을 밝히고 수업의 방편인 '수사입기성(修辭立其誠)'의 '지종종지(知終終之)'를 통하여 밖으로 친민(親民) 또는 신민(新民)을 다하다보면 마침내 중심의 지선(至善)에 머무르는 경지에까지 도달할 수 있게 된다.

『大學(대학)』에 나오는 삼강령(三綱領)이 이것이다[90].

미언(微言)

하늘(☰)은 知를 대표한다. 구삼(九三)이 변한 지괘 천택리(天澤履, 10) 다음에는 지천태(地天泰, 11)가 온다. 여기에 나오는 선천의 '지지지지(知至至之)'와 후천의 '지종종지(知終終之)'에는 구궁낙서의 법도를 밟아[履] 후천이 열리는[泰] 천도의 선후변화에 대한 심오한 이치가 숨어있다. 아래는 필자가 이를 간략히 정리한 내용이다.

사상은 내적 본체인 〈1 2 3 4〉의 위(位)와 외적 작용인 〈6 7 8 9〉의 수(數)로 대별한다. 건도성남(乾道成男)과 곤도성녀(坤道成女)의 남녀 생성법도에 따라서 음양의 기(氣)를 펼치는 천도와 강유의 질(質)을 펼치는 지도로 나누어 사상을 표명하면 천도에 속한 남괘(男卦)는 태양(1 부친) 소음(2 장남) 소양(3 중남) 태음(4 소남)에, 지도에 속한 여괘(女卦)는 태유(6 모친) 소강(7 장녀) 소유(8 중녀) 태강(9 소녀)에 각기 배정된다.

선천팔괘방위도에서 일건천(一乾天, ☰)의 1태양은 팔곤지(八坤地, ☷)의 6태유와 부모로 배합하는 관계이다. 하늘의 음양과 땅의 강유가 서로 통하여만 만물의 기질(氣質)이 생성되므로 1태양 부친(☰, 선천양금)이 6태유 모친(☷, 선천음토)에 이르러 금생수를 해줌으로써 오행의 시초인 수(水)가 비로소 태어나는 것이다. 이를 천일생수(天一生水)라고 한다.

---

[90]. 『大學(대학)』 제1장: 大學之道 在明明德 在親民 在止於至善.

후천팔괘방위도의 정북방에 부부사랑의 결과(結果)인 일감(一坎)이 탄생하는 것은 먼저 밝은 하늘의 빛이 부드러운 땅에 다다르는 천지의 일육배합(一六配合)에 기인(起因)한다. '지지지지(知至至之)'로 이르러야 할 목적지를 알고 하늘의 기운이 땅에 이르는 것이다.

1(태양☰)과 6(태유☷)은 부부배합[中天交易]을 하여 수(水)를 생성한다. 낙서구궁의 정북과 서북에 함께 건곤(乾坤)이 나란히 배위(配位)한 다음에 최종적으로 1태양 부친은 곁에 자리한 6태유 모친이 있는 서북방으로 그 자리를 옮겨 후천팔괘의 6건(乾)으로 완성되어 정립한다.

후천건금(☰) 즉 서북의 6건(乾)이 조성되는 튼튼한 기반토대는 토생금(土生金)을 해주는 중천구궁의 6태유(선천음토)이다. '지종종지(知終終之)'로 하늘이 자신의 삶을 최종 마무리할 곳이 6태유임을 알아 마침내 되돌아가 마치는 것이다. 생함을 주면 반드시 생함을 받는 인과응보(因果應報)는 대자연의 철칙(鐵則)이자 만고불변의 상리(常理)이다.

九四曰 或躍在淵无咎는 何謂也오
구 사 왈 혹 약 재 연 무 구   하 위 야
子ㅣ曰 上下无常이 非爲邪也ㅣ며 進退无恒이 非離群也ㅣ라
자 왈 상 하 무 상   비 위 사 야   진 퇴 무 항   비 리 군 야
君子進德修業은 欲及時也ㅣ니 故로 无咎ㅣ니라.
군 자 진 덕 수 업   욕 급 시 야   고   무 구

常:항상 상 恒:항상 항, 오랠 항 非:아닐 비 離:떠날 리 欲:하고자할 욕 及:미칠 급

구사(九四)에 이르길 '或躍在淵无咎'는 무엇을 이름인고?
공자 이르길 오르고 내림에 항상함이 없음이 간사하고자 함이 아니고 진퇴에 항상함이 없음이 무리를 떠나려 함이 아니니 '군자진덕수업'은 때에 미치고자 함이니 그러므로 허물이 없느니라.

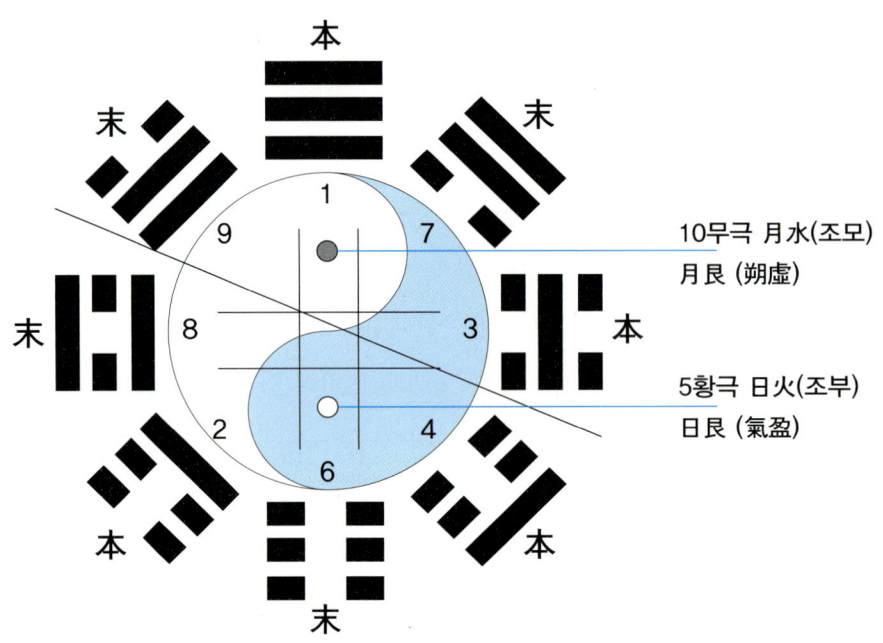

| 知至至之 可與幾也〈開物〉 ○ 圓而神 |
| 知終終之 可與存義〈成務〉 □ 方以知 |

| 往屈(往順) 神以知來 |
| 來伸(來逆) 知以藏往 |

6−1, 7−2, 8−3, 9−4 = 5
1+9, 2+8, 3+7, 4+6 = 10

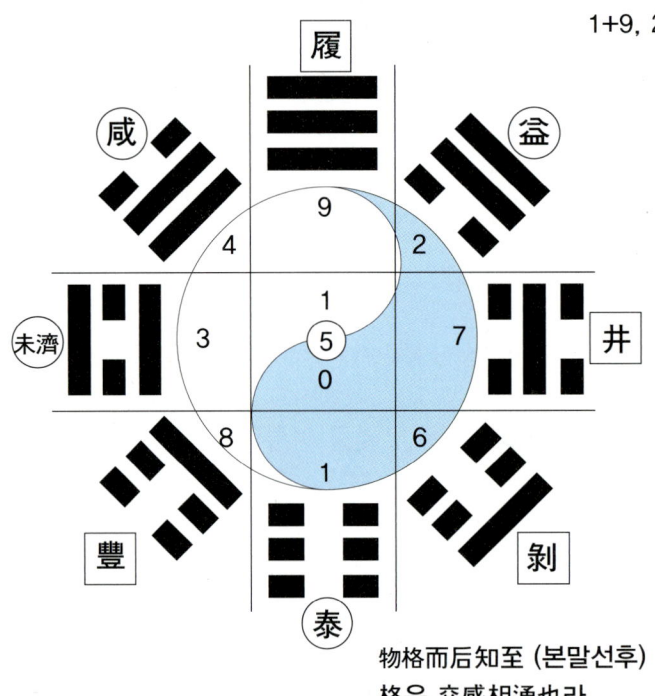

物格而后知至 (본말선후)
格은 交感相通也라

대의(大義)

　구사(九四)는 내괘의 선천으로부터 벗어나 외괘의 후천으로 막 진출하는 상태이다. 처한 위치가 부중부정(不中不正)하므로 상하무상(上下无常) 진퇴무항(進退无恒)이다. 비록 항상(恒常)한 덕이 없는 듯 보이지만 간사한 짓을 하거나 함께 하는 무리를 벗어나 제멋대로 잘난 척 하려 함이 아니다. 다만 그동안 갈고 닦은 능력과 포부를 세상에 펼칠 때가 되었는가를 시험해보는 것일 뿐이다.
　구삼(九三)과 구사(九四)가 상하천지의 중간인 인위(人位)에 해당하므로 다 같이 '진덕수업(進德修業)'을 언급하였다. 구삼(九三)과 구사(九四)가 변한 지괘가 일오중천(日午中天)의 이섭대천(利涉大川)을 상징하는 풍택중부(風澤中孚, 61)이다.
　구삼(九三)과 구사(九四)의 두 효사(爻辭)에 이른 무구(无咎) 또한 과도함을 비워내고 중부의 믿음으로써 나아간다면 하늘의 중정(中正)함에 합할 수 있고 험난한 대천(大川)을 능히 건널 수 있음을 가리킨다.
　무구(无咎)는 더러운 때가 없는 무구(无垢)와 통한다. 심신을 닦아 천진무구(天眞无垢)하고 순진무구한 본성을 회복함이 진덕수업(進德修業)이다.

미언(微言)

　계사상전(繫辭上傳) 제1장에서 공자는 건곤(乾坤)의 이지간능(易知簡能)을 바탕으로 내외의 진덕수업(進德修業)을 전개하는 과정을 각기 다섯 단계로 해설하였다[91]. 하도의 내외생성의 수리흐름을 효법(效法)한 말씀으로 천지 중간의 위(位)를 얻은 현인군자로서 밟아 나아가야 할 내외도리를 제시한 것이다.
　진퇴상하를 상하존비의 위(位)로 나누어 본다면 하위에 있는 구삼이 형이하의 수업(修業)에, 상위에 있는 구사가 형이상의 진덕(進德)에 응한다고 생각된다.

九五曰 飛龍在天利見大人은 何謂也오
구 오 왈 비 룡 재 천 이 견 대 인   하 위 야
子ㅣ曰 同聲相應하며 同氣相求하야
자 왈 동 성 상 응   동 기 상 구
水流濕하며 火就燥하며 雲從龍하며 風從虎ㅣ라
수 류 습   화 취 조   운 종 룡   풍 종 호
聖人이 作而萬物이 覩하나니
성 인   작 이 만 물   도
本乎天者는 親上하고 本乎地者는 親下하나니
본 호 천 자 친 상   본 호 지 자   친 하
則各從其類也ㅣ니라.
즉 각 종 기 류 야

同:한가지 동 聲:소리 성 相:서로 상 應:응할 응 氣:기운 기 求:구할 구 流:흐를 류 濕:축축할 습, 젖을 습 就:이를 취 燥:마를 조 從:좇을 종, 따를 종 風:바람 풍 虎:범 호 覩:볼 도 本:근본 본 親:친할 친 類:무리 류

구오에 이르길 '飛龍在天利見大人'은 무엇을 이름인고?
공자 이르길 같은 소리는 서로 응하며 같은 기운끼리는 서로 구해서 물은 젖은 데로 흐르며 불은 건조한 데로 나아가며 구름은 용을 좇으며 바람은 범을 따른다. 성인이 (이러한 조화를) 일으키심에 만물이 우러러보나니 하늘에 근본한 것은 위를 친하고 땅에 근본한 것은 아래를 친하나니 제각기 그 부류를 따르느니라.

대의(大義)

『周易(주역)』 64괘의 머리는 건괘(乾卦)이다. 건괘(乾卦) 6효 가운데 홀로 중정(中正)을 얻은 구오(九五)는 전체 64괘 384효를 다스리고 이끄는 머리에

91. 『周易(주역)』계사상전(繫辭上傳)제1장: 乾道成男 坤道成女 乾知大始 坤作成物. 乾以易知 坤以簡能 易則易知 簡則易從 易知則有親 易從則有功 有親則可久 有功則可大 可久則賢人之德 可大則賢人之業 易簡而天下之理 得矣 天下之理 得而成位乎其中矣.

해당한다.

천도운행변화를 주재하는 신물(神物)이 구오(九五) 비룡(飛龍)이라면 '용비어천(龍飛御天)'의 신비조화를 주도하는 성인(聖人)이 대인(大人)이다. 구오비룡에 상응하는 덕(德)과 위(位)를 얻은 대인은 선후천이 바뀌는 중천시기에 선천의 일을 마무리 짓고 후천의 도를 새로이 일으킨다. 선천과 후천, 음양과 오행이 두루 하나로 조화된 대동지선(大同至善)의 세상을 열어 인류미래를 밝히는 것이다.

건구오(乾九五)가 변한 화천대유(火天大有, 14)는 은(殷)나라의 성인이신 기자(箕子)가 5황극을 해설한 『書經(서경)』 홍범구주(洪範九疇)에 나오는 '황건유극(皇建有極)'과 합치한다. 하늘의 명으로 천하귀인(天下歸仁)의 인(仁)을 체득한 구오(九五) 대인(大人)을 세운다는 뜻이다.

미언(微言)

火天大有

하늘의 중정(中正)을 얻은 구오(九五)는 중천교역(中天交易)의 중심인 구궁낙서의 오중(五中)이고 홍범구주(洪範九疇)의 5황극이며 대인은 만유(萬有)의 표준 법도를 세우는 유극의 인(仁)에 해당한다. '대인을 만나야 이롭다'는 '이견대인(利見大人)'은 수명·천명(受命·天命)을 받아 하늘의 일을 대행하는 이를 만나야 이롭다는 뜻이다.

한낮 정오 중천에 떠오른 해를 상징하는 일오중천(日午中天)은 천시(天時)와 인사가 합발(合發)하여 모든 변화의 기틀이 정립되는 시기이다.

① 건구오도설(乾九五圖說)

공자 이후로 신비운무(神秘雲霧)에 감싸여 수천 년간 비전(祕傳)되어온 건문언전(乾文言傳) 구오(九五)의 문장을 야산(也山) 선생은 독창적인 「건구오도설(乾九五圖說)」로써 환히 밝혀 놓았다. 아래의 해설문은 필자의 견해를 덧붙인 글이다.

전체의 문장이 중천교역(中天交易)을 표상하는 구궁낙서의 수리에 근거하여 후천오행의 문왕팔괘가 선천팔괘에서 도래하는 이치에 대한 설명이다. 사정사유(四正四維)로 갈라 정방(正方) 다음 간방(間方)의 선후순서를 정하고 방위가 대칭되는 괘로 짝을 맞추면서 남선여후(男先女後)의 본말법도에 따라 문장이 질서정연하게 전개된다.

전체적으로 후천팔괘에서 동과 북은 양방(남괘)이고 서와 남은 음방(여괘)이다. 이에 따라 남녀음양을 후천방위로 연계하여 4정방에 속한 동방→서방→북방→남방, 양방→음방→양방→음방의 괘를 서로 대비하여 설명하였다. 뒤이어서 4간방에 속한 동북→동남→서북→서남, 양방→음방→양방→음방의 괘를 같은 방식으로 설명하였다.

음양강유의 기질로는 양강한 기수(奇數. 홀수)가 앞장서 주장하고 음유한 우수(偶數. 짝수)가 뒤따라 보조한다. 구궁낙서의 4정(正)과 4유(維)에 기수와 우수가 각기 배치되는 이치이다. 여기 해설문에도 양강한 기수의 3소양 7소강 1태양 9태강에 상응하는 정동의 장남 3진(☳)과 정서의 소녀 7태(☱), 정북의 중남 1감(☵)과 정남의 중녀 9리(☲)가 도래함을 먼저 말하였다. 그 다음에 낙서구궁에서 음유한 우수의 8소유 4태음 6태유 2소음에 상응하는 동북의 소남 8간(☶)과 동남의 장녀 4손(☴), 서북의 부친 6건(☰)과 서남의 모친 2곤(☷)이 도래함을 말하였다.

문왕이 건괘(乾卦)와 짝하는 곤괘(坤卦)에 남괘(男卦)를 동북상붕(東北喪朋), 여괘(女卦)를 서남득붕(西南得朋)으로 풀이한 것과도 남녀의 후천방위가 연계됨을 알 수 있다.

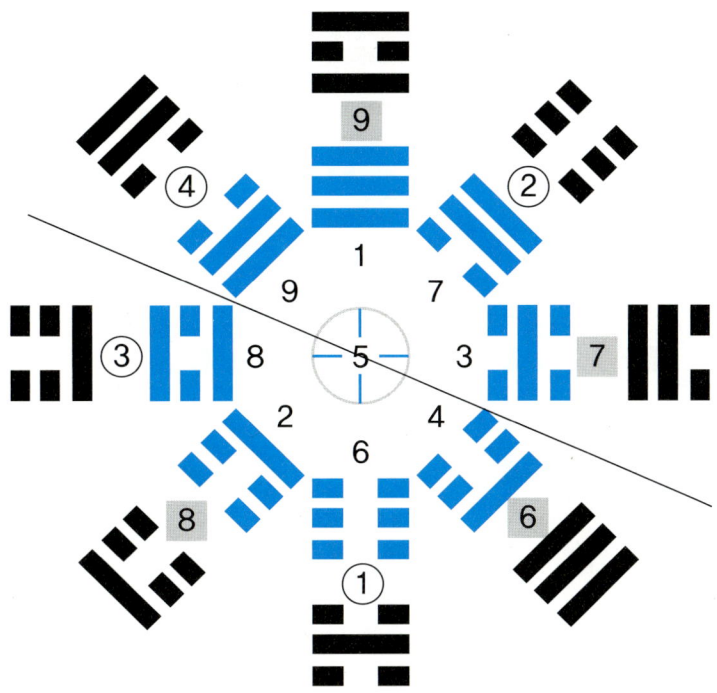

낙서구궁과 팔괘의 선후대비

②동성상응(同聲相應)

雷火豐

　　소리를 같이하여 서로 응한다. 번개 친 다음에 우레 소리가 자연 울리는 것과 같다. '聲(소리 성)'은 후천의 3진(☳), '應(응할 응)'은 선천의 3리화(☲)를 가리키는 문자로 정동방에 후천장남(☳)이 선천중녀(☲)의 자리로 와 합함을 이른다.

　　내외본말에 따라 내괘를 선천으로 두고 외괘를 후천으로 놓으면 정동이 뇌화풍(雷火豐, 55)으로 표상된다.

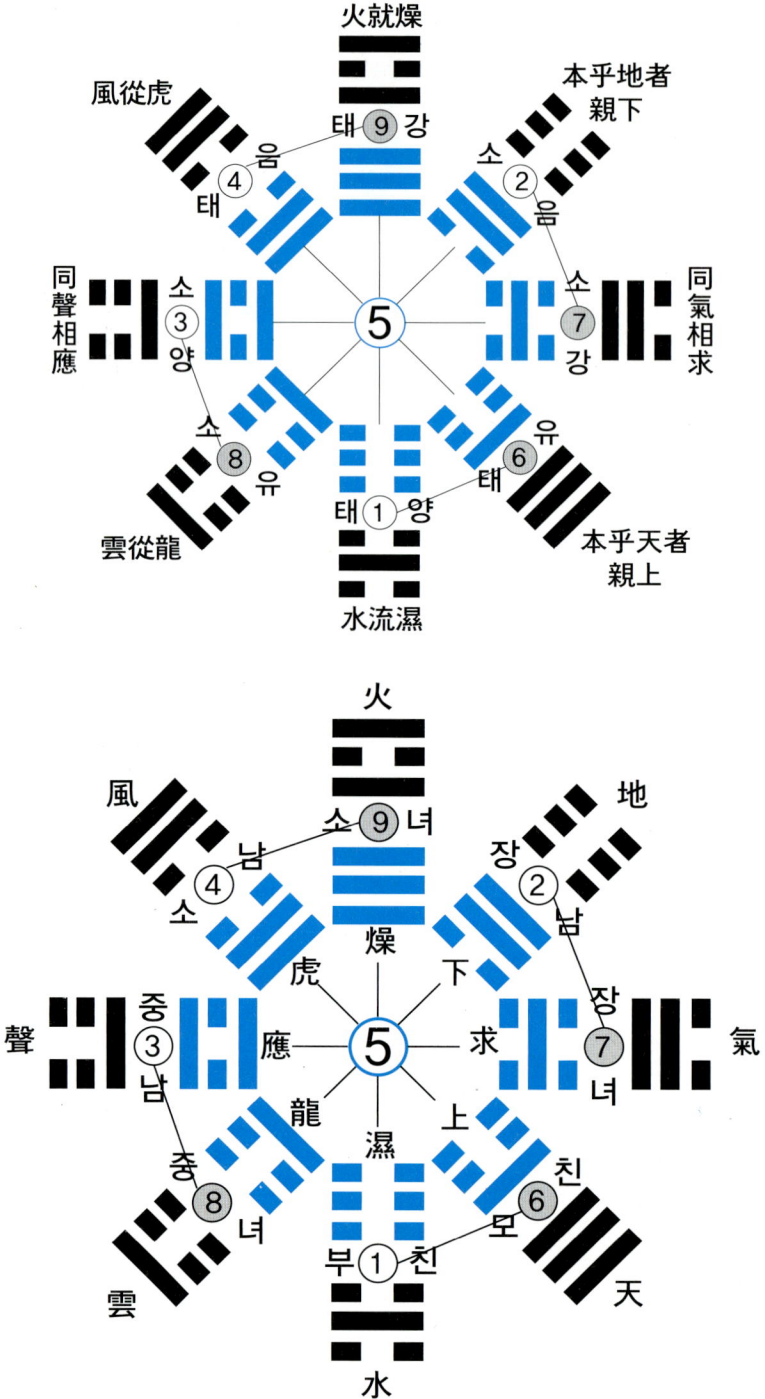

야산(也山) 선생의 乾九五圖說과 선후천팔괘의 변화

③동기상구(同氣相求)

澤水困

　기운을 같이하여 서로 구한다. 물이 흐르다보면 연못에 자연 고이기 마련이다. 샘구멍을 파서 물을 구하는 것과 같다. '氣(기운 기)'는 후천의 7태(☱), '求(구할 구)'는 선천의 6감수(☵)를 가리키는 문자로 정서방에 후천소녀(☱)가 선천중남(☵)의 자리로 와 합함을 이른다.

　내외본말로 선후천의 괘를 배정하면 정서가 택수곤(澤水困, 47)으로 표상된다.

④수류습(水流濕)

水地比

　물이 윤하(潤下)하여 낮고 음습(陰濕)한 땅으로 자연 흘러내린다. '水(물 수)'는 후천의 1감(☵), '濕(습할 습)'은 선천의 8곤지(☷)를 가리키는 문자로 정북방에 후천중남(☵)이 선천모친(☷)의 자리로 와 합함을 이른다. 내외본말로 선후천의 괘를 배정하면 정북이 수지비(水地比, 8)로 표상된다.

⑤화취조(火就燥)

火天大有

　불이 염상(炎上)하여 건조(乾燥)한 하늘로 자연 타올라간다. '火(불 화)'는 후천의 9리(☲), '燥(마를 조)'는 선천의 1건천(☰)을 가리키는 문자로 정남방에 후천중녀(☲)가 선천부친(☰)의 자리로 와 합함을 이른다.

　내외본말로 선후천의 괘를 배정하면 정남이 화천대유(火天大有, 14)로 표상된다.

⑥ 운종룡(雲從龍)

구름이 용을 쫓는다. 용이 날아오르면 자연 구름이 일어난다. '雲(구름 운)'은 후천의 8간(☶), '龍(용 룡)'은 선천의 4진뢰(☳)를 가리키는 문자로 동북방에 후천소남(☶)이 선천장남(☳)의 자리로 와 합함을 이른다.

山雷頤

내외본말로 선후천의 괘를 배정하면 동북이 산뢰이(山雷頤, 27)로 표상된다.

⑦ 풍종호(風從虎)

바람이 범을 쫓는다. 범이 뛰면 자연 바람이 일어난다. '風(바람 풍)'은 후천의 4손(☴), '虎(범 호)'는 선천의 2태택(☱)을 가리키는 문자로 동남방에 후천장녀(☴)가 선천소녀(☱)의 자리로 와 합함을 이른다.

風澤中孚

내외본말로 선후천의 괘를 배정하면 동남이 풍택중부(風澤中孚, 61)로 표상된다.

> 성인작(聖人作) 만물도(萬物覩) → 이견대인(利見大人)

하늘의 중심부로부터 마침내 성인이 출현하여 조화를 일으킴을 만물이 우러러보는 '이견대인(利見大人)'을 이른다. 조화권능을 행하는 성인에게 일체 만유가 대동(大同)하여 따른다는 뜻이다. 천시(天時)를 얻고 천명(天命)을 받은 성인[有極. 仁]이 세상에 출현하여 5황극의 도를 중심에 세우고 10무극의 무위조화를 펼치는 것이다. 이를 '오용십작(五用十作)'이라고도 한다. 홍범구주(洪範九疇) 5황극의 문장 해설에 나오는 '황건유극(皇建有極)에 의한 회귀유극(會歸有極)'과 통하는 문장이다. 『中庸(중용)』의 대본달도(大本達道)를 펼치는 치중화(致中和)와도 같다.

⑧ 본호천자친상(本乎天者親上)

하늘에 근본을 둔 것은 자연 위를 친하기 마련이다. 하늘은 위에 있지만 높이 솟구친 산과 그 기운이 서로 통한다. '天(하늘 천)'은 후천의 6건(☰), '上(위 상)'은 선천의 7간산(☶, 艮上連)을 가리키는 문자로 서북방에 후천부친(父親, ☰)이 선천소남(☶)의 자리로 와 합함을 이른다.

天山遯

내외본말로 선후천의 괘를 배정하면 서북이 천산돈(天山遯, 33)으로 표상된다.

⑨ 본호지자친하(本乎地者親下)

땅에 근본을 둔 것은 자연 아래를 친하기 마련이다. 땅은 아래에 있지만 공손하게 불어오는 바람과 그 기운이 서로 통한다. '地(따 지)'는 후천의 2곤(☷), '下(아래 하)'는 선천의 5손풍(☴, 巽下絶)을 가리키는 문자로 서남방에 후천모친(母親, ☷)이 선천장녀(☴)의 자리로 와 합함을 이른다.

地風升

내외본말로 선후천의 괘를 배정하면 서남이 지풍승(地風升, 46)으로 표상된다.

마지막의 각종기류(各從其類)는 동방과 북방에 남괘(男卦)가 찾아오고 서방과 남방에 여괘(女卦)가 찾아옴을 이른다. 문장의 전체적인 흐름이 '양동음정(陽動陰靜)과 남선여후(男先女後)'이다. 곤괘(坤卦)의 괘사(卦辭)에서는 서남득붕(西南得朋)과 동북상붕(東北喪朋)의 이치로 설명하였다.

> 정동(☴장남)과 정서(☱소녀), 정북(☵중남)과 정남(☲중녀)
> 동북(☶소남)과 동남(☴장녀), 서북(☰부친)과 서남(☷모친)

선후천을 교역하는 핵심주체인 건구오(乾九五)는 홍범구주(洪範九疇)의 중심인 5황극과도 같은 역할을 한다. 이른바 '동성문(同聲文)'으로 일컫는 여기 해설문장에서 子曰 다음의 동성상응(同聲相應)으로부터 각종기류야(各從其類也)에 이르기까지 글자가 모두 45자이다. 중천교역(中天交易)을 상징하는 낙서의 구궁수 45자로써 문장격식을 극진히 맞춘 것에서 후학들이 도학의 길을 잃지 않도록 하기 위한 공자의 깊은 배려를 느낄 수 있다.

⑩주역산책(周易散策)

필자가 도서(圖書)의 수리를 바탕으로 팔괘의 선후변화에 대해 궁리한 바는 다음과 같다.

> 일감(一坎) 중남, 이곤(二坤) 모친, 삼진(三震) 장남
>
> 사손(四巽) 장녀, 오중(五中) 황극, 육건(六乾) 부친
>
> 칠태(七兌) 소녀, 팔간(八艮) 소남, 구리(九離) 중녀

자녀에 해당하는 후천팔괘 1감2곤3진4손5중(中)6건7태8간9리는 중천교역(中天交易)의 구궁낙서(1~9)를 징검돌로 하여 전개된다. 하도의 오행생성과 선천팔괘의 남녀상착(男女相錯)을 밑바탕으로 하여 자녀가 나오기 때문이다.

이는 선천남녀인 1부친2장남3중남4소남6모친7장녀8중녀9소녀로부터 후천팔괘의 1감2곤3진4손6건7태8간9리가 출현함을 말한다. 정리하면 다음과 같다.

> 1태양부친(1건천)이 6태유모친(8곤지)을 찾고
>
> 이로 인해 정북에 후천1坎(☵)이 온다.
>
> 2소음장남(4진뢰)이 7소강장녀(5손풍)를 찾고
>
> 이로 인해 서남에 후천2坤(☷)이 온다.
>
> 3소양중남(6감수)이 8소유중녀(3리화)를 찾고

이로 인해 정동에 후천3震(☳)이 온다.

4태음소남(7간산)이 9태강소녀(2태택)를 찾고

이로 인해 동남에 후천4巽(☴)이 온다.

5황극 조부(천극)가 10무극조모(지극)를 벗어나

정중앙에 후천5중(中, ○)이 우뚝 선다.

남괘 1 2 3 4가 '건용황극(建用皇極)'의 5中(중)을 통과하는 과정에서

10무극의 무궁조화가 일어난다.

→ 오용십작(五用十作)

6태유모친(8곤지)이 4태음소남(7간산)을 쫓고

이로 인해 서북에 후천6乾(☰)이 온다.

7소강장녀(5손풍)가 3소양중남(6감수)을 쫓고

이로 인해 정서에 후천7兌(☱)가 온다.

8소유중녀(3리화)가 2소음장남(4진뢰)을 쫓고

이로 인해 동북에 후천8艮(☶)이 온다.

9태강소녀(2태택)가 1태양부친(1건천)을 쫓고

이로 인해 정남에 후천9離(☲)가 온다.

    선후의 흐름을 살피면 먼저 남괘(男卦)는 짝하는 여괘(女卦)를 찾아가 생명의 씨를 잉태하도록 생해준 다음에 자신을 생해주는 교역팔괘의 자리에 후천적으로 임한다. 선천에 선한 호생지덕(好生之德)을 베풀면 후천의 응보(應報)로 생함을 받는 자연적인 조화가 반드시 일어나기 마련이다. 적선지가필유여경(積善之家必有餘慶), 사필귀정(事必歸正)의 이치이다.

    강건한 남괘(☰·☳·☵·☶)는 주장하는 '주괘(主卦)', 유순한 여괘(☷·☴·☲·☱)는 순종하는 '종괘(從卦)'에 해당한다. 남괘가 짝하는 여괘로 주장하여 나아가면 그 자리가 자연히 비어진다. 여괘는 자신과 사상적으로 위수(位數)가 상합하는 빈 남괘의 자리를 쫓는다. 이는 남괘 1 2 3 4가 여괘 6 7

8 9로 나아가고 여괘 6 7 8 9가 남괘 4 3 2 1을 쫓음으로써 '1·6 2·7 3·8 4·9'로 제각기 부부 배합함을 뜻한다.

 오행적으로 남편은 아내를 사랑하여 자식을 생하게 한다. 부부배합을 통하여 생기를 베푼 다음 남괘는 후천적으로 자신을 생해주는 '교역팔괘'의 동과 북으로 자연적으로 임한다. 반면에 여괘는 후천적으로 자신이 뿌리내릴 곳인 '교역팔괘'의 서와 남으로 자연적으로 향한다. 극기복례(克己復禮)할 수 있는 오행의 근본 토대가 서와 남에서 성립되기 때문이다. 『周易(주역)』 곤괘(坤卦) 괘사(卦辭)에서는 이를 "서남득붕 동북상붕(西南得朋 東北喪朋)"이라고 하였다.

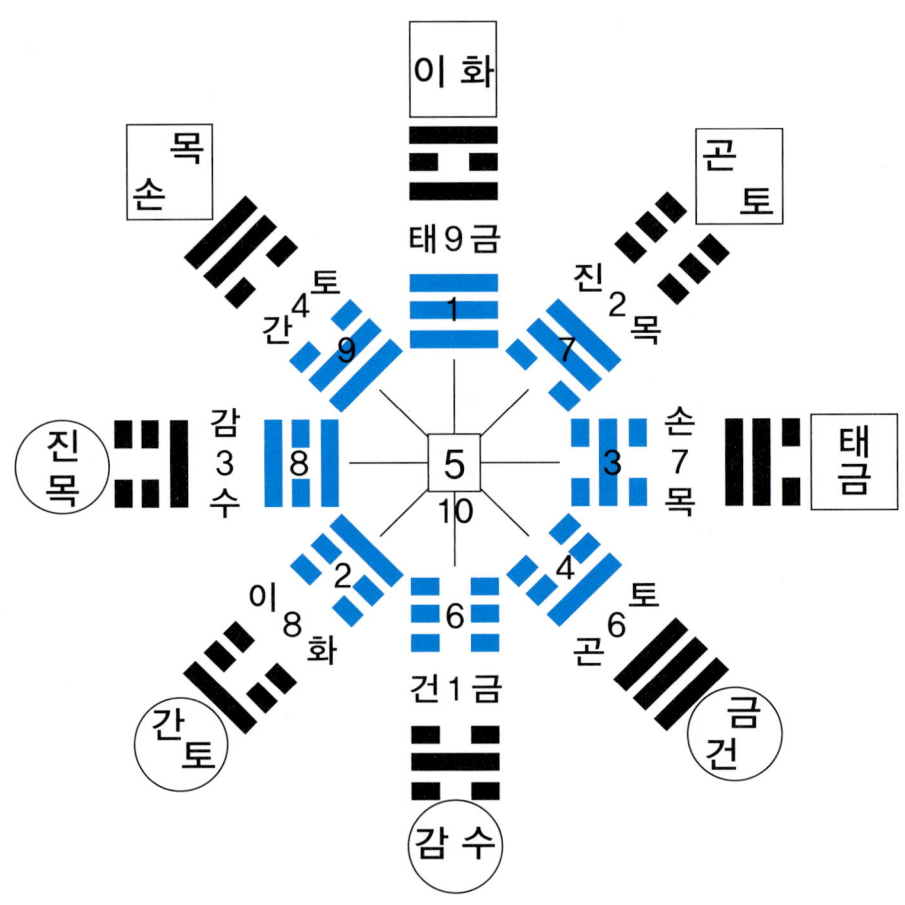

上九曰 亢龍有悔는 何謂也ㅣ오
상구왈 항룡유회 하위야
子ㅣ曰 貴而无位하며 高而无民하며
자 왈 귀이무위   고이무민
賢人이 在下位而无輔ㅣ라 是以動而有悔也ㅣ니라.
성인 재하위이무보   시이동이유회야

貴:귀할 귀 高:높을 고 民:백성 민 賢:어질 현 輔:덧방나무 보, 도울 보 動:움직일 동

상구(上九)에 이르길 '항룡유회(亢龍有悔)'는 무엇을 이름인고?
공자 이르길 귀하되 위가 없으며 높되 백성이 없으며 현인이 아래 지위에 있어도 돕지 않느니라. 그러므로 움직임에 후회가 있느니라.

대의(大義)

가장 높은 곳에 처한 상구는 고귀(高貴)한 신분이어도 실권(實權)이 없는데다 백성의 신망(信望)도 얻지 못한 상태이다. 중정(中正)을 벗어나 지나치게 강하므로 아래에 있는 현인들의 도움이 없다. 그러므로 움직이면 움직일수록 후회만 남는다.

미언(微言)

상구(上九)가 변한 지괘가 택천쾌(澤天夬, 43)이다. 夬(끊을 쾌) 그대로 항극(亢極)하여 생명이 끊어진다. 쾌괘(夬卦)를 뒤집어 도전(倒轉)하면 천풍구(天風姤, 44)이므로 두 괘가 한 몸이라고도 할 수 있다. 항룡의 유회(有悔)가 잠룡의 물용(勿用)과도 서로 통하는 것이다.

음극과 양극이 통하듯이 상하의 극(極)이 하나로 연계되므로 과도함으로 인

한 유회(有悔)를 해결하는 근본방편이 곧 쓰지 않는 물용(勿用)이다. 선천에서 후천으로 바뀌는 일오중천(日午中天) 직전에 개물기 전체에서 생성되는 기영도수를 끊어내어(빼내어) 중심 속에 품는 것이 중부(中孚)의 손익(損益)이며 이를 통해서 물용(勿用)에 의한 천도의 중정(中正)이 확립된다.

쾌괘(夬卦) 괘사(卦辭)에 나오는 부호유려(孚號有厲), 구이효사의 척호(惕號), 상육효사의 무호(无號)는 건괘(乾卦) 구삼효사의 '석척(夕惕)의 려(厲)', 상구효사의 '유회(有悔)'와 하나로 연계된다.

潛龍勿用은 下也ㅣ오 見龍在田은 時舍也ㅣ오
잠 룡 물 용   하 야   현 룡 재 전   시 사 야
終日乾乾은 行事也ㅣ오 或躍在淵은 自試也ㅣ오
종 일 건 건   행 사 야   혹 약 재 연   자 시 야
飛龍在天은 上治也ㅣ오 亢龍有悔는 窮之災也ㅣ오
비 룡 재 천   상 치 야   항 룡 유 회   궁 지 재 야
乾元用九는 天下ㅣ治也ㅣ라.
건 원 용 구   천 하   치 야

舍:집 사, 머무를 사 試:시험할 시 治:다스릴 치 窮:궁할 궁, 다할 궁 災:재앙 재

'잠룡물용(潛龍勿用)'은 아래에 있음이고 '현룡재전(見龍在田)'은 때에 따라 머무름이고 '종일건건(終日乾乾)'은 일을 행함이고 '혹약재연(或躍在淵)'은 스스로를 시험함이고 '비룡재천(飛龍在天)'은 위에서 다스림이고 '항룡유회(亢龍有悔)'는 궁해서 재앙이고 '건원용구(乾元用九)'는 천하가 다스려짐이라.

대의(大義)

건문언전(乾文言傳) 제3절이다. 건괘(乾卦)의 상전(象傳) 중 효사(爻辭)를 풀이한 소상과 같이 전체 글의 형식을 也(잇기 야)로 끝맺는다. 也는 중앙의

주맥을 중심으로 좌청룡(左靑龍) 우백호(右白虎)로 나뉜 땅의 형세(음부. 여자생식기)를 본뜬 글자이다. 地(따 지)는 만물을 생육하는 모체인 어미(也)가 땅을 토대(土)를 삼는다는 뜻이다.

50자로 구성된 제3절 전체 문장이 64괘와 384효를 펼치는 태극의 무궁조화가 대연(大衍) 50의 수리에 의함을 보여주는 듯하다. 50은 천태극5와 지태극10의 상호작용에 의해 전개되는 총 경우의 수이다. 천지태극을 상징하는 중심수를 5황극과 10무극으로도 표명한다. 이 5와 10이 교합한 결과로 오행의 중심인 土가 후천적으로 생성된다.

5가 양토인 무토(戊土)를 낳고 10이 음토인 기토(己土)를 이루는 오행법도를 '천오생무토(天五生戊土) 지십기성지(地十己成之)'라고 하는데 천간의 한복판을 차지(借地)하는 것이 무기(戊己)의 중앙토이다. 뿌린 바대로 거두는 가색(稼穡)의 인과 작용이 토에서 일어나므로 토는 인의예지신 가운데 중심의 믿음을 상징하는 신(信)과 통한다.

미언(微言)

圭(홀 규)는 양토인 무토와 음토인 기토를 합친 글자로 믿음의 상징물이다. 귀한 옥(玉)으로 만드는 圭는 위는 둥글게 깎아 고산(무토)을 나타내고 아래는 평평하게 깎아 평지(기토)를 나타낸다. 산지박(山地剝, 23)은 아래의 다섯 음 소인들이 맨 위의 양 군자를 깎아먹는 뜻이지만 절차탁마(切磋琢磨)를 통한 剝(깎을 박, 벗길 박)의 과정을 통하여 극기복례(克己復禮)를 이루는 '박복(剝復)'의 이치가 그 속에 감추어져 있다. 박괘(剝卦)의 대상에 '아래를 두터이 하여 집을 편안케 하라'는 "후하안택(厚下安宅)"을 말한 공자의 가르침이 圭와 封 속에 담겨있는 것이다[92]. 고대 봉건사회인 하은주(夏殷周) 시대

---

92. 『周易(주역)』박(剝)괘 상전(象傳): 象曰 山附於地 剝 上 以 厚下 安宅.

에는 천자가 공후백자남(公侯伯子男)의 제후(諸侯)에게 관작(官爵)을 봉할 적에 신표(信標)인 규(圭)와 벽(璧)을 나누어주어 천자 대신 일정 토지를 다스리게 하였다. 봉건(封建)이란 시대적 용어도 여기에서 나왔다. 圭에 卜을 더한 卦(걸 괘)는 일정한 곳을 점찍어 도맡긴다는 뜻이다. 태극의 오십대연(五十大衍)에 의해 64괘 384효를 운용하여 펼치는 대자연의 조화섭리도 이와 같다. 하늘의 건(乾)은 위 상위를 맡고 땅의 곤(坤)은 아래 하위를 맡는 괘이다. 각기 차지(借地)하고 점유(占有)함을 말한다.

潛龍勿用은 陽氣潛藏이오 見龍在田은 天下ㅣ文明이오
잠 룡 물 용　　양 기 잠 장　　　현 룡 재 전　　천 하　　문 명
終日乾乾은 與時偕行이오 或躍在淵은 乾道ㅣ乃革이오
종 일 건 건　　여 시 해 행　　혹 약 재 연　　건 도　　내 혁
飛龍在天은 乃位乎天德이오 亢龍有悔는 與時偕極이오
비 룡 재 천　　내 위 호 천 덕　　　항 룡 유 회　　여 시 해 극
乾元用九는 乃見天則이라
건 원 용 구　　내 견 천 칙

藏:감출 장　偕:함께 해　革:가죽 혁, 바꿀 혁　極:다할 극　則:법칙 칙

'잠룡물용(潛龍勿用)'은 양기가 잠기어 저장되는 것이고 '현룡재전(見龍在田)'은 천하가 문명해짐이고 '종일건건(終日乾乾)'은 때와 더불어 함께 행함이고 '혹약재연(或躍在淵)'은 하늘의 도가 이에 변혁함이고 '비룡재천(飛龍在天)'은 이에 하늘덕에 (짝해) 자리함이고 '항룡유회(亢龍有悔)'는 때와 더불어 모두가 극함이고 '건원용구(乾元用九)'는 이에 하늘의 법칙을 봄이라.

대의(大義)

건문언전(乾文言傳) 제4절이다.

구삼(九三)의 여시해행(與時偕行)은 선후가 바뀌는 때의 종시(終始)를 함께하여 밟아 나아감이고 상구(上九)의 여시해극(與時偕極)은 이미 함께하는 때가 궁극(窮極)에 달해 결단이 남을 말한다.

　손괘(損卦)와 익괘(益卦)의 단전에 "손익영허(損益盈虛)를 여시해행(與時偕行)이라"고 하여 종일건건(終日乾乾)에 따른 일월역수의 손익법도가 중천교역(中天交易)에 발생함을 지적하였다.[93]

　혹약재연(或躍在淵)의 구사(九四)를 건도내혁(乾道乃革)으로 풀이한 것은 후천의 시대를 열려면 혁괘(革卦) 대상에서 이른 '일월역수를 다스려 후천의 때를 밝힌다.'는 '치력명시(治歷明時)'가 반드시 필요하다는 뜻이다.

　견군룡(見群龍)의 용구(用九)를 내견천칙(乃見天則)으로 풀이한 것은 건지곤(乾之坤)으로 변하듯이 선천의 건(乾)에서 후천의 곤(坤)으로 순환을 반복함이 하늘의 운행 법칙이라는 뜻이다. 계사전에 "易은 窮則變하고 變則通하고 通則久라."고 하여 무궁변통한 조화로 하늘이 한없이 도와주어 항구불이(恒久不已)한 세상이 전개됨을 말하였다.

미언(微言)

　초구(初九)에서 구삼(九三)까지는 장(藏)과 명(明), 행(行)의 북방 수(水)에 속한 후음(喉音)인 'ㅇ'자운(字韻), 구사(九四)에서 용구(用九)까지는 혁(革)과 덕(德), 극(極), 칙(則)의 동방 목(木)에 속한 아음(牙音)인 'ㄱ'자운(字韻)으로 문장을 끝맺고 있다.

乾元者는 始而亨者也ㅣ오 利貞者는 性情也ㅣ라.
　건 원 자　　시 이 형 자 야　　　　이 정 자　　　성 정 야

---

93. 『周易(주역)』 손익(損益)괘 단전(彖傳): 彖曰 損 損下益上 其道 上行 損而有孚 元吉无咎可貞利有攸往 曷之用二簋可用享 二簋 應有時 損剛益柔 有時 損益盈虛 與時偕行. 象曰 益 損上益下 民說无疆 自上下下 其道 大光 利有攸往 中正 有慶 利涉大川 木道乃行 益 動而巽 日進无疆 天施地生 其益 无方 凡益之道 與時偕行.

乾始ㅣ能以美利로 利天下ㅣ라 不言所利하니 大矣哉라.
건시 능이미리 이천하 불언소리 대의재

大哉라 乾乎여 剛健中正純粹ㅣ精也ㅣ오
대재 건호 강건중정순수 정야

六爻發揮는 旁通情也ㅣ오 時乘六龍하야 以御天也ㅣ니
육효발휘 방통정야 시승육룡 이어천야

雲行雨施ㅣ라 天下平也ㅣ라.
운행우시 천하평야

性:성품 성 情:뜻 정 能:능할 능, 잘할 능 美:아름다울 미 言:말씀 언 矣:어조사 의 剛:굳셀 강 純:순수할 순 粹:순수할 수 精:정미 정, 깨끗할 정 發:쏠 발, 필 발 揮:휘두를 휘 旁:두루 방 通:통할 통 乘:탈 승 御:어거할 어, 말몰 어 平:평평할 평, 다스릴 평

건(乾)의 원(元)은 시작해서 형통해지는 것이고 이정은 성정(性情)이라.

건이 비로소 능히 아름다운 리(利)로써 천하를 이롭게 하느니라. 이로운 바를 말하지 아니하니 크도다!

크도다! 하늘이여! 강건하고 중정(中正)하고 순수함이 정(精)이 되고 육효가 발휘되는 것은 두루 뜻을 통하는 것이고 때에 따라 여섯 용을 타서 하늘을 몰아나가니 구름이 행해지고 비가 베풀어짐이라 천하가 다스려짐이라.

대의(大義)

건문언전(乾文言傳) 제5절이다.

건괘(乾卦)단전의 문장과 전체적으로 유사하다. 단전에서 건원(乾元)의 자시(資始)를 말하였듯이 시(始)를 형(亨)으로 연계하여 문장이 시작한다. "乾道變化 各正性命 保合大和 乃利貞"의 단전과 같이 성명(性命)을 이정(利貞)이라 풀이하였다.

건(乾)의 원덕(元德)이 시초가 되어 천하 만물이 이로워지므로 언설(言說)

로써 표현할 수 없는 하늘의 이로움을 세 차례나 예찬하였다. 가을에 곡식을 낫으로 베어내는 뜻인 利(이로울 리)는 본래 칼날처럼 날카롭다는 뜻이다. 후천오행으로 볼 때 서북의 하늘은 강건한 양금에 속하므로 건금(乾金)의 예리(銳利)함을 나타낸다. 절후로도 겨울추위가 시작되는 입동(立冬)의 때이다.

미언(微言)

하늘의 원대한 양정(陽精)을 강건중정순수(剛健中正純粹)의 여섯 가지로 나눈 것은 6양에 따른 설명이다. 대개 내외배합의 관계인 초구의 강(剛)과 구사의 건(健), 구이의 중(中)과 구오의 정(正), 구삼의 순(純)과 상구의 수(粹)로 배정한다.

64괘 가운데 건(乾)이 6효 모두 동적인 양효로만 이루어졌으므로 발하고 휘두르는 발휘(發揮)의 원동력이 모두 하늘에 의함을 강조하였다. 두루 뜻을 통한다는 것은 건괘(乾卦)의 6효가 발동하여 다른 모든 괘효(卦爻)로 통하지 않음이 없음을 이른다. 그 구체적인 수단방편이 하늘수레를 이끄는 6용을 올라타서 때에 따라 부린다. 천하가 태평성대를 누림도 운우(雲雨)의 음양화합으로 때 맞추어 비를 내리는 하늘의 운행 조화에 의한다.

君子ㅣ 以成德爲行하나니 日可見之ㅣ 行也ㅣ라.
군자   이성덕위행   일가견지   행야
潛之爲言也는 隱而未見하며 行而未成이라
잠지위언야   은이미현   행이미성
是以君子ㅣ 弗用也하나니라.
시이군자   불용야

군자가 덕을 이루는 것으로써 행실을 삼나니 날로 가히 보는 것이 행실이라. 잠겼다고 하는 말은 숨어서 나타나지 않으며 행하여도 아직 이루지 못함이라 이로써 군자가 쓰지 않는 것이니라.

대의(大義)

건문언전(乾文言傳)의 마지막 제6절이다.

유덕(有德)의 군자는 행동으로 실천함을 덕으로 여긴다. 날이 쌓여 달이 되고 달이 쌓여 해가 되듯이 모든 일은 점차적인 과정이 쌓여 이루어지기 마련이다.

초구(初九) 또한 용덕을 내적으로 갖춘 군자이지만 처음의 어리고 미미한 상태이므로 밖으로 모습을 드러내지 못하고 일을 이룰 수가 없다. 아직은 쓰이지 못할 뿐이다. 좌우 어느 쪽이든 치우치지 않는다가 弗(아닐 불)이다. 用(쓸 용)은 中(가운데 중)과 卜(점 복)으로 이루어진 글자이다. 중심을 찍을 때 바른 원을 그릴 수 있듯이 무슨 일이든 그 시기가 되어야 제대로 구실을 할 수 있다.

君子ㅣ 學以聚之하고 問以辨之하며
군자   학이취지   문이변지
寬以居之하고 仁以行之하나니
관이거지   인이행지
易曰 見龍在田利見大人이라 하니 君德也ㅣ라.
역왈 현룡재전이견대인   군덕야

學:배울 학 聚:모일 취 問:물을 문 辨:분별할 변 寬:너그러울 관

군자가 배워서 모으고 물어서 분별하며 너그러움으로써 거처하고 어짊으로써 행하나니 역에 이르길 '현룡재전이견대인'이라 하니 인군의 덕이라.

대의(大義)

현룡(見龍)의 대인군자는 내외 안팎으로 두루 밝다. 학취(學聚)와 문변(問辨)은 널리 배운 다음에 잘 살펴 묻는 박학(博學)과 심문(審問)을 이른다. 내

적인 심신의 수양이 이루어지려면 먼저 광대하고 정미로운 학문(學問)을 닦는데 노력을 다하여 사물의 이치에 밝아야 한다.

관거(寬居)와 인행(仁行)은 외적인 어묵동정(語黙動靜)에 있어서 관대(寬大)하고 인자(仁慈)해야 함을 이른다. 수기(修己)에 바탕을 둔 치인(治人)을 이른 것으로 구오(九五)의 높은 지위는 얻지 못하였지만 덕에 있어서는 구이(九二)도 능히 동일하다.

九三은 重剛而不中하야 上不在天하며 下不在田이라
구 삼   중 강 이 부 중   상 부 재 천   하 부 재 전
故로 乾乾하야 因其時而惕하면 雖危나 无咎矣리라.
고   건 건   인 기 시 이 척   수 위   무 구 의

重:거듭 중, 무거울 중

구삼(九三)은 거듭 강하여 가운데 있지 아니해서 위로는 하늘에 있지 아니하고 아래로는 밭에 있지 아니함이라.

그러므로 굳세게 굳세게 해서 그 때로 인해 두려워하면 비록 위태로우나 허물은 없으리라.

대의(大義)

구삼(九三)은 양효가 양위에 처하였으므로 거듭 강하다[重剛]. 구이(九二)와 구오(九五)처럼 내외의 중심을 얻지 못하였으므로 내외의 덕업(德業)에 부지런히 힘을 쏟고 상황이 바뀔 때를 대비하여야 한다.

공자는 계사하전(繫辭下傳) 제11장에서 "위태롭게 여기고 조심하는 이는 하늘이 편안하게 해주고 가벼이 여기고 제멋대로인 이는 하늘이 기울어 엎어 버린다(危者使平 易者使傾)."고 경계하는 한편 마침(선천)과 시작(후천)을

두려운 마음으로써 신중히 대처하는 "구이종시(懼以終始)와 기요무구(其要无咎)"을 강조하였다. 인과응보(因果應報)가 반드시 도래함을 생각하고 선후종시(先后終始)의 건건(乾乾)으로 조심하고 두려워하면 목적지로 나아감에 있어서 별 탈이 없다. 때를 모르면 변통하기 어렵고 길한 곳이 아닌 흉한 곳으로 빠지기 쉽다. 지시식변(知時識變)을 통한 피흉취길(避凶趣吉)의 길을 밝혀주는 일월등불이 『周易(주역)』이다.

九四는 重剛而不中하야 上不在天하며 下不在田하며
구사   중강이부중   상부재천   하부재전
中不在人이라 故로 或之하니 或之者는 疑之也 ㅣ니
중부재인   고   혹지   혹지자   의지야
故로 无咎 ㅣ라.
고   무구

疑 : 의심할 의

구사(九四)는 강함을 두터이(무겁게) 하여 가운데 있지 아니해서 위로는 하늘에 있지 아니하며 아래로는 밭에 있지 아니하며 중간으로는 사람에 있지 아니하니라. 그러므로 의혹하는 것이니 의혹하는 것은 의심함이니 그러므로 허물이 없느니라.

대의(大義)

중간의 사람 자리에 바르게 처한 구삼(九三)과는 달리 구사(九四)는 음위에 양효가 와서 부중부정하다. 상하 천지에 속하지 못하고 제 자리를 얻지 못하였으므로 자신의 현재 위치(位置)나 지위(地位)를 의심한다. 천지인 삼재(三才)에 연계된 在(있을 재)가 문장에 세 차례 나온다.

『大學(대학)』 경문 제1장의 삼강령(三綱領) 해설에 "大學之道는 在明明

德하며 在親民하며 在止於至善이니라."고 하여 在가 세 번 나오는데 문장 형식이 같다. 주공이 지은 효사(爻辭)에도 '見龍在田, 或躍在淵, 飛龍在天'의 在가 세 차례 나온다. 『周易(주역)』경전이 삼재지도(三才之道)에 바탕을 두었음을 잘 보여주는 대목이다.

夫大人者는 與天地合其德하며 與日月合其明하며
부대인자   여천지합기덕   여일월합기명
與四時合其序하며 與鬼神合其吉凶하야
여사시합기서   여귀신합기길흉
先天而天弗違하며 後天而奉天時하나니
선천이천불위   후천이봉천시
天且弗違온 而況於人乎ㅣ며 況於鬼神乎ㅣ여!
천차불위   이황어인호   황어귀신호

序:차례 서 鬼:귀신 귀 神:신령할 신 凶:흉할 흉 奉:받들 봉 且:또 차 況:하물며 황

무릇 대인은 천지와 더불어 그 덕을 합하며 일월과 더불어 그 밝음을 합하며 사시와 더불어 그 차례를 합하며 귀신과 더불어 그 길흉을 합해서 하늘보다 앞장섬에 하늘이 어기지 아니하며 하늘을 뒤쫓음에 하늘의 때를 받드나니 하늘이 또한 어기지 아니하는데 하물며 사람이며 귀신이랴!

대의(大義)

앞에 이미 설명된 동성상응(同聲相應)에서 각종기류야(各從其類也)까지가 '동성문(同聲文)'이고 여기의 글은 '합덕문(合德文)'이라 일컫는다. 동성문은 구오(九五)에 응하는 9×5=45자이다. 구궁낙서의 총합 45수에 문장격식을 맞추어 중천교역(中天交易)을 통하여 팔괘의 선후변화가 펼쳐지는 이치를 전하였다.

합덕문은 부대인자(夫大人者)부터 황어귀신호(況於鬼神乎)까지 55자이다.

선천하도의 천지지수(天地之數) 55에 문장격식을 맞춤으로써 '천지일월사시귀신'의 '十(열 십)'의 무위조화를 펼치는 대인의 대동합일을 설명하였다.

구오(九五)에 대한 문장을 하락총백(河洛總百)에 입각하여 글자 수를 정확히 맞춘 까닭은 선천팔괘로부터 중천교역(中天交易)이 일어나고 나아가 후천팔괘가 전개됨을 설명하기 위함이다. 중천낙서 중심에 일어나는 오용십작(五用十作)을 통하여 선천하도의 천지지수 55를 회복하고 오행상극의 흐름이 오행상생의 흐름으로 반전됨으로써 대동지선의 무위조화가 펼쳐지는 것이다.

100글자로 구성된 동성합덕의 전체문장은 『中庸(중용)』제1장에 언급된 천하의 대본(大本)인 中과 달도(達道)인 和에 도달하는 '치중화(致中和)'와 일치된다.

낙서의 중천교역(中天交易)에 의하여 오행이 생성되고 생성된 오행은 상극운행을 하지만 이른바 금화(金火)가 도전하여 하도의 오행상생으로 전환된다. 금과 화가 도전될 수 있도록 후천적인 계기를 만드는 것이 오행상생의 흐름으로 표상되는 후천팔괘이다[94]. 후천의 무위조화를 극기복례(克己復禮)와 천하귀인(天下歸仁)으로써 공자는 말씀하였다. '동성문'과 '합덕문' 두 문장에서 그 단서가 분명히 나타난다.

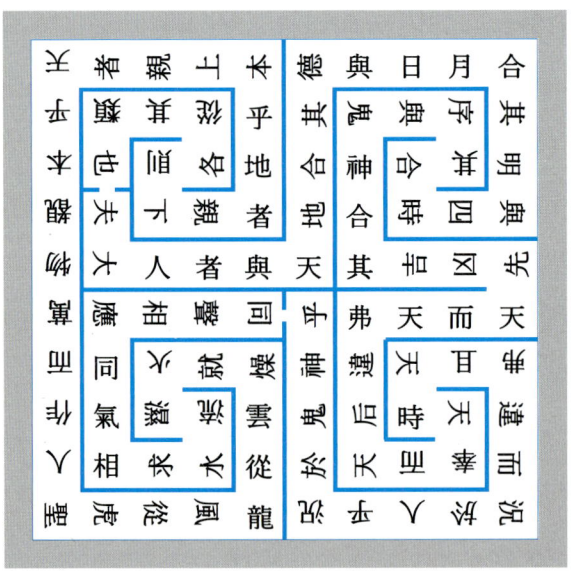

동성합덕문(同聲合德文) -하락총백(河洛總百)-

无偏无陂하야 遵王之義하며 无有作好하야 遵王之道하며
무 편 무 피   준 왕 지 의   무 유 작 호   준 왕 지 도
无有作惡하야 遵王之路하라. 无偏无黨하면 王道蕩蕩하며
무 유 작 오   준 왕 지 로   무 편 무 당   왕 도 탕 탕
无黨无偏하면 王道平平하며 无反无側하면 王道正直하리니
무 당 무 편   왕 도 평 평   무 반 무 측   왕 도 정 직
會其有極하야 歸其有極하리라.
회 기 유 극   귀 기 유 극
曰皇極之敷言이 是彝是訓이니 于帝其訓이시니라.
왈 황 극 지 부 언   시 이 시 훈   우 제 기 훈
凡厥庶民이 極之敷言을 是訓是行하면 以近天子之光하야
범 궐 서 민   극 지 부 언   시 훈 시 행   이 근 천 자 지 광
曰天子ㅣ 作民父母하샤 以爲天下王이라 하리라. - 총 100字
왈 천 자   작 민 부 모   이 위 천 하 왕

기울거나 기댐이 없도록 하여 왕의 의리를 쫓으며,

좋아함이 없도록 하여 왕의 큰 길을 쫓으며,

싫어함이 없도록 하여 왕의 갈 길로 나아가라.

편도 없고 당도 없으면 왕도가 드넓어지며,

당도 없고 편도 없으면 왕도가 평탄해지며,

뒤집거나 기울음이 없으면 왕도가 정직해지리니,

그 지극한 중심(仁)에 모이게 되어 그 지극한 중심으로 돌아가리라.

→ 회귀유극(會歸有極) 즉 천하귀인(天下歸仁)

황극이 펼치는 말씀이야말로 떳떳한 법칙이며 가르침(교훈)이니, 상제(上帝)의 가르침이시니라. 무릇 그 서민들이 황극이 펼치는 말씀을 가르침으로 삼고 행동으로 옮기면 천자의 빛나는 덕에 가까워져서, "(우리) 천자께서 백성의 부모가 되셔서 천하를 이끄는 임금이 되심이로다." 하고 칭송하리라.

홍범(洪範)의 오황극조문(五皇極條文) 100자와 10무(无)

50의 '대연수(大衍數)'는 길흉판단을 위한 괘효(卦爻)를 구하는 서법(筮法)의 기초로서 선천수 55와 후천수 45를 합친 '하락총백(河洛總百)'을 평분한 수이다. 괘효사(卦爻辭)에 나타나는 점(占)은 선후인과(先後因果)의 흐름에 대한 문답(問答)이다.

　　야산(也山) 선생은 『周易(주역)』의 핵심요점이 구오(九五)이며 그 극치가 점(占)이라 하였다. 점을 자칫 길흉화복을 점치는 수단으로만 이해하면 성인의 근본가르침에 크게 위배되기 쉽다. 점(占)은 모든 점(點)과 통한다. 사물에 내재된 근본진리를 이해하는 초점(焦點)과 관점(觀點), 시점(視點)을 분명히 바로 세우는 것이다. 보다 의미심장한 것은 홍범(洪範)편의 5황극을 해설한 탕평장(蕩平章)이 하락총백(河洛總百)에 부합하는 100자이고 그 가운데 10무극을 상징하는 무(无)가 10번이나 나온다는 사실이다. 공자가 『周易(주역)』의 합덕문(合德文)에 대인과 더불어 대동하는 십붕(十朋 → 천지2+일월2+사시4+귀신2)의 무극한 조화작용을 설명한 글과 어김없이 상합한다.

　　홍범(洪範)편에 5황극을 해설한 기자(箕子)의 도가 『周易(주역)』에 구오대인을 해설한 공자의 말씀으로 그대로 이어진다. 심심상전(心心相傳) 일심동체(一心同體)로 그 도를 전수한 성인들의 지극한 마음에 감동하지 않을 수 없다.

亢之爲言也는 知進而不知退하며 知存而不知亡하며
항 지 위 언 야　　지 진 이 부 지 퇴　　　지 존 이 부 지 망
知得而不知喪이니 其唯聖人乎아
지 득 이 부 지 상　　　기 유 성 인 호
知進退存亡而不失其正者ㅣ 其唯聖人乎ㄴ져.
지 진 퇴 존 망 이 불 실 기 정 자　　기 유 성 인 호

亡:망할 망, 없을 망　得:얻을 득　喪:죽을 상, 잃을 상　唯:오직 유

94. 이응문, 『해와 달을 머금은 주역』에 이를 상세히 해설하여 놓았다.

항(亢)이라고 말함은 나아갈 줄은 아는데 물러날 줄을 알지 못하며 존(存)할 줄은 아는데 망(亡)할 줄을 알지 못하며 얻을 줄은 아는데 잃을 줄을 알지 못하니 그 오직 성인이어야 진퇴존망을 알아서 그 바름을 잃지 않는 자는 그 오직 성인이실 뿐인저!

대의(大義)

항룡유회(亢龍有悔)를 경계한 문장이다. 진퇴(進退) 존망(存亡) 득상(得喪)으로 각기 대비하여 지(知)와 부지(不知)를 세 차례 언급한 것이 특별하다. 두 차례 언급한 '其唯聖人乎'는 자문자답(自問自答)의 문장형식이다. 성인의 덕이야말로 시간의 울타리를 벗어난 무위자연의 초월적 경지임을 밝히고 있다.

地地 ☷☷ 重地坤(2)

○ 개설(槪說)

①괘상(卦象)

상하의 두 소성괘가 모두 유순한 곤(坤☷)이다. 거듭(重) 땅[地]이 중복된 형상이므로 중지곤(重地坤)이라고 표명한다.

생명의 신비(神祕)는 천지 건곤(乾坤)의 교역과 배합에 의해 펼쳐진다. 위의 하늘과 아래의 땅은 언제나 변함이 없으므로 본래 만고불역(萬古不易)이다. 바뀜이 없는 불역을 선천이라고 한다. 대자연의 역은 '선천불역'을 표상하는 복희 선천팔괘를 본체로 하는 가운데 천지음양의 기운을 주고받으며 왕래하는 '중천교역(中天交易)'의 사상배합을 한다. 구궁낙서가 이를 나타낸다. 사상배합을 토대로 생성된 오행은 서로 극(克)하는 가운데 생(生)하는 작용을 일으킨다. 만물이 생성하고 변화하는 대자연의 흐름현상이 곧 '후천변역'으로 일컫는 문왕 후천팔괘이다[95].

하늘은 만물의 아비로서 선천의 양을 주장하고 땅은 만물의 어미로서 후천의 음을 주관한다. 선천팔괘방위도에서 순양의 일건천(一乾天)은 만물이 적극적으로 활동하는 한낮의 밝은 때를 대표하므로 생명의 문이 열리는 벽호(闢戶), 순음의 팔곤지(八坤地)는 만물이 수동적으로 고요히 안정하는 한밤의 어두운 때를 대표하므로 생명의 문이 닫히는 합호(闔戶)에 해당한다.

---

[95]. 工(만들 공, 이을 공)에 천지부모를 상징한 순양의 건(乾)과 순음의 곤(坤)이 교통하여 만물을 생성함을 가리키는 선천적 측면과 사람이 위로 하늘을 본받고 아래로 땅을 법함으로써 [效天法地] 언어와 문자, 제도, 예법 등을 만들어내는 후천적 측면의 뜻을 아우른다.

역유태극(易有太極)으로부터 시작하는 우주 삼라만상의 조화는 동적인 양에 의해 문을 열고 정적인 음에 의해 문을 닫는 변화를 거듭하며 끝없이 전개된다. 易의 문(門)인 천지건곤이 태극의 여닫이문 역할을 하는 것이다[96].

②괘명(卦名)

坤(따 곤, 순할 곤)은 土(흙 토)와 申(아홉째 지지 신, 거듭 신, 펼칠 신)이 조합된 글자이다. 보다 구체적으로는 아래와 같은 여러 가지 뜻을 함축한다.

첫째, 상하가 거듭[申] 두터이 쌓인 땅의 후중(後重)함과 아울러 막힘없이 확 트인 땅의 광활(廣闊)함을 가리킨다.

둘째, 모든 생명이 흙[土]을 모체로 결실 화육함을[申] 나타낸다. 申은 밭[田]에 뿌리를 내린 다음 줄기를 쭉 뻗은 초목의 형상[丨 → 뚫을 곤, 통할 곤]이다.

추수한 햇곡식을 臼(절구. 확)와 丨(공이)을 사용하여 찧는 시기가 음력 초가을 7월인 申月이다. 땅의 지지(地支) 순서로는 아홉 번째이다.

셋째, 후천오행으로는 남방 여름 午火(☲)에서 서방의 가을 酉金(☱)로 바뀌는 서남방위에 坤이 자리한다. 입추(立秋)시기의 전후가 未土(6월)와 申金(7월)이다.

土는 오행의 중앙에 처하여 사방의 화수목금을 조화롭게 중재하는 중심 태극의 역할을 한다. 구궁낙서의 이른바 '오용십작(五用十作)'에 의해 천태극인 天五(皇極)와 지태극인 地十(旡極)이 만나 중앙의 토가 생성되는데 괘효(卦爻)를 전개하는 오십대연(五十大衍)을 실질적으로 펼치는 곳이 바로 서남의 곤(坤)이다.

---

96. 『周易(주역)』계사하전(繫辭下傳) 제6장: 子曰乾坤 其易之門邪 乾 陽物也 坤 陰物也 陰陽 合德 而剛柔 有體.

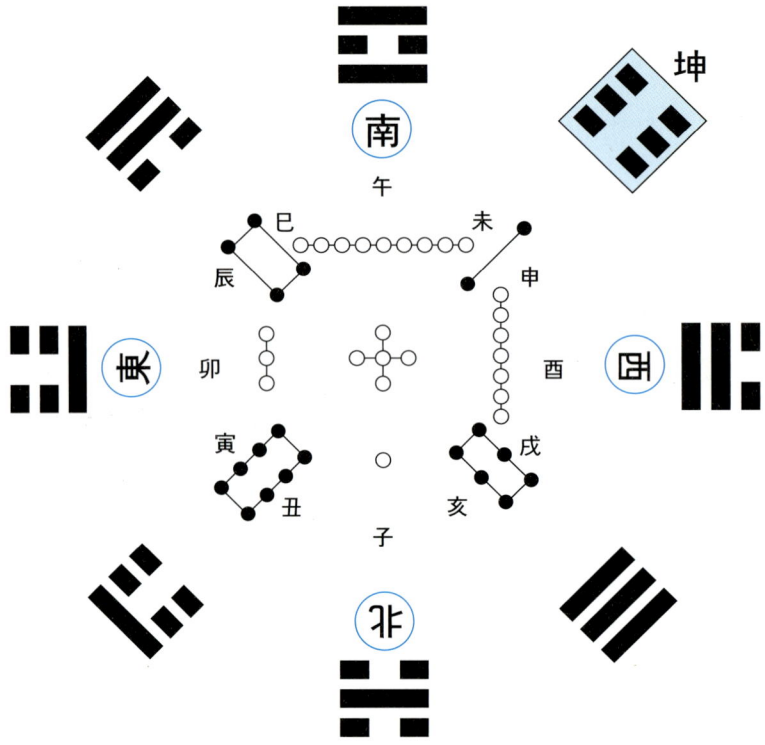

넷째, 역수적인 측면에선 선후 21日(甲)에 걸쳐 땅이 만물을 화육함을 나타낸다. 건곤(乾坤)에는 다같이 21일의 교역수수(交易授受)에 대한 수리가 갖추어져 있다. 田(밭 전)을 중심으로 위아래로 거듭 十을 보이는 申은 乾의 '선십갑후십갑(先十甲後十甲)'을 하나로 모아 펼치는 뜻이다.

乾(☰)이 4년 주기로 기영 21日(甲)을 땅에 베풀어주고 坤(☷)은 4년 주기로 21日(甲)을 하늘로부터 받아들임으로써 만물을 수태하고 출산하는 법도이다.

건곤(乾坤)을 서로 비교하면

첫째, 건(乾)과 곤(坤)은 하늘의 강건한 도(道)와 땅의 유순한 덕을 뜻한다. 건(乾)이 형이상의 도(道)라면 곤(坤)은 형이하의 기(器)이다. 건괘(乾卦) 효사(爻辭)엔 형이상적인 양물인 하늘의 용(龍)을, 곤괘(坤卦) 괘사(卦辭)엔 형이하적인 음물인 땅의 암말[牝馬]을 말하였다. 머리[乾]는 용이고 몸[坤]은 말의 형상을 한 용마(龍馬)가 하도를 짊어지고 나왔다는 전설과도 연계된다.

둘째, 건(乾)은 천간의 甲, 곤(坤)은 지지의 申이 각기 주장한다. 하늘과 땅의 '열림과 닫힘'이 건곤(乾坤)의 합벽(闔闢)이며 이를 통하여 선천의 '개물(開物)'과 후천의 '성무(成務)'가 전개된다. 어미의 뱃속에서 실질적인 기영만삭이 이루어지듯이 생명의 근본 원기는 아비 건(乾)이 베풀지만 생명의 실질 작용은 어미 곤(坤)에 의한다.

③괘서(卦序)

1획의 양은 밝고 건실하여 앞장서서 주장하고 2획의 음은 어둡고 허약하여 뒤따라 순종한다.

양인 홀수와 음인 짝수의 첫 머리가 천일지이(天一地二)이므로 전체가 둘로 갈라진 형상인 순음의 곤괘(坤卦)를 순양의 건괘(乾卦) 다음 두 번째로 두었다.

둘이 아닌 불이(不二)는 태극의 일생이법(一生二法)에 의해서 상하(上下)로 나뉜 천지음양이 불가불(不可不) 다시 하나로 합침을 이른다. 덮고 자는 이불(二不) 또한 부부의 동심일체를 상징한다. 土와 申으로 이루어진 글자가 곤(坤)이다. 身(몸 신)을 겹친 형태가 申(거듭 신)이므로 양분되었던 선천과 후천이 중앙의 土에 의해 다시 한 몸을 이루어 합일하는 것이다.

천지인 삼재(三才)가 차례로 열림이 건(乾), 삼재(三才)가 하나로 합침이 곤(坤)이다. 천개(天開)의 一, 지벽(地闢)의 二, 인생(人生)의 三으로 진행되는 절차가 부모가 자식을 낳는 과정이다. 부모자(父母子)가 일체이듯이 하나에서 둘과 셋이 열렸다가 다시 하나로 되돌아와 합함을 삼재합일(三才合一)이라고 하는데 그 중심조화를 사람이 대행한다.

○ 경문

坤은 元코 亨코 利코 牝馬之貞이니 君子의 有攸往이니라.
곤   원 형 이 빈마지정   군자   유유왕

先하면 迷하고 後하면 得하리니 主利하니라.
선   미   후   득   주리

西南은 得朋이오 東北은 喪朋이니 安貞하야 吉하니라.
서남   득붕   동북   상붕   안정   길

主: 주장할 주 朋: 벗 붕 安: 편안할 안

곤(坤)은 원대하고 형통하고 이롭고 암말의 정고함이니 군자가 갈 바를 두느니라. 앞장서면 미혹되고 뒤에 하면 획득하리니 이로움을 주장하니라. 서남방은 벗을 얻고 동북방은 벗을 잃으니 안정하여 길하니라.

대의(大義)

6양의 건(乾)이 발동하면 6음의 곤(坤)으로 변화한다. 먼저 하늘이 베풀어 주고 뒤에 땅이 받아들인다. 땅의 작용이 하늘의 4덕에 응하므로 건(乾)의 괘사(卦辭)와 동일하게 원형이정을 말하였다. 다만 천지의 양선음후(陽先陰后) 법도가 분명하므로 빈마지정(牝馬之貞)을 넣어서 구분하였다. 암말은 유순하지만 한번 짝을 지으면 평생 다른 짝을 구하지 않는 정조(貞操)를 지키는 정고(貞固)한 덕이 있고 곤괘(坤卦) 12획에 상응하는 만 12달에 새끼를 출산한다고 한다.

군자는 아래에 처한 유순한 땅을 본받아 자신을 비우고 몸을 낮춤을 삶의 미덕으로 삼는다.

선미후득(先迷後得)은 밝은 양이 앞서고 어두운 음이 뒤따르는 양선음후

(陽先陰后)의 법도이다. 대개 서남의 득붕은 처자가 시집가기 전에 친정에서 안정(安貞)하여 머무르는 선천의 때로 동북의 상붕은 시집간 다음 시댁에서 안정(安貞)하여 생활하는 후천의 때로 본다. 선천이든 후천이든 여자인 곤도는 안정하여야만 길하다는(安貞吉) 뜻이다.

곤괘(坤卦)는 후천을 주관하므로 득붕상붕(得朋喪朋)에는 후천팔괘에 대한 문왕의 뜻이 들어있다. 남괘는 양의 생(生)을, 여괘는 음의 극(克)을 위주로 한다. 구궁낙서로 보면 서방(2·7)과 남방(4·9)에는 후천 여괘(女卦)가 찾아와 각기 오행이 상극(相克)하는 가운데 함께 모인다. 그 가운데 금화교역(金火交易)이 일어나 시계 반대방향으로 우회(右回)하던 오행상극의 흐름이 시계방향으로 좌선(左旋)하여 반전(反轉)하면서 오행상생으로 바뀌는 후천적인 조화가 펼쳐진다.

금화교역(金火交易)은 서방(2·7)에서의 火가 金으로 바뀌어 제자리를 얻고 남방(4·9)에서의 金이 火로 바뀌어 제자리를 찾는 선규후혁(先睽後革)을 의미한다. 화택규(火澤睽, 38)는 서로 뜻이 어긋나 분규와 전쟁이 일어나는 괘이고 택화혁(澤火革, 49)은 때 맞추어 과녁의 중심을 꿰뚫듯이 반목질시를 이겨내고 개혁혁신변혁을 이루는 괘이다. 후천방위상으로도 서방의 태금(☱)과 남방의 이화(☲)는 화극금(火克金)의 선규후혁(先睽後革)을 나타낸다. 선천여름에서 후천가을로 넘어가는 전단계가 규(睽), 후단계가 혁(革)인 셈이다.

선후과도기인 금화교역(金火交易)에서의 가장 중요한 역할이 화생토와 토생금으로 중간의 매개를 하는 서남 곤토(坤土)이다. 천산돈(天山遯, 33)의 육이, 택화혁(澤火革, 49)의 초구효사에 이른 "황우지혁(黃牛之革)"이 서남곤토에 의한 금화교역(金火交易)을 일컫는 것이다[97]. 서남득붕의 得(얻을 득)은 克(능할 극, 이길 극)과 그 음의가 통하며 익(益)의 이로움을 뜻한다.

이와 달리 구궁낙서의 동방(3·8)과 북방(1·6)은 오행이 생해주는 곳으로

---

97. 『周易(주역)』 돈(遯)괘: 六二 執之用黃牛之革 莫之勝說. 혁(革)괘 初九 鞏用黃牛之革.

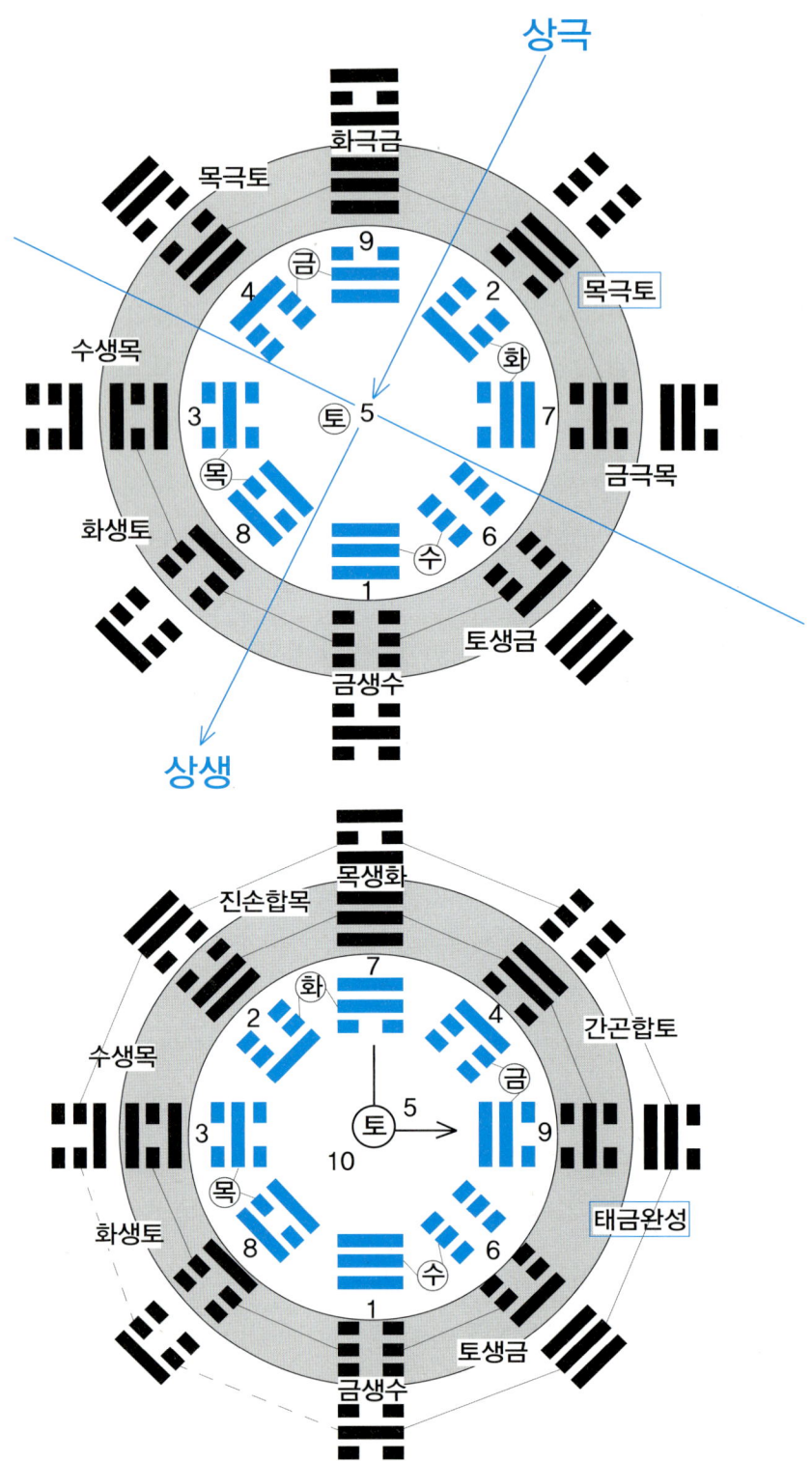

남괘(男卦)가 찾아와 함께 모인다. 방위 상으로 동방의 목(木)과 북방의 수(水)는 수생목(水生木)의 상생조화가 일어나는 곳으로 처음은 어렵지만 뒤에 가서 풀리는 선둔후해(先屯後解)의 변화 과정이 전개된다. 그 중심적인 역할을 하는 후천관문이 서남의 곤토(坤土)에 대응되는 동북의 간토(艮土)이다.

수뢰둔(水雷屯, 3)은 만물이 시생(始生)하는 초창기로서 겨울 속에 봄기운이 잠장되어 있고 뇌수해(雷水解, 40)는 만물이 해산(解産)되는 때로서 겨울이 지나 봄이 열리는 때이다.

동북상붕의 喪(죽을 상)은 혼인을 맺어 시집간 여자가 산고(産苦)의 어려움을 겪는 손(損)의 해로움을 뜻한다. 후천팔괘방위도는 오행의 중앙토를 양대 축으로 하여 서남엔 곤괘(坤卦)의 편편한 음토가 처하고 동북엔 간괘(艮卦)의 험준한 양토가 처하여 서로 대칭조화를 이룬다.

미언(微言)

곤(坤)은 여름(☰)에서 가을(☱)로 바뀌는 중간문턱인 서남방(☷) 입추(立秋)시기를 대표한다. 입추 전후인 未土(6월)와 申金(7월)에서 土와 申을 취한 글자가 곤(坤)이다.

土는 오행의 중앙에 처하여 사방의 화수목금을 조화롭게 중재하는 중심 태극의 역할을 한다. 구궁낙서 이치로는 이른바 '오용십작(五用十作)'에 의해 중앙土가 생성되는데 천태극인 天五(皇極)와 지태극인 地十(无極)의 조합에 의해서 토가 생성될 뿐만 아니라 괘효(卦爻)를 전개하는 오십대연(五十大衍)의 도가 실질적으로 펼쳐진다.

천간에선 중앙 무기합토(戊己合土)의 己土(음토)가 곤토(坤土)이다. 12지지로는 홀수 번째에 놓이는 진술(辰戌)이 양토, 짝수번째에 놓이는 축미(丑未)가 음토이다. 음토인 축토(丑土)는 늦겨울 땅이 열리는 '지벽어축(地闢於丑)', 미토(未土)는 늦여름 오월하지를 거쳐 후천 미래(未來)가 닥쳐오는 때

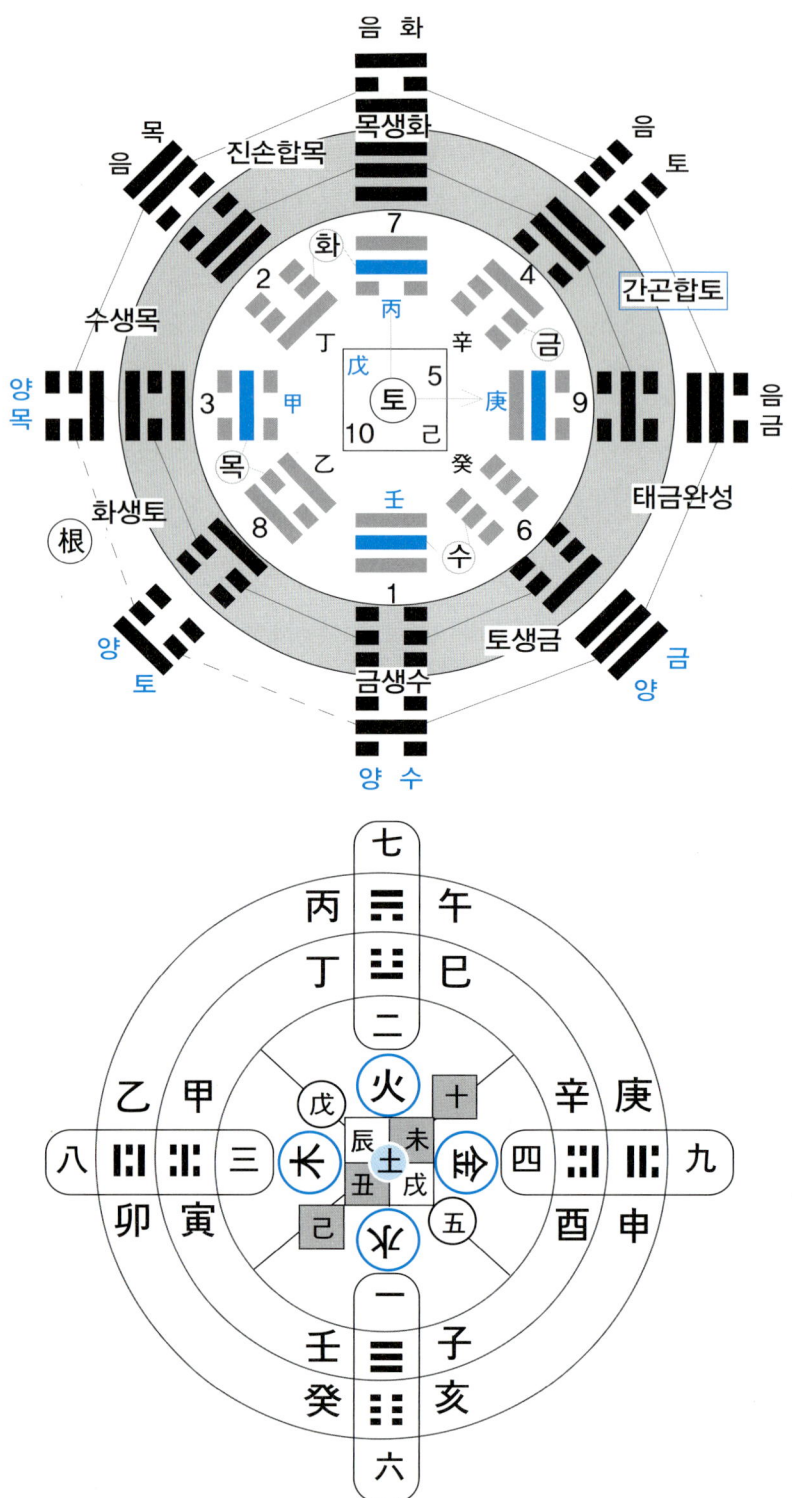

이다.

　봄여름의 '원형(元亨)'으로 대표되는 선천은 하늘의 양이 주장하므로 천간의 첫째 甲과 둘째 乙과 셋째 丙(→人)을 토대로 건(乾)이란 글자를 만들었다[木生火]. 반면 가을겨울의 '이정(利貞)'으로 대표되는 후천은 땅의 음이 득세하는 때이므로 후천적으로 未土에서 申金이 생하는 이치를 강조하여 곤(坤)이란 글자를 만들었다[土生金]. 문왕 후천팔괘에서 서남방에 곤괘(坤卦)를 놓았고 곤괘(坤卦)의 괘사(卦辭)에서 가을의 이로움을 주장한다는 '主利 즉 申金'과 '西南得朋'을 말한 것도 이와 같다.

彖曰 至哉라 坤元이여.
단 왈 지 재　　곤 원

萬物이 資生하나니 乃順承天이니 坤厚載物이 德合无疆하며
만 물　　자 생　　　　　내 순 승 천　　　곤 후 재 물　　덕 합 무 강

含弘光大하야 品物이 咸亨하나니라.
함 홍 광 대　　　품 물　　함 형

牝馬는 地類ㅣ니 行地无疆하며 柔順利貞이 君子攸行이라.
빈 마　　지 류　　행 지 무 강　　　유 순 이 정　　군 자 유 행

先하면 迷하야 失道하고 後하면 順하야 得常하리니
선　　　미　　　실 도　　　후　　　　순　　　　득 상

西南得朋은 乃與類行이오 東北喪朋은 乃終有慶하리니
서 남 득 붕　　내 여 유 행　　　동 북 상 붕　　내 종 유 경

安貞之吉이 應地无疆이니라.
안 정 지 길　　응 지 무 강

生:날 생, 태어날 생 乃:이에 내 順:순할 순 承:받들 승, 이을 승 厚:두터울 후 載:실을 재 疆:지경 강 含:머금을 함 弘:넓을 홍 光:빛 광 類:무리 유 常:항상 상, 떳떳 상 慶:경사 경 應:응할 응

단전에 이르길 지극하도다! 곤(坤)의 元이여!
만물이 이에 힘입어 태어나나니, 순히 하늘을 계승하니 곤(坤)이 후덕하여 만물을 실어줌이 덕이 지경이 없는 데까지 합하며 머금어 키우며 빛나게

크게 해서 품성을 갖춘 만물이 모두 형통하느니라.

암말은 땅의(땅에 사는) 무리이니 땅을 뛰어 다님에 지경이 없으며 유순하고 이정함이 군자가 행해야 할 바다.

앞장서면 아득해서 도를 잃고 뒤에 하면 유순해서 떳떳함을 얻으리니 서남방에서 벗을 얻음은 이에 무리와 더불어 행함이고 동북방에서 벗을 잃음은 이에 마침내 경사가 있으리니 안정해서 길함이 땅의 지경이 없는 데까지 응하느니라.

대의(大義)

大哉乾元 — 至哉坤元
萬物資始 — 萬物資生
統天御天 — 乃順承天
品物流形 — 品物咸亨

곤괘(坤卦) 단전은 건괘(乾卦)와 대비되는 문장을 기본으로 하여 짜여졌다. 하늘은 크고 땅은 지극하며 만물이 하늘에서 비롯되고 땅에서 태어난다. 하늘은 통어(統御)하여 주장하고 땅은 순승(順承)하여 뒤따른다. 건금(乾金)인 하늘이 천일생수(天一生水)로 금생수를 해주어 품성을 부여받은 만물이 형상을 갖추고 곤토(坤土)인 땅이 지육성수(地六成水)로 하늘과 짝하여 모든 품물이 다 형통하다.

하늘의 큰 덕에 상합하는 덕합무강(德合无疆), 끝없이 펼쳐진 광활한 땅을 거침없이 달리는 행지무강(行地无疆), 유순한 땅에 응하는 군자의 겸허한 마음가짐인 응지무강(應地无疆)은 천지인 삼재(三才)에 상응하는 후천 곤도의 '삼무강(三无疆)'이라고도 한다.

탄탄하고 드넓은 땅을 가리키는 疆(지경 강)은 땅에서 실제적으로 펼쳐지는 삼팔목도(三八木道)를 담은 글자로서 자강불식(自彊不息)의 彊(굳셀 강)과 상대된다. 공간의 경계는 疆, 시간의 경계는 彊 이다. 모두 삼시팔구(三矢八口)를 상징하는 강(畺)을 넣어 건곤태극의 삼팔목도(三八木道)에 의해 시공 우주의 세계가 펼쳐짐을 암시하였다.

미언(微言)

구궁낙서는 선천에서 후천으로 건너는 중천교역(中天交易)의 징검다리이다. 구궁낙서는 선천팔괘방위도에서 남녀가 왕래교역(사상위수의 부부배합)을 함으로써 전개되는데 이를 통해 음양이 오행을 생성하는 이치가 발현된다.

『大學(대학)』의 팔조목(八條目) 가운데 '사물에 이르러(格) 깨달음에 도달하다'는 "격물치지(格物致知)"를 말한다. 각기(各其) 가지를 치는 나무[木]를 표상한 글자가 格(가지 각)이다. 나무의 수액이 밑뿌리[本]에서 끝가지[末]까지 통하여 이르는 측면에선 '바로잡을 격, 감통할 격, 이를 격, 자격 격' 등으로 다양한 뜻을 지닌다.

양물인 남괘는 나무의 본(本)이고 음물인 여괘는 나무의 말(末)로서 부부동격(同格)이다. 부친모친의 천지건곤(☰☷)이 1(태양위)과 6(태음수)으로 각기 부부로 합치(合致)한 결과가 곧 수(水)의 생성이다. 장남장녀의 뇌풍진손(☳☴)이 2(소음위)와 7(소양수)로 각기 부부로 합치한 결과가 화(火), 중남중녀의 수화감리(☵☲)가 3(소양위)와 8(소음수)로 각기 부부로 합치한 결과가 목(木), 소남소녀의 산택간태(☶☱)가 4(태음위)와 9(태양수)로 각기 부부로 합치한 결과가 금(金)이다.

팔괘남녀를 통섭(統攝)하는 감춰진 중심이 조부조모의 일양월음(— --)이다. 5(천태극)와 10(지태극)이 각기 부부로 합치한 결과가 토(土)의 생성이다. 동격(同格)인 남녀부부끼리 합치(合致)하는 음양배합으로 인(因)해 오행생성이라는 자녀가 과(果)로 펼쳐진다. 원인과 결과, 격물과 치지의 기본 바탕이 되는 내용이다.

이렇게 생성된 오행을 다시 홀짝음양으로 재배정하여 천간의 음양오행이 정립된다.

> 천일생임수(天一生壬水)에 지육계성지(地六癸成之)하고
> → 천지의 일육합수(一六合水)
> 지이생정화(地二生丁火)에 천칠병성지(天七丙成之)하고
> → 뇌풍의 이칠합화(二七合火)
> 천삼생갑목(天三生甲木)에 지팔을성지(地八乙成之)하고
> → 수화의 삼팔합목(三八合木)
> 지사생신금(地四生辛金)에 천구경성지(天九庚成之)하고
> → 산택의 사구합금(四九合金)
> 천오생무토(天五生戊土)에 지십기성지(地十己成之)니라.
> → 일월의 오십합토(五十合土)

금화교역(金火交易)에 말미암은 오행생극의 득상(得喪) 조화는 이미 앞에서 간명(簡明)하게 관찰하였다. 중천교역(中天交易)(구궁낙서)에서 서남득붕(西南得朋)과 동북상붕(東北喪朋)이 일어난 결과가 후천팔괘이다. 오행의 생극(生克)으로 살필 때 동(東)과 북(北)의 남괘는 생해 덜어져 나오는 해(解)의 후천조화가 나타나는 반면 서(西)와 남(南)의 여괘는 극하여 근거지에 뿌리내리는 혁(革)의 후천조화가 나타난다.

부친	☰ 1	태양천금(선천건금)	→ 천1 생수	→	壬水(후천양수)
장남	☳ 2	소음천목(선천진목)	→ 지2 생화	→	丁火(후천음화)
중남	☵ 3	소양천수(선천감수)	→ 천3 생목	→	甲木(후천양목)
소남	☶ 4	태음천토(선천간토)	→ 지4 생금	→	辛金(후천음금)
조부	○ 5	천극천화(선천일화)	→ 천5 생토	→	戊土(후천양토)
모친	☷ 6	태유지토(선천곤토)	→ 지6 성수	→	癸水(후천음수)
장녀	☴ 7	소강지목(선천손목)	→ 천7 성화	→	丙火(후천양화)
중녀	☲ 8	소유지화(선천이화)	→ 지8 성목	→	乙木(후천음목)
소녀	☱ 9	태강지금(선천태금)	→ 천9 성금	→	庚金(후천양금)
조모	■ 10	지극지수(선천월수)	→ 지10 성토	→	己土(후천음토)

象曰 地勢ㅣ 坤이니 君子ㅣ 以하야 厚德으로 載物하나니라.
상 왈 지 세 곤   군 자 이   후 덕   재 물

勢:기세 세, 형세 세

상전에 이르길 땅의 형세가 곤(坤)이니 군자가 이로써 두터운 덕으로 만물을 싣느니라.

대의(大義)

　대상전(大象傳)이다. 곤괘(坤卦)부터는 상전(象傳)을 대상전(大象傳)과 소상전(小象傳)으로 별도 분리하여 단전 다음 대상전(大象傳)을 놓고 효사(爻辭) 아래에 소상전(小象傳)을 두어 설명한다.
　건괘(乾卦) 대상전(大象傳)에 천행(天行)의 굳건함을 본받은 군자의 자강불식(自彊不息), 곤괘(坤卦) 대상전(大象傳)에는 지세(地勢)의 유순함을 본받은 후덕재물(厚德載物)을 말하였다. 천지의 동적인 운행과 정적인 형세(形勢)를 바탕으로 한 행세(行勢)가 대비된다. 순양의 하늘이 유동적인 시간의

세계를 주장하고 순음의 땅이 안정적인 공간의 세계를 주관하기 때문이다.

미언(微言)

　상하 땅이 거듭된 곤(坤)은 후중한 덕을 갖춘 어미의 덕이 있으므로 만물을 싣는 수레의 역할을 한다. 원형이정 4년을 주기로 베푸는 하늘의 기영 21일(物)을 땅이 두터이 싣는 법도로도 풀이된다. 기수(氣數)를 기본 방편으로 하여 이화(理化)의 조화 작용이 펼쳐지는 것이다.

初六은 履霜하면 堅氷이 至하나니라.
　　초육　　　이상　　　　견빙　　　지
象曰 履霜堅氷은 陰始凝也ㅣ니 馴致其道하야 至堅氷也
　상왈 이상견빙　　음시응야　　　　순치기도　　　지견빙야
하나니라.

履:신 리, 밟을 리　霜:서리 상　堅:굳을 견　氷:얼음빙　陰:음 음, 응달 음, 그늘
음　凝:엉길 응　馴:길들일 순, 따를 순, 순종할 순　致:보낼 치, 이치 치, 이를 치
至:이를지, 도래할 지, 지극할 지

초육(初六)은 서리를 밟으면 굳은 얼음이 이르느니라.
상전에 이르길 '이상견빙(履霜堅氷)'은 음이 비로소 엉김이니 그 도를 길들여 이루어서 굳은 얼음에 이르게 하느니라.

대의(大義)

　초육(初六)은 처음 음이 자라는 과정으로 어린 처자가 친정(親庭)에서 길러지는 시기이다. 양은 강하지만 생기를 발하고 음은 부드럽지만 살기를 발하는

상대적인 측면이 있다. 곤괘(坤卦)는 이정(利貞)의 이로움과 정고함을 위주로 설명하기에 가을과 겨울의 이상과 견빙을 말하였다. 늦가을 서리를 맞으면 움츠러드는 생명은 땅 속으로 숨어들어가 겨울채비를 한다.

순음상태인 곤괘(坤卦)는 초겨울인 음력 10월의 해월(亥月)로서 늦가을인 음력 9월의 술월(戌月)과 한겨울인 음력 11월의 자월(子月)의 중간이다. 5음이 극성하여 마지막 남은 하나의 양마저 깎는 산지박(山地剝, 23)은 상강의 절후인 술월(9월), 깎여 떨어진 1양의 씨앗이 땅속에 복장(伏藏)되었다가 다시 생명의 부활(復活)을 하는 지뢰복(地雷復, 24)은 동지(冬至)의 절후인 자월(11월)이다.

곤괘(坤卦)의 6효는 전체적으로 음에 속하는 여자의 일생과 같다. 초육(初六) 소상에 음이 엉기기 시작하는 때이므로 처음 말을 유순히 길들이듯이[馴] 어린 처자가 밝은 본성의 도리를 회복하도록 잘 이끌어 가르쳐야 한다고 하였다. 괘사(卦辭)의 '빈마지정(牝馬之貞)'에 이어 '순마(順馬)'를 가리키는 馴(길들일 순)이 나온다.

미언(微言)

천개어자(天開於子), 자월(子月)의 중기(中氣)인 동지는 24기의 기점(0)이다. 밖으로 가장 밤이 긴 상태이지만 동지로부터 다시 밝은 낮이 길어지기 시작하고 하늘이 처음 문을 연다. 주(周)나라는 복월(復月)이 하늘의 문을 여는 중요한 때이므로 이를 한 해의 머리인 세수(歲首)로 세웠다.

초육(初六)이 동하면 지뢰복(地雷復, 24)으로 변한다. 초효(初爻) 자리가 양이므로 음 속에 양이 들어있듯이 어리고 무지하여도 순진한 덕이 있으므로 하늘이 내려준 밝은 본성을 밝힐 수 있다.

이상견빙(履霜堅氷)에 상응하는 박복(剝復)은 생명의 종시(終始) 즉 선천 양의 시대가 다하고 바야흐로 후천 음의 시대가 시작하는 때이다. 음이 주장하는 때이지만 밝은 본래의 성품을 회복하여 선후음양이 평등한 후천시대를 열라는 가르침이다.

공자가 64괘 가운데 9괘를 가려 덕의 완성과정을 구체적으로 제시한 구덕괘(九德卦)에서 덕지기(德之基)와 덕지본(德之本) 즉 履(밟을 리)를 덕의 터전, 履의 글자에 들어있는 復(돌아올 복)을 덕의 근본이라고 말씀하였다.

덕의 기본인 이복(履復)을 담은 문장이 다름 아닌 '이상견빙(履霜堅氷)'이다. 기본이 되는 덕을 잘 닦아야 본립이도생(本立而道生)으로 근본이 세워지고 나아갈 길이 생긴다.

六二는 直方大라 不習이라도 无不利하니라.
육이　　직방대　　불습　　　　무불리

象曰 六二之動이 直以方也ㅣ니　不習无不利는 地道ㅣ光也ㅣ라.
상왈 육이지동　 직이방야　　　불습무불리　　지도　광야

直:곧을 직　方:모 방, 방향 방, 법 방, 방위 방　習:익힐 습, 연습할 습

육이(六二)는 올곧고 반듯하여 큼이라. 익히지 아니해도 이롭지 아니함이 없느니라.
상전에 이르길 육이의 동함이 곧고 반듯하니 '불습무불리(不習无不利)'는 땅의 도가 빛남이라.

대의(大義)

육이(六二)는 유순중정하여 빛나고 아름다운 요조숙녀의 현숙한 덕을 갖추었으므로, 내외가 곧고 반듯하며 건의 큼에 능히 짝할 수 있어 大를 말하였다.

'직방대(直方大) 불습무불리(不習无不利)'는 건문언전(乾文言傳) 제5절의 "불언소리(不言所利)하니 대의재(大矣哉)라."와 건괘(乾卦) 구이(九二) 구

오(九五)의 "이견대인(利見大人)"에 나오는 대리(大利)를 뜻한다. 무위자연(无爲自然)하여 억지를 씀이 없이 하늘에 순응하므로 학습지도를 통해 닦고 기르는 초육(初六)과 달리 애써 노력함이 없어도[不習] 좋은 결실의 이로움이 크게 따른다[无不利]. 단전에 나오는 주리(主利)가 육이(六二)에 상응한다[98].

쉼 없이 돌아가는 하늘은 둥근 수레바퀴의 형상인 원(○)으로, 고요히 제자리를 지키는 땅은 田과 같이 모나고 반듯한 네모(口)로 표상한다. 이를 '천원지방(天圓地方)'이라고 한다. 원방의 내각(內角)을 각기 360도로 정의한 것은 천지가 음양배합을 하여 완벽히 한 몸으로 일체가 되기 때문이다.

형이하의 세상인 땅은 방법(方法)과 방식(方式), 방편(方便), 방위(方位)에서 보듯이 直(곧을 직)에 의지한 方(모 방, 법 방)을 세워서 쓴다.

가로세로의 길이가 같은 직선 1이 네모사방의 둘레를 이루어 실상면적을 갖춘 1이란 개체(個體)도 정립된다. 둘레 4는 태음위이고 면적 1은 태양위이다. 사방 여섯 자의 1평(坪)도 내외의 직방(直方)이 기본 바탕이다. 외적 기틀인 바깥 둘레가 24이고 내적 실체인 안의 면적이 36이므로 노음(태음) 24책과 노양(태양) 36책이 일심동체를 이룬다. 정6면체를 외적인 표상으로 삼는 공간세계의 물(物)로써 확장하면 곤책인 144(24×6)와 건책인 216(36×6)이 펼쳐진다[99]. 이로부터 1년의 주천상수를 표상하는 건곤(乾坤) 360책이 세워진다. 천간지지의 배합인 60도 이러한 자연의 정리(定理)에 의한다.

강건한 건괘(乾卦) 구오(九五)와 유순한 곤괘(坤卦) 육이(六二)는 상천하지의 '중정(中正)'을 체득한 효이다. 원대(元大)한 건(乾)은 원융회통(圓融會通)하여 삼라만상을 일관(一貫)한다. 방정(方正)한 곤(坤)도 하늘의 일관(一貫)을 그대로 따라 합한다. 田土 흙에 상하직통의 丨(뚫을 곤)을 더한 申을 합쳐 곤(坤)이란 글자도 만들어졌다. 심은 그대로 거두는 가색(稼穡)의 이치, 막힘없이 그대로 통하는 직방(直方)의 법도가 곤도의 핵심토대이다.

미언(微言)

『周易(주역)』은 우주 자연의 인과원칙을 밝힌다. 직방의 囗에 大를 넣은 因(인할 인)은 땅 속에서 생명이 자라남을 가리킨다. 남녀가 서로 사랑하여 자식을 잉태하고 화육하는 뜻이다. 이는 선천팔괘의 남녀교역(사상의 위수배합)에 따라 자녀(오행의 생성)를 낳는 중천교역(中天交易)의 구궁낙서로 이어지고 이로 인한 결과가 후천팔괘의 오행유행으로 나타난다.

천지의 배합이 없으면 결코 만물이 존재할 수 없다. 천지(1태양위, 6태음수)의 一六合水, 뇌풍(2소음위, 7소양수)의 二七合火, 수화(3소양위, 8소음수)의 三八合木, 산택(4태음위, 9태양수)의 四九合金, 일월로 비유되는 (5황극위, 10무극수)의 五十合土가 다름 아닌 인과이다. 水의 果를 생성하는 因(直方大)은 6(☷)이 1(☰)을 유순히 받아들이는 데서다.

원인(原因)에 따라 결과가 돌아옴을 종두득두(種豆得豆), 종과득과(種瓜得瓜)라고 한다. 유물유칙(有物有則) 사필귀정(事必歸正)으로 모든 사물엔 반드시 존재하는 이유가 있으며 결과 또한 반드시 바른 곳으로 돌아가기 마련이다. 『大學(대학)』의 삼강령(三綱領) 팔조목(八條目)과 함께 격물치지(格物致知)의 핵심이 여기에서 잘 나타난다. 아래 그림으로 설명을 대신한다.

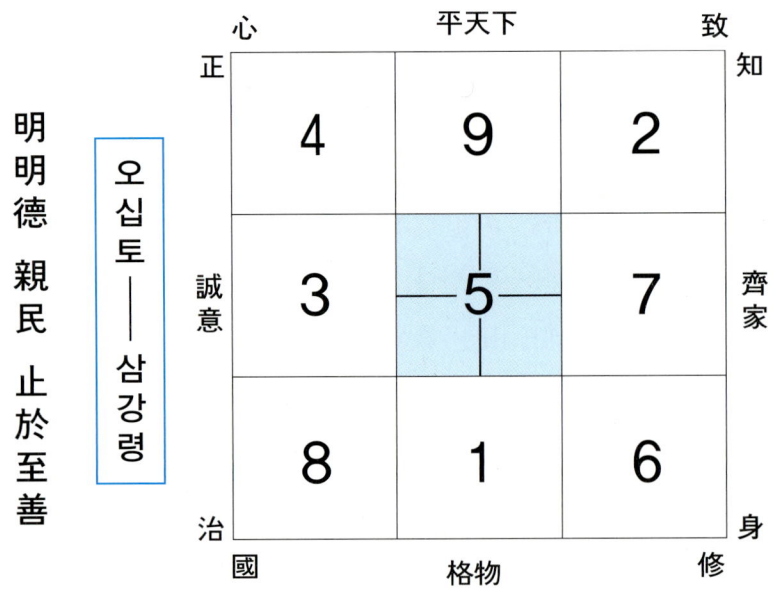

六三은 含章可貞이니 或從王事하야 无成有終이니라.
육 삼   함 장 가 정   혹 종 왕 사   무 성 유 종
象曰 含章可貞이나 以時發也ㅣ오 或從王事는 知光大也ㅣ라.
상 왈   함 장 가 정   이 시 발 야   혹 종 왕 사   지 광 대 야

含:머금을 함, 품을 함 章:글 장, 빛날 장

육삼(六三)은 빛난 것을 머금어 가히 바르게 함이니 혹 왕의 일을 좇아서 이룸은 없으되 마침은 있느니라.
상전에 이르길 '함장가정(含章可貞)'이나 때에 따라 발함이고 '혹종왕사(或從王事)'는 지혜가 광대함이라.

대의(大義)

부중부정(不中不正)한 상태이나 양의 자리에 음이 있는데다 선천의 내괘를 마치고 후천의 외괘로 넘어가는 자리이므로 시집간 여자가 마침내 아기를 배어 만삭이 된 상태이다. 낮은 평지 아래에 세워진 봉분(封墳)으로 보면 선천 이승에서의 삶을 마치고 후천의 저승문턱을 넘는 임종(臨終)과 선종(善終)을 상징한다.

함장(含章)은 빛나는 덕을 안으로 품어서 자랑하거나 뽐내지 않는 온순함을 이르고 가정(可貞)은 올곧은 덕으로 굳건히 지킴을 말한다. 어머니가 뱃속의 생명을 열 달 동안 고이 기르지 않으면 아이가 태어날 수 없다. 자식을 위해 모든 희생을 감수하는 헌신적인 모성애(母性愛)의 정고한 덕을 강조한 내용이다.

혹종왕사(或從王事)는 곤(坤)에 상대되는 건(乾)의 일을 따른다는 뜻이다.

---

98. 『大學(대학)』의 성의(誠意)장에 "『書經(서경)』 강고(康誥)편에 如保赤子라 하니, 子曰 心誠求之면 雖不中이나 不遠矣니 未有學養子而後에 嫁者也니라."고 한 바와도 통한다.

99. 정6면체의 길이를 6으로 세웠을 경우에만 표면적 216과 부피체적 216이 동일한 수로 합치한다.

건괘(乾卦) 구사(九四)의 혹약재연(或躍在淵)과 마찬가지로 육삼(六三) 또한 부중부정한 상태이므로 의혹하는 或을 덧붙였다.

왕사(王事)는 건괘(乾卦) 구삼(九三)에 군자가 종일건건(終日乾乾)하여 대천(大川)을 건너는 대사(大事)를 가리킨다. 곤의 미덕은 지순(至順)함과 공경(恭敬)함이다. 아내의 참된 도리는 자식을 낳고 기르는 지극한 공덕이 있어도 남편에게 이를 돌리는 순종의 미덕이 있어야 하고 신하의 참된 도리는 나라와 백성을 위한 큰 공로를 세웠어도 임금에게 이를 돌리는 충직의 미덕이 있어야 한다. 자신에게 주어진 직분에 오로지 최선을 다할 뿐 공을 내세우지 않고 끝까지 일을 완수함이 무성유종(旡成有終)이다. 육삼(六三)의 자리도 내괘의 선천을 끝마치는 자리이다. 소상에는 비록 온갖 수고로움이 있어도 때가 이르면 필경 아이를 낳는 큰 경사가 뒤따른다고(時發) 하였다. 육삼이 안으로 밝고 큰 양적인 지혜를 지녔기 때문이다(知光大).

미언(微言)

건괘(乾卦) 구삼(九三)의 '종일건건(終日乾乾)', 곤괘(坤卦) 육삼(六三)의 '무성유종(旡成有終)', 곤괘(坤卦)의 육삼(六三)이 변한 겸괘(謙卦) 괘사(卦辭)의 '군자유종(君子有終)'과 겸괘 구삼(九三)의 '노겸(勞謙) 군자유종(君子有終)'에 네 차례에 걸쳐 終(마칠 종)을 거듭 강조하였다. 모두 선천의 終을 의미한다.

육삼(六三)이 변하면 간상련(艮上連,☶)으로 바뀌어 지산겸(地山謙,15)이 된다. 평평한 땅 아래에 높은 산이 처하듯이 노력을 다하여 큰 공을 세웠어도 자신보다는 다른 이들에게 그 공을 돌리는 지극히 겸손한 형상이다[100].

---

100. 『周易(주역)』 계사상전(繫辭象傳) 제8장: 勞謙 君子有終 吉 子曰 勞而不伐 有功而不德 厚之至也 語以其功下人者也 德言盛 禮言恭 謙也者 致恭 以存其位者也.

상경(上經)의 30괘 가운데 15번째에 놓인 겸괘는 일양(日陽)의 밝음을 듬뿍 머금은 15야(夜) 밝은 달을 나타내며 선천의 有終(달력의 종결)을 가리킨다. 어두운 밤중을 환히 비추는 겸허한 만월(滿月)의 형상에서 임산부의 하복부가 남산같이 부른 상태를 만삭이라고 한다.

선천팔괘의 방위로는 칠간산(七艮山)을 거쳐 팔곤지(八坤地)로 나아감이 해가 저물어 서쪽으로 진 석양이 땅 속에 일몰하여 함장(含章)하는 모습이다.

지산겸(地山謙,15)의 호괘(互卦)는 아이를 해산하는 뇌수해(雷水解,40)이다. 겸(謙)의 외괘 곤삼절(☷)은 서남의 곤토이고 내괘 간상련(☶)은 동북의 간토이다. 열 달 동안 뱃속에서 자람이 선천(☶), 바깥 세상에 태어남이 후천(☷)에 비유된다. 괘사(卦辭)의 서남득붕(西南得朋)과 동북상붕(東北喪朋)과도 연결된다.

六四는 括囊이면 无咎ㅣ며 无譽리라.
육사   괄낭   무구   무예
象曰 括囊无咎는 愼不害也ㅣ라.
상왈 괄낭무구   신불해야

括:묶을 괄, 맬 괄 囊:주머니 낭 譽:기릴 예, 칭찬할 예, 명예 예 愼:삼갈 신
害:해칠 해, 손해 해

육사(六四)는 주머니를 묶으면 허물이 없으며 명예도 없으리라.
상전에 이르길 '괄낭무구(括囊无咎)'는 삼가면 해롭지 아니하니라.

대의(大義)

출산 후에는 다시 자궁의 문이 닫히듯이 집에서 조용히 평온과 안정을 추구하는 때이다.

내괘의 선천에서 외괘의 후천으로 나아간 육사(六四)는 음위에 음효가 와서 거듭 유순하고 지극히 고요하다. 그윽하고 어두운 유암(幽暗)의 상태이므로 물건을 담는 주머니의 입구를 단단히 동여매어(홀쳐) 밖으로 드러나지 않는 괄낭(括囊)으로 표현하였다.

말이 없으면 속마음을 들여다 볼 수 없듯이 밖으로 표출하지 않으면 허물을 지을 리가 없지만(无咎) 명예로움도 없다(无譽). 문장에 无를 거듭 두 번이나 언급한 것은 적극적인 외부활동이 없이 순응(順應)하는 상태를 강조한 것이다.

황석공(黃石公)의 소서(素書) 중에 다음의 글 대목이 전한다.

設變致權(설변치권)은 : 변법을 사용하고 권도를 씀은
所以解結(소이해결)이오 : 맺힌 것을 풀려는 것이고
括囊順會(괄낭순회)는 : 입을 다물고 공론에 순응함은
所以无咎(소이무구)라 : 허물을 막으려는 것이다.

미언(微言)

括(묶을 괄)은 내용물이 밖으로 새거나 빠지지 않도록 끈 등으로 '묶다'는 뜻이다. 문장내용을 보충할 때에 주로 쓰는 부호 '( )'가 괄호(括弧)이다.

譽(기릴 예)는 여러 사람들이 말로써 기리고 칭찬하여 인격을 높여준다는 뜻이다. 육사가 변한 뇌지예(雷地豫,16)의 豫(즐거울 예, 앞설 예, 미리 예)와 그 음의가 은연중 통한다. 豫는 초목의 싹(☵)이 땅(☷) 밖으로 촉 터나와 생명의 탄생을 즐거이 노래하는 형상이다. 밝은 양(九四) 하나로 말미암아 모든 음들이 기뻐하며 기꺼이 순응(順應)하는 모습이다.

수확하여 거둔 곡식을 곳간에 비축한 다음 때 맞추어 적절하게 예산을 적절하게 집행하는 것이 일의 순서이다. 물건이 내적으로 쌓임은 소축(小畜), 새싹이 천천히 돋음은 예(豫)이다. 건괘(乾卦) 구사(九四)가 변한 풍천소축(風天小畜, 9)이고 곤괘(坤卦)의 육사(六四)가 변한 뇌지예(雷地豫, 16)이다.

六五는 黃裳이면 元吉이리라.
　육　오　　　황　상　　　　　원　길
象曰 黃裳元吉은 文在中也ㅣ라.
　상　왈　황　상　원　길　　　문　재　중　야

黃:누를 황 裳:치마 상 文:글월 문, 무늬 문, 문채날 문

육오(六五)는 누런 치마면 크게 길하리라.
상전에 이르길 '황상원길(黃裳元吉)'은 문채가 중(中)에 있음이라.

대의(大義)

　인생의 결실을 아름답게 종결(終結)하는 황금(黃金)의 시기이다.
　곤괘(坤卦)에서 외괘의 중심에 처하고 높은 자리이므로 육오는 가내(家內)를 이끄는 시어머니와 임금의 비 등 존귀한 존재이다. 黃(누를 황)은 후중한 땅의 중순(中順)한 미덕을 상징하는 중앙토의 색이고 裳(치마 상)은 하늘 아래의 땅과 같이 부끄러운 신체 하부를 가리는 옷이다. '黃裳의 元吉'은 부끄러운 아랫도리를 가려주는 치마처럼 항상(恒常) 윗사람의 치부를 가려주고 받쳐주며 자신을 아래로 낮추는 중덕이 있으면 자연히 크게 길하다는 뜻이다. 중도(中道)와 중용(中庸)의 덕으로써 겸허함이 곤도이므로 육오(六五)가 이를 갖춰야 한다는 '황상(黃裳)이면'이란 단서가 붙는다. 대길(大吉)은 결과를 위주로 크게 길함을 표현한 것이고 원길(元吉)은 본래부터 선한 덕이 있어 크게 길함을 표현한 것이다.

소상에서 아름다운 문채를 속에 품었다고 말한 까닭은 초육(初六)의 견빙(堅氷)과 육삼(六三)의 함장(含章), 육오(六五)의 황상(黃裳)이 모두 양위에 음효가 처하여 밝은 미덕을 내적으로 함축되어 있음을 의미한다.

「春秋傳(춘추전)」에 남괴(南蒯)라는 사람이 장차 역모를 꾀하려고 점괘를 얻어 보니 곤괘(坤卦) 5효가 동하는 '황상원길(黃裳元吉)'이 나왔다고 한다. 이를 보고 누런 곤룡포를 입는 임금이 될 것이라는 잘못된 풀이를 하여 역모를 꾸미다가 결국 죽임을 당했다는 기록이 전한다. 음의 도리인 충신(忠臣)의 도리를 다할 것을 자복혜백(子服惠伯)이라는 사람이 일깨어 주었는데도 욕심에 눈이 멀어 패하고 말았으니 이를 보고 '하늘과 땅은 천지차이이거늘 천지구분도 못하는 사람'이라고 한다.

미언(微言)

육사(六四) 괄낭(括囊)의 囊과 육오(六五) 황상(黃裳)의 裳은 모두 의상(衣裳)에 관련된 글자들이다. 하늘의 양 보다는 땅의 음이, 수컷 보다는 암컷이, 남자보다는 여자가 상대적으로 더 아름다운 문식(文飾)이 드러난다. 현상적으로 밝게 꾸밈이 내본(內本)인 양 보다 외말(外末)인 음에서 더욱 표출되기 때문이다.

육오(六五)가 변한 수지비(水地比, 8)는 물(☵)이 땅(☷)위로 흘러 모든 생명이 자라도록 도움을 주는 괘이다. 물은 흙을 담아주고 흙은 물이 흐르도록 서로 도움을 준다. 교역왕래로써 살피면 건구오 대인이 땅에 임하여 인륜준칙을 세우고 나라를 열어 온 세상을 다스리는 상이다. 황하(黃河)에 용마(龍馬)가 나타나고 복희대인이 팔괘를 창시한 때로도 비유할 수 있다. 괘사(卦辭)에 나오는 원서(原筮)는 괘효(卦爻)를 얻는 오십대연(五十大衍)에 관련된 서법(筮法)을 근원으로 하여 세상을 다스리는 황극(皇極)의 법도를 세운다는 내용이다.

上六은 龍戰于野하니 其血이 玄黃이로다.
상육   용전우야   기혈   현황
象曰 龍戰于野는 其道ㅣ 窮也ㅣ라.
상왈 용전우야   기도   궁야

戰:싸울 전, 전쟁 전 于:어조사 우, 갈 우, 행할 우 野:들 야, 거칠 야 血:피 혈, 물들일 혈 玄:검을 현, 그윽할 현 窮:다할 궁, 끝날 궁

상육(上六)은 용이 들에서 싸우니 그 피가 검고 누렇도다.
상전에 이르길 '용전우야(龍戰于野)'는 그 도가 다함이라.

대의(大義)

삶이 마침내 끝나고 무명(无明)의 어둠에 깊이 빠져드는 때이다. 초효(初爻)에 아래의 땅을 밟는 履(신발)를 말하였으므로 상효(上爻)에는 사람과 멀리 떨어진 野(들판)을 말하였다.

상육(上六)은 건괘(乾卦) 상구(上九)의 항룡유회(亢龍有悔)에 상대가 되는 효이다. 음의 기세가 극도로 치우친 자리이므로 음 소인이 자신이 소유하지 못한 양 군자를 의심하여 싸우는 '용전우야(龍戰于野)'가 나온다. 대개 부정모혈(父精母血)이라고 하여 남자인 양은 정(精)을, 여자인 음은 혈(血)을 주장한다고 본다. 성(姓)과 씨(氏)도 모계(母系)의 혈통(血統)에 관계된 글자이다.

음이 극성해지면 양으로 변(變)하고 양이 극성해지면 음으로 화(化)하는 자연의 이치가 '극즉반(極則反)'이다. 음기가 성숙하면 암내를 풍기듯이 양을 불러들여 천지음양의 교합(交合)과 암수남녀의 교전(交戰)이 일어나므로 검고 누런 현황(玄黃)의 피를 말하였다.

玄(검을 현)은 하늘이 끝없이 가물가물하여 까마득함을 나타낸다.

미언(微言)

　상육(上六)이 변하면 산지박(山地剝, 23)으로 바뀐다. 늦가을인 음력 9월의 술월(戌月)은 상강의 절후로 음기가 극성해져 만물이 조락(凋落)하고 소멸(消滅)하는 때이다. 24방위로는 서북이 술건해(戌乾亥)에 속한다.

　9월인 술월(戌月)에 떨어진 열매씨앗이 10월인 해월(亥月)에 땅에 복장(伏藏)되었다가 11월인 자월(子月)에 발아를 시작하므로 초육(初六)에서 이미 '이상견빙(履霜堅氷)'을 말하였다.

　후천오행으로는 입동방위인 서북의 건방(乾方)은 음냉하며 살벌한 곳이다. 강건을 주장하는 건금(乾金)의 호전성(好戰性)으로 인해 싸움이 자주 일어나므로 '전호건(戰乎乾)'이라고 하였다. 선천음양으로는 음기가 극성하고 후천오행으로는 건금이 주장하므로 남녀음양의 교전교합이 일어나는 것이다.

用六은 利永貞하니라.
용 육　　이 영 정
象曰 用六永貞은 以大終也ㅣ라.
상 왈　용 육 영 정　　이 대 종 야

永:오랠 영, 길 영

용육(用六)은 오래도록 바르게 함이 이로우니라.
상전에 이르길 '용육영정(用六永貞)'은 대(大)로써 마침이라.

대의(大義)

　곤괘(坤卦)의 6효가 모두 발동하여 건으로 바뀌는 때이다. 영구(永久)한 이정(利貞)의 땅의 도로써 하늘의 도를 계승하고 완성함을 말한다.

미언(微言)

건괘(乾卦)의 용구(用九)에는 빈 땅의 법도를 취하여 '무수(无首)'의 길함을 말하고 곤괘(坤卦)의 용육(用六)에는 큰 하늘에 짝하는 '유종(有終)'을 강조하였다. 대자연의 도가 건곤(乾坤)의 합일조화에 의해 완성됨을 보여준다.

文言曰 坤은 至柔而動也ㅣ 剛하고 至靜而德方하니
문언왈 곤 지유이동야 강 지정이덕방
後得하야 主(利)而有常하며 含萬物而化ㅣ 光하니
후득 주리이유상 함만물이화 광
坤道ㅣ 其順乎ᄂ뎌. 承天而時行하나니라.
곤도 기순호 승천이시행

靜:고요할 정 化:될 화

문언에 이르길 곤(坤)은 지극히 유순하나 움직이면 강하고 지극히 고요하나 덕이 방정하니 뒤에 하면 획득해서 이(利)를 주장함에 떳떳함이 있으며 만물을 머금어 화함이 빛나니 곤(坤)의 도가 그 유순하구나! 하늘을 계승하여 때에 따라 행하느니라.

대의(大義)

곤괘(坤卦)의 문언전은 괘사(卦辭)와 효사(爻辭)를 해설한 두 절목으로 구성된다. 둘로 나뉜 괘의 획상(畫象)과 통한다. 땅의 현상세계는 지극히 부드럽고 고요하지만 실제는 끊임없이 하늘의 태양을 향해 돌아가는 강건한 힘을 펼치며 반듯하고 방정하여 조금도 틀림이 없다.

천체가 움직이는 천동설(天動說)에 기본을 둔 글이라고 하여『周易(주역)』경전을 비과학적이라고 섣불리 비판하는 견해도 있지만 역은 천지 중간에 처한 사람을 중심(位)으로 우주자연과 삼라만상의 모든 현상과 이치를 살피는 인문철학서임을 분명히 이해하여야 한다. 하늘의 명을 굳세게 대행하는 중심적인 주체로 사람을 세움은 健(굳셀 건)이란 글자에서도 잘 나타난다.

미언(微言)

흙[土]이 거듭[申] 쌓인 곤(坤)은 전체적으로 새의 양 날개[非]와 같이 두 쪽으로 나뉜 상이다. 벌어진 틈새를 뜻하는 間(사이 간)을 바탕으로 한 簡(대쪽 간)은 대쪽이 좌우 양쪽으로 갈라짐을 나타낸다. 건(☰)의 굳센 덕은 이지(易知)로, 곤(☷)의 순한 덕은 간능(簡能)으로 일컫는다. 만물의 아비인 하늘은 자연하고 밝은 지혜로 힘차게 이끄는 반면 만물의 어미인 땅은 간결하고 능숙함으로 주어진 일을 묵묵히 해낸다. 막힘없이 곧바로 순통하는 직방(直方)의 큰 덕이 있으므로 땅이야말로 능히 하늘과 짝하는 존재이다.

積善之家는 必有餘慶하고 積不善之家는 必有餘殃하나니
적 선 지 가　　필 유 여 경　　　적 불 선 지 가　　필 유 여 앙

臣弒其君하며 子弒其父ㅣ 非一朝一夕之故ㅣ라.
신 시 기 군　　자 시 기 부　　비 일 조 일 석 지 고

其所由來者ㅣ 漸矣니 由辨之不早辨也ㅣ니
기 소 유 래 자　　점 의　　유 변 지 부 조 변 야

易曰 履霜堅氷至라 하니 蓋言順也ㅣ라.
역 왈　이 상 견 빙 지　　　　개 언 순 야

積:쌓을 적, 모을 적 善:착할 선 家:집 가 必:반드시 필 餘:남을 여, 넉넉할 여 慶:경사 경 殃:재앙 앙 臣:신하 신 弒:죽일 시 君:임금 군 父:아비 부 非:아닐 비 朝:아침 조 夕:저녁 석 故:옛 고, 연고 고 所:바 소 由:말미암을 유 來:올 래, 부를 래 漸:점점 점, 차차 점 早:새벽 조, 일찍 조 辨:분별할 변 蓋:덮을 개, 대개 개 言:말씀 언

선을 쌓은 집안은 반드시 남은 경사가 있고 선을 쌓지 않은 집안은 반드시 남은 재앙이 있나니 신하가 그 임금을 시해하며 자식이 그 부모를 시해함이 하루아침 하룻저녁의 연고가 아님이라. 그 도래한 연유가 점차(漸次)함이니 분별해야 함을 일찍 분별하지 못함으로 말미암은 것이니 역에 이르길 '이상견빙지(履霜堅氷至)'라 하니 대개 순(順)해야 함을 이른다.

대의(大義)

초육(初六)의 이상견빙(履霜堅氷)에 대한 내용이다. 음이 시생하는 때가 하지(夏至)의 음력 5월임에도 불구하고 상강의 9월과 동지(冬至)의 11월에 연관된 내용을 효사(爻辭)에 언급한 까닭은 어둡고 허약한 음이 처음부터 그릇된 길로 빠지지 않고 올바른 방향으로 들어서도록 미리부터 이끌고 가르치라는 뜻에서이다.

모든 일은 과정이 쌓여야 한다. 이상(履霜)의 履(밟을 리)는 길을 나아가는 발걸음의 행보를 뜻한다. '천리 길도 한걸음부터'라고 하듯이 흉한 재앙과 길한 경사는 선악이 점차 쌓여서 돌아온 결과이므로 선한지 불선한지를 가릴 줄 알고 그 조짐을 앞서 살펴 대처하여야 한다. 쪽으로 갈라진 것이 음효이므로 문장을 선불선(善不善)의 둘로 양분하였다.

'臣弒其君 子弒其父'는 사리에 어둡고 욕심 많은 음 소인이 밝은 본성을 회복하지 못하고 불선한 짓을 행하다가 잘못된 습관(習慣)이 쌓이고 쌓인 나머지 자신의 부모와 섬기는 군주까지 시해하는 반인륜적인 하극상(下剋上)의 사태까지 벌어짐을 경계한 내용이다. 이상견빙의 가을겨울은 숙살지기(肅殺之氣)가 극성해지는 때이다.

초육(初六)의 소상에 말을 길들이는 순치(馴致)를 말하였듯이 음의 순종(順從)을 강조한 가르침이다.

미언(微言)

　이상견빙에 담긴 이복(履復)은 기본을 잘 세워 극기복례(克己復禮)해야 함을 말한다. 『千字文(천자문)』에 나오는 "화인악적(禍因惡積) 복연선경(福緣善慶)"도 여기의 문장을 취한 것으로 보인다.
　바늘도둑이 소도둑이 되듯이 은미한 작은 실수가 나중에는 돌이킬 수 없는 큰 환란을 불러일으킨다.
　이복(履復)은 박복(剝復)과도 같다. 선천의 험난한 박락(剝落)의 과정을 밟지 않고서는 마침내 부활(復活)의 기쁜 경사를 누릴 수 없다. 일월역수의 선후법도인 경갑변도 또한 오래도록 쌓인 미세한 소과 36년에 기인한다.

直은 其正也ㅣ오 方은 其義也ㅣ니
　직　　　기 정 야　　　　방　　기 의 야
君子ㅣ 敬以直內하고 義以方外하야 敬義立而德不孤하나니
　군 자　　경 이 직 내　　　　의 이 방 외　　　　경 의 입 이 덕 불 고
直方大不習无不利는 則不疑其所行也ㅣ라.
　직 방 대 불 습 무 불 리　　　즉 불 의 기 소 행 야

正:바를 정, 바로잡을 정　義:옳을 의　敬:공경할 경　內:안 내　外:밖 외　孤:외로울 고　疑:의심할 의

　직(直)은 그 바름이고 방(方)은 그 의로움이니 군자가 공경(恭敬)함으로써 안을 곧게 하고 의리로써 밖을 방정하게 해서 경(敬)과 의(義)가 섬에 덕이 외롭지 아니하나니 '직방대불습무불리(直方大不習无不利)'는 곧 그 행하는 바를 의심치 않느니라.

대의(大義)

직방(直方)이 내외의 정의(正義)임을 밝히고 있다. 안으로 바른 마음을 굳게 지키고 밖으로 늘 옳은 처신을 하려면 먼저 공경(恭敬)함을 밑바탕으로 삼고 언행이 반듯해야 한다. 직방으로 통하는[│] 유순중정한 덕이 있으면 스스로 의심할 일이 없으므로 떳떳해지고 주변의 사람들도 흠모하고 사랑하여 함께 따르므로 그 덕이 커져서 결코 외롭지 않게 된다.

『論語(논어)』이인(里仁)편에 "덕불고필유린(德不孤必有隣)"도 이를 바탕으로 한 말씀이다.

미언(微言)

불가경전인 『大方廣佛華嚴經(대방광불화엄경)』에 나오는 '大方廣'이 직방대(直方大)의 광대(廣大)한 땅의 덕과 잘 통한다. 신라의 대석학인 고운(孤雲) 최치원(崔致遠) 선생은 아주 오랜 옛날부터 우리나라에는 삼교(三敎)의 근원인 풍류(風流)라는 현묘한 도가 있었다고 말씀하였다.

천지부모와 같은 존재가 선부(仙父)와 불모(佛母), 선불(仙佛)을 부모로 하여 태어난 자식이 儒(선비 유)이다. 승천(昇天)의 仙은 신선, 부지(附地)의 佛은 부처, 선불(仙佛)의 儒는 선비라는 우리말과 통한다. 유불선이 삼교일가(三敎一家)로 한 몸임을 지적한 야산(也山) 선생의 말씀이다.

陰雖有美나 含之하야 以從王事하야 弗敢成也│니
음 수 유 미　　함 지　　　이 종 왕 사　　　불 감 성 야
地道也│며 妻道也│며 臣道也│니
지 도 야　　　처 도 야　　　신 도 야
地道는 无成而代有終也│니라.
지 도　　무 성 이 대 유 종 야

美:아름다울 미　敢:감히 감　妻:아내 처　代:대신할 대

음이 비록 아름다움이 있으나 머금어 써 왕의 일을 좇아서 감히 이루지 못하니 땅의 도이며 아내의 도이며 신하의 도이니 땅의 도는 이룸은 없으되 대신해서 마침을 두느니라.

대의(大義)

곤음(坤陰)의 도는 아래인 지도(地道)와 처도(妻道), 신도(臣道)에 해당한다. 공적을 세움이 있을지라도 아랫사람은 자신을 낮추고 윗사람에게 그 공을 돌리는 순종(順從)과 겸양(謙讓)의 미덕이 있어야 한다.

미언(微言)

달력으로 살피면 일월기삭의 과불급(過不及)에 의한 윤은 일상적인 평월로 드러나지 않는 내부 중심이다. 윤이란 글자도 궁궐(宮闕) 안에 임금(王)이 있음을 상징한다. 일월운행은 황극 50책으로 펼치는 대연(大衍)의 도이다. 그 내부 중심인 황극 1책은 무사무위(旡思旡爲)하고 지공무사(至公旡私)하다. 이를 효칙(效則)하여 탕평정직(蕩平正直)의 중심법도를 세상에 펼치는 왕도(王道)가 세워진다. 기영을 빼내어 삭허로 다시 품는 손익법도가 괘사(卦辭)에 이른 서남득붕(西南得朋)과 동북상붕(東北喪朋)이다. 역수의 득상(得喪)은 일월역수의 중정회복(中正回復)과 천도의 종즉유시(終則有時)로 나타난다. 혹종왕사(或從王事)에 수반되는 함장가정(含章可貞)과 무성유종(旡成有終)이 이를 가리킨다.

일월기삭의 조합인 윤달은 자식을 낳는 어미와 같이 곤도에 의해 실제 생성되지만 출입일여(出入一如)의 자연법도에 따라 건도(乾道)가 베푼 기영을 비워서 본래의 중정(中正)한 자연본체의 진면목을 회복한다. 공수래공수거(空手來空手去)의 이치를 천공(天空)으로 표명한다.

天地變化하면 **草木**이 **蕃**하고 **天地閉**하면 **賢人**이 **隱**하나니
천 지 변 화　　　초 목　번　　　천 지 폐　　　현 인　은
易曰 括囊无咎无譽ㅣ라 하니 **蓋言謹也ㅣ라.**
역 왈 괄 낭 무 구 무 예　　　　　　개 언 근 야

變:변할 변 草:풀 초 木:나무 목 蕃:우거질 번 閉:닫을 폐 賢:어질 현 隱:숨길 은 謹:삼갈 근

천지가 변화하면 초목이 번성하고 천지가 닫히면 현인이 은둔하나니 역에 이르길 '괄낭무구무예(括囊无咎无譽)'라 하니 대개 삼감을 말함이라.

대의(大義)

천지자연의 이치는 열리고 닫히는 건곤(乾坤)의 개합(開闔)에 의한다. '중어선후(中於先后) 정기종시(正其終始)'가 펼쳐지는 외괘의 후천에 육사가 자리하므로 천지개폐와 선후종시를 둘로 나누어 생명의 번성과 현인의 은거를 함께 표현하였다.

미언(微言)

『中庸(중용)』에 "예즉립(豫則立)하고 불예즉폐(不豫則廢)"라는 문구와 대비된다[101].

육사(六四)가 변한 뇌지예(雷地豫. 16)는 천도의 종시에 따른 후천의 열림을 상징한다. 후천에서의 과도한 기영까지 미리 해결하여 즐거워함이 豫(미리 예, 앞설 예, 즐거울 예)의 본뜻이다.

---

101. 『中庸(중용)』 제20장: 凡事 豫則立 不豫則廢 言前定則不跲 事前定則不困 行前定則不疚 道前定則不窮.

君子ㅣ 黃中通理하야 正位居體하야
군자   황중통리   정위거체
美在其中而暢於四支하며 發於事業하나니 美之至也ㅣ라.
미재기중이창어사지   발어사업   미지지야

通:통할 통 理: 다스릴 리, 이치 이 暢:펼 창 四:넉 사 支:가를 지, 가지 지 業: 업 업

군자가 황(黃) 가운데 이치를 통해서 바른 자리에 몸을 거처해서 아름다움이 그 가운데 있어 사지에 빛나며 사업에 발하나니 아름다움의 지극함이라.

대의(大義)

문장에 중(中)과 정(正)이 나온다. 중(中)은 정(正)을 거느린다. 내적인 중심을 얻으면 능히 밖을 바로잡을 수 있는 힘이 생긴다. 땅은 사람의 신체와 통한다. 사지백해로 기혈이 펼쳐지고 호흡맥박이 뛰는 신체활동 또한 아름다움의 지극함이다. 육이(六二)의 해설에는 덕(德)을, 육오(六五)의 해설에는 업(業)을 위주로 말하였다. 내외의 덕업을 나누어 설명한 문장이다.

미언(微言)

황상(黃裳)과 연계되는 곳으로 서합(噬嗑)괘 육오의 '득황금(得黃金)'과 해(解)괘 구이의 '득황시(得黃矢)', 리(離)괘 육이의 '황리 원길(黃離 元吉)', 돈(遯)괘 육이와 혁(革)괘 초육의 '황우지혁(黃牛之革)', 정(鼎)괘 육오의 '황이(黃耳)' 등이 있다. 모두 중앙곤토의 중순한 덕에 의한 선후변혁을 내포한 문구들이다.

①주역산책

필자의 〈세상을 담은 천자문 자해(2017, 담디)〉에서 천지현황(天地玄黃)에 관련된 글을 발췌 소개한다.

현우황우(玄牛黃牛)

만물의 물(物)이란 글자 속에 들어있는 '소 우(牛)'를 대표로 빗대어 설명하면 선천의 현우(玄牛)인 50번째 간지 계축(癸丑)이 후천에는 황우(黃牛)인 26번째 간지 기축(己丑)으로, 선천의 황우(黃牛)인 기축(己丑)이 후천에는 청우(靑牛)인 2번째 간지 을축(乙丑)으로 바뀐다. 땅의 빛을 흑색이 아닌 황색으로 정의한 것도 하늘의 도를 땅이 펼쳐서 만물이 완성됨을 강조한 것이다.

천(天)→지(地)→인(人)에 의해 현(玄)→황(黃)→창(蒼)으로 각기 바뀌는 현황창생(玄黃蒼生)의 과정에서 자연히 '36의 허도수(虛度數)'가 발생한다. 선천에서 후천으로의 '천도변혁'이 일월역수의 법도로도 극진히 전개되는 것이다.

가마솥 [鼎(50)→玄牛→癸丑]

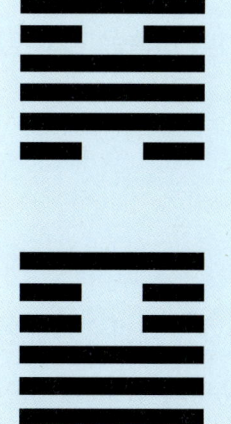

주역의 50번째에 해당하는 괘는 '솥 정(鼎)'이다.
계축(癸丑)은 선천의 현우(玄牛)로 빛이 검은 까닭에 '하늘 천'을 '가마솥(鼎)'이라 부른다.

누룽지(大畜(26)→黃牛→己丑)

주역의 26번째에 해당하는 괘는 크게 쌓는다는 '대축(大畜)'이다. 하늘의 현(玄)기가 땅(田→地)으로 내려와 쌓인 까닭에 '따 지'를 '누룽지(地)라 부른다.

玄牛(癸丑) ⇒ 黃牛(己丑)	
년차	간지 (차례)
	癸丑 (50)
1년	甲寅 (51)
2년	乙卯 (52)
3년	丙辰 (53)
	⋮
35년	戊子 (25)
36년	己丑 (26)

黃牛(己丑) ⇒ 靑牛(乙丑)	
년차	간지 (차례)
	己丑 (26)
1년	庚寅 (27)
2년	辛卯 (28)
3년	壬辰 (29)
	⋮
35년	甲子 (01)
36년	乙丑 (02)

陰疑於陽하면 必戰하나니 爲其嫌於无陽也ㅣ라.
음 의어양　　필전　　　위 기 혐 어 무 양 야

故로 稱龍焉하고 猶未離其類也ㅣ라 故로 稱血焉하니
고　칭용언　　유미리기류야　　고　칭혈언

夫玄黃者는 天地之雜也ㅣ니 天玄而地黃하니라.
부현황자　천지지잡야　　천현이지황

嫌:싫어할 혐, 의심할 혐　稱:일컬을 칭　焉:어찌 언　猶:오히려 유, 같을 유　離:떠날 리　夫:지아비 부, 무릇 부　雜:섞일 잡

음이 양을 의심하면 반드시 싸우나니 그 양이 없음을 의심함이라. 그러므로 용(龍)이라 일컫고 오히려 그 무리를 떠나지 아니함이라. 그러므로 혈(血)이라 일컬으니 무릇 '현황(玄黃)'은 천지의 잡(雜)이니 하늘은 검고 땅은 누르니라.

대의(大義)

　음이 성숙하면 양과 만나 교합하기 마련이다. 소인과 군자가 대립하고 교전하는 뜻으로도 풀이할 수 있지만 음양교합을 통해 순음순양의 잡물(雜物)인 자식이 생명으로 잉태된다.

미언(微言)

전(戰)은 單(홑 단)에 戈(창 과)를 합친 글자로 창[戈]을 든 갑사(甲士)가 홀로 크게 외치며[吅: 부르짖을 훤] 적과 싸우는 것을 의미한다. 한 사람이 능히 천 사람을 당해냄을 '일기당천(一騎當千)'이라고 한다. 관련 글자로 혹약혹종(或躍或從)에 쓰이는 或(혹 혹, 행여 혹)이 있다.

제2부의 육오효사 해설에서 이미 황(黃)에 8會의 개물(開物) 가운데 21甲을 실어주는 이치가 담겨있음을 살펴보았다. 전(戰)에 내포된 單은 선후 20甲의 중간복판에 처한 1甲(60년)과 관련된 글자로 보인다. 천도변혁의 중심처인 이 1甲을 전후로 하여 18년씩 일월[吅]의 역수틈새가 벌어짐으로 인해 순태음 36년의 허도수(虛度數)가 필연적으로 발생한다. 이는 『周易(주역)』 경전에 나오는 '경갑변도'의 근거바탕이 된다.

일월음양의 교합교전인 용전우야(龍戰于野)는 번개(☲)와 우레(☳)가 상응하여 합치하는 화뢰서합(火雷噬嗑. 21)이란 괘로 표상된다. 서합은 한낮의 중천교역(中天交易)을 나타낸다. 單의 吅(부르짖을 훤)과 1甲에 연계해보면 먼저 서합의 중심격인 구사(九四)가 60번째 양효로서 1甲 60간지에 상응한다.

그 상하에 처한 초구(初九, 口)는 59번째 양효이고 상구(上九, 口)는 61번째 양효이므로 윤을 생성하는 일월영허의 기본기틀이 된다. 괘의 명칭도 서법(筮法)을 상징하는 서합(噬嗑)인데다 육오(六五)와 구사(九四)의 두 효사(爻辭)에 건건(乾乾) 두 글자가 들어있다. 서합(噬嗑)에서 상세히 살핀다.

開物 86400년 중 4482章 (83章×54=85158년)
=주천상수 86400년

乾 / 中孚
開 / 物
坤 / 小過

中孚
萁盈天空 (대과21甲) 開
1242년 (순태을 1278년)
大川

54章(1026년)
216년 (乾策)
艮 / 背

54열(有極)
건배 2646열
(216×12+54)

小過
36운년 (432운월)
明夷

378운 + 54유극

庚金

316 청고의 주역 풀이 乾, 坤

부록

부록1

소자의 '황극경세도(皇極經世圖)' 약해(略解)

소옹(邵雍, 1011~1077)은 중국 북송의 성리학자(性理學者)로 易의 상수학(象數學)에 정통한 학자이다. 자는 요부(堯夫), 강절(康節)은 사후에 받은 시호(諡號)이다. 자신이 거처하는 집을 안락와(安樂窩)라 하고 안락선생이란 자호(自號)를 썼다.

도가(道家)와 불가(佛家) 사상의 영향을 받은 그는 유교의 역철학(易哲學)을 새롭게 해석하여 특이한 수리철학(數理哲學)인 상수학(象數學)을 창안하였는데, 주돈이(周敦頤, 1017~1073)의 『태극도설(太極圖說)』과 더불어 동양 우주론의 근원사상을 대표한다.

그는 음과 양의 2원(二元)을 바탕으로 우주만상의 현상을 설명하고 있는 易에 대하여, 음·양·강·유의 4원(四元)을 근본으로 한 사상의 위수(位數)로써 해석하였다. 해[日]의 경로가 하늘의 원(元), 달[月]의 경로가 하늘의 회(會), 별[星]의 경로가 하늘의 운(運), 일월이 만나는 신(辰: 시간)이 하늘의 세(世)에 해당한다고 보아 원회운세를 일월성신에 배당시키는 한편, 1원에 12회가 있어 360운에 응하여 4,320세(1歲는 30년, 30×4,320=129,600년)를 거느리며, 1세에 12월, 360일에 4,320(12×360)시간으로 구성됨을 주창하였다.

저서로는 『皇極經世書(황극경세서)』, 『觀物內外編(관물내외편)』, 『康節觀梅法(강절관매법)』, 『伊川擊壤集(이천격양집)』 등이 전한다. 특히 『皇極經世書(황극경세서)』에서는 천지만물의 모든 현상의 전개를 수리(數理)로써 설명하고 있는데, 『皇極經世書(황극경세서)』에 대하여 후세 학인들의 평과 주석이 담긴 『纂圖之要(찬도지요)』, 『皇極經世書(황극경세서)』의 본론에 해당하는 『觀物內篇(관물내편)』, 소강절 선생이 주변의 여러 학인들과 나눈 담론을 엮은 『觀物外篇(관물외편)』의 셋으로 구성되어 있다.

정호(程顥, 1032~1085)는 소강절의 묘비명에서 "소강절의 도(道)는 편안하였으며, 또한 학문을 이루었다(安且成)."라고 하였다. 『周易(주역)』을 새롭게 해석하여 상수학이라는 새로운 역학의 흐름을 창안한 소강절의 학문사상은 주자학에도 큰 영향을 끼쳤다.

邵子의 〈先天學〉과 易圖說
- 황극경세(皇極經世) 원문해설 중에서(참고자료) -

至大之謂皇 至中之謂極 至正之謂經 至變之謂世 大中至正應變无方之謂道
 物者 道之形體 生於道 道之所成也[道變爲物 物化爲道: 道亦物 物亦道]
 * 道生天地而太極者 道之全體也
太極生兩儀(兩儀 形之判也) 兩儀生四象──天地之道 備焉
陰陽 變於上 日月星辰 生焉 ── 日月星辰 成象於天/ 象 動於上 萬時生焉
剛柔 化於下 水火土石 成焉 ── 水火土石 成體於地/ 體 交於下 萬物成焉
時有消息盈虛[時之變] 物有動植飛走[物之類]
時以變起 物以類應 時之與物 有數存焉
數者 道之運也 理之會也 陰陽之度也 萬物之紀也
(定於幽而驗於明 藏於微而顯於著 所以成變化而行鬼神者也)
道生一 一爲太極 一生二 二爲兩儀
二生四 四爲四象 四生八 八爲八卦
八生六十四 六十四卦 具然後 天地萬物之道 備矣
天地萬物 以一爲本 原於一而衍之爲萬
窮天下之數 復歸于一[天地之心 造化之源]
日爲元 氣之始也 수1

> 月爲會 數之交也 수12
>
> 星爲運 時之行也 수360
>
> 辰爲世 變之終也 수4320
>
> 1元 統 12會.360運.4320世(=129,600歲)
>
> 性之者 聖人/ 誠之者 君子/ 違之者 小人/ 亡之者 禽獸
>
> 天之四府 춘하추동[음양 昇降]
>
> 聖人之四府 역서시춘추[예악 汚隆]

○'황극경세도(皇極經世圖)' 약해(1)

①황극경세(皇極經世)와 도설(圖說)

　황극(皇極)은 큰 중심(皇은 大, 極은 中)을 이르고 경세(經世)는 세상을 다스린다는 뜻이다. 황극 즉 하늘이 세상을 경영하는 대중지정(大中至正)한 도(道)가 곧 황극경세인데[102], 이를 지은 분은 송(宋)의 대학자인 소자이다.

　소자의 황극경세(皇極經世)는 오행학인 『書經(서경)』 홍범(洪範)과 음양학인 『周易(주역)』에 그 연원을 둔다. 그것은 황극경세의 명칭이 『書經(서경)』 홍범(洪範)과 『周易(주역)』에서 따온 것에서도 잘 입증된다. 천도운행의 주체인 황극이 세상을 경륜하는 것이 황극경세이므로, 황극(皇極)의 도[經世]를 역의 괘효 체계에 바탕한 달력의 역수로 면밀히 표현한 도본이 '황극경세도(皇極經世圖)'이다.

　『周易(주역)』의 둔괘(屯卦)와 대과괘(大過卦) 대상전(大象傳)에 나오는

---

102. 皇(至大) 極(至中) 經(至正) 世(至變). 소자의 아들이었던 소백온(邵伯溫)은 소자 말씀을 빌어 "至大한 것을 皇, 至中한 것을 極, 至正한 것을 經, 至變한 것을 世라고 하므로 황극경세는 大中至正하여 應變无方한 道이다."라고 정의하였다.

'경륜(經綸)'과 '돈세무민(遯世无悶)'에서 경세(經世)가 나오는데, 『周易(주역)』의 상경(上經)이 실제 시작되는 곳은 둔괘(3)이고 상경(上經)을 실제 마치는 곳이 대과괘(28)이다. 이는 『皇極經世(황극경세)』가 선천시기를 경영하는 황극의 도라는 사실을 알려준다.

② 원회운세(元會運世)와 세월일신(歲月日辰)

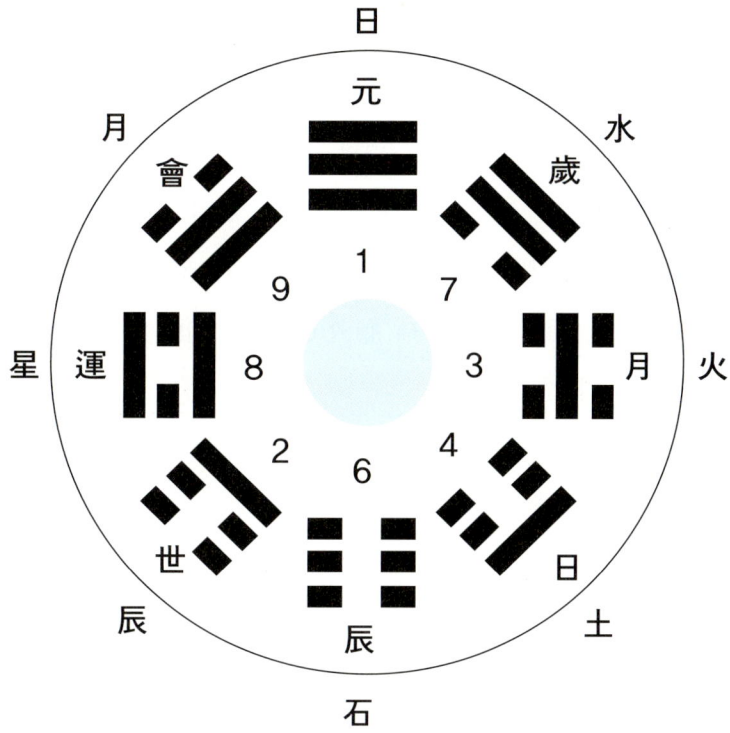

소자는 선천팔괘차서도 乾(1)兌(2)離(3)震(4)巽(5)坎(6)艮(7)坤(8)의 괘서(卦序)에 따라 황극이 경영하는 天時의 정연한 운행법도를 원회운세세월일신(元會運世歲月日辰)으로써 세우고, 선천64괘차서도에 기본하여 중괘(重卦)인 건곤감리(乾坤坎離)는 윤괘(閏卦)로 빼고 나머지 60괘는 용괘(用卦)로 삼았다.

『周易(주역)』 상경(선천)의 괘서(卦序)는 乾(1)坤(2)으로 시작되어 坎(29)

離(30)로 마치지만, 실제적으로는 屯(3)이 선천의 시(始)가 되고 大過(28)가 선천의 종(終)이다. 경세도에도 屯이 子會半에 배괘(配卦)되고 午會半(중천)인 鼎 바로 앞에 大過가 배괘(配卦)되어 선천의 시(始)와 종(終)을 이룬다. 경세도의 1元은 우리 은하가 자전(一周天)하는 천도의 대주기로서 선천과 후천은 이를 구체적으로 양분한 것이다.

경세도의 요체는 1歲 12月 360日 4320辰의 이치를 1元 12會 360運 4320世로 대연(大衍)한데 있다. 12辰은 1日, 30日은 1月, 12月은 1歲, 30歲는 1世, 12世는 1運, 30運은 1會, 12會는 1元이 되어 元統會, 會統運, 運統世, 世統歲, 歲統月, 月統日, 日統辰한다.

1元을 12會 360運에 배정하면 1運(12世=360歲)이 1효이고 6運(72世=2,160歲)이 1괘이다. 1會는 5괘 30효인 30運(10,800歲)을 거느리며, 건곤감리(乾坤坎離)를 뺀 복희선천64괘에서 復卦(1)로부터 夬卦(30)는 선천[子會初에서 巳會末의 64,800歲], 姤卦(31)로부터 剝卦(60)는 후천[午會初에서 亥會末의 64,800歲]의 과정이다.

한편 12會에 속한 60괘의 360효가 각기 변한 360之卦는 360歲를 거느리는 運卦이다. 각 運卦의 6효가 변동한 지괘의 내괘외괘는 360歲의 1/6인 60歲(1甲) 즉 2世를 가리키는 세괘이며, 세괘의 6효가 변동한 지괘의 경우는 10歲에 해당한다.

예를 들면 1元(360運)의 시초인 제1運卦(360歲)는 복괘의 초효(初爻)가 변한 復之坤으로, 이 가운데 곤괘(坤卦)의 6효가 차례로 변한 지괘인 復 師 謙 豫 比 剝은 각기 60歲를 이루는 세괘이다. 세괘인 復의 경우는 復之坤(1갑자-10계유), 復之臨(11갑술-20계미), 復之明夷(21갑신-30계사), 復之震(31갑오-40계묘), 復之屯(41갑진-50계축), 復之頤(51갑인-60계해)로써 각기 10歲에 해당한다. 따라서 경세 129,600歲에 있어서 子會의 시발인 제1歲(갑자년)에서 제10歲(계유년)까지는 復之坤運의 復之坤이 된다.

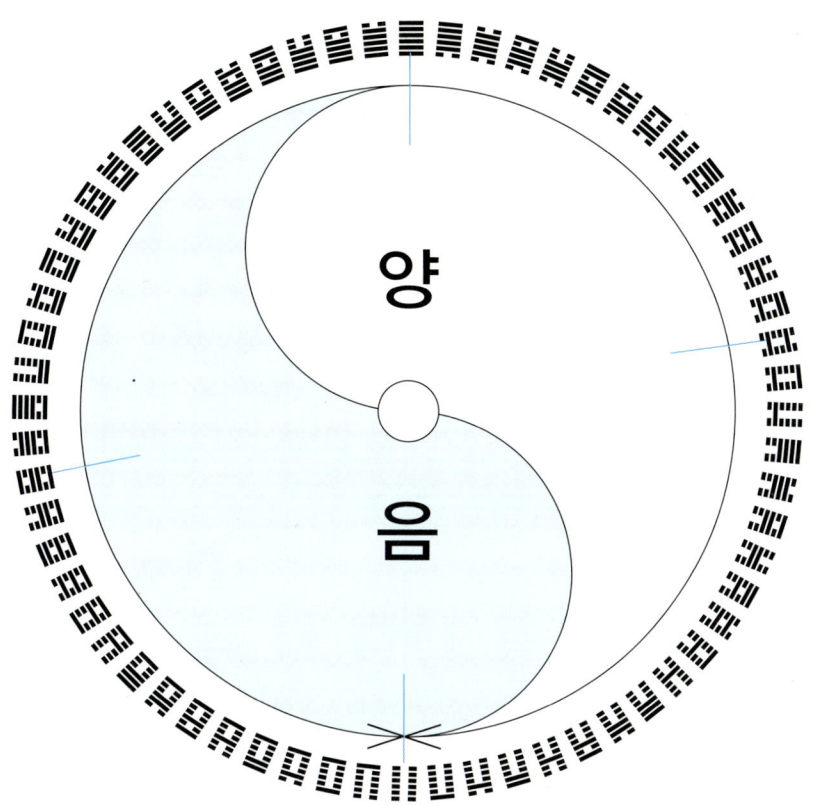

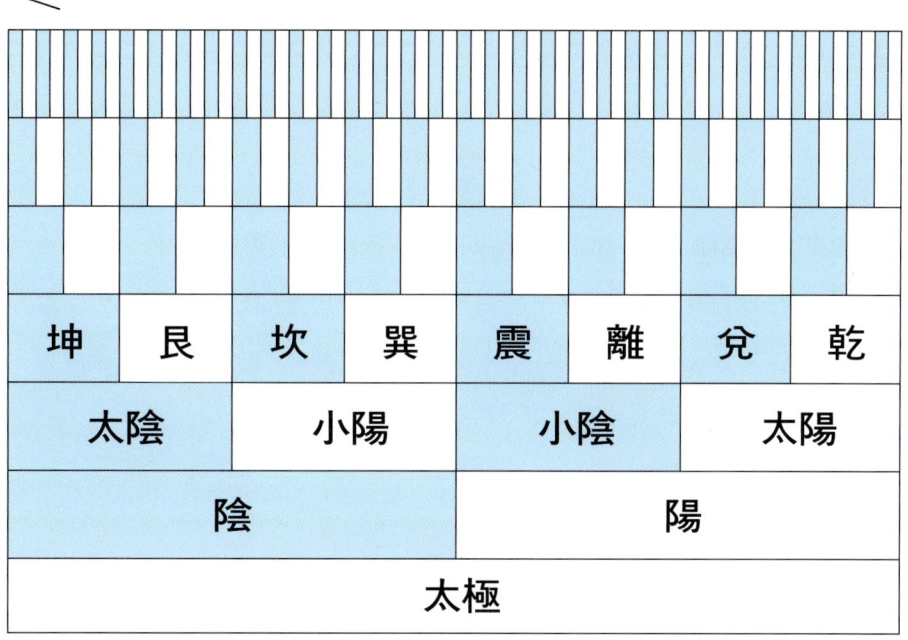

皇極經世 卦氣圖

☰ 乾						☲ 離					
夬	大有	小畜	履	同人	姤	豐	同人	賁	噬嗑	大有	旅
小滿	立夏	穀雨	清明	春分	驚蟄	雨水	立春	大寒	小寒	冬至	大雪
巳		辰		卯		寅		丑		子	
夬	大有	大壯	小畜	需	大畜	泰	履	兌	睽	歸妹	中孚	節	損	臨	同人	革	豐	家人	既濟	賁	明夷	无妄	隨	噬嗑	震	益	屯	頤	復

☷ 坤						☵ 坎					
剝	比	豫	謙	師	復	渙	師	困	井	比	節
小雪	立冬	霜降	寒露	秋分	白露	處暑	立秋	大暑	小暑	夏至	芒種
亥		戌		酉		申		未		午	
剝	比	觀	豫	晉	萃	否	謙	艮	蹇	漸	小過	旅	咸	遯	師	蒙	渙	解	未濟	困	訟	升	蠱	井	巽	恒	鼎	大過	姤

〈보충도본〉

太極生兩儀(兩儀 形之判也) 兩儀生四象────天地之道 備焉

陰陽 變於上 日月星辰 生焉 ──── 日月星辰 成象於天/ 象 動於上 萬時生焉

剛柔 化於下 水火土石 成焉 ──── 水火土石 成體於地/ 體 交於下 萬物成焉

日(☰) 月(☱) 星(☲) 辰(☳)

水(☴) 火(☵) 土(☶) 石(☷)

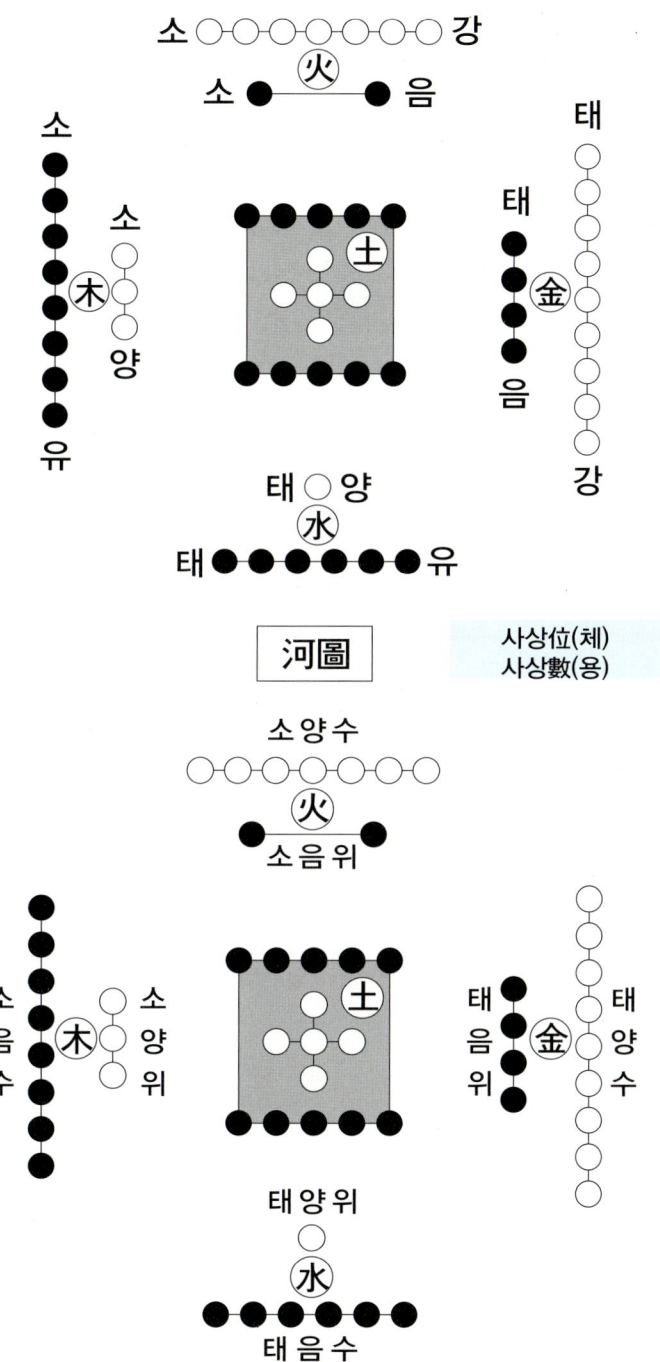

부록 327

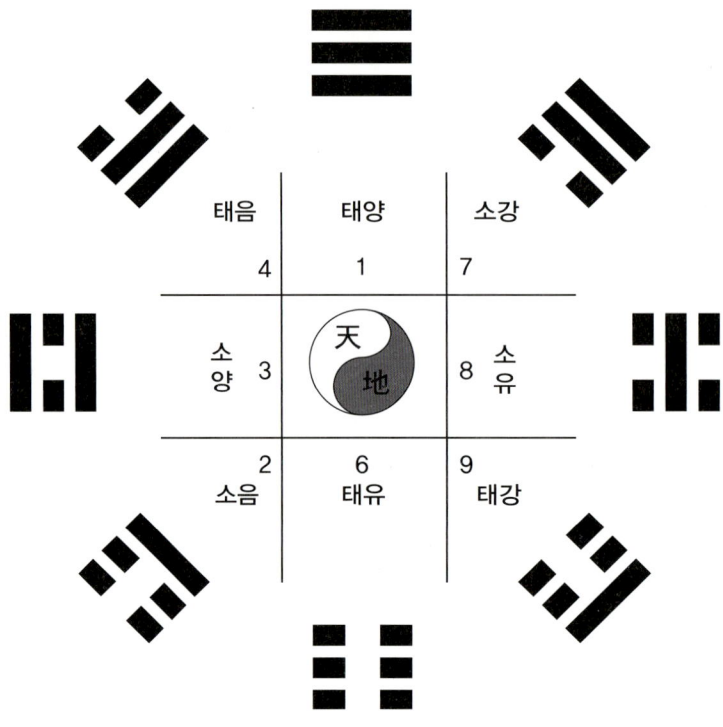

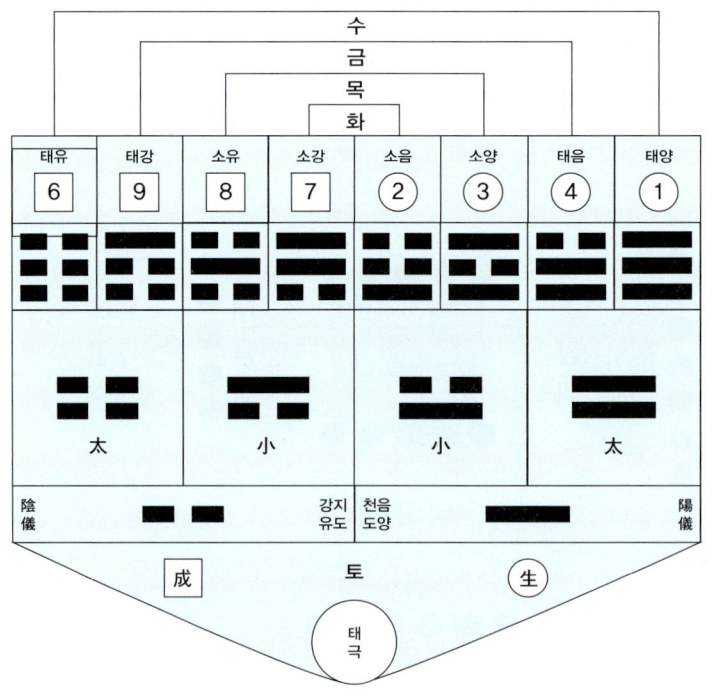

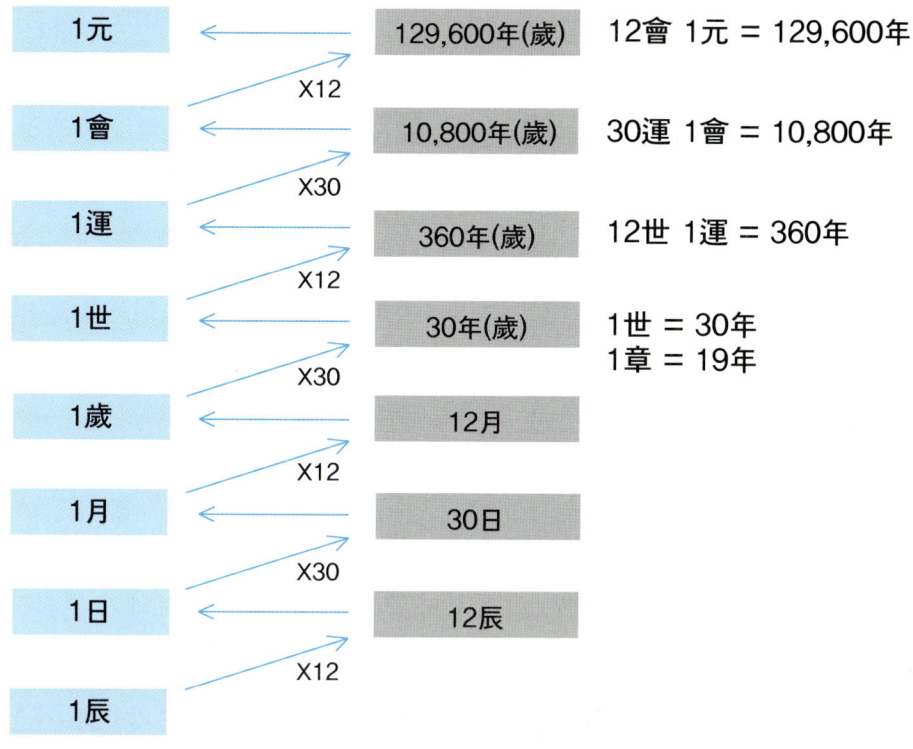

- 1장 章 = 19歲
- 1부 部 = 4章 (4X19=76歲)
- 1절 節 = 81章 (81X19년=1,539歲)
- 1갑 甲 = 60 歲

○ '황극경세도(皇極經世圖)' 약해(2)

① 체괘(乾坤坎離 4괘)와 용괘(나머지 60괘)

　'황극경세도(皇極經世圖)'는 천도운행의 대주기인 1元(12會 360運 4,320世 ⇒ 129,600歲)을 설명한 그림으로서 복희선천64괘 원도(圓圖)에 바탕하고 있으며, 선천64괘 가운데 건곤감리(乾坤坎離) 4괘(24효)는 한 해상의 4시 24절기에 부합하는 체괘(體卦) 일명 윤괘(閏卦)로 삼고, 그 나머지 60괘(360효)를 한 해의 주천상수 360일에 상응하는 용괘(用卦)로 놓았다.

체괘를 살피면 離는 정동에 속하므로 양이 시생하여 점차 자라는 1양의 子월과 2양의 丑월, 3양의 寅월을 거느리고, 乾은 정남에 속하므로 양이 극성하여 다 차기까지 4양의 卯월과 5양의 辰월, 6양의 巳월을 거느리며, 坎은 정서에 속하므로 음이 시생하여 점차 자라는 1음의 午월과 2음의 未월, 3음의 申월을 거느리고, 坤은 정북에 속하므로 음이 극성하여 다 차기까지 4음의 酉월과 5음의 戌월, 6음의 亥월을 거느린다.

복희선천64괘원도에 나타나는 괘배열은 선천팔괘방위도에 근본한다. 대성괘의 경우 하괘는 내적인 본체에 해당하고 상괘는 외적인 현상을 가리키는데, 하나의 내괘에 각기 소성팔괘가 와서 외괘를 이루게 된다. 즉 내괘가 일건천(☰)일 경우, 외괘로 일건천(☰) 이태택(☱) 삼리화(☲) 사진뢰(☳) 오손풍(☴) 육감수(☵) 칠간산(☶) 팔곤지(☷)가 오게되는 것이다. 이를 '일정팔회(一貞八悔)'라고 하는데, 각 소성팔괘(내괘)마다 소성팔괘(외괘)가 이르러 모두 64괘를 자연적으로 형성한다. 12會에 배속된 60용괘는 각 회(10,800歲)당 5괘씩 배분되는데, 60용괘의 360효는 효당 각기 360歲인 운(運)을 가리킨다.

자회로부터 사회에 이르기까지의 30괘(선천)는 양이 점성하는 과정으로 내괘가 사진뢰(☳) 삼리화(☲) 이태택(☱) 일건천(☰)의 순서로 진행되는 반면[체괘에 속한 중화리와 중천건은 제외],

오회로부터 해회에 이르기 까지의 30괘(후천)는 음이 점성하는 과정으로 내괘가 오손풍(☴) 육감수(☵) 칠간산(☶) 팔곤지(☷)의 순서로 진행한다[체괘에 속한 중수감과 중지곤은 제외].

巳會말로부터 子會초에 이르는 과정(선천)을 돌이켜 보면 60용괘의 내괘가 건태리진(1→4), 외괘가 건태리진손감간곤(1→8)의 順으로 진행하는 반면

亥會말로부터 午會초에 이르는 과정(후천)을 헤아려 보면 60용괘의 내괘가

곤간감손(8→5), 외괘가 곤간감손진리태건(8→1)의 逆으로 진행하고 있다.

즉 사회말과 오회초의 분기점인 중천을 중심축으로 하여 선천과 후천의 60 용괘가 정대칭으로 배열되는 모습이다.

오전으로부터 오후로 나아가는 시간적 변화는 선천팔괘방위도의 사진뢰→삼리화→이태택→일건천→오손풍→육감수→칠간산→팔곤지로 돌아가는 과정으로 나타난다. 그러나 음양의 주기적인 소식영허(消息盈虛)를 소성팔괘로써는 상세히 표현할 수 없기에, 이를 대성 64괘로 크게 펼쳐놓은[大衍] 것이 다름아닌 복희씨의 선천64괘원도이다.

'황극경세도(皇極經世圖)'는 선천 64괘원도를 바탕으로 하되 4괘를 체괘로 뺀 나머지 60괘만을 용괘로 삼아서 천도의 절용(節用)을 구체화한 것이 그 요체라 할 수 있다. (1歲 12月 360日 4320辰을 1元 12會 360運 4320世으로 大衍)

②경세연표(經世年表: 기원전 2357년 ~ 기원후 959년) → 3316년간의 연표

공자께서 『書經(서경)』의 시작을 요임금의 역사인 요전(堯典)으로부터 하였으므로 소자의 경세년표 또한 요임금이 등극한 갑진년(서기전 2357년)으로부터 송나라가 건국하기 직전인 서기 959년까지로 되어 있다.

경세도에서는 자회초부터 사회말까지가 선천을 나타내고 오회초부터 해회말까지가 후천을 나타낸다. 그러나 실제적으로는 子半에 해당하는 子正을 전후로 하루의 종시(終始)가 나뉘고 午半에 해당하는 正午에 기준하여 오전과 오후가 대별되므로, 시간의 전후(선후)를 재는 기본 척도(經)는 子午의 半이다. 따라서 천도의 1元 주기를 정확하게 반분하면 자회반부터 오회반 직전까지 선천(6會: 64,800歲)이고 오회반부터 자회반 직전까지 후천(6會: 64,800歲)이다.

경세연표로 계산하면 원래는 황극(皇極) 64,800년(자회초-사회말)에서

5,400년(午會초에서 午會半 직전)이 더 지난 황극(皇極) 70,200년 다음해 (70,201년)부터 후천이 시작된다.

③천도의 운행변화와 중천교역기(中天交易期)

요임금의 등극년도는 선천을 마치는 巳會末로서 夬之乾運(巳會 제30운)의 小畜之大畜(41)인 때이며, 후천인 午會初가 시발하는 때는 하후씨(夏后氏)를 시조로 하는 하(夏)나라가 들어선 직후이다. 하루의 정오가 午中이듯이 경세도의 午會中半[鼎卦의 半]까지는 선천이 되고 그 이후는 후천이 된다[103].

공자께서 계사하전 제2장에 "한 낮(日中)인 때 저자(시장)를 만들어 천하의 백성을 이르게 하고 천하의 재하(財貨)를 모아 교역(交易)을 하고 돌아가게 해서 제각기 얻을 바를 얻게하니, 대개 서합괘에서 취상한 것이다"고 말씀하였다[104]. 여기서 천하란 곧 선천과 후천의 역수를 아울러 말함이요, 일중교역(日中交易)은 중천인 때에 일월역수의 선후천 교역이 있음을 가리키는 비사체(秘辭體)이다[105].

堯帝 등극(갑진)	서기전 2357년	巳會 夬之乾運之乾運(30) 小畜之大畜 41
檀帝 등극(무진)	서기전 2333년	巳會 夬之乾運之乾運(30) 大有之鼎 5
夏禹氏 등극(정사)	서기전 2224년	巳會 夬之乾運之乾運(30) 夬之乾 54
午會后天紀元(갑자): 中天 夏代왕조 啓 등극(갑신)	서기전 2217년 서기전 2197년	午會 姤之乾運(1) 姤之乾 1 午會 姤之乾運(1) 姤之乾 21
商湯 등극(을미)	서기전 1768년	午會 姤之遯運(2) 姤之巽 32
文王 受命(계해): 西伯 封	서기전 1138년	午會 姤之訟運(3) 困之訟 60
武王 등극(기묘)	서기전 1122년	午會 姤之巽運(4) 小畜之家人 16

103. 선천에 해당하는 『周易(주역)』 상경(上經)(1~30)이 실제 대과(28)로써 마치는데다 경세도로써도 先天이 실제 대과에서 마치므로 선천말을 대과로써 표명하는 것이다.

104. 『周易(주역)』 계사하전(繫辭下傳) 제2장: 日中爲市하야 致天下之民하며 聚天下之貨하야 交易而退하야 各得其所케하니 蓋取諸噬嗑하고~

105. 야산(也山) 선생의 부문(敷文)에 "선후의 한가운데에서 그 마침과 비롯함을 바로하니, 주역의 이른바 때의 쓰임과 때의 뜻이며 오직 때가 크다는 것이다(中於先後하야 正其終始하니 時之用時之義維時爲大라)." 한 바도 日午中天인 때에 선후천의 역수를 고정하여 천도의 常道(周天常數)를 회복하고 일월역수의 합치를 이루어야 한다는 뜻이다. 경원력(庚元曆)에서는 경세도의 선천을 마치려면 아직 1236년이 더 남은 정해년(황극(皇極) 68,964년으로 단기 4280년, 서기 1947년)으로써 선천을 마치는 해로 삼았다. 이는 36년을 경갑36변도로써 처리하고 中天土用의 1200년[12己紀, 己紀는 100년]으로 공제하여 대과도수를 해결한 까닭이다. 「大學(대학)」에 "物有本末하고 事有終始하니 知所先後면 則近道矣리라"고 하고 「中庸(중용)」에 "致中和면 天地位焉하며 萬物이 育焉이니라."고 하였으니, 천도의 본말선후를 헤아려 선후천 역수를 고정함으로써 천지만물의 안정화육을 이루는데에 경원력(庚元曆)의 큰 뜻이 있다고 하겠다.

부록2

也山 李達 선생의 경원력(庚元歷) 약해(略解)

(1889 己丑 ~ 1958 戊戌)

단기 4222년(己丑年) 9월 16일(음) 경북금릉(慶北金陵. 김천시) 구성상원(龜城上院) 일명 마들이(馬杜里)에서 출생하였으며 관향(貫鄕)은 연안(延安)이고 휘(諱)는 순영(洵永), 자(字)는 여회(汝會)이다.

탄생할 때 모친 태몽에 봉(鳳)이 대나무 위에 앉아 있어서 아명을 '봉'이라 불렀다. 젊은 시절 금강산에서 수도를 마치고 출산하면서 스스로의 이름을 '달(達)'이라 하였으며, 고향인 김천 대성동(大成洞)에서 훈몽(訓蒙)할 당시에 문득 깨달은 바가 있어 '야산(也山)'이란 자호(自號)를 지었다고 한다.

수천여년에 걸쳐 복희씨와 문왕, 주공, 공자에 의해 집대성된 易의 도는 원시유학의 핵심이다. 분서갱유의 환란 속에 큰 어려움을 겪으면서 수많은 선현들의 연구와 노력에 힘입어 한때 유학이 부흥하였던 시기도 있었지만 아직까지 본래의 진면목을 완전히 회복하지는 못하였다.

해방 이듬해인 1946년 가을 대둔산(大屯山) 석정암(石井庵)에서 야산(也山) 선생은 홍역학(洪易學)을 창시하는 '부문(敷文)'을 짓고 108 제자를 양성하면서 '홍역학창립기성회'를 발족하였다. 이는 온 인류사회가 함께 대동하는 후천변혁의 시대를 예견하여 그 초석을 깔고 푯대를 세우고자 함이었다.

선생은 "동양학문은 태극에 근본을 둔 음양오행의 이치에서 비롯된다. '홍범(洪範)'과 『周易(주역)』을 학문적 중심으로 삼고 이를 범주로 해서 깊이 궁리하면, 동양학문의 핵심근원을 찾을 수 있다. 지구촌이 일가족이 되고 동서가 하나 되는 이 때, 홍역학(洪易學)에서 큰 힘을 찾을 수 있으리라."는 말씀을 하였다.

'홍역(洪易)'이란 『書經(서경)』의 '홍범(洪範)'과 '周易(주역)'에서 음과 뜻을 취한 것인데, 홍역학(洪易學)이 태극이라면 주역(周易)과 '홍범(洪範)'은 음양과 오행인 셈이다. 태극에서 음양오행이 비롯되고 음양을 본체로 오행의 작용이 펼쳐지므로, 주역(周易)과 '홍범(洪範)'은 서로 체용일원(體用一源)이 된다.

'홍범(洪範)'은 사람을 다스리는 치인(治人)의 정치학이며, 주역(周易)은 자신을 닦는 수기(修己)의 철학이다. 수기치인(修己治人)의 학문법도가 바로 '홍역학(洪易學)'인 셈이다.

선생의 유작(遺作) 가운데에서도 공자 이래 수천 년 세월에 걸쳐 유학의 큰 난제로 남았던 『大學(대학)』의 착간고정, 천지일월의 운행이치를 극진히 통찰하여 창제한 주역 달력인 경원력(庚元歷) 등은 만세에 빛날 불후의 역작으로 손꼽힌다.

○ 경원력(庚元歷)

『周易(주역)』과 경세를 바탕으로 창제한 후천시대의 주역책력이다. 개력시점인 1944년 8월 24일(갑신년 임신월 경신일 갑신시)을 연월일시가 모두 경신인 때로 바꾸었으며, 과도한 일월역수(대과와 소과)를 공제함으로써 천도의 중정(中正)을 회복하였다. 『周易(주역)』에서 말하는 천도변혁의 구체적인 시기는 경원력(庚元歷)에 의해 밝혀진다.

四 閏 卦 二 十 四 節 候			
旣濟 (봄)	離 (여름)	未濟 (가을)	坎 (겨울)
䷾	䷝	䷿	䷜
蹇 井 坎 困 解 未濟 旅 鼎 未濟 蒙 渙 坎 睽 噬嗑 離 賁 家人 旣濟 節 屯 旣濟 革 豐 離
立春 雨水 驚蟄 春分 淸明 穀雨 立夏 小滿 芒種 夏至 小暑 大暑 立秋 處暑 白露 秋分 寒露 霜降 立冬 小雪 大雪 冬至 小寒 大寒

①경원(庚元)의 의미

　경원력(庚元歷)은 일찍이 야산(也山) 선생께서 『周易(주역)』과 경세(經世)를 바탕으로 창제한 새로운 책력이다. 일월운행에 있어 발생하는 역수(曆數)의 과차(過差) 이른바 천도의 대과도수와 소과도수를 산정(算定)하여 이를 중천도수로 공제(控除)함으로써 역수의 중천교역(中天交易)을 통한 선후천 고정(先后天考定)을 행하는 동시에 천도변혁의 구체적인 시기가 언제인지를 밝힌 책력이라는 데에 그 의의가 있다. 책력명칭인 경원(庚元)에도 책력의 개혁에 바탕한 후천의 책력임이 나타난다.

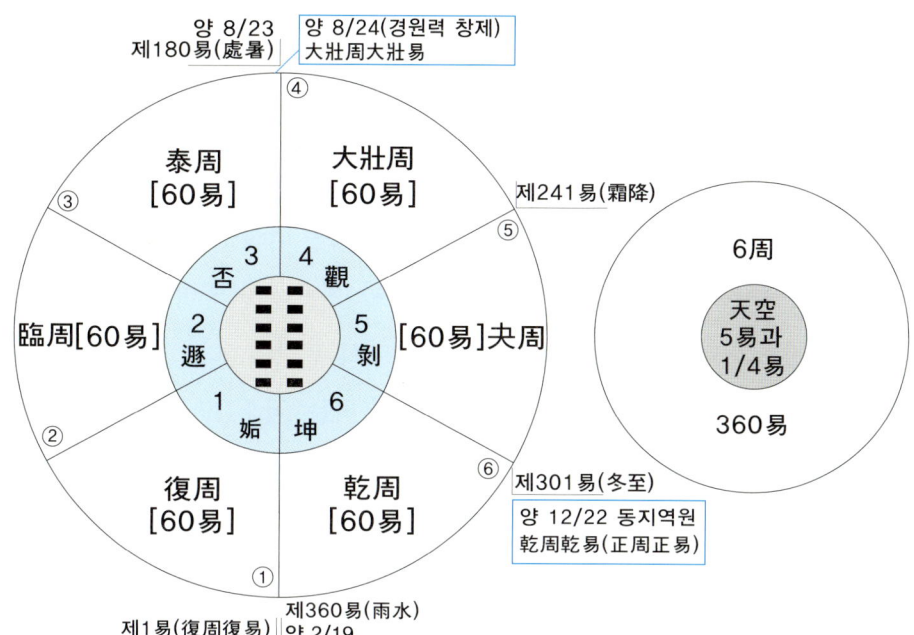
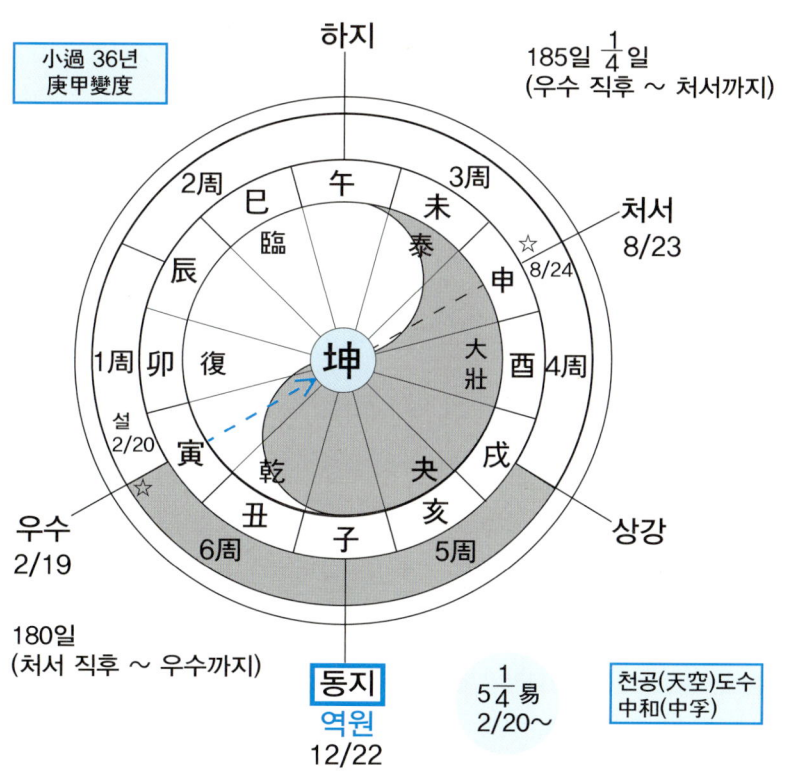

②庚이란?

 일곱번째 천간인 庚(일곱째 천간 경/ 고칠 경. 更也)은 방위상으로 서방, 계절로는 가을, 오행으로는 陽金(剛金, 乾金)에 해당한다. 지뢰복괘(地雷復卦,24)에 '칠일래복(七日來復)'이라 이른대로 庚은 만물이 성숙결실하여 종자를 거둠으로써 다시 본래의 선(善)으로 돌아오는 래복(來復)의 이치가 있다. 이는 천도의 부활(復活) 즉 선천이 가고 다시 후천이 오는 천도의 종즉유시(終則有始)를 의미한다. 천도의 운행을 대표하는 天干(10干)에서 첫째 천간인 甲은 선천을 대표하고 일곱째 천간인 庚은 후천을 대표하므로 세간에 동갑생(同甲生)을 동경생(同庚生)이라고 이른다. 선후천의 변화가 오행의 갑경상충(甲庚相沖)에 의한 경갑변도로써 이루어지듯이, 경원력(庚元歷)이 시행반포된 시점도 세수법(歲首法)과 시두법(時頭法)을 경갑변도함으로써 연월일시가 모두 사작경신(四作庚申)인 경신년 경신월 경신일 경신시이다.

③元이란?

 건(乾)의 원형이정(元亨利貞) 가운데 元(으뜸 원)이 머리가 되므로 元으로써 천도[乾]의 운행을 대표한다. 만물이 元에 힘입어 비롯하므로[萬物資始] 소자의 경세도(經世圖)에도 천도의 대주기인 129,600년을 1元이라고 명명(命名)하였다. 甲과 庚이 각기 선후의 머리로서 선천과 후천을 대표하므로 경원(庚元)은 곧 후천(後天)을 가리킨다.

④歷이란?

 歷은 본래 曆의 옛 글자[古字]로서 책력에 대한 뜻이 있다. 曆이 아닌 歷으로 표명한 것은 택화혁(澤火革, 49) 대상의 "책력을 다스려 때를 밝히라(治歷明時)"는 문구에 따른 것이다.

⑤개력기원(改曆紀元) - 사작경신(四作庚申)

개력을 단행한 경원력(庚元歷)의 시행반포는 지지(地支)가 모두 申에 해당하는 갑신년 임신월 경신일 갑신시(단기4277년 음 7월6일로 서기1944년 양 8월24일)를 기점으로 한다. 천간을 경갑변도하여 갑신년을 경신년으로 고정(考定)하고 세수법(歲首法)과 시두법(時頭法)을 경갑변도하면 년월일시가 모두 경신으로 일치되는 경신년 경신월 경신일 경신시다. 소위 사작경신(四作庚申)인 때이며, 이 날이 경원력(庚元歷) 상으로 大壯周의 첫날인 大壯易 제 181역이다. 책력의 명칭인 경원력(庚元歷)은 실제 개력의 기원(紀元)에 나타난 庚을 본체로 한 것이다.

경갑변도는 갑(선천)을 경(후천)으로 변경하여 도수를 고정한 것이며, 갑으로부터 경에 이르는 과정이 이레 만이다. 전술한 지뢰복괘(地雷復卦, 24) 괘사(卦辭)의 '7일만에 회복한다'는 "칠일래복(七日來復)"의 이치이다.

경신은 고쳐 편다는 뜻이다(庚은 更也, 申은 伸也). 간지로 볼 때도 庚과 申은 오행상 모두 陽金(乾金)에 속하여 결실기인 후천을 가리킨다.

자의(字義)에도 각기 햇곡식을 절구질하는 뜻이 들어있다.

경신은 57번째의 간지로서 중풍손(重風巽. 57)괘의 괘서(卦序)인 57과도 일치하며, 개력기원인 사작경신(四作庚申)은 손괘(巽卦) 구오효사의 "先庚三日 後庚三日"과 그 대상에 이른 "申命行事"에 연유한다[巽之蠱 참조].

⑥대과의 기영도수 공제(空除)

경원력(庚元歷)은 『周易(주역)』과 경세에 바탕하여 선후천 간(開物期 86,400년)에 발생하는 일행(日行)의 대과도수를 천공(天空)역수로 공제하는 한편 상대적인 월행(月行)의 소과도수에 의한 달력상의 경갑변도를 행하여 36년 허도수(대과도수를 순태음력으로써 환산한 결과)를 해결하고 있다[106].

천체현상으로는 지축이 남북으로 대략 23.5도 기운 지구가 태양을 공전하는 가운데 주천도수 365와 $\frac{1}{4}$일로 한 해가 운행된다. 경원력(庚元曆)에서는 360일을 주천상수라고하여 천도의 중정한 역수로 삼고 기영도수인 5와 $\frac{1}{4}$일은 지도(地道)가 화육하는 것으로 간주한다.

⑦ 紀曆(年曆)의 원형이정

경원력(庚元曆)에서는 매년을 紀라하고 年曆을 紀曆으로 대용(代用)한다. 한 해의 역수는 태양역수에 기본하여 365와 $\frac{1}{4}$일을 쓰므로 평년의 경우 365일이 되고 4년마다 돌아오는 윤년의 경우 366일이 된다. 역수가 $\frac{1}{4}$일씩 쌓여 4년마다 양력상의 윤일이 생성되므로 紀曆을 건(乾)의 원형이정에 의거하여 구분하고 이를 元曆 亨曆 利曆 貞曆으로써 표명한다.

즉 申子辰인 해는 윤일 하루가 생성되므로 건도를 이룬 366일의 貞曆이 되고 巳酉丑인 해는 元曆($\frac{1}{4}$), 寅午戌인 해는 亨曆($\frac{2}{4}$), 亥卯未인 해는 利曆($\frac{3}{4}$)으로서 365일만 두는 것이다. 紀曆의 원형이정은 곤괘(坤卦, ䷁)의 획상에 바탕하여 삼획 씩 가산하여 표시하며, 개력한 서기 1944년(갑신년)이 庚元 1紀로서 庚申貞曆이 된다. 曆은 歷으로도 표명한다.

⑧ 6周 360易과 천공역(天空易)

기존의 년월일시를 경원력(庚元曆)에서는 기주역시(紀周易時)로써 대용(代用)하며, 1紀는 천도가 주관하는 6周 360易과 지도가 관장하는 천공역(天空易)인 5와 易으로 운행된다. 천도는 중정한 상도(常道)이므로 주천상수

---

106. 주역상경(上經)은 선천, 주역하경(下經)은 후천을 뜻한다. 실제 상경(上經)을 마치는 괘는 澤風大過(상28)이며 하경(下經)을 마치는 괘는 雷山小過(하32)로서, 양이 과도(+)한 일행(日行)의 역수는 대과가 되고 음이 과도(−)한 월행(月行)의 역수가 소과가 되어 일월운행의 윤수를 이룬다. 1년에 기준해보면 주천상수 360일보다 앞서는 일행(日行)의 $5\frac{235}{940}$일은 기영으로서 천도에 앞서며 넘치는 도수이므로 대과이며, 이에 미치지 못하는 월행(月行)의 $5\frac{592}{940}$일은 삭허로서 천도에 뒤처지며 비는 도수이므로 소과이다.

(周天常數)인 360일을 6周와 360易으로 하였으며, 천도를 지난 5와 易은 만물을 화육하는 지도에 상응하므로 천도로부터 공제하여 천공역(天空易)이라 한 것이다.

건괘(乾卦)단전의 육위시성(六位時成)에 따라 천도의 제1주는 復周, 제2주는 臨周, 제3주는 泰周, 제4주는 大壯周, 제5주는 夬周, 제6주는 乾周로서 양이 점차 길어지는 과정이다. 각 주의 60역은 『周易(주역)』 64괘의 순서를 따라 배열되나, 이 가운데 坎離와 旣濟未濟는 본체(4괘 24효= 4時 24절기)로 삼아 빼고 나머지 60괘(360효= 360역)로만 진행된다. 그 주의 괘명(卦名)에 해당하는 역이 첫 날로서, 복주의 경우 復易(제1역)으로부터 출발하여 剝易(제60易)으로 마친다. 천공역(天空易) 또한 육효의 배열원리를 따라 제1역은 姤易, 제2역은 遯易, 제3역은 否易, 제4역은 觀易, 제5역은 剝易, 신자진(申子辰) 해에 드는 제6역은 坤易으로 표명한다.

紀周易時의 사용법

紀曆(元亨利貞)	地 支
1. 元曆(365일, 積 $\frac{1}{4}$일)	巳酉丑인 해 (365일)
2. 亨曆(365일, 積 $\frac{2}{4}$일)	寅午戌인 해 (365일)
3. 利曆(365일, 積 $\frac{3}{4}$일)	亥卯未인 해 (365일)
4. 貞曆(365일, 積 1일)	申子辰인 해 (366일)

1紀 6周	360易(순차)	易 名	天空易	
제1주(復周)	제1역~60역	復(1) - 剝(60)	제1역(姤易)	䷫
제2주(臨周)	61역~120역	臨(1) - 蠱(60)	제2역(遯易)	䷠
제3주(泰周)	121역~180역	泰(1) - 履(60)	제3역(否易)	䷋
제4주(大壯周)	181역~240역	大壯(1) - 遯(60)	제4역(觀易)	䷓
제5주(夬周)	241역~300역	夬(1) - 益(60)	제5역(剝易)	䷖
제6주(乾周)	301역~360역	乾(1) - 小過(60)	제6역(坤易)	䷁

경원력(庚元歷)은 주역체계를 근본바탕으로 삼기에, 『周易(주역)』을 그대로 역법체계에 활용하여 현행의 년월일시(年月日時) 대신 기주역시(紀周易時)를 사용한다.

紀(벼리 기)는 전체(己:몸 기)를 거느리는 역수의 실마리(絲)로서, 한 해 전체의 주기를 뜻한다. "己獨百之數之終"이란 말과 같이 오행상 陰土(10土)인 천간 己에 十十之百(10×10=100/ 河洛總百)에 대한 뜻이 담겨있다.

周(두루 주/ 朋+口)는 상수로 볼 때 두 달에 해당하는 '60일의 운행주기'를 가리킨다.

易(바꿀 역/ 日+月)은 일월의 왕래에 의한 하루의 주야교역을 뜻한다.

時(때 시/ 日+土+寸)는 태양운행에 기준하여 하루의 시각이 정해지므로 현행 그대로 사용한다. 고대에는 땅에 세운 규표(圭表)그림자의 방향과 길이로써 하루의 시간을 측정하였다.

경원 1紀의 역수는 기존 태양역수인 365와 $\frac{1}{4}$일에 따르며, 주천상도에 벗어난 5와 $\frac{1}{4}$易을 따로 천도에서 공제한다는 뜻에서 천공역(天空易)이라고 하여 한 해의 시발로 보고 6주와 360易으로써 책력의 본체를 삼는다.

⑨동지역원(冬至曆元)과 경원설

다른 책력에서는 대개 동지나 춘분으로써 한 해의 역수를 계산하는 기준인 역원(曆元)으로 삼지만 실제 책력과 별다른 관련성이 없으며, 정초 또한 역수상 아무런 의미가 없다. 이와 달리 경원력(庚元歷)은 동지(冬至)를 분명한 역원(曆元)으로 삼는 과학적 책력이다. 즉 한 해의 시작은 천공 제1역(姤易)이고 책력상으로는 제1주의 제1역인 復周復易인 때로부터 실제 주천상도인 360역이 시작되지만, 1紀의 역의 산정 기준이 동지날인 제301역 즉 제6주의 제1역인 乾周乾易(현행양력 12월 22일)이다[107].

제 360역인 乾周 小過易은 1紀를 마치는 날로서 우수(雨水)에 해당하는 양력 2월 19일경이다. 일반적으로 봄이 시작된다고 하는 입춘절기(양력 2월 4일경)로부터 16일째는 우수(雨水) 다음날(양력의 2월 20일)에 해당하며, 이 때가 곧 경원력(庚元歷)의 설로서 천공 제1역인 姤易이다.

1년을 4분한 절기상의 사철은 입춘으로부터 입하 직전까지가 봄, 입하로부터 입추직전까지가 여름, 입추로부터 입동직전까지가 가을, 입동으로부터 다시 입춘직전까지가 겨울이다. 그러나 하지를 기준으로 24기(氣)를 3분하면 우수(寅半: 정월 중기)로부터 하지직전까지, 하지(午半: 5월 중기)로부터 상강직전까지, 상강(戌半: 9월 중기)으로부터 우수까지로 나눈다.

인사적으로는 선천인 寅半에서 午半직전과 후천인 午半에서 戌半직전까지를 합한 기간이 만물이 생성소멸하는 개물기(開物期)이며, 戌半에서 다시 寅半직전까지 기간이 만물이 휴식잠장하는 폐물기(閉物期)이다. 그러므로 실제 새해는 개물(開物)이 시작되는 우수절기 이후부터라고 할 수 있는 것이다.

양력상으로 1월 1일을 신정(新正)이라고 하듯이, 정초(正初)로부터 해가 바뀌어 새로운 해를 맞이하는 경원력(庚元歷) 상의 新易(경원설)은 우수 다음날인 천공 제1역(姤易)이다. 야산(也山) 선생께서는 親과 新을 풀이하여 "봄은 오행상 木旺한 계절로서, 親과 新에 모두 立木이 내포되어 있다. 親(立+木+見)은 木旺의 기점인 立木之節을 뜻하므로 立春(양력 2월 4일경)에 해당한다. 新(立+木+斤)은 이로부터 16일 뒤인 雨水 다음날을 가리키니, 16兩이 1斤이 되는 이치이다."고 말씀하였다고 한다[108].

24기(氣)에 기준해볼 때 선천력은 새해가 입춘으로부터 시작되나, 후천력인 경원력(庚元歷)에서는 새해를 우수절기 이후로 보는 것이다. 우수인 양력 2

---

107. 실제 책력으로 보면 양력 12월 22일이 아닌 21일 또는 23일에 동지가 드는 경우가 있으나, 기본적으로는 12월 22일이 동지에 해당한다.

108. 야산(也山) 선생은 "학문의 始條理이자 學의 관문은 「大學(대학)」이다. 「大學(대학)」의 도를 설명한 三綱領의 둘째 강령에 대해, 경문에서는 親民이라하고 전문에서는 新民으로써 설명한 까닭은 먼저 백성과 더불어 동고동락한 뒤에야 백성이 교화되어 새롭게 됨을 말함이니, 親而新의 본말선후를 보여준 것이다."고 말씀하셨다.

월 19일경은 경원력(庚元歷)상 한 해를 마치는 제360역이다.

⑩역수(曆數)와 괘효(卦爻)

각 주는 60역이므로 실제『周易(주역)』의 64괘의 주기와는 어긋난다. 소자는 '황극경세도(皇極經世圖)'에서 주역상경(上經)의 처음과 끝인 乾(1)坤(2)과 坎(29)離(30)를 4윤괘(24효)로 보아 체수(體數)인 4시와 24기로 배분하고 나머지 60괘(360효)를 용수(用數)인 주천상수 360일로 배정하였다.

야산(也山) 선생은 상경(上經)의 끝인 坎(29)離(30)와 하경의 끝인 旣濟(63)未濟(64)를 4윤괘의 체수(體數)로 삼고 나머지 상경(上經)의 건곤(乾坤)에서 頤大過까지 28괘와 하경의 咸恒에서 中孚小過까지 32괘를 합한 60괘를 용수(用數)로 보아 그 견해를 달리 하였다.

역상(曆象)으로 보면 감과 리는 주야일월의 본체 괘상(卦象)이며, 일월의 교합왕래는 기제와 미제로 나타난다. 괘서(卦序)로 볼 때 주역 상경(上經)과 하경을 실제 마치는 대과(상28)와 소과(하32)는 사상 가운데 소양 28책과 소음 32책의 책수에 상응한다.

사상책수를 살피면 부모인 태양 36책과 태음 24책은 태양수 9와 태음수 6이며, 자녀인 소양 28책과 소음 32책은 소양수 7과 소음수 8이다.『周易(주역)』은 이 9와 6을 용수(用數)로하며 7과 8은 불용(不用)한다. 이와 달리 후천력인 경원력(庚元歷)은『周易(주역)』체계에 바탕하여 자식에 해당하는 소양책수(대과28)와 소음책수(소과32)를 그대로 운용한다.

한편 제6주인 乾周는 육위시성(六位時成)의 마지막 단계를 이루는데다 그 첫 역(乾周乾易)이 일양(一陽)이 시생(始生)하는 동지날로서 역원(曆元)에 해당하며『周易(주역)』의 괘서(卦序) 이치가 60역에 그대로 나타나므로 특별히 '정주(正周)'라고 이른다. 즉 건주의 제1역에서 28역까지는 상경(上經)의 괘서(卦序)(1~28)와 같고 제29역에서 60역까지는 하경의 괘서(卦序)(1~32) 그대로이다.

다른 주에 있어서도 감리(坎離)와 기제(旣濟), 미제(未濟)는 제외하고 각 주의 명칭을 첫 역으로 삼아 『周易(주역)』괘서대로 진행한다. 復周의 경우 제1역이 復易이고 복괘 바로 앞에 박괘가 놓이므로 제60역은 剝易이다.

경원력 창제에 관련된 대표적 著述 및 圖說(야산(也山) 선생문집)

황역기시략초(皇易紀時略草)
'중어선후(中於先後) 정기종시(正其終始)' 즉 후천으로 넘어가는 중천교역기(中天交易期)에 때 맞추어 역수법도를 바로 세워야함을 설파하였다. 공자께서 집필한 춘추(春秋) 242년의 도수에 주역의 손익법도를 연계하여 후천책력인 경원력(庚元歷) 창제시기를 밝히는 한편 소자의 '황극경세연표'로써 선천 말기인 대과의 때를 구체적으로 조명하고 36년의 경갑변도의 필연성을 상술하였다. 경세의 진면목도 이로써 여실히 드러난다.

선후천고정설(先後天考定說)
복희선천64괘도에 기초하여 건곤(乾坤)과 감리(坎離)를 윤괘(閏卦)로 놓고 나머지 60괘로써 용괘를 삼은 소자의 '황극경세도(皇極經世圖)'와 달리, 주역의 감리(坎離)와 기제미제(旣濟未濟)를 윤괘(閏卦)로 놓고 나머지 60괘를 괘서(卦序)대로 선천(상경28괘)과 후천(하경32괘)에 배분하는 연유를 밝히고 있다.

필자의 해설

⑪하늘의 운행변화

천도는 오로지 무사무위(无思无爲)하여 소리도 없고 냄새도 없으나, 그 운행 속에 만물을 지극히 생성변화한다. 천도의 운행변화를 기저로 하여 인사의 동정진퇴를 밝힌 『周易(주역)』의 서명(書名)과 수괘(首卦)를 건괘(乾卦)로 내세운 것에서도 이런 까닭이다.

선천과 후천에 대해서는 공자께서 건괘(乾卦)문언전 구오(九五)[109]에 "대인은 천지의 덕과 일월의 밝음과 사시의 운행질서와 귀신의 길흉조화와 합하여, 하늘보다 앞서 행함에 하늘이 이를 어기지 않고 하늘을 뒤따라 행함에 하늘의 때를 받드니, 하늘도 어기지 않는데 하물며 사람과 귀신이 어기랴?"고 말씀한 바에서 비롯된다.

⑫선천과 후천

대개 천도의 변화 과정을 二分하여 선천과 후천이라 한다. 본말체용의 관계로써 살피면, 선천은 하늘에 앞서는 뜻으로 자연적인 본체를 가리키고 후천은 하늘에 뒤따르는 뜻으로 인사적인 작용을 이른다.

한편 때의 선후로써 보면, 선천[變]은 양기운이 늘어나 만물이 생장하는 주기로 하루의 午前에 해당하고 후천[化]은 음기운이 늘어나 만물이 수렴되는 주기로 하루의 午後에 해당한다. 1년의 절기상으로는 동지로부터 하지직전까지 낮이 길어지는 과정이 선천이고 하지로부터 동지직전까지 밤이 길어지는 과정이 후천이다.

중천건(重天乾)괘로써 대별하면 구삼효사에 이른 '종일건건(終日乾乾)'의 內乾(내괘)과 外乾(외괘)이 선천과 후천이며, 선천에는 開物[變]하고 후천에는 成務[化]하여 만물을 조화한다. [계사전 : 夫易 開物成務 冒天下之道]

역수상으로는 상대적으로 일행(日行)이 선천, 월행(月行)이 후천에 해당한

---

109. 『周易(주역)』건문언전(乾文言傳): 夫大人者는 與天地合其德하며 與日月合其明하며 與四時合其序하며 與鬼神合其吉凶하야 先天而天弗違하며 後天而奉天時하나니 天且弗違온 而況於人乎며 況於鬼神乎여.

다. 즉 주천상수를 기준으로 해의 과도한 운행(+기영)은 역수가 앞서 나아가므로 선천, 상대적으로 달의 미급한 운행(-삭허)은 역수가 뒤처져 물러나므로 후천이다. 이는 일월의 본말대소와 진퇴선후에 바탕하여 나눈 것이다.

선천과 후천을 구체적으로 나누어 설명한 학자는 『皇極經世(황극경세)』를 지어 선천을 경세한 송대(宋代)의 소강절(邵康節) 선생이다. 그는 복희씨와 문왕의 팔괘를 각기 본말선후에 따른 선천팔괘와 후천팔괘라 정의하고 우리 은하계가 일주천하는 대주기를 1元(129,600년)이라 하여 선천 64,800년과 후천 64,800년으로 보았다.

그리고 1元을 삼분(43,200년×3)하여 만물이 폐장(閉藏)되는 43,200년을 제외한 나머지 86,400년이 인사의 선후천기간이라고 하였다. 이는 만물이 생성 소멸하는 주기이며 선천 43,200년과 후천 43,200년으로 반분된다.

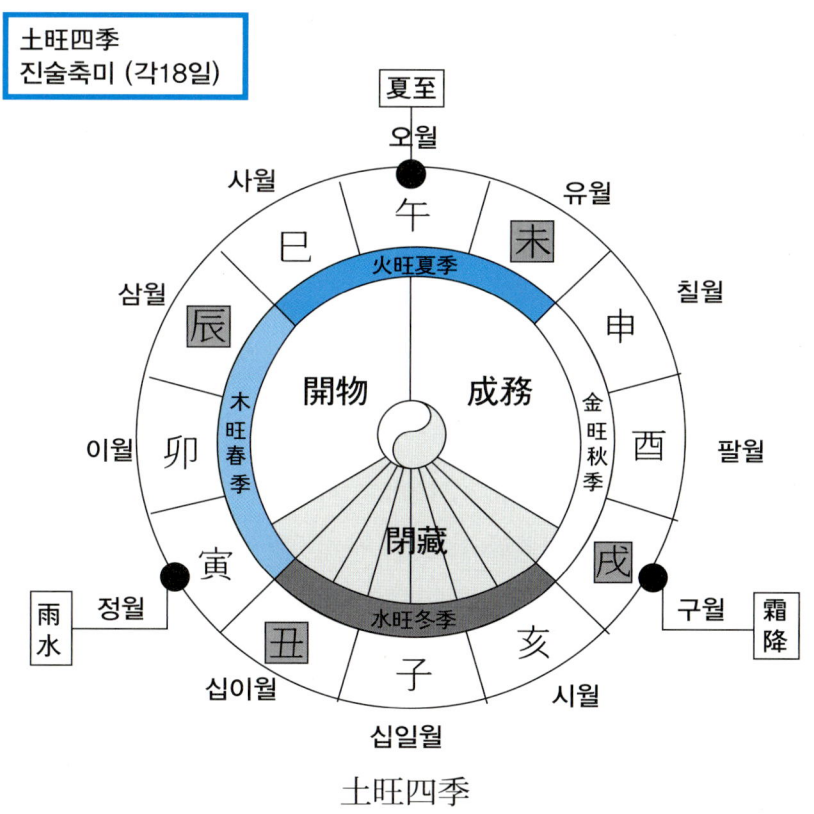

土旺四季

소자의 경세년표상으로 경원력(庚元歷)이 창제할 당시는 선천 대과시대가 끝날 무렵이다. 야산선생은 택화혁(澤火革, 49) 대상에 "책력을 다스려 때를 밝히라(治歷明時)"한 내용과 『論語(논어)』에 "대연(大衍) 50의 이치로써 역을 궁리하면 대과를 없앨 수 있으리라(五十而學易이면 可以无大過라)"는 공자의 말씀에 따라 황극경세를 고정(考定)하여 미제(未濟)된 선천의 대과도수를 해결하였다. 경원력(庚元歷)은 곧 책력상의 日中交易[中天交易]을 행하여 일월의 역수를 고정한 것이다.

革은 여름이 지나고 가을이 도래한 괘로서, 선천에서 후천으로 변혁되는 뜻이 있고 낙서의 이른바 금화교역(金火交易)의 이치가 있다. 괘사(卦辭)의 "已日乃孚"와 구삼효사의 "革言三就", 대상의 "治歷明時" 등에서 후천책력과 관계된 내용이 보인다. 괘명(卦名)인 革(가죽 혁, 바꿀 혁, 고칠 혁, 과녁 혁)에도 오회중천(午會中天)에 때 맞추어 21甲의 대과를 해결하여 선천을 마치고 후천으로 건너는 뜻이 내포되어 있다.

⑬중어선후(中於先后) 정기종시(正其終始)

천도가 바뀌는 선후의 중간 시기는 선천을 마치고 후천을 시작하는 때로서 모든 것을 바로잡는 때이다. 선생은 '중어선후(中於先後) 정기종시(正其終始)' 즉 후천으로 넘어가는 중천교역기(中天交易期)에 때 맞추어 역수법도를 바로 세워야한다고 보았다.

공자께서 집필한 『春秋(춘추)』 242년의 도수에 『周易(주역)』의 손익법도를 연계하여 후천책력인 경원력(庚元歷) 창제시기를 밝히는 한편 소자의 '황극경세연표'로써 선천말기인 대과의 때를 구체적으로 조명하고, 36년의 경갑변도의 필연성을 상술하였다.

소자의 '황극경세도(皇極經世圖)'는 〈복희 선천 64괘도〉에 기초하여 건곤(乾坤)과 감리(坎離)를 본체인 윤괘(閏卦)로 놓고 나머지 60괘를 활용하였다.

반면 선생은 상경(上經)의 감리(坎離)와 하경의 기제미제(既濟未濟)를 윤괘(閏卦)로 놓고 나머지 60괘를 『易經(역경)』 괘서(卦序)대로 선천(상경28괘)과 후천(하경32괘)에 배분하였다.

孔子 탄생(경술)	서기전 551년	午會 姤之鼎運(5) 蠱之巽47
孔子 작고(임술)	서기전 479년	午會 姤之鼎運(5) 姤之大過59
春秋(기미~경신:242년)	서기전 (722년~481년)	= / 大有之大壯56-姤之大過57
庚元歷 창제(갑신 半) →庚甲36변도(경신 半) 甲(신사~갑신~정해)半	서기 1944년 8월 24일 庚(정사~경신~계해)半	午會 大過之姤運(12) 巽之渙21 [閏衍36년 虛度數 午會 大過之 姤運(12) 巽之蠱]
→중천12己紀(1200년)	先後天考定 완료	午會 鼎之未濟運(15) 解之未濟60

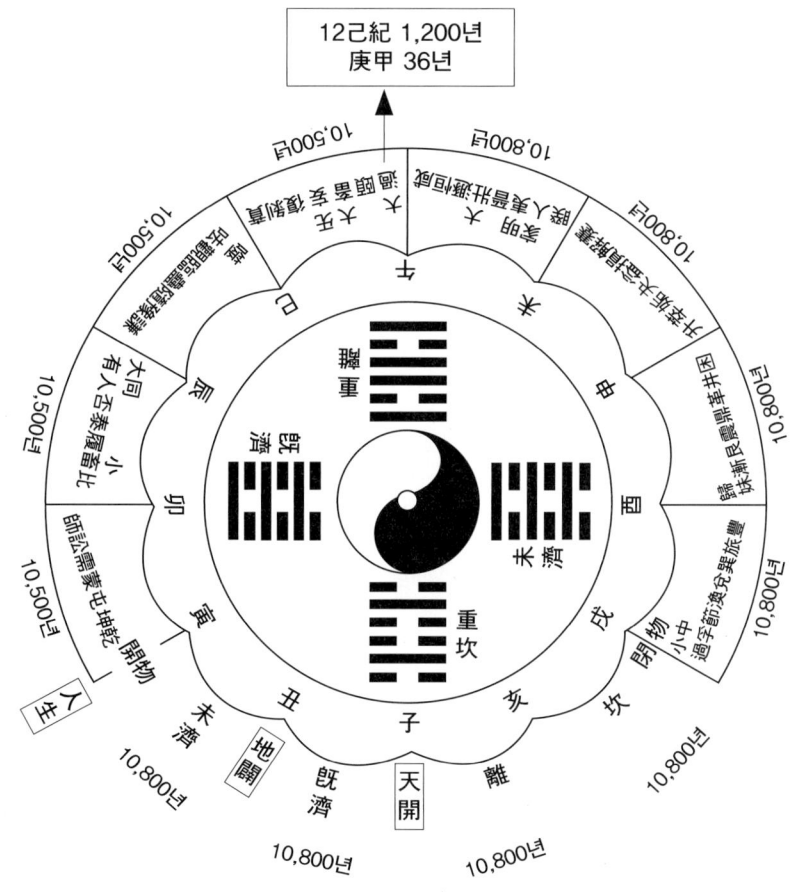

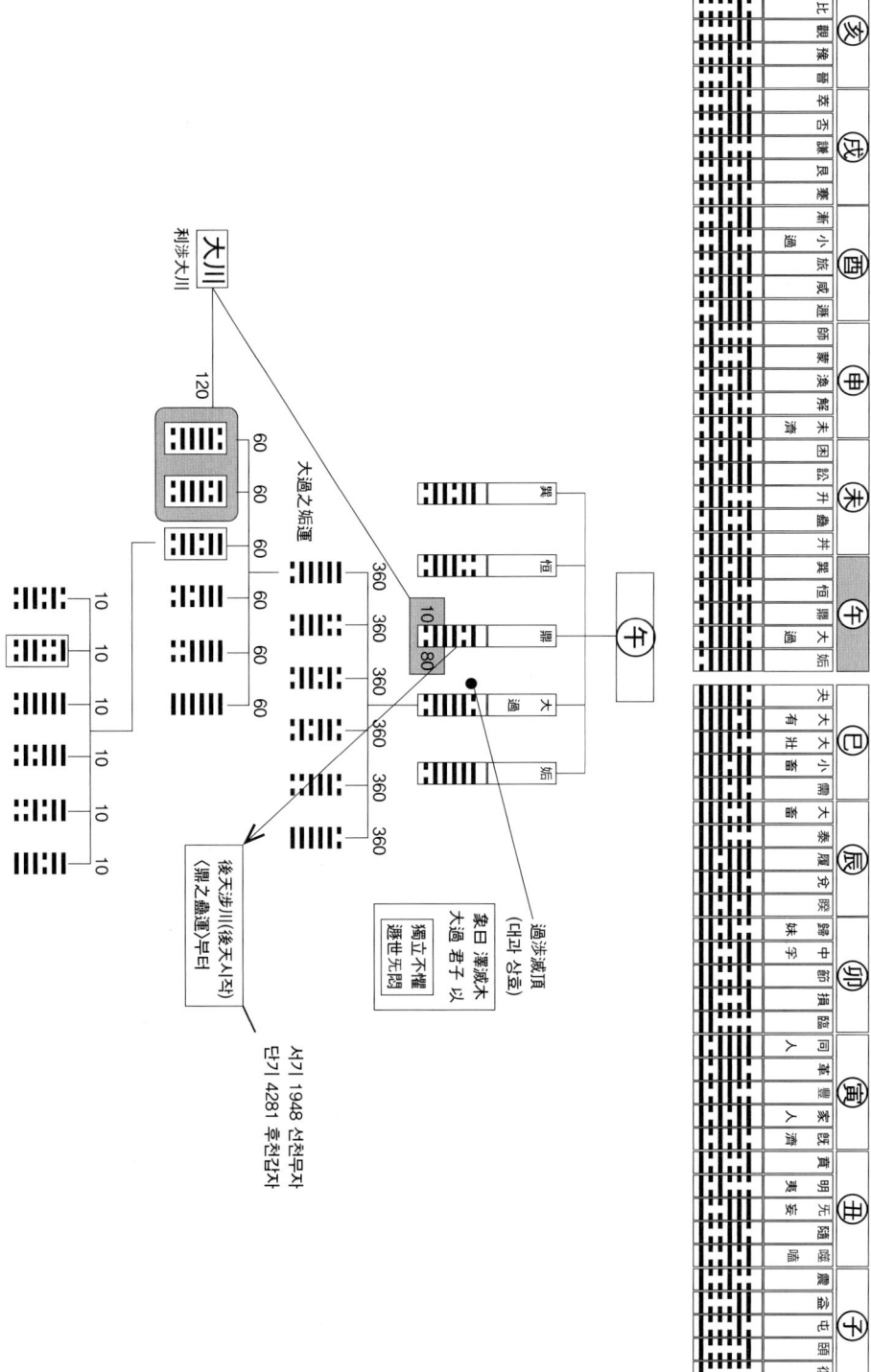

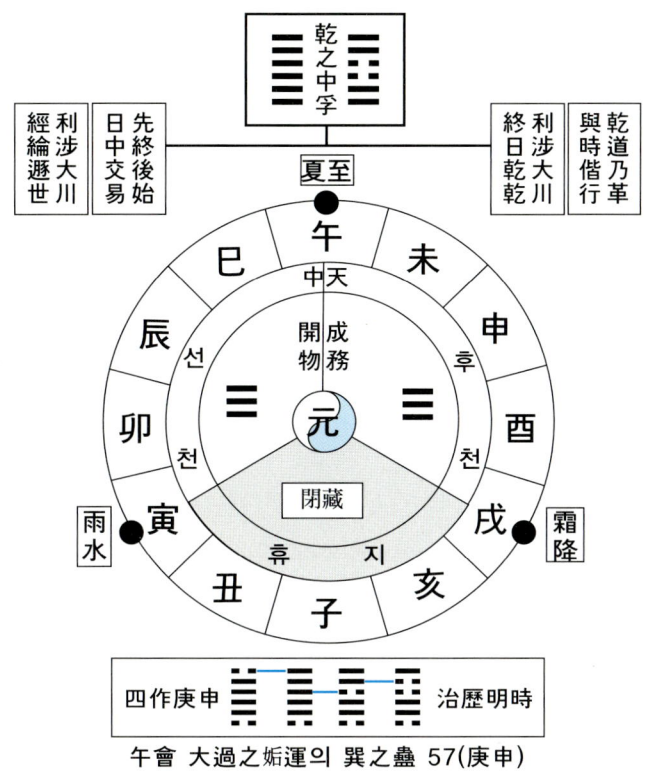

午會 大過之姤運의 巽之蠱 57(庚申)

　오회(午會) 大過之姤運(30)의 경세년표를 살피면 신사년은 巽之漸(18)이고 갑신년으로부터 정해년은 다같이 巽之渙(21, 24)에 해당한다.

　이를 경갑변도하여 하나가 여섯을 얻는 이치(1득6법 즉 칠일래복)로써 미루면, 신사년 半(17.5)은 경세의 巽之渙 21(丁巳半, 17.5+3.5=21), 임오년 半(18.5)은 巽之渙 28(戊午半, 21+7=28), 계미년 半(19.5)은 巽之姤 35(己未半, 28+7=35), 갑신년 半(20.5)은 巽之蠱 42(庚申半, 35+7=42), 을유년 半(21.5)은 巽之蠱 49(辛酉半, 42+7=49), 병술년 半(22.5)은 巽之井 56(壬戌半 49+7=56), 정해년 半(23.5)은 巽之井(癸亥半, 59.5)이 된다.

　정해년 반으로부터 반년 더 경과하면 巽之井(60)을 완전히 종료하고 이후 大過之姤運의 나머지 4世(120년)와 선천을 마치는 鼎之未濟에 이르는 36世는 중천도수인 12己紀(1200년/40世)로 공제하여야 하는데, 이것이 곧 『周易(주역)』의 경문에서 일컫는 대과와 소과의 일월과차(日月過差)를 해결하는 방법이다.

야산선생께서 창제한 경원력(庚元歷)이 창제된 갑신년은 鼎卦 바로 앞의 대과의 마지막인 大過之姤運(午會 제12운)의 巽之渙(21)이다. 지금의 시대를 후천으로 넘어가는 마지막 과정인 선천말 대과(大過)시대라고 하는 것이 여기에 연유한다.

간략히 주천도수 365일과 1/4일에 기준한 역수로써 살피면 4년(乾 元亨利貞)간 1,440일(360×4)의 주천상수와 20일(5×4)에 하루의 윤일이 늘어난 21일의 기영(대과)도수가 생성된다.

이를 만물의 생성주기인 개물기로 대연(大衍)하면 8會(인회반에서 술회반)의 1,440甲(86,400년, 1甲은 60년) 동안에 발생하는 천도의 대과가 주천상수 21甲(1,260년)이다[110]. 대과를 마치는 大過之姤運(午會 제12運)의 巽之蠱(日午中天인 午會半 직전)에 때 맞추어 1,200년(中天坎離)을 손익(損益) 공제하고 그 나머지 태음력상의 소과 36년을 경갑변도함으로써 선후천을 고정한 것이 바로 경원력(庚元歷)인데, 이로써 천도의 떳떳한 법도가 회복하고 책력상의 음양합일(일월역수의 합치)이 이루어진다.

『周易(주역)』상경(上經)에 대과(28) 다음 坎(29)과 離(30)를 둔데 대해, 서괘전에 "물건이 마침내 과도할 수만은 없으므로 대과괘 다음 감괘로써 받고, 坎은 빠져듦이니 빠지면 마침내 걸리는 바가 있으므로 감괘 다음 리괘로써 받으니, 離는 걸리는 것이다[111]."고 하였다. 즉 대과한 도수를 빼어[陷] 중천도수로 걸어둠[麗]으로써 선천을 다하고 후천이 시작되는 것이다. 그러기에 대과도수를 '중천감리(中天坎離)'라고 한다.

주역하경의 解卦(40) 다음에 損(41)益(42)을 놓은 이치도 이와 같다. 천지가

---

110. 개물(開物)의 '開'에는 21甲의 物(기영도수)이 열려나오는 뜻이 내포되어 있다.

111. 『周易(주역)』 서괘상전(序卦上傳): 物不可以終過라 故로 受之以坎하고 坎者는 陷也니 陷必有所麗라 故로 受之以離하니 離者는 麗也라.

풀려 만물이 개갑탁(開甲坼)하면[112] 반드시 덜고 보태는 바가 있기 마련이므로 서괘전에 "해는 풀어줌이니, 풀어주면 잃는 바가 있으므로 손괘로써 받고 덜어줌을 마다하지 않으면 반드시 보태는 바가 있으므로 익괘로써 받는다[113]." 고 하였다.

경갑변도는 선천 甲이 후천 庚으로 바뀌는 천도의 선후천변화를 가리킨다. 지지(地支)를 놓아둔 채 천간(天干)을 경갑변도하면 소위 36이라는 허도수(虛度數)가 발생하는데 이는 갑자(1)가 경자(37)가 되는 이치이다. 蠱卦와 巽卦의 "先甲三日 後甲三日, 先庚三日 後庚三日"이 이를 설명한 것이다. 36년의 허도수(虛度數)는 복괘 괘사(卦辭)에서 이른 "칠일래복(七日來復)"의 도로서, 후천이 시작되는 무자년(1948년)의 7년 전인 신사년 半(1941년)부터 정해년 半(서기 1947년)까지를 경갑변도하면 신사(18) 임오(19) 계미(20) 갑신(21) 을유(22) 병술(23) 정해(24)가 정사(54) 무오(55) 기미(56) 경신(57) 신유(58) 임술(59) 계해(60)로 바뀐다. 주역괘서로 대비해보면 상경(上經)의 蠱(18) 臨(19) 觀(20) 噬嗑(21) 賁(22) 剝(23) 復(24)이 하경의 歸妹(54) 豊(55) 旅(56) 巽(57) 兌(58) 渙(59) 節(60)로 바뀌는 것이다. 여기서 년의 半이라한 까닭은 '年曆의 中天'을 의미한다. 한 해를 양분하면 寅月(1월)부터 未月(6월)까지와 申月(7월)부터 丑月(12월)까지로 대별되며, 경원력(庚元曆)을 창제한 大壯周 大壯易도 紀曆의 半을 지난 제4주 첫 易이다. 그러므로 신사반에서 정해반까지는 햇수로는 7년이지만 실제상으로는 만 6년간이다. 그 중간인 '경신년 임갑월 경신일 갑신시'를 기준푯대(申命行事)로 세워서 갑신년을 경신년으로 고친 후에 세수와 시두를 경갑변도하면, '갑신년 임신월 경신일 갑신시'가 '경신년 경신월 경신일 경신시'가 되어 이른바 사작경신(四作庚申)을 이룬다.

---

112. 제 240번째 효인 解의 상육(上六)은 개물기인 240주(運)을 상징한다.

113. 『周易(주역)』 서괘하전(序卦下傳): 解者는 緩也니 緩必有所失이라 故로 受之以損하고 損而不已면 必益이라 故로 受之以益하고.

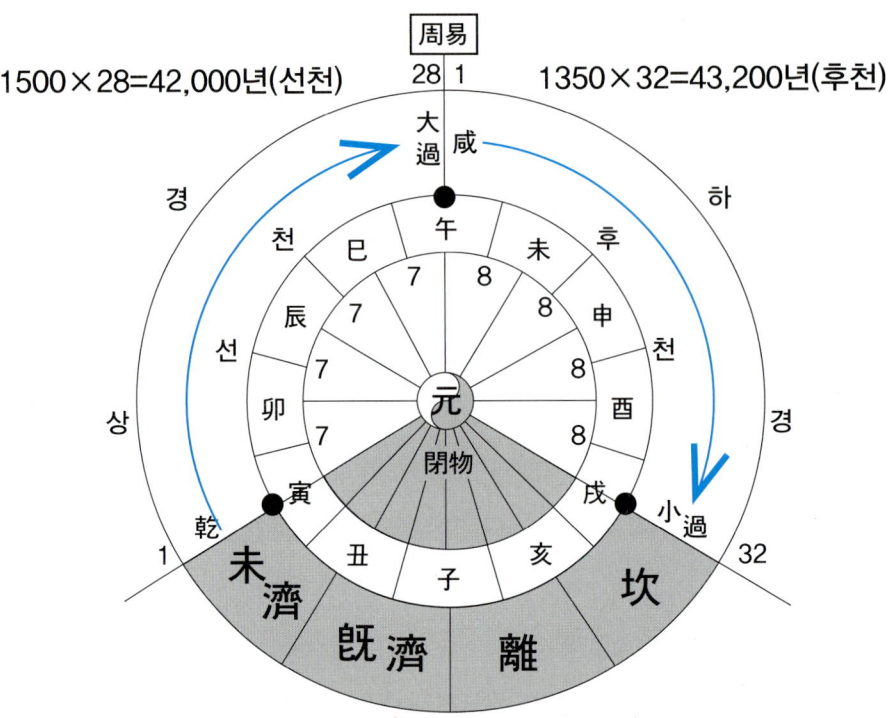

부록 3

고대역법과 제례면복의 12장(章)

『周易(주역)』에는 황제요순(黃帝堯舜)이 "수의상이천하치(垂衣裳而天下治)" 즉 건곤(乾坤)의 색인 현황(玄黃)을 본받아 위에 입는 상의는 한 통속(一)의 검은 현의(玄衣)로 만들고 아래에 입는 하상은 두 갈래(--)인 누런 황상(黃裳)으로 만들어 세상을 다스렸다는 대목이 나온다. 최초의 의복제정이 성인의 무위이치(无爲而治)의 도에 의함과 더불어 백성들이 의상을 입도록 하여 예의염치를 가르친 내용이지만, 천지를 대표하는 色(빛 색)인 현황의 교합에 의해 창생(蒼生, 만물)이 나오므로, 일월교합에 의한 윤달생성과 자연히 상합한다. 色이란 글자도 암수의 교미를 본뜬 글자이다. 황제의 복색은 황상과 같이 누런 빛깔로 하였고, 12줄의 류(旒)에 12개씩 총 144개의 옥구슬을 꿴 황제의 면관(免冠)은 144 곤책(坤策)의 수를 본뜬 것으로 보인다.

후한(後漢)의 역학자인 정현(鄭玄)은 주(周)나라 이전에는 제사 때 입는 황제의 예복인 면복(冕服)에 12장의 무늬를 모두 표현했는데, 주(周)나라 때 12장의 무늬 가운데 일, 월, 성신을 깃발에 표현하면서 옷에는 나머지 9장(용, 산, 화, 화충, 종이, 조, 분미, 보, 불)만 표현하게 되었다고 하였다. 용에서 종이까지는 상의에 그리는 양적인 회(繪), 조에서 불까지는 하의에 자수를 놓는 음적인 수(繡)로 구분되는데, 한나라부터는 다시 12장을 모두 쓰게 되었다.

12章에서 일(日, 태양의 정화)과 월(月, 태음의 정화)과 성신(星辰, 五星)은 모두 어둠을 밝히는 광명을 상징한다. 이 밖의 9章은 용(龍, 신묘변화, 생명수를 관장), 산(山, 숭고와 어짊), 화(火, 상승과 문명), 화충(華蟲, 화려한 산꿩山雉, 절개와 문채), 종이(宗彛, 제기 표면에 그려 넣는 호랑이 원숭이, 용맹과 지혜), 조(藻, 물풀, 청정과 참신), 분미(粉米, 하얀 쌀, 정결과 민생), 보

(黼, 도끼, 결단과 정의) 불(黻, 亞자형 무늬, 兩弓, 악을 등짐)이다. 모두 군주와 신하가 꼭 갖추어야할 덕목을 표상한다. 천자의 12章 면복은 6양 6음의 12효로 구성된 건곤(乾坤)과 연관된다고 여겨지는데, 앞에서 언급한 간배(艮背) 7윤을 근원으로 하는 달력의 12章과도 비교된다.

천자의 제례복인 면복(冕服)에 수놓는 12章의 무늬

日

月

星辰(五星)

龍

山

華蟲

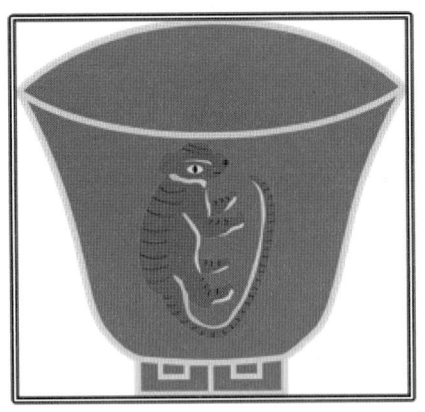
宗彝(1) 호랑이

宗彝(2) 원숭이

藻(물풀)

火

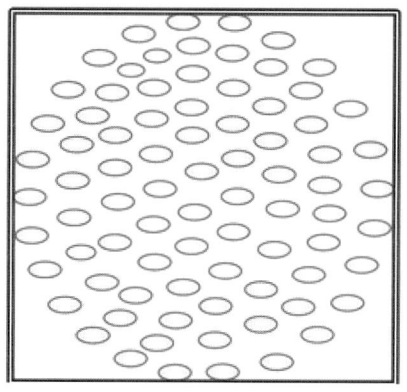

粉米

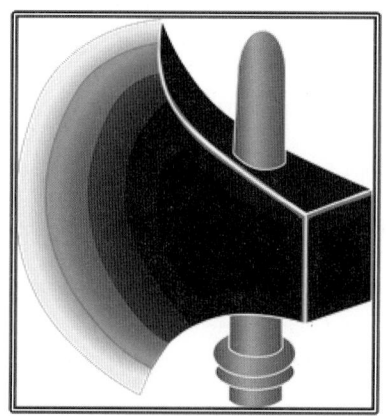

黼(도끼)

黻(亞)

부록 4

天符經, 大學·中庸, 法性圖에 담긴 오십대연(五十大衍)

달력은 기본적으로 크고 작은 두 달이 59일(朋)로 짝하며 돌아간다. 삭망주기를 면밀히 살피면 32개월 단위로 삭망윤일이 하루 늘어나 945일(=1×3×5×7×9)이 됨을 알 수 있다. 이를 기준으로 대략 29일(기영14일 + 삭허15일)의 기삭이 발생하여 1개월의 윤달을 두어야 하는데 64개월 주기로 2개월, 96개월 주기로 3개월의 윤달이 붙는다.

역수(易數)는 100에서 1을 제한 나머지 99로 용수를 삼는다. '하락총백(河洛總百)'의 묘용은 팔괘 주기에 상응하는 8년 동안에 생성되는 99삭망월로 나타난다. 하도(河道)의 1~10에서 낙서의 9~1로 순환하는 가운데 처음과 끝인 1은 수가 중복된다. 百이란 글자도 시종의 근원인 1(一)을 공백(白)으로 비워서 체로 삼음을 가리킨다.

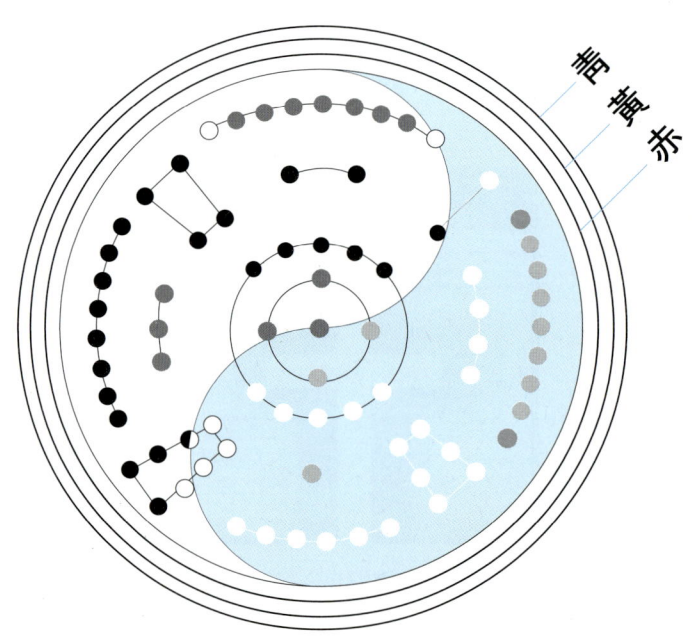

요순(堯舜) 시대에 이미 고대 동양에서는 순태음 8년 (96개월) 주기로 3개월의 윤달을 가산하는 '8세3윤'의 이치를 알았다. 윤달을 포함하여 99개월로 돌아가는 '8세3윤법'이 3변하여 팔괘를 이루는 태극의 '삼팔목도(三八木道)'와 통한다는 사실은 고대 易의 신비를 푸는 핵심열쇠이다. 서죽(筮竹) 50개비를 사용하여 64괘를 전개하는 '오십대연(五十大衍)'의『周易(주역)』이치도 '8세3윤법'을 근본 토대로 한다.

국조 단군께서 전한 우리나라의 역이『天符經(천부경)』이라는 글이다. 81자의『天符經(천부경)』에 도서(圖書)의 '하락총백(河洛總百)'을 상징하는 99라는 수가 담겨있고 三이란 수가 8차례 나오며 오십대연(五十大衍)이 문장 속에 한 글자씩 나타난다.

'오십대연(五十大衍), 8세3윤, 99삭망월'에 대한 달력의 신비수리가 담은 천서(天書)가 곧『天符經(천부경)』인 것이다.

> [天符經]
>
> 一始无始一 析三極 无盡本
>
> 天一一 地一二 人一三
>
> 一積十鉅 无匱化三
>
> 天二三 地二三 人二三
>
> 大三合六 生七八九
>
> 運三四 成環五七
>
> 一妙衍 萬往萬來
>
> 用變不動本 本心本 太陽昂明
>
> 人中天地一 一終无終一

야산선생의『大學錯簡攷正(대학착간고정)』의 체계를 구체적으로 살피면

『大學(대학)』의 전문(傳文) 64절목은 평달 64개월에, 경문의 8조목 선후(先后) 2절목은 윤달 2개월에, 3강령을 거느리는 경문 제1절목이 태극본체에 각기 상응함을 볼 수 있다[114]. 『大學(대학)』의 경문은 오십대연(五十大衍)(내본), 전문은 삼팔목도(三八木道)(외말)에 각기 기본을 둔다.

『大學(대학)』이 내외본말의 선후법도를 밝힌 글이라면 『中庸(중용)』은 선후의 가운데 중심을 잡아 조화를 이루는 대본달도(大本達道)의 중화(中和)를 가르친다. 『中庸(중용)』 경문은 오십대연(五十大衍)을 펼치는 황극의 중심도리를 핵심으로 하는 개천(開天)의 서(書)로서 전체가 33장이다. 주천(周天)을 대표하는 중천건(重天乾, ䷀)의 획상(畫象)이 상하로 三三(33)이고 28수 경성(經星)과 5성의 위성(緯星)으로 경위(經緯)를 이루는 하늘이 33천이다. 32개월 주기로 생성되는 기영과 삭허에 의한 1월의 윤은 자식과도 같다. 부모자(父母子) 일심동체로 33삭망월이 돌아가는 달력법도를 33장의 중용경전 체계에 담아놓은 것이 아닌가 생각한다[115].

114. 야산선생은 『周易(주역)』의 관문이 『大學(대학)』이고 小周易(소주역)이 『中庸(중용)』이라고 말씀하였다. 큰 배움에 이르는 공부목적과 절차단계를 제시한 『大學(대학)』 강목(綱目)은 3강령과 8조목이다. 3극의 도에 상응하는 3강령은 하도 중앙의 오십토(五十土)에, 남녀 팔괘에 해당하는 8조목은 하도 사방의 내외 사상위수(位數)에 배합된다. 〈필자 견해〉

115. 조선 세종 때부터 밤을 오경(五更: 다섯 가지의 시각변경)으로 나누어 종루(鍾樓, 훗날의 보신각)에서 때를 알려주는 종을 쳤다. 제5경 인시(寅時) 중반인 새벽 4시쯤 새벽을 알리는 33회 파루(罷漏. 바라. 人門이 열리는 人生)의 종을 치고 성문을 열어 사람들이 일과를 시작하도록 하게 하는 한편 제2경 해시(亥時) 중반인 밤 10시쯤에 통금을 알리는 28회 인경(人更. 人門이 닫히는 人定)의 종을 치고 성문을 닫고 나서 야경(夜警)을 위한 순라(巡邏)를 돌았다. 오늘날에도 한 해가 끝나는 12월31일 제야(除夜)의 자정 12시를 기하여 종로 보신각(普信閣)에서 33번의 종을 쳐서 밝은 새해를 기원한다.

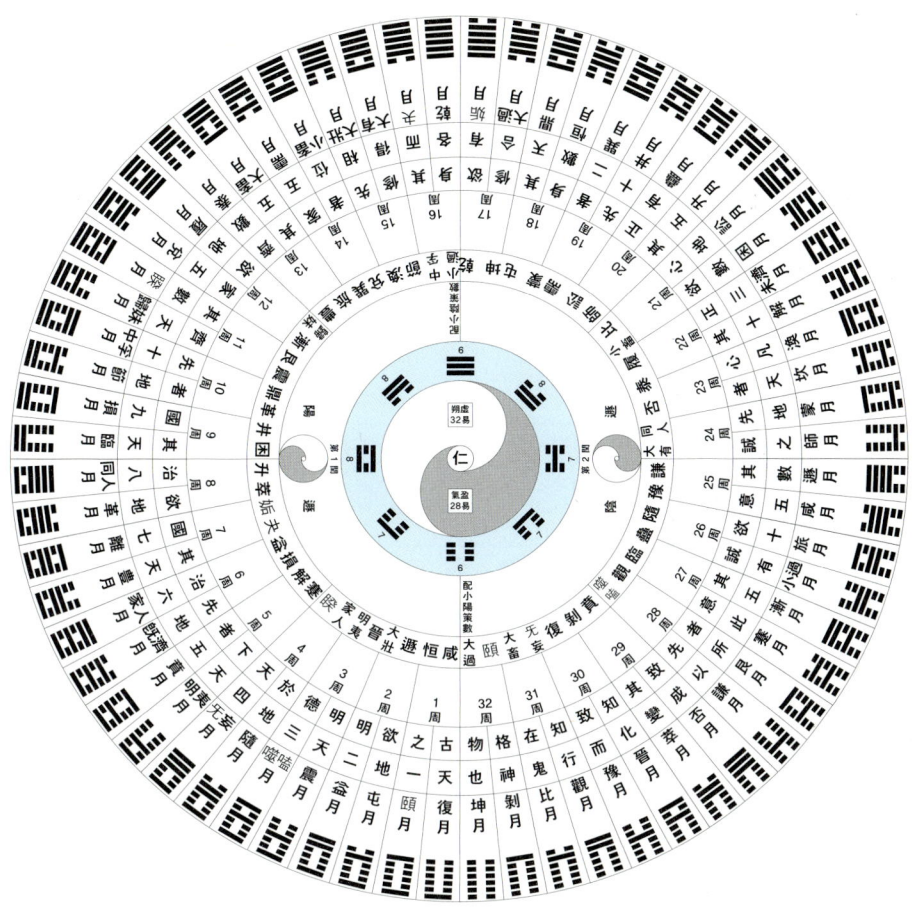

　5년의 재윤법은 30삭망월 당 1윤이 생성되지만 8년의 삼윤법은 32삭망월 당 1윤이 생성된다. 위는 삼윤법을 토대로 하여 재윤(再閏)을 해설한 그림이다. 전체적으로 32周(64월의 상수 1,920일)를 기준으로 기영 28일(소양책수)과 삭허 32일(소음책수)이 상호 대비됨을 보여준다. 기영 28일은 그대로인데 삭허 32일에서는 삭망윤일 2일이 생성되어 실제 삭허는 30일이다.

　그림도표에는 64자로 하도의 10수를 풀이한 『周易(주역)』의 글과 64자로 팔조목 제1절을 풀이한 『大學(대학)』의 글이 문장의 격식(格式)을 동일하게 취하고 있음이 분명히 드러난다. 두 문장 모두 공자의 해설이다.

　물지개폐(物之開閉)의 개물기 전체흐름이 태극건곤의 법성(法性)에 의한다. 의상(義湘) 조사께서 불가의 화엄(華嚴) 세계를 표상한 법성도(法性圖)

가 54각(角)으로 돌아간다. 묘하게도 건괘(乾卦) 전체 초구(初九)에서 상구(上九)에 이르는 전체 효사(爻辭) 54자와도 자연히 합치한다.

  법성게(法性偈) 30문구(210글자) 속에 숫자를 담은 문자 전체의 합이 55인데, 우주 대자연의 본체법수인 하도의 열 가지 수인 천지지수(天地之數) 55가 법성게(法性偈)에 함장(숨章)된 그 연유가 과연 무엇인지, 참으로 불가사의한 일이다.

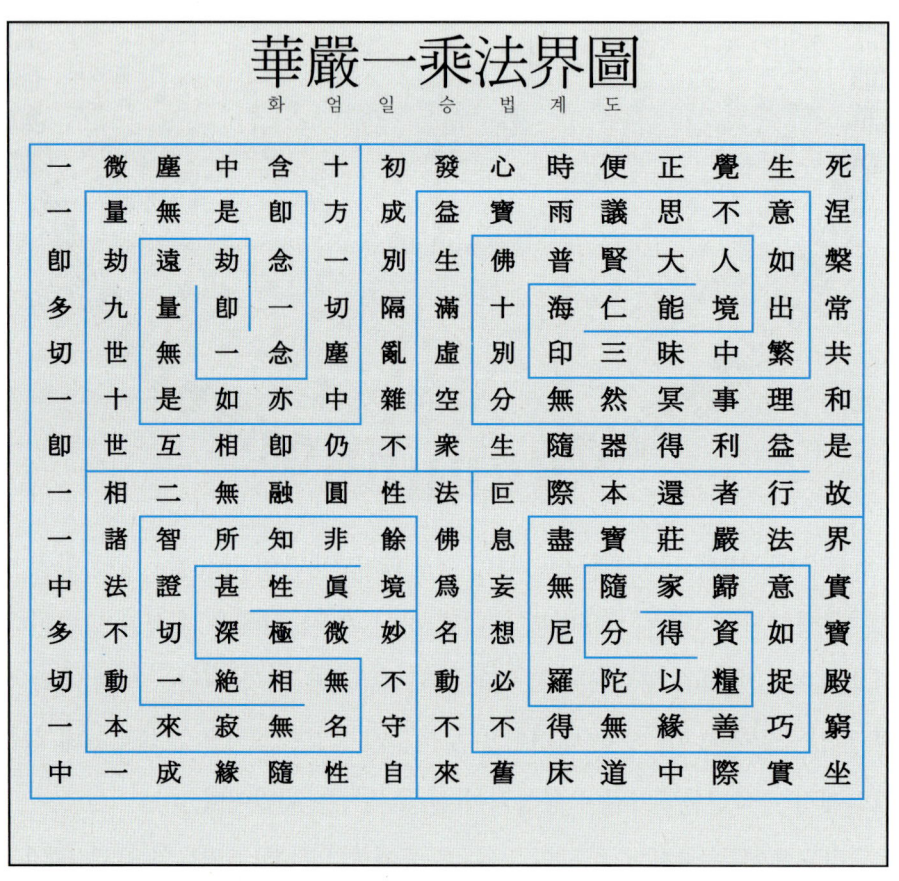

법성게(法性偈) 화엄일승법계도(華嚴一乘法界圖)

색인

0

1갑(甲)
  172, 196, 324

1체9용
  67, 68, 77

3강령(綱領)
  55, 56, 78, 362

5용10작
  75

5황극(皇極)
  26, 75, 80, 138, 159, 160, 170, 258, 265, 276

8조목(條目)
  55, 56, 78, 362

10체9용
  75, 78

12운괘(運卦)
  119

18변
  101, 102

24책(策)
  123, 295, 344

36책(策)
  123, 170, 295, 344

50대연(大衍)
  04, 11, 12, 13, 19, 75, 122, 138, 144, 147, 150, 156, 157, 160, 162, 170, 172, 183, 187, 194, 199, 200, 231, 266, 279, 302, 361, 362

60갑자(甲子)
  113, 122, 126, 176

64괘(卦)
  18, 19, 25, 28, 29, 31, 32, 33, 43, 46, 56, 90, 101, 104, 107, 144, 151, 157, 160, 166, 169, 175, 195, 203, 204, 205, 206, 223, 226, 234, 240, 241, 252, 265, 266, 269, 294, 323, 324, 329, 330, 331, 341, 344, 345, 348, 361

384효(爻)
  18, 19, 28, 29, 46, 104, 106, 150, 157, 160, 169, 195, 223, 226, 234, 238, 252, 265, 266

ㄱ

가색(稼穡)
  51, 265, 295

간배법(艮背法)
  12, 13, 138, 162, 200

간지(干支)
  04, 11, 12, 32, 54, 112, 113, 114, 119, 120, 122, 123, 124, 129, 136, 174, 180, 206, 218, 233, 295, 313, 314, 315, 339

개물기(開物期)
  13, 132, 139, 143, 144, 146, 147, 148, 149, 151, 152, 153, 156, 157, 159, 160, 161, 162, 163, 166, 167, 169, 170, 172, 184, 186, 187, 190, 191, 196, 200, 213, 218, 236, 264, 363

거북
  74, 76, 193

건구오도설(乾九五圖說)
  253, 254

건도성남(乾道成男)
  11, 40, 48, 66, 108, 199, 229, 248

건책법(乾策法)

12, 13, 138, 148, 151, 182, 200
격물치지(格物致知)
　19, 28, 45, 93, 289
경갑변도(庚甲變度)
　14, 146, 162, 163, 180, 186, 190, 196, 197, 308, 315, 338, 339, 345, 348, 351, 352, 353
경륜(經綸)
　19, 20, 322
경원력(庚元曆)
　12, 14, 15, 126, 165, 176, 186, 190, 197, 333, 334, 335, 336, 338, 339, 340, 342, 343, 344, 345, 348, 352, 353
경위
　67, 362
곡직(曲直)
　51
곤도성녀(坤道成女)
　11, 40, 47, 48, 66, 108, 199, 229, 248
공자(孔子)
　13, 18, 19, 20, 21, 28, 29, 30, 34, 40, 41, 42, 43, 45, 46, 47, 48, 55, 59, 61, 64, 66, 69, 71, 80, 90, 94, 97, 112, 124, 137, 144, 147, 148, 153, 160, 162, 167, 181, 184, 187, 190, 192, 209, 210, 228, 234, 236, 238, 240, 241, 242, 243, 244, 245, 246, 249, 251, 253, 260, 263, 265, 271, 274, 276, 294, 335, 345, 346, 348, 363
괘명(卦名)
　56, 57, 59, 161, 205, 231, 341
괘상(卦象)
　56, 57, 59, 70, 81, 161, 204, 344
괘서(卦序)
　56, 57, 101, 183, 196, 212, 323, 339, 344, 345, 349, 353
교역(交易)
　13, 14, 28, 32, 48, 58, 66, 69, 75, 80, 81, 86, 87, 89, 90, 91, 92, 93, 95, 97, 98, 105, 120, 122, 147, 151, 158, 160, 165, 170, 173, 174, 175, 192, 198, 199, 209, 210, 227, 247, 253, 254, 259, 260, 261, 262, 267, 273, 274, 278, 280, 283, 289, 290, 302, 315, 332, 336, 342, 345, 348
교역수수(交易授受)
　13, 160, 165, 170, 173, 209, 210, 280
교역팔괘(交易八卦)
　89, 90, 91, 95, 261, 262
구경(九經)
　77, 290
구궁낙서
　68, 69, 77, 87, 90, 91, 93, 98, 233, 248, 253, 254, 260, 273, 278, 279, 283, 285, 289, 290
구궁배합
　71
구덕괘(九德卦)
　77, 184, 294
귀장(歸藏)
　29, 31, 32, 33, 34
극기복례(克己復禮)
　53, 93, 169, 196, 216, 242, 262, 265, 274, 308
극즉반(極則反)
　164, 195, 303
금화교역(金火交易)
　86, 89, 90, 93, 120, 283, 290

기삭교합
  137, 148, 182
기수(奇數)
  43, 254, 292
기영(氣盈)
  12, 122, 123, 126, 127, 132, 135, 139, 141, 143, 144, 146, 147, 149, 151, 152, 153, 155, 156, 157, 158, 159, 160, 162, 163, 164, 165, 167, 168, 170, 173, 174, 175, 176, 181, 183, 184, 185, 186, 187, 189, 190, 191, 192, 195, 196, 198, 199, 200, 206, 209, 210, 218, 219, 222, 230, 236, 264, 280, 281, 292, 310, 311, 339, 340, 347, 352, 360, 362, 363
기자(箕子)
  13, 79, 159, 160, 253, 276
기천(氣天)
  91

ㄴ

낙서(洛書)
  11, 38, 66, 68, 69, 71, 74, 75, 76, 77, 78, 80, 81, 86, 87, 89, 90, 91, 93, 96, 98, 113, 114, 183, 212, 233, 248, 249, 253, 254, 260, 273, 274, 278, 279, 283, 285, 289, 290, 348, 360
낙수
  42, 74, 78, 80
남괘(男卦)
  70, 96, 109, 199, 248, 254, 259, 261, 262, 283, 285, 289, 290
노자
  84, 144, 176, 185, 229

논어(論語)
  42, 241, 245, 309

ㄷ

단군(檀君)
  232, 361
대본달도(大本達道)
  158, 168, 192, 200, 258, 362
대연(大衍)
  10, 46, 75, 143, 147, 151, 152, 156, 181, 182, 187, 193, 196, 199, 200, 265, 276, 310, 361
대학(大學)
  15, 28, 40, 55, 56, 78, 93, 195, 226, 272, 297, 322, 333, 343
도덕경(道德經)
  144, 185
도전괘(倒轉卦)
  102, 103, 164
동기상구(同氣相求)
  41
동성문(同聲文)
  167, 260, 273, 274
동성상응(同聲相應)
  41, 273

ㅁ

무극이태극(无極而太極)
  23, 38, 72, 226
무왕(武王)
  79, 160
무중치윤(無中置閏)
  137

문왕(文王)
　11, 18, 19, 29, 32, 48, 90, 94, 102, 207, 221, 228, 240, 254, 278, 283, 287, 347
문왕팔괘
　254

ㅂ

반괘(反卦)
　77, 87, 88, 89, 103
방위도(方位圖)
　25, 62, 67, 68, 69, 71, 72, 77, 80, 86, 89, 93, 94, 108, 123, 248, 249, 289, 330
백호(白虎)
　135, 211, 233, 238, 265
법성도(法性圖)
　363
변역(變易)
　28, 103, 122, 227, 278
복극(福極)
　79, 80, 81
복희씨(伏羲氏)
　18, 29, 35, 42, 54, 55, 59, 69, 74, 331, 335, 347
봉건(封建)
　63, 265, 266
봉황
　42
부도전괘(不倒轉卦)
　102
불역(不易)
　28, 67, 86, 87, 103, 113, 122, 157, 278

ㅅ

사단(四端)
　241
사물(四勿)
　12, 19, 22, 29, 36, 37, 45, 54, 55, 56, 93, 101, 175, 204, 205, 206, 212, 214, 230, 234, 235, 242, 271, 276, 289
사상(四象)
　15, 20, 22, 23, 31, 35, 42, 44, 48, 55, 59, 61, 62, 63, 64, 66, 68, 74, 81, 87, 90, 91, 101, 106, 108, 187, 204, 209, 227, 235, 248, 251, 252, 261, 278, 289, 320, 321, 344, 362
사신도
　211
사정괘(四正卦)
　102
사정사유(四正四維)
　254
삭망윤일
　12, 129, 130, 131, 132, 135, 136, 144, 151, 155, 156, 157, 166, 167, 173, 174, 175, 183, 189, 221, 237, 360, 363
삭망주기
　127, 128, 130, 150, 158, 175, 360
삭허(朔虛)
　12, 122, 123, 126, 127, 132, 135, 144, 151, 152, 155, 156, 157, 158, 165, 167, 173, 174, 175, 176, 183, 184, 186, 189, 190, 193, 195, 198, 199, 200, 206, 310, 347, 360, 362, 363
삼극(三極)
　25
삼달덕(三達德)

245
삼덕
79, 80, 81
삼변성도(三變成道)
63
삼시팔구(三矢八口)
236, 289
삼윤법(三閏法)
12, 127, 129, 138, 156, 200
삼재(三才)
23, 25, 28, 35, 36, 40, 48, 49, 54, 59, 64, 101, 207, 210, 229, 237, 272, 273, 281, 288
삼천양지(參天兩地)
36, 74, 106, 124, 132, 227, 234
삼팔목도(三八木道)
55, 112, 135, 144, 173, 182, 236, 237, 289, 362
상경
13, 33, 101, 102, 103, 169, 173, 223, 299, 323, 333, 340, 344, 345, 349, 352, 353
상생상극
51
상수리(象數理)
11, 22, 32, 98, 205
상천(象天)
40, 87, 91, 102, 116, 295
상형문자
214
생수(生數)
11, 38, 40, 44, 45, 46, 47, 50, 51, 52, 53, 64, 70, 76, 90, 95, 116, 199, 248,

288
서경(書經)
26, 41, 79, 93, 126, 159, 160, 169, 193, 233, 246, 322
서백(西伯)
90, 221
서법(筮法)
19, 75, 122, 193, 200, 276, 302, 315
서역(書易)
28, 29
서징
79, 80, 81
선천팔괘방위도(方位圖)
11, 28, 33, 43, 48, 54, 56, 57, 59, 67, 68, 71, 77, 80, 84, 86, 87, 90, 91, 92, 93, 96, 97, 98, 103, 107, 108, 123, 205, 207, 212, 254, 260, 274, 278, 299, 323, 330, 331, 347
설괘전(說卦傳)
64, 80, 97, 108, 144, 223
성경현전(聖經賢傳)
18
성무(成務)
193, 281
성선설(性善說)
241
성수(成數)
11, 38, 40, 44, 45, 46, 47, 50, 64, 70, 76, 90, 199, 288
성언호간(成言乎艮)
169
세수(歲首)
33, 34, 197, 293, 338

소강
  14, 15, 44, 47, 48, 64, 68, 71, 76, 109, 186, 248, 260, 321, 347

소성팔괘
  59, 331

소식영허(消息盈虛)
  68, 104, 125, 152, 331

소양
  44, 47, 48, 57, 61, 62, 63, 64, 67, 68, 71, 74, 76, 84, 96, 105, 106, 109, 123, 165, 167, 174, 199, 227, 248, 261, 289, 344, 363

소양책수
  344, 363

소연수(小衍數)
  46

소유
  44, 47, 48, 64, 68, 71, 76, 109, 223, 248, 260, 303

소음
  44, 47, 48, 57, 61, 62, 63, 64, 67, 68, 71, 74, 76, 84, 96, 105, 106, 109, 123, 165, 167, 174, 199, 227, 248, 261, 289, 344, 363

소음책수
  344, 363

소자(邵子)
  05, 12, 14, 64, 65, 90, 152, 169, 197, 320, 322, 323, 331, 345, 348

손입법(巽入法)
  12, 13, 137, 138, 148, 182, 200

수류습(水流濕)
  41, 190, 199

수승화강(水昇火降)
  103

술회(戌會)
  152, 153, 173, 192, 218, 352

시초(蓍草)
  187, 248, 268, 324

신구배문(神龜背文)
  74

십간(十干)
  43, 114, 115

십이지(十二支)
  118

십익(十翼)
  13, 18, 19, 29, 152, 228, 234, 240

ㅇ

안자(顔子)
  242

야산(也山)
  05, 12, 13, 14, 15, 24, 26, 32, 93, 126, 159, 176, 183, 186, 197, 254, 276, 309, 333, 334, 335, 336, 343, 344, 345, 348, 352, 362

양선음후(陽先陰后)
  32, 102, 104, 282

양의(兩儀)
  04, 11, 12, 28, 33, 36, 48, 55, 57, 59, 61, 63, 64, 68, 90, 91, 96, 101, 102, 104, 106, 108, 113, 122, 123, 126, 138, 150, 175, 176, 179, 184, 196, 200, 204, 206, 219, 222, 223, 226, 227, 230, 238, 240, 244, 248, 278, 281, 282, 283, 291, 293, 297, 303, 304, 314, 315, 331, 355

양진음퇴(陽進陰退)
　68
역수
　12, 13, 32, 33, 71, 123, 124, 128, 129, 132, 137, 138, 139, 141, 144, 147, 148, 150, 151, 152, 153, 155, 156, 157, 159, 160, 161, 162, 164, 165, 166, 167, 168, 169, 170, 173, 174, 175, 176, 182, 186, 187, 189, 194, 196, 197, 198, 199, 200, 206, 209, 210, 216, 237, 243, 244, 267, 280, 308, 310, 313, 315, 322, 332, 333, 336, 340, 342, 344, 345, 347, 348, 352, 360
연대월(連大月)
　129, 130, 144, 174, 189
연모(衍母)
　46
연산(連山)
　29, 32, 33, 34, 138, 162, 232
연자(衍子)
　46
염상(炎上)
　50, 51, 223, 257
오경(五更)
　362
오기(五紀)
　80, 89, 93, 150, 260
오미(五味)
　104, 121
오방(五方)
　38
오사(五事)
　79, 80, 245

오성(五聲)
　113, 127
오행(五行)
　19, 28, 30, 32, 33, 35, 38, 40, 41, 44, 45, 48, 49, 50, 51, 52, 53, 56, 59, 68, 70, 71, 72, 75, 80, 84, 86, 87, 89, 90, 91, 92, 93, 94, 95, 96, 97, 98, 99, 108, 112, 113, 114, 115, 116, 121, 123, 167, 173, 183, 192, 196, 205, 208, 209, 212, 229, 230, 233, 245, 248, 253, 254, 260, 262, 265, 269, 274, 278, 279, 283, 285, 289, 290, 304, 322, 335, 338, 339, 342, 343
오행지리(五行之理)
　87, 92
오회(午會)
　147, 153, 158, 163, 167, 173, 197, 243, 330, 331, 351
용마부도(龍馬負圖)
　36
우백호(右白虎)
　238, 265
우수(偶數)
　43, 129, 132, 138, 146, 148, 152, 159, 178, 210, 217, 254, 343
우주(宇宙)
　11, 23, 35, 36, 38, 39, 43, 55, 102, 104, 122, 207, 208, 226, 279, 289, 306, 320, 364
우회상극(右回相克)
　89
원형이정(元亨利貞)
　11, 94, 143, 144, 146, 150, 152, 155, 165, 166, 178, 208, 209, 210, 211, 214,

228, 240, 241, 282, 292, 340
원회운세(元會運世)
　90, 320, 323
유극(有極)
　12, 13, 25, 26, 47, 139, 140, 141, 144, 146, 159, 160, 161, 162, 169, 170, 172, 183, 186, 194, 196, 200, 213, 253, 258, 275
유극도(有極圖)
　194
유리옥(羑里獄)
　90
유불선
　309
육위(六位)
　12, 38, 104, 230, 241
육효(六爻)
　38, 104, 107, 213, 264, 268, 341
윤하(潤下)
　50, 51, 257
윷놀이
　156
은나라
　29, 31, 34, 90, 126, 221, 253
음변양화(陰變陽化)
　68, 106, 199, 231
음양(陰陽)
　12, 19, 28, 32, 33, 35, 36, 38, 41, 46, 47, 48, 54, 56, 57, 62, 63, 64, 67, 68, 70, 71, 72, 81, 84, 87, 89, 90, 91, 92, 96, 102, 104, 105, 108, 112, 113, 114, 121, 123, 126, 147, 148, 160, 167, 170, 175, 191, 193, 195, 196, 205, 209, 210, 221,

227, 229, 230, 233, 234, 237, 248, 253, 254, 269, 278, 281, 289, 290, 294, 295, 303, 304, 314, 315, 322, 331, 335, 352
음양오행(陰陽五行)
　19, 38, 41, 71, 91, 112, 113, 114, 121, 123, 233, 290, 335
음양지도(陰陽之道)
　68, 87, 92
의상(義湘)
　302, 355, 363
이천(理天)
　91, 355
인경(人更)
　362
인과응보(因果應報)
　249, 272
인극(人極)
　25, 47, 75, 141
인생어인(人生於寅)
　34, 207
인역(人易)
　28, 29, 148
인의예지(仁義禮智)
　211, 241, 265
인회(寅會)
　152, 173, 192, 218, 352
일생이법(一生二法)
　63, 281
일오중천(日午中天)
　13, 19, 86, 153, 167, 168, 170, 175, 186, 197, 251, 253, 264

ㅈ

자복혜백(子服惠伯)
　302
작역(作易)
　29
장법(章法)
　128, 129, 135, 137, 138, 148, 151, 155, 162, 182
절이제도(節以制度)
　112, 244
점(占)
　11, 13, 19, 28, 32, 33, 37, 63, 66, 68, 93, 96, 101, 113, 123, 132, 135, 137, 150, 170, 176, 197, 208, 209, 212, 222, 233, 234, 266, 270, 276, 293, 302, 306, 307, 330, 336, 338, 339, 343
정반합
　87
정전법(井田法)
　69, 183
종괘(從卦)
　88, 261
종혁
　51
좌선(左旋)
　51, 89, 91, 127, 283
좌청룡(左靑龍)
　238, 265
주공(周公)
　18, 19, 20, 29, 32, 98, 186, 236, 240, 243, 273
주괘(主卦)
　261
주기율

32
주나라
　29, 34, 79, 90, 126, 293, 355
주렴계
　15, 23
주역(周易)
　04, 11, 12, 13, 14, 15, 18, 19, 20, 23, 24, 26, 29, 30, 32, 33, 34, 42, 55, 59, 64, 69, 71, 80, 86, 87, 90, 92, 93, 97, 101, 107, 108, 111, 112, 114, 122, 127, 135, 137, 143, 150, 151, 152, 154, 156, 158, 159, 160, 163, 165, 166, 167, 169, 170, 176, 182, 186, 192, 193, 197, 199, 200, 205, 206, 207, 209, 210, 219, 231, 234, 236, 237, 238, 244, 260, 273, 276, 305, 313, 315, 322, 333, 335, 336, 339, 340, 341, 342, 344, 345, 348, 352, 353, 355, 361, 362
주작(朱雀)
　211
주천도수(周天度數)
　19, 126, 127, 128, 132, 135, 139, 140, 146, 151, 152, 156, 160, 162, 165, 175, 176, 209, 210, 340, 352
주천상수(周天常數)
　112, 123, 125, 126, 127, 135, 139, 141, 143, 144, 146, 147, 149, 151, 152, 156, 157, 159, 160, 162, 163, 165, 168, 170, 173, 174, 175, 176, 185, 186, 187, 191, 192, 193, 196, 199, 200, 209, 210, 295, 330, 340, 344, 347, 352
중용(中庸)
　14, 15, 19, 122, 125, 158, 168, 193,

195, 222, 226, 245, 246, 274, 301, 311, 333, 362

중정(中正)

13, 93, 112, 113, 122, 123, 125, 127, 136, 147, 152, 153, 155, 156, 157, 159, 163, 165, 167, 175, 176, 182, 184, 186, 190, 192, 194, 195, 200, 208, 222, 223, 244, 251, 252, 253, 263, 264, 268, 269, 294, 295, 309, 310, 336, 340

중정이통(中正以通)

112, 244

중천교역기(中天交易期)

13, 14, 32, 66, 80, 81, 87, 90, 91, 92, 93, 158, 192, 199, 253, 254, 260, 267, 273, 274, 278, 283, 289, 290, 315, 332, 336, 345, 348

지괘(之卦)

106, 150, 167, 181, 213, 214, 216, 223, 244, 248, 251, 263, 324

지벽어축(地闢於丑)

34, 207, 285

지수(地數)

37, 43, 44, 45, 76, 77, 114, 170, 182, 274, 364

지지(地支)

71, 112, 113, 114, 118, 121, 170, 184, 191, 232, 233, 249, 274, 279, 281, 285, 295, 300, 307, 364

진법

32

ㅊ

차서도(次序圖)

59, 61, 66, 93, 108, 323

착종(錯綜)

87, 89, 95

찬역(贊易)

28, 29

책력

12, 13, 14, 33, 113, 153, 165, 176, 186, 197, 336, 338, 339, 342, 343, 345, 348, 352

천간(天干)

72, 112, 113, 114, 115, 116, 121, 180, 210, 233, 239, 265, 281, 285, 287, 290, 295, 338, 342

천개어자(天開於子)

34, 207, 293

천공(天空)

165, 176, 178, 189, 190, 310, 340, 342, 343

천공역(天空易)

176, 190, 340

천극

25, 46, 47, 48, 71, 72, 75, 170, 199, 261

천도(天道)

11, 12, 13, 19, 33, 34, 36, 38, 39, 40, 43, 45, 47, 48, 50, 64, 67, 70, 72, 84, 90, 93, 96, 101, 108, 113, 114, 122, 123, 126, 127, 128, 132, 135, 136, 139, 140, 141, 144, 146, 147, 151, 152, 153, 155, 156, 158, 159, 160, 162, 163, 165, 167, 168, 170, 173, 175, 176, 186, 190, 191, 199, 200, 208, 209, 210, 217, 218, 219, 222, 223, 230, 231, 237, 244, 246, 248,

253, 264, 310, 311, 313, 315, 322, 324, 329, 331, 333, 336, 338, 340, 341, 346, 348, 351, 352, 353

천동설(天動說)
    305

천라지망(天羅地網)
    56

천부경(天符經)
    14

천수(天數)
    43, 44, 45, 75, 76, 77, 114, 129, 144, 276

천원지방(天圓地方)
    295

청구조선(靑丘朝鮮)
    232

청정경(淸靜經)
    84, 229

최남선(崔南善)
    232

최치원
    309

치력명시(治歷明時)
    14, 167

칠윤법(七閏法)
    12, 128, 138, 200

ㅌ

태강
    44, 47, 48, 64, 68, 71, 76, 109, 248, 261

태극(太極)
    04, 12, 13, 15, 19, 21, 23, 24, 25, 26, 33, 35, 38, 39, 40, 42, 46, 47, 48, 54, 55, 56, 59, 61, 63, 67, 68, 71, 72, 75, 91, 101, 112, 113, 116, 123, 124, 125, 132, 135, 143, 144, 156, 165, 169, 170, 174, 194, 198, 199, 204, 207, 209, 210, 226, 232, 236, 237, 240, 265, 266, 279, 281, 285, 289, 320, 335, 361, 362, 363

태극도설(太極圖說)
    15, 23, 24, 320

태양
    12, 41, 44, 47, 48, 57, 61, 62, 63, 64, 67, 68, 71, 74, 76, 77, 84, 96, 109, 123, 124, 126, 127, 131, 132, 146, 149, 150, 151, 155, 156, 157, 160, 165, 166, 170, 173, 176, 186, 191, 196, 198, 205, 206, 210, 213, 215, 218, 221, 227, 237, 248, 249, 261, 289, 295, 305, 340, 342, 344, 355

태양윤일
    131, 132, 146, 149, 150, 151, 155, 157, 165, 166, 176, 210, 221

태유
    44, 47, 48, 64, 68, 71, 76, 109, 113, 248, 249, 260

태음
    12, 44, 47, 48, 57, 61, 62, 63, 64, 67, 68, 71, 74, 76, 84, 96, 109, 113, 123, 124, 126, 127, 129, 131, 132, 135, 136, 137, 138, 140, 144, 146, 147, 148, 150, 151, 155, 157, 159, 160, 161, 162, 166, 169, 170, 173, 174, 175, 181, 182, 183, 186, 187, 190, 196, 198, 200, 206, 221, 227, 237, 248, 261, 289, 295, 315, 339,

344, 352, 355, 361

ㅍ

파루(罷漏)
  362
팔괘(八卦)
  04, 11, 22, 28, 30, 32, 33, 34, 35, 40, 41, 43, 48, 54, 55, 56, 57, 58, 59, 61, 62, 63, 64, 66, 67, 68, 69, 70, 71, 72, 77, 80, 81, 84, 86, 87, 89, 90, 91, 92, 93, 94, 95, 96, 97, 98, 101, 107, 108, 112, 113, 123, 169, 192, 204, 205, 207, 212, 233, 235, 248, 249, 254, 260, 261, 262, 273, 274, 278, 283, 287, 289, 290, 299, 302, 323, 330, 331, 347
팔정
  79, 80
풍류(風流)
  69, 309

ㅎ

하나라
  29, 34, 126, 138, 162
하도(河圖)
  11, 35, 36, 37, 38, 39, 40, 41, 42, 43, 44, 46, 47, 48, 67, 72, 74, 75, 76, 77, 78, 86, 89, 90, 91, 93, 95, 96, 97, 98, 106, 108, 112, 113, 114, 115, 120, 121, 126, 141, 144, 170, 193, 199, 238, 251, 260, 261, 274, 280, 287, 293, 360, 362, 363, 364
하도수리

38, 40
하락총백(河洛總百)
  38, 77, 174, 236, 274, 276, 360, 361
하수
  35, 36, 42
행신문(行神文)
  42, 43, 45
허도수(虛度數)
  12, 14, 151, 156, 157, 163, 175, 180, 186, 190, 196, 313, 315, 339, 353
현무(玄武)
  193, 211
홍범(洪範)
  26, 69, 79, 80, 90, 93, 159, 160, 162, 169, 245, 246, 253, 258, 259, 275, 276, 322, 335
홍범구주(洪範九疇)
  79, 80, 253, 258, 259
화취조(火就燥)
  41, 151, 168, 190, 199, 205, 213
황건유극(皇建有極)
  26, 141, 159, 160, 161, 169, 194, 253, 258
황극(皇極)
  05, 12, 13, 14, 15, 26, 46, 47, 75, 79, 80, 81, 138, 140, 141, 147, 148, 151, 152, 159, 160, 169, 170, 172, 182, 186, 194, 195, 197, 199, 200, 258, 260, 261, 265, 275, 276, 310, 320, 321, 322, 323, 329, 331, 332, 333, 344, 345, 348, 362
황극경세도(**皇極經世圖**)
  05, 12, 14, 15, 152, 186, 197, 320, 321, 322, 329, 331, 344, 345, 348

황극불어수(皇極不語數)
　　148, 151, 160, 182
황도(黃道)
　　191
황우지혁(黃牛之革)
　　193, 283
획역(畫易)
　　29
후천팔괘
　　11, 28, 30, 33, 41, 43, 48, 66, 68, 87,
　90, 91, 92, 93, 94, 95, 96, 97, 98, 169,
　192, 205, 212, 233, 249, 254, 260, 274,
　278, 283, 285, 287, 290, 347

『청고의 주역이야기』시리즈 소개

담디 출판사

청고의 주역이야기 1

주역을 담은 천자문

저자: 청고 이응문

24,000원

동양학의 보고 周易(주역)으로 동양학의 기초 천자문(千字文)을 읽어 우주 자연의 이치와 인간의 도리를 깨치다.

청고의 주역이야기 2

세상을 담은 천자문 字解 : 乾편

저자: 청고 이응문

25,000원

한자는 고대 사람들의 사고방식이나 습관 혹은 의례에서 만들어졌다『천자문 자해: 건편』은 이러한 한자의 그 어원語源을 살펴 오늘을 사는 지혜를 구하고자 한다.

청고의 주역이야기 2

세상을 담은 천자문 자해 : 곤

저자: 청고 이응문

25,000원

청고의 주역이야기 3

주역의 관문 대학

저자: 청고 이응문

20,000원

자기수양을 위한 학문[爲己之學] 대학

먼저, 내 안에 있는 밝은 덕을 밝혀라[[大學之道 在明明德].

청고의 주역이야기 4

해와 달을 머금은 주역

저자: 청고 이응문

22,000원

주역 64괘 384효의 풀이와 공자의 가르침은 인생험로에 대한 참된 지침과 슬기로운 대비책을 제시한다.

청고의 주역이야기 5

주역의 정화 중용

저자: 청고 이응문

25,000원

인문(人文)을 밝히는 유학(儒學)은 천도와 인사가 하나로 조화되는 천인합일의 정신을 근본 바탕으로 하며 인류사회의 대동중정의 구현을 학문목표로 삼는다.